职务犯罪调查疑难问题研究

白　洁　著

中国人民公安大学出版社

·北　京·

目　录

摘　要

职务犯罪是一种威胁国家稳定，影响社会经济发展的严重腐败犯罪，是目前较为严重的犯罪之一。它不仅扰乱了社会公平和市场经济的正常秩序，而且严重损害了国家工作人员的职务廉洁性和公众对国家机关的信赖程度，更为严重的会引发社会对立情绪，损害党和政府的威望，阻碍社会构建。职务犯罪的发生深刻地影响社会公正与效益，使公务行为的公信力受到严重质疑，进而否定整个社会程序甚至制度的价值。随着经济的发展，职务犯罪呈现出多样性、复杂性和隐蔽性的态势，给司法实践带来了诸多困难。因此，如何合理有效地打击此类犯罪成为司法工作的重点和难点。

世界各国都规定了惩治职务犯罪的法律，关于职务犯罪的相关理论和实践问题也多有讨论。在我国，经过多年的立法实践和完善，目前关于职务犯罪的刑事立法已经初步形成体系，但不可否认的是，法律的稳定性与职务犯罪高发、犯罪手段翻新等特性之间具有一定的矛盾性，法律的滞后性开始显现，司法中的疑难问题频频发生。因此，立足司法实践，研判职务犯罪的相关理论问题久盛不衰，并有丰硕的成果和探讨，仅以下部分为例：关于贿赂犯罪的法益研究，有观点认为贿赂犯罪侵犯的是国家机关的正常管理活动，有观点认为侵犯的是国家工作人员职务行为的廉洁性，但具有压倒性优势的观点则认为贿赂犯罪侵犯的法益是国家工作人员职务行为的不可收买性，即国家工作人员职务行为与财物的不可交换性。在国内，关于贿赂的内容是否涵盖财物之外的财产性利益，大多数观点认为可以包括，但是对于非财产性利益，如性贿赂的问题，则认为不属于财产性利益，而不应当属于贿赂的内容。关于受贿罪利益要件的存废之争和属性认定，有观点认为为他人谋取利益属于主观要件，运用短缩的二行为犯理论解释"为他人谋取利益"要件属于受贿罪的主观要件，也有观点认为"为他人谋取利益"属于客观要素，在贿赂犯罪与其他犯罪的关系方面，贿赂犯罪的既遂和未遂方面，一罪与数罪的问题方面，亦有不同的争论。关于渎职犯罪危害后果的认定，特别是恶劣社会影响的认定问题，环境污染、食品安全、失密泄密等犯罪行为背后的渎职犯罪问题亦有相当争论。

刑事理论研究是刑法立法和司法实践的重要指引。具体案件的定罪与否，除了刑法基本理论的指引外，也受刑事政策、犯罪的具体情况等多种因素影响。目前腐败案件频发，这就意味着对职务犯罪涉及的一些基本问题进行研究具有重要意义。第一，有助于丰富刑法理论。探讨贿赂犯罪中的相关问题都离不开刑法基本理论的支撑，且分则各罪的适用往往是总则犯罪形态等基本理论能否有效指导实践并系统化的试金石。第二，有助于更好地实现刑事政策与刑法理论的衔接。相比较其他犯罪而言，职务犯罪作为侵害国家法益的犯罪，其定罪量刑在一定程度上受制于刑事政策，而目前，我国刑事政策的指导作用在职务犯罪的立法、司法和执法中虽有所反映，却仍存在相互背离和矛盾的地方，它们之间的协调和完善等问题，已成为一项急需认真研究和解决的问题。第三，有助于促进、完善立法和司法解释。由于职务犯罪的许多新动向和新特点，给我国刑事立法和解释带来新问题和新挑战。目前职务犯罪的立法与从严治党和从严治吏的要求还有差距。研究职务犯罪的基本问题，能对司法解释的制定有更加清晰的理论表述和支撑，对于完善该类犯罪的立法也会有所裨益。

以习近平同志为核心的党中央以巨大的改革勇气和气魄对国家监察体制改革作出重大部署。党的十九大报告指出成立四级监察委员会实现对所有行使公权力的公职人员监察全覆盖。新成立的监察委员会的职能、调查权的设置等相关问题，职务违法和职务犯罪的内涵，都需要深入细化研究。

因此，本书就职务犯罪调查在司法实践中的疑难问题进行分析和讨论，以期为指导司法工作提供帮助。实践是理论的基石，理论标注着实践的方向，本书希冀通过实践中问题的解决，进一步推动理论的进步。

关键词：职务犯罪；贪污贿赂；失职渎职；调查实务；预防

第一章　牢牢把握新形势下职务犯罪调查理论研究阵地

第一节　问题意识

　　党的十八大、十九大以来，习近平总书记围绕意识形态领域相关问题作出了一系列重要指示，总书记反复强调必须坚定对马克思主义的信仰，对共产主义和社会主义的信念、对党和人民的忠诚。这一系列指示精神，这一论述深刻阐明了思想政治工作和意识形态工作的根本性、重要性作用，为新的历史条件下坚持党的领导、开展理论研究指明了方向，明确了新时期思想政治意识形态领域的任务要求。意识形态特别是理论研究领域更要坚持党的领导，坚持正确政治导向，坚持社会主义意识形态。以马克思科学理论为指导具有极端重要性，坚持马克思主义原理的基本立场和基本方法，把好政治方向关，用党的理论创新成果指导意识形态工作，用总书记系列重要讲话精神和治国理政新理念新思想新战略武装头脑、指导实践、推动工作，坚定理想信念。理论研究要服从和服务于党和国家大局，服从和服务于党的领导，服从和服务于深化改革要求。

随着全面依法治国改革大业的不断向纵深推进，随着反腐败力度不减、节奏不变要求的进一步深化，随着部分西方国家加剧对我国意识形态领域的渗透，目前理论研究特别是意识形态方面价值观纵横交织，互相激荡，挑战着马克思主义的主导力、整合力，在这样的情况下，特别需要理论研究工作者坚定理想信念，增强中国特色社会主义道路自信、理论自信，结合职务犯罪调查理论研究实际，进一步加强正确政治导向，确保政治方向永不出错，做社会主义核心价值观的践行者和社会公平正义的守护者，做推动职务犯罪调查工作的理论支撑者。

第二节　研究目的及意义

一、职务犯罪调查理论研究的重要意义

职务犯罪调查基础理论是整个职务犯罪调查理论大厦的基石，其旨在解决我国职务犯罪调查制度的理论基础、发展完善等宏观性重大理论问题，同时也对职务犯罪调查实践作出了科学的理论总结与概括。职务犯罪调查基础理论研究工作是一项具有重要意义的基础性工作，具有很强的现实意义和深远的历史影响。加强职务犯罪调查基础理论研究，事关职务犯罪调查制度的发展和完善。坚持和完善中国特色社会主义职务犯罪调查制度，必须构建中国特色社会主义职务犯罪调查理论体系。目前，中国特色社会主义职务犯罪调查理论体系还有许多深层次的问题需要进一步作出科学回答。职务犯罪调查基础理论研究相对薄弱的局面还未得到根本改变，还面临着诸多理论挑战，理论创新不够、理论储备不足、理论观点说服力不强等问题仍然客观存在。坚持以中国特色社会主义理论体系为指导，把职务犯罪调查基础理论研究摆在

更加突出的位置，全面提高基础理论研究的前瞻性、科学性和系统性，对于构建科学完备的中国特色社会主义法律研究理论体系，确保中国特色社会主义职务犯罪调查制度不断巩固、完善和发展意义重大。加强职务犯罪调查基础理论研究，事关职务犯罪调查事业的科学发展。科学发展观不仅是我国经济社会发展的重要指导方针，而且也是职务犯罪调查工作的重要指导方针。必须对涉及职务犯罪调查科学发展的全局性、战略性重大问题进行理论上的深入解答。加强职务犯罪调查基础理论研究，重点深化对职务犯罪调查活动基本规律、职务犯罪调查制度发展规律、职务犯罪调查职权配置规律和职务犯罪调查管理规律的研究和认识，对于正确认识把握职务犯罪调查工作规律意义重大。职务犯罪调查理论研究工作要始终坚持我国党的领导，加强对职务犯罪调查工作基础理论问题的研究，推进职务犯罪调查基础理论的创新发展。通过多种形式，开展对健全完善职务犯罪调查制度的重大基础理论问题的研究，开展对职务犯罪调查改革相关问题的研究，开展对涉及职务犯罪调查事业科学发展的全局性、战略性重大问题的研究，为完善中国特色社会主义职务犯罪调查制度服务，提高职务犯罪调查基础理论研究的整体性、针对性。重点研究职务犯罪调查基础理论的主要对象、基本范畴、理论框架，不断创新学术观点、学科体系、研究方法，加强对职务犯罪调查制度的内涵、类型、起源、本质、功能、特征和职务犯罪调查活动基本原理的研究，探索职务犯罪调查制度发展演变规律和职务犯罪调查活动规律。紧紧围绕党和国家工作大局，充分关注职务犯罪调查工作和职务犯罪调查改革中的重大理论与实践问题，为推进职务犯罪调查事业的发展创造良好的理论环境，提供有力的理论支撑。

二、特殊历史节点下职务犯罪侦防理论研究政治站位的重要性

在法律研究发展历程中，职务犯罪调查理论研究一直扮演着极其重要的角色，但对调查工作的权力范围、程序正当等一直存在争议。尽管如此，调查理论研究工作在立法司法历程上从未缺席过，它是反对腐败、净化政治生态在立法和司法上的反映。职务犯罪调查工作是调查理论研究长期以来得以存在和发展的基础，但是调查理论研究的成果不能完全符合调查工作的需求以及指导具体适用成为争论理论正确性的重要推力。不仅应当对调查工作存在的基础性问题进行研讨，还必须紧跟时代，在新的历史节点，重大改革关头，进一步追问其适用的政治正确性，使得调查理论研究和调查工作的正当匹配性得到有效协调，共同保障调查工作高质高效的运转。由于法学研究和其他人文社会科学科目的研究，难免有与解决司法实践问题不相符合或者过分追求自由度的问题体现，必须从政治导向正确的规范结构出发，将职务犯罪调查理论研究和职务犯罪侦防工作进一步匹配。

坚持政治正确下的专业探讨，避免以研究问题为名行抨击政体之实。监察体制改革完成初期，加强思想政治工作形势紧迫，思想政治工作做得好，理论研究工作抓得实，改革中利益关系的调整就能处理好，思想政治工作做不好，理论研究背道而驰，就会阻碍改革的顺利推进。

在党的十九大胜利召开这一重大历史节点，牢牢把住理论研究阵地，是理论研究工作者应尽的政治责任，在国家监察体制这一重大改革关头，考验着理论研究工作者的政治态度和责任担当。党中央和习近平总书记关于监察体制改革的重要论述，是在新的历史形势下伟大斗争实践中形成的治国理政新理念新思想新战略，

为实现中华民族伟大复兴的中国梦提供了科学指南。适应改革、接受考验、推动工作，是理论研究工作者的一项重大课题。坚持正确的政治导向，深化对马克思主义政党领导下的理论研究内在规律和基本遵循的认识和把握，紧密结合职务犯罪调查理论研究实际，提高理论研究水平和思想自觉、行动自觉。

三、职务犯罪调查理论研究需统筹把握的几个关系

职务犯罪调查理论研究需要统筹主动性。不断增强职务犯罪调查理论研究工作的主动性，增强特殊历史时期调查工作的紧迫感和责任感。将抓好职务犯罪调查理论研究作为长期的任务和使命，立足经常性、常态化的定位和要求，将职务犯罪调查理论研究的良好发展态势巩固下来、发展下去。确保理论研究高标准推进、高质量落实。

职务犯罪调查理论研究需要统筹针对性。校准标尺，解决问题，增强职务犯罪调查理论研究的针对性。调查理论研究的重点要坚持将习近平总书记系列重要讲话的核心要义学深悟透，全面掌握贯彻其中的马克思主义立场观点方法，拓宽调查理论研究的宽度和深度。在研究中使用，在使用中研究。同时，紧扣调查工作需求，坚持在调查工作中对理论研究成果进行深化，对研究的效果进行检验。时时处处以工作衡量理论研究，针对工作中出现的新情况新问题，把问题导向贯穿始终，以解决问题来推进理论研究，以解决问题为标准来检验。

职务犯罪调查理论研究需要统筹实效性。正确导向下的理论研究，既要强化政治导向，又要激发研究活力，不断探索，切实增强理论研究的时效性。要激发研究活力，推进理论研究实效性，在调查工作中开展问题研究，问题研究促进实践工作成为自觉、养成习惯、形成氛围。在调查工作中，用好用足调查工作为理论

研究留出的余地和空间，抓在日常，及时发现问题，切实解决问题。实现工作和研究的良性互动，针对调查工作的特殊性，使职务犯罪调查理论研究成为法学理论研究的亮点。

第三节　职务犯罪调查部门的沿革

在我国，职务犯罪调查工作是伴随着新中国的成长而发展起来的。最初，在 1978 年恢复检察机关后，检察机关内部成立了经济检察部门，专司反贪职能。随着改革开放和国际合作的不断深入，"反贪"这个概念逐渐被中国人所接受，为了适应打击日益严重的贪污贿赂犯罪的需要，1989 年 8 月，广东省人民检察院率先成立了反贪局。随后，最高人民检察院肯定并推广了这一做法，并于 1995 年 11 月取消了当时的经济检察厅，成立了反贪污贿赂总局，后又将法纪检察厅改为渎职侵权检察厅。此后，全国各级检察机关均建立了反贪部门和反渎部门。

2015 年，为更好地整合力量、优化职能，经中央批准，最高人民检察院将原反贪污贿赂总局、渎职侵权检察厅和职务犯罪预防厅整合，成立了新的反贪总局，下设一局、二局、三局、四局四个正厅级机构。其中一局、二局主要负责办理副省级以上干部职务犯罪案件和中央国家机关、事业单位、中央企业、人民团体司局级干部职务犯罪案件。三局主要负责职务犯罪预防工作。四局主要负责对下业务指导、综合业务工作。

2016 年 11 月，十八届六中全会后，中共中央办公厅印发了《关于在北京市、山西省、浙江省开展国家监察体制改革试点方案》，部署在三地先行试点国家监察体制改革。12 月 25 日，第十二届全国人大常委会第二十五次会议表决通过《全国人民代表大会常务委员会关于在北京市、山西省、浙江省开展国家监察体制改革试点工作的决定》，明确试点地区人民检察院查处贪污贿赂、失职渎职以及预防职务犯罪等部门的相关职能整合至监察委员会。检察机关的反贪部门、职能等都出现了新的调整。

无论是作为检察机关的重要职能，还是作为监察委员会的重要职能，职务犯罪调查部门的基本职责是承担国家公职人员贪污贿赂犯罪案件的调查工作，依据法律规定，主要负责调查《刑法》第八章规定的 12 种犯罪，即贪污罪、挪用公款罪、受贿罪、单位受贿罪、行贿罪、对单位行贿罪、介绍贿赂罪、单位行贿罪、巨额财产来源不明罪、隐瞒境外存款罪、私分国有资产罪、私分罚没财物罪。2009 年《刑法修正案（七）》出台后，增加了"利用影响力受贿罪"，这是个新罪名，是指"国家工作人员的近亲属或者其他与该国家工作人员有密切联系的人，通过该国家工作人员职权或者地位形成的便利条件，通过其他国家工作人员职务上的行为，为请托人谋取不正当利益，索取受贿人财物或者收受请托人财物的"，以及"离职的国家工作人员或者其近亲属以及其他与其关系密切的人，利用该离职的国家工作人员原职权或者地位形成的便利条件实施前款行为的"，也构成此罪。2015 年《刑法修正案（九）》又新增了一项罪名"对有影响力的人行贿罪"，规定"为谋取不正当利益，向国家工作人员的近亲属或者其他与该国家工作人员关系密切的人，或者向离职的国家工作人员或者其近亲属以及其他与其关系密切的人行贿的"，构成此罪。后《刑法修正案（九）》作为最新司法解释，对贪污受贿罪的定罪量刑标准进行了较大修改，犯罪数额分别为"较大""巨大""特别巨大"三档，并结合其他情节定罪量刑。同时规定，对贪污受贿罪判处死刑缓期两年执行的，法院根据犯罪情节等情况，可以决定在其死刑缓期执行两年期满减为无期徒刑后，终身监禁，不得减刑、假释。该修正案的具体解释已于 2016 年 4 月 18 日施行，其中对贪污受贿犯罪的量刑档次、量刑情节作了进一步规定，如将一般贪污受贿罪的立案标准提高至 3 万元，明确贿赂犯罪中的"财物"范围包括货币、物品和财产性利益（财产性利益包括可以折算为货币的物质利益，如房屋装修、债务免除等，以及需要支付货币的其他利益，如会员服务、旅游等）。

党的十八大以来，全国职务犯罪侦查部门在以习近平同志为核心的党中央的正确领导下，坚持以邓小平理论和"三个代表"重要思想为指导，深入贯彻落实科学发展观，紧紧围绕党和国家的工作大局，坚决贯彻党中央关于反腐败斗争的方针部署，坚持"老虎""苍蝇"一起打，形成了对腐败分子的高压态势，职务犯罪调查工作取得了很大成绩。

党的十九大以来，党中央对反腐败有了更新更高的要求，而同时腐败犯罪也由显性向隐性转化，由传统犯罪方式向新型犯罪方式转化，贪污贿赂犯罪、渎职侵权犯罪等都出现了新形势新特点，需要进行进一步的研究。

第四节　本书的结构安排及其理由

本书核心章节为三章：第二章（贿赂犯罪疑难问题研究），第三章（贪污、私分等犯罪疑难问题研究），第四章（渎职犯罪疑难问题研究）。

在第二、三章中，本书将详细呈现我国贪污、贿赂、挪用公款犯罪的样态。从司法实践中的疑难问题出发，讨论贪污、贿赂、挪用公款犯罪的法益、主体、行为表现、共犯、完成形态以及斡旋、利用影响力等问题，对司法鉴定的问题亦做了一定的探讨。

在第四章中，首先对渎职犯罪案件管辖的回归做了一定的探讨，随之对渎职犯罪后果的认定特别是造成恶劣社会影响的认定，以及环境污染、食品安全、失密泄密等行为背后的渎职犯罪做了一定讨论。

　　此外，在本书第五章中对域外渎职犯罪的认定亦做了一定的介绍。下面在正文中分别展开详细论述。

第二章　贿赂犯罪疑难问题研究

贿赂犯罪是当前较为严重的腐败犯罪之一。它不仅深刻地影响社会公正与效率，扰乱社会公平和市场经济的正常秩序，而且严重损害国家工作人员的职务廉洁性和公众对国家机关的信赖程度，进而否定整个社会程序甚至制度的价值，更为严重的会引发社会对立情绪，损害党和政府的威望，动摇执政基础。随着经济社会的发展，贿赂犯罪呈现出多样性、复杂性和隐蔽性的态势，使得司法实践中对于贿赂犯罪的定罪和处罚面对诸多困难和问题，有效打击此类犯罪成为司法工作中的重点和难点。因此，有必要就贿赂犯罪在司法实践中的疑难问题进行分析和讨论，以期为指导司法工作提供帮助。贿赂犯罪的主体、行为、数额、共犯、既遂等方面的认定都存在一定的争议，实务界也有相当探讨，从案例实际出发，探讨贿赂犯罪的相关问题，是坚持问题导向解决问题的重要途径。

第一节　当前贿赂犯罪的新形态

一、贿赂犯罪的基本行为样态

从查办案件的情况看，一个时期以来，贿赂犯罪呈现出以下态势：

（一）涉案金额大，并呈上升趋势

近年来查处的贿赂犯罪，涉案数额越来越大，有些更是大得出人意料，并且呈现增加趋势。主要体现在两个方面：一是大案比例逐年上升。20 世纪 90 年代，贿赂犯罪涉案金额万元以下的案件居多，涉案十几万元到几十万元的并不多见。以 1993 年为例，当时的统计口径是贪贿 1 万元以上，挪用公款 5 万元以上的为大案，当年的大案率约为 40%。1997 年刑诉法修改时，根据形势发展，大案标准调整为贪贿 5 万元以上、挪用公款 10 万元以上，此后大案率不降反升，年年递增，2015 年时全国大案率已达 84.4%，江苏、安徽、上海、浙江等办案数量多的地区，大案率超 90%。二是个案金额不断增加。随着经济的发展，犯罪分子的贪欲也在不断膨胀，目前贪污贿赂犯罪涉案数额同以往相比，成几倍、十几倍、几十倍甚至上百倍地"增长"。

（二）要案增多，级别增高

从近年办理情况看，要案呈现增多趋势。一是人数增加。部分领导干部由于缺乏有效的监督制约，在行使人事权、审批权、司法权以及城市拆迁和开发房地产、矿产等资源、招商引资、插手商业活动等过程中进行权钱交易，最终坠入法网。二是级别增高。这些干部涉嫌贪污贿赂犯罪被查处，一方面昭示了党和国家打击贪污贿赂犯罪的决心，另一方面也给党和国家的事业带来了严重损失。例如，某集团总经理孙某某在矿产开发等领域滥用职权，违规收购矿产的行为给国家造成巨额损失共计 2.27 亿元。

（三）窝案串案多，共同犯罪现象突出

从近年来查处的贪污贿赂犯罪案件看，犯罪分子内外勾结、上下串通，群体性作案现象比较突出，窝案串案多。从一条线索入手突破一案、挖出一窝、带出一串的案例比较普遍。这其中可以粗略划分为四种类型：一是同盟型，指政治利益与经济利益相互交织的团伙型犯罪。一些贪贿犯罪大、要案件由经济领域向政治领域蔓延、渗透，在政治、经济、社会和法治等方面造成严重危害。腐败成员以某些领导干部为核心，政治上互相依附，权力上互相利用，以利益为轴心，以权力为纽带，以腐败为手段，形成同学、老乡、战友等特定利益圈。二是共生型，有些领导干部与特定商人长期交往，模糊界限，感情极深，难舍难离，由此导致权钱相互共生，走到哪带到哪，升到哪跟到哪，对外称为领导做好服务，对内实际是贿赂一路伴随，官商勾结一路不断，更加密切，造成的损害更为严重，如云南省委原副书记仇某，主政昆明时，身边依然围绕着一帮原工作地江苏宿迁的商人，他受贿后继续为这些老板谋利，其中部分老板的商业版图，几乎跟着仇某的仕途扩展，一个人在宿迁盖了半个城，又在昆明改造螺蛳湾商业区，获利丰厚，理所当然地成为仇某案件的主要行贿人。三是家族型，"一人得道、鸡犬升天""一人当官、全家发财""一人入狱、满门涉案"。这方面典型的就是全国政协原副主席苏某案件，苏某不仅本人受贿1.1亿余元、巨额财产来源不明8000余万元，而且大肆纵容亲属参与卖官，借助土地出让、工程建设、招标投标等疯狂收取好处费，导致妻子、儿子、女婿等家族成员14人涉案被查处，充分印证了古语"一荣俱荣、一损俱损"。四是塌方型，由于主要领导干部腐败，导致一些地方、单位、部门、行业和领域，政治生态恶化，形成腐败环境和气候，潜规则盛行，群体性、结构性、塌方式腐败增多，涉案人员多，影响恶劣，贪污贿赂犯罪群体化、窝案串案多的现象，表明了这类犯罪的危害性正在日趋加重。

（四）围绕权钱交易本质，犯罪体现规律性

贪污贿赂犯罪的本质就是权钱交易。当前贪污贿赂犯罪活动随着时代的发展，权力点的变化，呈现出广泛化、集中化、系统化的规律特征。一是犯罪领域呈广泛化趋势，逐步由过去的国有企业、金融领域、对外贸易等传统经济领域向证券、保险、交通、土地、房地产等新兴经济领域扩散；由以往直接管钱管物的人员向手中掌握各种权力的国家机关工作人员蔓延，因此贪污、挪用案件比例下降，贿赂犯罪比例上升；同时，由经济部门向监督、管理部门和党政领导机关、司法机关、行政执法机关等政治领域辐射；甚至就连以前被人们认为是清水衙门的党委宣传部门，教书育人的教育系统，救死扶伤的医院，以及被人们视为最没有油水和奔头的殡葬行业等，都有贪污贿赂等腐败犯罪现象的足迹和行踪。可以这样说，只要有公共权力和公共管理活动的存在，就会有贪污贿赂犯罪的发生。

二是犯罪的热点逐步集中。在犯罪领域广泛化的同时，人民群众反映强烈的贪污贿赂犯罪热点也在逐步地相对集中。目前，虽然各个领域都不同程度地存在贪污贿赂犯罪现象，但仔细分析会发现，犯罪的多发部位随着市场经济中热点行业以及行政审批权属部门的变化而转变，当前那些对市场经济行使调控职能的部门和投资热点行业正逐渐成为犯罪的热点，被称为靠山吃山、靠水吃水的"资源型"犯罪，如交通系统已有多个省的几十名交通厅局长被查处，有的省份连续几任厅长都被查处，可谓"前腐后继"。其中的原因，一方面是国家对该领域的高度重视，投资金额增长快；另一方面是管理体制没有及时改进，一个部门既是发包方又是验收方，因此权钱交易的情况时有发生。再如，国家发改委个别干部利用项目审批垄断优势，收受巨额贿赂，有的甚至按比例拿回扣，潜规则成了显规则。有的核心岗位干部出卖内部信息，帮助有关企业在投标中顺利中标，将自己的权力作为发家致富的工具。

此外，我们还发现中央企业一些领导干部，借助在单位、行业、系统内掌握稀缺资源的特殊优势，采取打招呼、批条子、揽项目、搞关联企业等方式，方便、快捷、低成本地实施腐败犯罪，国有企业俨然成为高管们分肥获利的家族企业，长春一汽系列腐败案、武钢集团原董事长邓某琳受贿案件都是如此。

三是犯罪系统性特征日益明显。近年来的办案实践中，通过对电力、金融证券、教育、土地管理、医疗卫生和交通等重点领域、行业贪污贿赂犯罪环节、手段的总结调研，发现这些系统犯罪具有很大的共性，即犯罪的环节、手段、特点等具有相似性，如医疗卫生系统贪污贿赂犯罪案件主要发生在五个环节。（1）药品和医疗器械购销环节。（2）单位财务资金的管理环节。（3）医疗卫生市场监管环节。（4）基础设施建设环节。（5）企事业单位职工的定点治疗和体检环节。

再如，对央企高管犯罪案件的分析发现，决策审批、工程承揽、财务管理、物资采购、招投标、公司变更、业务收购、职务晋升等成为央企高管人员职务犯罪的重点环节。例如，在神华集团系列案件中，一些央企高管人员操控煤炭采购审批权谋取腐败黑金，掌控重点灭火工程发包以权换钱，形成巨大寻租腐败空间；北方华锦化学工业股份有限公司董事、总经理于某某帮助他人承揽业务，收受贿赂770余万元；中国建筑工程总公司下属某单位负责人刘某某利用自己实际控制的公司名义，低价购买深圳中建大康建筑有限公司，一买一卖之间使国家1600万元进入自己的腰包；中石化石油工程技术服务公司总经理薛某某在其单位职工刘某某职务晋升、工作调动上给予帮助，索要收受刘某某的钱款达807万元。这些都是靠山吃山、靠水吃水特点的必然表现。

（五）犯罪手段隐蔽化，对抗性增加

从侦查实践看，随着党和国家打击腐败犯罪的决心和力度进一步加大，贪污贿赂犯罪分子的作案手段明显趋于隐蔽，逃避法律惩罚的水平不断提高，智能化、科技化特征更加突出，从而使打击和防范贪污贿赂犯罪的工作难度不断增大。主要表现为：一是行为表象的合法化。有的受贿犯罪分子钻法律空子，走政策边缘，制造模糊行为，企图使犯罪手段从非法型向合法型转变，如山东某市人防办主任周某受贿案，为逃避打击，其购买大量赝品字画，每次受贿后都找机会向行贿人回赠字画，称是名人字画，作价与受贿财物相当或更高，制造两不相欠的假象。有的借合法报酬，如劳务费、介绍费和开张剪彩、礼仪庆典等名义收受贿赂。有的以借为名收受贿赂，如某法院原院长郭某某通过其弟收受200万元贿赂后，指使其弟与对方签订虚假借条，以掩盖犯罪事实。有的央企领导在本部门经营领域成立牵连业务公司，自己作为实际控制人，利用职权在工程建设、项目分包、资金拨付等方面给予一路绿灯，以合法形式掩盖非法目的。

　　二是规避法律的手段五花八门。有的行贿人出于"先投资，后收益"的动因，"放长线，钓大鱼"，蓄意与国家工作人员交往，进行大量的感情投资和物质投资，在策略上由短期投资型向长期积资型发展，平时利用逢年过节、领导干部生病住院、出国考察、婚丧嫁娶、子女升学等机会，表面上打着亲情友情的幌子，"名正言顺""理所当然"地送钱，办事时反而不送钱，以规避一手交钱、一手办事的权钱交易性质。再如，在涉嫌犯罪的央企领导中，有的让他人为自己支付房款、收受干股等形式收受贿赂或索取回扣。例如，某集团原董事长张某某为多人承包工程提供帮助，指使对方为其支付购房款。有的利用职权为子女、朋友及司机等身边工作人员经商办企业提供便利和优惠条件，间接渠道收受贿赂。例如，某公司高级副总裁郝某某，利用职权为其弟弟及其朋友在自己管辖范围内从事相关业务，背后收取好处费近1000万元。有的在央企改制中，夸大亏损额度，弄虚作假，偷梁换柱，转移隐瞒资产，进行贪污私分。

三是对抗意识增强。由于多数领导干部熟悉党的政策和法律，社会经验丰富，在实施贪污贿赂犯罪时通常会采取一定的反侦查手段，以逃避打击。有的在作案前精心预谋。在着手实施贪污贿赂犯罪前，他们往往反复权衡，精心策划，准备充分，在作案时就已经为对抗侦查做了充分准备，收受贿赂采取现金流转、预期支付、隐性持股等不同形式，很多犯罪人员作案时就与相关人员订立了攻守同盟，为案件查办带来极大难度，为法律适用造成极大障碍。其中较为典型的是，在辽宁省电力有限公司燕某某职务犯罪案件中，其妻高某某为隐匿燕某某收受的赃款，先后以郭某某、高某等9人名义开设了二十余张银行卡，来回反复倒账，据反洗钱调查，其中高某某利用他人的银行账户累计交易约2.7亿元。

为应对贪贿犯罪发展的这种新形势，2007年5月29日中纪委下发了《中共中央纪委关于严格禁止利用职务上的便利谋取不正当利益的若干规定》，同年7月9日，最高人民法院、最高人民检察院又联合出台了《关于办理受贿刑事案件适用法律若干问题的意见》，这都是针对办案实践中上述行为长期无法认定为犯罪问题的一种明确。2009年，《刑法修正案（七）》又作了相应规定，提供了法律查处依据。我们内部把这些规定中所涉及的犯罪称为"新型受贿犯罪"，具体包括十种行为：一是以交易形式收受贿赂；二是收受干股；三是以开办公司等合作投资名义收受贿赂；四是以委托请托人投资证券、期货或者其他委托理财的名义收受贿赂；五是以赌博形式收受贿赂；六是特定关系人"挂名"领取薪酬；七是由特定关系人收受贿赂；八是收受贿赂物品未办理权属变更；九是收受财物后退还或者上交；十是在职时为请托人谋利，离职后收受财物。

（六）多种犯罪交织，社会危害性大

在普遍认识中，人们往往把腐败犯罪简单地视为贿赂犯罪，这是一种直观感觉，实际上，随着欲望的不足和贪婪的增加，许多犯罪分子实施了多种犯罪，加重了社会危害性。多种犯罪分为三种情形：一是多种贪污贿赂犯罪交织。有的犯罪分子同时实施多个贪污贿赂犯罪行为。例如，中国出口信用保险公司原副总经理戴某某，1996年至2012年间利用职务上的便利为请托企业和个人在承包境外工程、获得贷款、保险担保等方面提供帮助，涉嫌受贿人民币805万余元、美元2689万余元，折合人民币共计2.01亿余元；伙同他人涉嫌贪污1920余万美元，折合人民币1.2亿余元，总涉案金额为人民币3.21亿余元。此外，办案中还发现，为谋取提拔，有的领导干部在受贿的同时向上行贿的案件也非常多，如近期公布的原昆明市市委书记高某某在受贿1191万余元的同时，向白某某妻子行贿港元200万元。二是多数玩忽职守、滥用职权的失职渎职背后都存在受贿犯罪。近年来，我国出现多起重大责任事故，办案机关发现许多失职渎职行为的根源在于权钱交易后的有意识放纵。某省在查办市人防办主任李某某滥用职权，违法审批多个小区项目人防工程建设面积，致使少建和降低防空地下室建设标准，给国家造成经济损失1亿余元渎职案件时，同时查明其收受开发商贿赂700余万元。原解放军总后勤部副部长谷某某涉嫌贪污、受贿、挪用公款，同时也涉嫌滥用职权犯罪。三是与其他普通刑事犯罪交织。例如，济南市原人大常委会主任、党组书记段某某涉嫌爆炸罪、受贿罪、巨额财产来源不明罪。

（七）涉外犯罪案件上升，境外潜逃增多

当前，跨国经济往来与贸易的发展给中央企业职务犯罪带来新的机会和便利，一些人员利用从事国际贸易的优势实施犯罪，涉外犯罪案件数量上升。例如，2011年，中国出口信用保险公司原副总经理戴某某与时任中水电国际公司安哥拉区域业务总部总经理孙某某共谋，利用公司在安哥拉开展业务的便利，在安哥拉工程项目上以代理费方式"挣钱"。此后，戴某某指使其原下属王某某在香港注册某公司以便于收取代理费。2012 年，在相关安哥拉工程项目已与外方代理公司签订咨询代理服务协议的情况下，孙某某从中选择了 10 个规模小、回款快的项目，以向安哥拉财政部长支付咨询费的虚假名义，又与该公司签订了咨询代理服务协议，代理费折合人民币 1.2 亿余元。

此外，一些人员在犯罪时提前打算，以经营业务的借口将公款转移国外，一有风吹草动，即潜逃国外。例如，在中国石油天然气集团公司昆仑天然气利用有限公司原总经理陶某某案件中，相关人员听闻陶某某被查后，纷纷出逃境外，给办案机关带来很大难度。

二、当前贿赂犯罪的新形态

（一）政治利益与经济利益相互交织的国家公职人员犯罪凸显

犯罪由经济领域向经济与政治交织发展、渗透，在政治、经济、社会和法治等方面造成严重危害。腐败成员以某主要领导干部为核心，政治上互相依附，权力上互相利用，以利益为轴心，以权力为纽带，以腐败犯罪为手段，形成了以同乡、同学、老同事、老部下等为链条的"利益圈"。

（二）国家公职人员犯罪呈机制化、模式化态势

商人随领导干部任职单位、部门和地方的变化而改变业务的区域布局，业务领域、区域和范围随领导干部任职的空间变化而变化，随领导干部权力内容的变化而变化，贿随权移，贿随权集，权为贿用。权钱交易不再是"一次一清"的即清式，官为商谋利，商为官敛财，官商关系密切、圈子稳定，结成官商勾结、政商勾

连的长期"伙伴"和权钱交易固定"搭档",形成政治利益与经济利益连环输送的长期稳定利益链,呈机制化、链条化。

(三) 家庭成员分工敛财的国家公职人员犯罪显现

领导干部家人、亲属、秘书、情妇、司机等特定关系人,成为"权力掮客",帮行贿者"找对人""办成事",替受贿者"管好账""销好赃",成为权力寻租者的"经纪人"和"白手套",变"坐等渔利"为"主动出击",官员家属主动"制造"、物色权钱交易机会,甚至公开"批发官帽""兜售资源",从中渔利。出现父子、夫妻、兄弟"齐上阵",分工协作搞腐败的场景。

(四) 靠山吃山、靠水吃水的国家公职人员犯罪,呈垄断化、便利化

某些领导干部身处单位、行业、领域的权力顶端,在单位、行业、系统内掌握稀缺资源,坐拥垄断地位,唯我独尊,"我的地盘我做主"。采取打招呼、批条子、揽项目、搞关联企业等方式,"雁过拔毛",方便、快捷、低成本地实施腐败犯罪,部分国企俨然成为高管们分肥获利的家族企业,肆意侵吞国有资产,祸害国有企业。

(五) 查处一个、牵出一窝的国家公职人员犯罪多发

腐败犯罪已由过去单一的特定地域、领域,逐步发展为多层次、跨行业、多地域、多领域。一些地方、单位、部门和行业领域,政治生态扭曲、变质,形成腐败环境、气候,潜规则盛行,腐败犯罪呈"破窗效应",群体性、结构性、塌方式腐败增多,涉案人员多等。

第二节 贿赂犯罪侵犯的法益

近年来,用犯罪侵犯的法益代替传统犯罪构成中的客体,成

为刑法学界研究犯罪、刑责和处罚的常用方法和主流观点。贿赂犯罪作为刑法的重要犯罪，探讨其侵犯的法益，就成为研究贿赂犯罪首先应该解决的问题。

一、法益的基本含义

"法益"一词，由德国学者宾丁于1872年在其《规范论》中首创。① 宾丁指出：规范之所以禁止引起某种结果，是因为所禁止的行为可能造成的状态，与法的利益相矛盾。另外，行为前的状态是与法的利益相一致的，不应通过变更而被排除的所有这些状态，具有法的价值，这就是法益。② "法益"一词被善于思辨的德国人提出后，迅速被各国法律学界热议、争论、反对或者接受，尽管莫衷一是，但是却对大陆法系国家的刑法理论产生了深刻影响，日本和我国台湾地区学者纷纷加入论证中，一时间法益学说纷繁不衰，新学说层出不穷。

那么，法益的基本含义是什么？法益学说精彩纷呈，但至今没有绝大多数学者认可的通说。总结各种学说，本书认为比较有代表性的有以下几种：第一种是德国早期的刑法学者李斯特的观点："法益就是合法的利益"，就是"由法律保护的利益"③；第二种是德国"二战"后弗莱堡学派的一般性观点，认为：法益是指

① 张明楷著：《法益初论》，中国政法大学出版社2003年版，第17~29页。但本书不认可上述表述，就是我们现在理解的"法益"的概念。也有学者认为，法益的发明权属于伯恩鲍姆（Birnbaum）的"财"保护理论。早在1834年，伯恩鲍姆在其发表的《论有关犯罪概念的权利侵害的必要性》一文中，已经提出"在法上（rechtlich）归属于我们的财（gut）""应当由法规（gesetze）加以保护"等表述。

② 张明楷著：《法益初论》，中国政法大学出版社2003年版，第31页。

③ ［德］李斯特著：《德国刑法教科书》，徐久生译，法律出版社2006年版，第6页。

"由制裁所保护的制度及社会伦理的价值、规范的妥当状态"①；第三种是日本的一般性观点，认为："法益作为刑法的保护客体实质上就是法律依据构成要件进行保护的利益或价值"②；第四种是我国台湾地区的一般性观点，认为："法益即是国家与社会所公认应以国家强制力加以保护之社会共同生活上不可或缺之生活利益之基本价值"③；第五种是以张明楷教授为代表的中国大陆一般性观点，认为："法益是根据宪法的基本原则，由法所保护的、客观上可能受到侵害或者威胁的人的生活利益"。论者强调："我们可以将法益分为个人法益和超个人法益（包括国家法益、社会法益），但它们最终都是人的利益，超个人法益和个人法益从根本上说是一致的。"④

本书认为，尽管从汉字字面上看，法益是法所保护的利益，正如有学者指出的，"法益必须与利益相关联。利益是能够满足人们需要的东西，当某种状态所反映的是人们所需求的一种秩序时，它便是利益。所有的法律，都是为着社会上的某种利益而生；离开利益，就不存在法的观念"。⑤ 这一点从上述各种有代表性的法益学说中也可以得到印证。但是，法益是不是仅指个人利益，而不包括公共利益和国家利益，本书认为值得商榷。当然，在现代民主和法治的理论中，个人是社会的本源，个人的权利和利益具

---

① 张明楷著：《法益初论》，中国政法大学出版社 2003 年版，第 107页。

② ［日］福田平、大塚仁编：《日本刑法总则讲义》，李乔等译，辽宁人民出版社 1986 年版，第 47 页。

③ 林山田著：《刑法特论》（上册），台湾三民书局 1979 年版，第 2 页。

④ 张明楷著：《法益初论》，中国政法大学出版社 2003 年版，第 167页。

⑤ 张明楷著：《刑法学》（第 5 版），法律出版社 2016 年版，第 62 页。

有终极意义，作为公民的人才是社会利益的真正主体和享受者，国家和社会的存在只是为了更好地实现和保障公民个人的权利，但是，不能因此简单地认为法益仅指法律保护的个人利益，一是因为从法益概念创立之初就不是排他的，否则，就会得出国家利益和社会利益不需要法律保护的结论，这显然不符合法的功能。二是尽管国家利益和社会利益能够还原成为公民个人的利益，但公共利益往往并不明确归属于某个个人，公共利益有其独立存在的价值；同样，国家利益是全体人民的利益，但国家的存在、完整、发展及其尊严和职能的发挥等均衍生出其自身的一定利益，这种利益与一般的个体利益或社会公共利益之间有明显的区别，也有其独立存在的意义。三是用利益还原这样的方式思考问题，要么是互相还原循环往复没有穷尽，要么就会出现万变不离其宗的结局，进而否定多数个体的独立意义。这样的研究方法并不可取，而在法律语境中，公共利益往往最终表现为公共秩序，国家利益的最高形式则是国家制度。因此，本书认为，法益的含义应当表述为：由宪法和法律所保护的、客观上可能受到侵害或者威胁的个人利益、公共秩序和国家制度。

二、刑法上的法益与犯罪客体

我国刑法学引入法益理论就是为了解决传统的社会危害性理论的空洞、模糊等问题。如前文所述，关于法益的概念、内涵、功能等在国内外都有诸多争议，但从目前我国刑法理论的发展看，犯罪的本质是侵犯法益这一观点逐渐被大多数人所接受。

按照上述法益的含义，将刑法上的法益表述为"由刑法所保护的、客观上可能受到侵害或者威胁的个人利益、公共秩序和国家制度"① 更容易理解。因为法益这个概念最早应当是从民法的角度提出的。民法是私法，其本身就侧重于对公民个人利益的保护；而刑法是公法，除了对公民个人利益保护外，还要保护公共秩序和国家制度。因此公共秩序和国家制度也是法益的应有内容，即个人利益、公共秩序和国家制度都是刑法保护的对象。正像有学者指出的，"公共利益，实际上就是个人利益的集合，是全社会的共同利益。公共利益是过滤掉了个体利益中的独特个性部分的个体之间的共同利益，是对个体与个体之间、个体与全体之间、个体与组织或机构之间进行协调的结果。公共利益并不明确归属于某个个人，公共利益受到侵害时个体往往无法或难以得到私法上的救济，通常只能由公法予以救济"。同时，"坚持国家利益并不必然导致国家主义，只要不忽视个体利益和公共利益，就能使得国家利益更好地服务于个人利益和公共利益。在个体利益、公共利益和国家利益三者关系中，个体利益是首要的基本利益，公共利益和国家利益均以个体利益为基础"②。

刑法上的法益概念的提出和学界的热议，对我国刑法传统犯罪构成理论提出挑战，特别是法益是否取代犯罪客体，令人疑惑。通说认为，法益实际上就是我国传统刑法理论上所说的犯罪客

---

① 张明楷著：《刑法学》（第 5 版），法律出版社 2016 年版，第 1203 页。目前，认为受贿罪所保护的法益是国家工作人员职务行为的不可收买性（不可出卖性、无不正当报酬性），也可说是国家工作人员职务行为与财物的不可交换性的观点正在被大家普遍接受。这一观点的主要倡导者张明楷教授强调指出："这种法益不是个人法益，而是超个人法益"，更支持了本书法益表述为"由刑法所保护的、客观上可能受到侵害或者威胁的个人利益、公共秩序和国家制度"的观点。

② 刘芝祥：《法益概念辨识》，载《政法论坛》2008 年第 26 卷第 4 期，第 16 页。

体①。也就是说，法益替代了客体。犯罪客体，是指我国刑法所保护而为犯罪行为所侵犯的社会关系。社会关系就是人们在生产和共同生活活动过程中所形成的人与人之间的相互关系。而我国刑法所保护的那种社会关系按照我国《刑法》第13条规定，是指国家主权、领土完整和安全，人民民主专政的政权，社会主义制度，社会秩序和经济秩序，国有财产或者劳动群众集体所有的财产权，公民私人的财产所有权，公民的人身权利、民主权利和其他权利，等等。从上述刑法所保护的客体来看，把主权、安全、制度、秩序等不加区分地都归纳为社会关系，显然比较牵强，也有失准确。既然法益就是法律所保护的利益，从受保护的角度而言，犯罪所侵犯的客体，就是法律所保护的利益，即法益，因此，法益就是犯罪客体，我们认为结论是成立的。法益理论为我们解释和运用刑法提供了重要遵循。人们基本认同法益具有注释——运用功能、系统分类功能、系统的界定功能和刑事政策功能。② 一方面，法益理论具有规范指引的功能，从价值层面上明确了犯罪的本质——侵犯法益。另一方面，法益在指导刑法运用和解释刑法上也具有重要意义，对具体犯罪范围和内涵具有限制和扩充作用。有学者专门研究指出，法益用于指导刑法分则规定的行为构成，可以通过两种途径实现，一是法益可以帮助解释行为构成的含义，对行为构成内容的解释要遵循规范时所期望保护的法益来进行；二是通过法益的解释排除行为构成，通过对构成要件的实质解释将某些轻微的、社会一般容忍的行为排除出行为构成。③ 由此可见，对

---

① 张明楷著：《刑法学》（第5版），法律出版社2016年版，第63页。

② ［意］杜里奥·帕多瓦尼著：《意大利刑法学原理》（注评版），陈忠林译，中国人民大学出版社2004年版，第70~90页。

③ 刘孝敏：《法益的体系性位置与功能》，载《法学研究》2007年第1期，第81页。

法益功能的正确界定，有助于理解具体犯罪的构成要件要素，也可以使刑法解释和刑事司法运用更加符合立法的目的和本意。

三、贿赂犯罪侵犯的法益

在我国，鲜见对贿赂犯罪侵犯的法益的研究结论，而多见于对受贿犯罪侵犯的法益的研究，当然一直存在不同的观点。1979年我国刑法颁布后，相当长的一段时间内学者们将受贿罪的客体界定为国家机关的正常管理活动①，后来也有学者在此基础上认为，受贿罪的法益不仅包括国家机关、企业、事业单位、军队、团体的正常活动，而且包括公私财产所有权。② 后来一个时期，受贿罪侵犯的法益是国家机关工作人员职务行为的廉洁性的说法成为主流③，但对于廉洁性的理解也不尽相同，有人认为廉洁性指的是职务行为本身④，有人认为廉洁性指的是公务员的廉洁制度。⑤目前，认为受贿罪所保护的法益是国家工作人员职务行为的不可收买性，也可以说是国家工作人员职务行为与财物的不可交换性⑥的观点正在被大家评判。

"正常管理活动说"反映的是把受贿罪作为渎职罪的一种加以规定的思路，而渎职罪中国家机关的正常管理活动地位突出，所

---

① 高铭暄主编：《刑法学》，北京大学出版社 1989 年版，第 703 页。

② 刘白笔、刘用生著：《经济刑法学》，群众出版社 1989 年版，第 504页。

③ 高铭暄、马克昌著：《刑法学》，北京大学出版社、高等教育出版社 2010 年版，第 709 页。

④ 马克昌著：《刑法理论探索》，法律出版社 1995 年版，第 255 页。

⑤ 赵长青著：《经济犯罪研究》，四川大学出版社 1997 年版，第 563页。

⑥ 张明楷著：《刑法学》（第 5 版），法律出版社 2016 年版，第 1203页。

以人们在讨论受贿犯罪侵犯的法益时首先想到的就是国家机关的正常管理活动，但是何为国家机关的正常管理活动，其具体内容并不明确，如此笼统而模糊地界定受贿罪的客体，往往无法准确区分受贿罪和其他相关犯罪的不同本质，无疑使其失去了构成要件的解释功能，同时也缺乏应有的理论和实践价值。把公私财产所有权作为受贿罪所保护的法益，其道理上也讲不通，这意味着在公私财产没有受到侵犯的情况下，索取、收受财物的行为就不是受贿，而实践当中公私财产没有受到侵犯的情况大量存在且难以判断。而"廉洁性说"有一定的合理性，但其主要缺陷是：其一，"廉洁性"一词具有很强的概括性，其具体包含哪些内容并不明确，相对于国外刑法理论的公正性说和不可收买性说，廉洁性显得空洞；其二，廉洁性指的是职务行为本身还是廉洁制度，究竟哪一种观点更有说服力，学界还未达成共识。实际上，前述的两种表述不仅是形式上有区别，内涵上也有问题，不同的表述完全可能形成对受贿罪构成要件不同的解释结论，因为若是以职务行为的廉洁性为立场，那么对正当的职务行为收受贿赂是否成立受贿罪，在解释上就陷入僵局；若是以公务员的廉洁制度为立场，则成立受贿罪就不需要公务员实施不正当的职务行为。最后一种观点，将国家工作人员职务行为的不可收买性，与国家工作人员职务行为与财物的不可交换性等同起来，看似全面，但却缺乏仔细推敲，一是国家工作人员职务行为的不可收买性既包括职务行为的不可收买性本身，还包括公民对职务行为不可收买性的信赖，而把信赖作为一种利益，有些牵强；二是从词义上看，不可收买性偏重于规制受贿行为人的行为，而不可交换性则是规制贿赂犯罪双方当事人的行为；三是司法实践中，贿赂犯罪中职务行为不仅仅与财物进行交换，还应当包括一些财产性利益。

本书认为，贿赂犯罪侵犯的法益，应当在前述受贿犯罪侵犯的法益有关理论的基础上，更全面地思考所有贿赂犯罪当事人的行为，因此，将贿赂犯罪侵犯的法益表述为国家工作人员职务行为与不当利益的不可交易性，应当比较适当。理由如下：一是贿赂犯罪的本质就是权钱交易，上述表述能够反映贿赂犯罪的本质；二是国家公职人员依法定授权，并应依法定程序行使权力，权力与任何权力外利益交换，都会影响权力行使的正当性和合法性，因此规制国家公职人员依法行使职权，就必须要防止权力与其他利益交换；三是刑法做出否定评价的与权力进行交换的利益应当是不正当的，而且这种不正当利益有时不仅仅表现为财物，尽管根据我国刑法的规定，行贿是指为谋取不正当利益，给予国家工作人员以财物；受贿是指国家工作人员利用职务上便利，向他人索取或者收受他人财物，为他人谋取利益；四是将贿赂犯罪侵犯的法益表述为国家工作人员职务行为与不当利益的不可交易性，也符合2016年3月"两高"公布的《关于办理贪污贿赂刑事案件适用法律若干问题的解释》中传递出来的刑事司法理念转变要求，对受贿罪的规定采取的以犯罪数额为主、辅之以情节的方法，对于保证受贿罪的定罪正确、量刑均衡具有重要意义，同时也说明对贿赂犯罪侵犯的法益认识的开放态度，即不拘泥于财物等可以量化的利益，而是更广泛的不当利益。

四、贿赂犯罪侵犯的对象

正如前文所述，我国刑法规定的行贿是指为谋取不正当利益，给予国家工作人员以财物；受贿是指国家工作人员利用职务上的便利，向他人索取或者收受他人财物，为他人谋取利益的行为。因此，我国刑法中贿赂犯罪的对象是财物。中共十八届四中全会通过的《中共中央关于全面推进依法治国若干重大问题的决定》要求，完善惩治贪污贿赂犯罪法律制度，把贿赂犯罪对象由财物扩大为财物和其他财产性利益。2015年8月全国人大通过《刑法修正案（九）》，将《中共中央关于全面推进依法治国若干重大问题的决定》要求落实到刑法条文的修改中。2016年3月"两高"公布的《关于办理贪污贿赂刑事案件适用法律若干问题的解释》，则对《刑法修正案（九）》中关于贪污贿赂犯罪的规定具体化。《关于办理贪污贿赂刑事案件适用法律若干问题的解释》第12条规定：贿赂犯罪中的"财物"，包括货币、物品和财产性利益。财产性利益包括可以折算为货币的物质利益如房屋装修、债务免除等，以及需要支付货币的其他利益如会员服务、旅游等。后者的犯罪数额，以实际支付或者应当支付的数额计算。

长期以来，关于贿赂犯罪的对象也一直存在较大争议，上述《解释》的出台，从实定法的角度将有关贿赂犯罪的对象的争议平息，但是"财物"包括货币、物品和财产性利益的规定，能否反映贿赂犯罪的本质特征，能否满足惩治腐败犯罪的需要，作为实务工作者，表示存疑。

本书认为，为了更有利于同贿赂这一严重的腐败行为作斗争，切实保护法益，有必要把贿赂的对象扩大到非财产性利益。理由如下：

1. 把贿赂的对象扩大到非财产性利益，更符合刑法所保护的法益。因为在惩治贿赂犯罪方面，刑法所保护的法益是国家工作人员职务行为与不当利益的不可交易性，而这种不当利益，既包括货币、物品和财产性利益，也包括非财产性利益。

2. 把贿赂的对象扩大到非财产性利益，更有利于保持对腐败犯罪特别是贿赂犯罪的打击力度。因为当前贿赂犯罪出现了许多新动态，贿赂对象除传统的财物和财产性利益外，还出现了为安置子女就业、迁移户口、免费提供某种资格资质、提供出国留学便利、提供性服务等非财产性利益，将上述非法利益排除在贿赂犯罪对象之外，势必会影响查办贿赂犯罪工作。

3. 把贿赂的对象扩大到非财产性利益，具有法律支撑。2013年《联合国反腐败公约》对贿赂的规定，均表述为"不正当好处"，如《联合国反腐败公约》第 15 条规定，贿赂本国公职人员，各缔约国均应当采取必要的立法措施和其他措施，将下列故意实施的行为规定为犯罪：（一）直接或间接向公职人员许诺给予、提议给予或者实际给予该公职人员本人或者其他人员或实体不正当好处，以使该公职人员在执行公务时作为或者不作为；（二）公职人员为其本人或者其他人员或实体直接或间接索取或者收受不正当好处，以作为其在执行公务时作为或者不作为的条件。

4. 把贿赂的对象扩大到非财产性利益，有关国家和地区的立法可资借鉴。例如，日本刑事判例将贿赂解释为：①金融利益；②债务；③艺妓的表演；④性服务；⑤公私职务的有利条件；⑥参与投机事业的机会；⑦帮助介绍职业；⑧金额、履行期尚未确定的谢礼；⑨将来要建立的公司股票；⑩其他能满足人的需要和欲望的一切利益。新加坡 1970 年的《防止贿赂法》把"合法报酬以外的报酬"视为贿赂，同时把报酬的多种形式作了具体列举，包括：①金钱或任何礼品、贷款、费用、酬金、佣金、有价证券或其他财产或任何形式的财产性利益，不论是动产或不动产；②任何职务、就业或契约；③任何支持、免除、清还或清算任何贷款、责任或其他负债，不论其是否全部或部分；④任何其他服务、优惠或者任何其他形式的好处。英美法系的加拿大刑法典中明文规定"职位、雇佣"等非物质性利益可成为受贿罪之犯罪对象；我国香港地区《防止贿赂条例》规定"公务员索取或收受某种好处，或公众中有人向公务员提供某种好处……都属于犯罪行为"。

其中的"好处"除款项外，还包括所有可以想象到的一切利益。[①]

第三节　受贿犯罪的主体

《刑法》第 385 条规定，国家工作人员利用职务上的便利，索取他人财物的，或者非法收受他人财物，为他人谋取利益的，是受贿罪。而依据《刑法》第 93 条的规定，刑法所称国家工作人员，是指国家机关中从事公务的人员。近年来随着法律规定和司法解释的进一步完善，关于受贿犯罪主体的争论在司法实践中达成了一定共识，但针对部分特殊人员的主体认定，在理论界和实务界均有不同的认识。

一、关于受贿犯罪主体的立法演进

从历史的角度观察受贿犯罪主体的立法变化，可以看出在不同的历史时期，我国对受贿犯罪的打击范围和力度的演变，对于更加准确理解现行法律关于受贿犯罪主体的立法本意有着重要的意义。受贿罪的保护法益是国家工作人员职务行为与不当利益的不可交易性。可以看出，刑法中受贿犯罪的主体与公权力、国家工作人员的职务行为密不可分。新中国成立后，由于经济体制比较单一，在计划经济时代下，国家工作人员的范围比较宽泛，是为了保护刚刚建立的公有制经济基础的需要。1979 年刑法中，将受贿罪的主体规定为国家工作人员、集体经济组织工作人员或者其他从事公务的人员。不仅增加了经济组织工作人员作为受贿罪的主体，而且还增加了其他从事公务的人员内容，更进一步增强

---

① 包健：《商业贿赂犯罪对象应包括一切不正当利益》，载《检察日报》2007 年 3 月 19 日。

了对公有制经济的保护。随着改革开放的深入，我国的经济运行方式和经济结构也发生了深刻的变革，多种经济成分并存，对计划经济下的各种制度带来了不小的挑战。中外合资、外商独资、中外合作、民营、股份制等多种经营方式的经济实体，特别是国有控股、参股等混合型经营主体，这些经济实体中的国家工作人员如何认定，成为司法实践部门的一大难题。

为顺应时代发展，1997 年修订后的刑法对受贿犯罪主体进行了修改，规定受贿罪的主体是国家工作人员，并对国家工作人员的具体范围作了进一步解释，即通过 1997 年《刑法》第 93 条作出明确规定，国家工作人员只限于：国家机关中从事公务的人员；国有公司、企业、事业单位、人民团体中从事公务的人员；国家机关、国有公司、企业、事业单位委派到非国有公司、企业、事业单位、社会团体从事公务的人员；其他依照法律从事公务的人员。2000 年 4 月 29 日，全国人大常委会《关于〈中华人民共和国刑法〉第九十三条第二款的解释》规定，村民委员会等村基层组织人员协助人民政府从事下列行政管理工作，属于《刑法》第 93 条第 2 款规定的"其他依照法律从事公务的人员"。2003 年 11 月 13 日，最高人民法院印发的《关于办理经济犯罪案件的会议纪要》中，从国家机关工作人员的认定；国家机关、国有公司、企业、事业单位委派到非国有公司、企业、事业单位、社会团体从事公务的人员的认定；"其他依照法律从事公务的人员"的认定这三个方面具体阐释了国家工作人员犯罪主体问题。2009 年 2 月 28 日全国人大常委会制定的《刑法修正案（七）》第 13 条规定："国家工作人员的近亲属或者其他与该国家工作人员关系密切的人，通过该国家工作人员职务上的行为，或者利用该国家工作人员职权或者地位形成的便利条件，通过其他国家工作人员职务上的行为，为请托人谋取不正当利益，索取请托人财物或者收受请托人财物，数额较大或者有其他较重情节的"以及"离职的国家工作人员或者其近亲属以及其他与其关系密切的人，利用该离职的国家工作人员原职权或者地位形成的便利条件实施前款行为的"，构成"利用影响力受贿罪"。从这一规定中可以看出，此时的受贿罪主体，已经从国家工作人员扩展到了非国家工作人员，即"国家工作人员的近亲属或者其他与该国家工作人员关系密切的人"和"离职的国家工作人员或者其近亲属以及其他与其关系密切的人"。由此可以看出，受贿犯罪的主体范围经历了由宽泛到严格限制，再到逐渐扩张的过程。

二、关于国家工作人员范围的观点

在司法实践中，对于国家工作人员范围的讨论，多数是在涉及某一个个案中，需要对某一个犯罪嫌疑人的主体适格问题进行研究时，对国家工作人员范围的观点进行探讨。目前，我国刑法对国家工作人员的范围进行了列举式的规定，即将其分为四类：国家机关中从事公务的人员；国有公司、企业、事业单位、人民团体中从事公务的人员；国有公司、企业、事业单位委派到非国有公司、企业、事业单位、社会团体从事公务的人员和其他依法从事公务的人员。此类列举的方式虽简单明了，但是"由于立法规定过于概括，又没有作出司法解释，这一规定远未解决司法认定中的难题。因而，对受贿罪的主体范围的界定，学界一直争论不休"。① 概言之，目前学界对国家工作人员范围的观点主要集中在以下三个方面：

一是身份论。身份论者认为国家工作人员的犯罪作为一种职

---

① 廖福田著：《受贿罪纵览与探究——从理论积淀到实务前沿》，中国方正出版社 2007 年版，第 363 页。

务犯罪，其犯罪主体必须具备国家工作人员的身份。包括：一种以是否具有编制为依据，认为"主要看是否具有'两证四表'（指分配、转干报到证明及以工代干审批表、招干录用审批表、国家工作人员录用表、干部登记履历表），如具有'两证四表'之一的，应认定为具有国家工作人员的身份"。[①] 另一种"根据最高人民法院的内部文件，所谓'具有国家工作人员身份'是指具有国家干部身份，即必须根据国家组织人事部门的有关规定，正式纳入国家干部序列的人员。按照该观点，不具有干部身份的人即使在国有企业中行使管理权限，仍不属于国家工作人员"。[②]

二是公务论。公务论者认为不管行为人是否具有国家工作人员的身份，只要是存在"从事公务"的事实，就可认定为具备犯罪主体的要件。然而，对"从事公务"的含义我国刑法学界存在诸多争议，概言之，主要有以下四种：第一，"从事公务是指依照法律规定，从事组织、领导、监督、管理国家事务和社会公共事务的活动，其本质是行使国家权力，活动内容具有广泛性"。[③] 第二，"从事公务就是依法履行职责的职务行为以及其他办理国家事务的行为"。[④] 第三，"从事公务就是对公共事务的管理活动，即从事组织、领导、监督、管理等职务行为以及其他办理国家事务的

① 朱国雄：《受贿罪主体区别原则及其适用》，载《人民司法》1998 年第 3 期，第 22 页。

② 关福金：《刑法中国家工作人员概念的理解》，载《刑事法判解》（第 2 卷），法律出版社 2000 年版，第 200 页。

③ 孙国祥著：《关于国家工作人员的几个问题》，中国方正出版社 1999 年版，第 295 页。

④ 张穹主编：《修订刑法条文实用概论》，载《刑事法判解》（第 5 卷），法律出版社 2002 年版，第 207 页。

行为"。① 第四,"从事公务是指依法履行职责的职务行为以及办理国家或集体事务的行为"。②

三是折中论。折中论者主张将公务和身份相互兼顾,"即以国家工作人员论者必须具备一定的资格身份,如果不具有资格身份,则不可能从事公务;而具有资格身份的人,如果从事的仅仅是劳务,也不是国家工作人员"。③

从法律和司法解释的规定来看,只是采用列举的方式对我国刑法关于国家工作人员范围作了较为概括性的规定,但司法实践中针对国家工作人员范围的判断情况较多,也很复杂。我们认为,对国家工作人员的范围认定,应当以公务作为标准,换言之,国家工作人员的本质特征是"从事公务"。理由如下:

一是符合受贿犯罪的法益。"对于受贿罪法益的争论,并非只是具有形式意义。因为对保护法益的理解不同,必然导致对受贿罪的构成要件的解释不同。"④ 受贿罪的保护法益是国家工作人员职务行为与财务的不可交换性。这种法益不是个人法益,而是超个人法益。⑤ 法益具有多重、数种功能,其中一项非常重要的功能就是对犯罪构成要件的解释功能。职务只是公务的职责性表述,公务是界定职务的标准。所以职务行为和公务行为系属同意表述,

---

① 唐立坚著:《"国家工作人员"探析》,中国方正出版社 1999 年版,第 306 页。

② 刘家琛主编:《新刑法条文释义》,人民法院出版社 2001 年版,第 358 页。

③ 江礼华:《论国家工作人员范围的界定》,载胡驰、于志刚主编:《刑法问题与争鸣》(第 1 辑),中国方正出版社 1999 年版,第 308 页。

④ 张明楷著:《刑法学》(第 5 版),法律出版社 2016 年版,第 1201 页。

⑤ 张明楷著:《刑法学》(第 5 版),法律出版社 2016 年版,第 1203 页。

故而所谓的从事公务就包含已经实施的职务行为、将要实施的职务行为以及正在实施的职务行为三种形态，而无论是索取贿赂还是收受贿赂都是在这三种过程中实施和完成的。

二是符合立法精神。刑法、司法解释和立法解释所采取的基本立场均是围绕"从事公务"这一本质特征展开的。无论是2000年4月29日全国人大常委会《关于〈中华人民共和国刑法〉第九十三条第二款的解释》，还是2003年11月13日最高人民法院印发的《关于办理经济犯罪案件的会议纪要》，再到2009年2月28日全国人大常委会制定的《刑法修正案（七）》的第13条，都支持了这样的观点。特别是《全国法院审理经济犯罪案件工作座谈会议纪要》规定"从事公务是指代表国家机关、国有公司、企业、事业单位、人民团体等履行组织、领导、管理、监督等职责"。再从渎职犯罪的主体来看，2000年10月9日最高人民检察院《关于合同制民警能否成为玩忽职守罪主体问题的批复》指出，根据《刑法》第93条第2款的规定，合同制民警在依法执行公务期间，属其他依照法律从事公务的人员，应以国家机关工作人员论。对合同制民警在依法执行公务活动中的玩忽职守行为，符合《刑法》第397条规定的玩忽职守罪构成条件的，依法以玩忽职守罪追究刑事责任。2000年9月19日最高人民法院《关于未被公安机关正式录用的人员狱医能否构成失职致使在押人员脱逃罪主体问题的批复》指出，对于未被公安机关正式录用，受委托履行监管职责的人员，由于严重不负责任，致使在押人员脱逃，造成严重后果的，应当依照《刑法》第400条第2款的规定定罪处罚。不负监管职责的狱医，不构成失职致使在押人员脱逃罪的主体。但是受委派承担了监管职责的狱医，由于严重不负责任，致使在押人员脱逃，造成严重后果的，应当依照《刑法》第400条第2款的规定定罪处罚。2001年3月2日起施行的最高人民检察院《关于工人等非监管机关在编监管人员若干适用法律问题的解释》也指出，工人等非监管机关在编监管人员在被监管机关聘用受委托履行监管职责的过程中私放在押人员的，应当依照《刑法》第400条第1款的规定，以私放在押人员罪追究刑事责任；由于严重不负责任，致使在押人员脱逃，造成严重后果的，应当依照《刑法》第400条第2款的规定，以失职致使在押人员脱逃罪追究刑事责任。全国人大常委会《关于〈中华人民共和国刑法〉第九章渎职罪主体适用问题的解释》将国家机关工作人员解释为三种情形，即（1）在依照法律、法规规定行使国家行政管理职权的组织中从事公务的人员；（2）在受国家机关委托代表国家机关行使职权的组织中从事公务的人员；（3）虽未列入国家机关人员编制，但在国家机关中从事公务的人员。上述三类人员在代表国家机关行使职权时，有渎职行为，构成犯罪的，依照《刑法》关于渎职罪的规定追究刑事责任，也采取的是公务论的观点。

三是有利于符合司法实践的运用。自党的十八大以来，我国提出了"四个全面"的战略布局，全面深化改革已经进入了深水期，现代企业制度的发展、人事管理制度的改革、行政体制改革的推进、新兴社会力量的兴盛，"大众创业、万众创新"深入人心，在这样的历史背景下，国家机关和国有企、事业单位以及人民团体的内涵和外延都在发生着变化，而"身份论"已经完全不能适应这些变化，唯有以公务论来应用于实践，才能不枉不纵。例如，人民监督员在对职务犯罪案件的监督过程中存在徇私舞弊等行为的，对于此类情形司法机关仍会按照职务犯罪的相关规定进行定罪处罚。又如协警、书记员、工人身份的司法警察在协助警察、司法工作人员从事公务时，为他人谋取利益，收受他人财物，也应当作为受贿罪追究其刑事责任。再如，2003年1月13日最高人民检察院法律政策研究室作出的《关于佛教协会工作人员能否构成受贿罪或公司、企业人员受贿罪主体问题的答复》中指出"佛教协会属于社会团体，其工作人员除符合刑法第九十三条第二款的规定属于受委托从事公务的人员外，既不属于国家工作人员，也不属于公司、企业人员。根据刑法的规定，对非受委托从事公务的佛教协会的工作人员利用职务之便收受他人财物，为他人谋取利益的行为，不能按受贿罪或者公司、企业人员受贿罪追究刑事责任。"此答复的言外之意就是如果符合规定的话，作为社会团体的佛教协会中的工作人员是可以按照受贿罪定罪处罚的。

三、关于国家工作人员的司法认定

从刑法规定来看，第 385 条规定受贿罪的主体是国家工作人员，而国家工作人员又是通过第 93 条作出的规定，所以，受贿罪的犯罪主体内容实际上是通过第 93 条的规定表现出来的。在不同的表述中，"从事公务"是重复最多的字眼。《刑法》第 93 条规定，受贿罪的主体包括：国家机关中从事公务的人员；国有公司、企业、事业单位，人民团体中从事公务的人员和国家机关、国有公司、企业、事业单位委派到非国有公司、企业、事业单位、社会团体从事公务的人员，以及其他依照法律从事公务的人员。从这四种类型的受贿罪主体来看，在司法实践中应当注意把握如下问题：

一是必须是国家所属单位的工作人员。国家所属单位包括国家机关以及国有公司、企业、事业单位和人民团体。这些单位不仅是由国家依法设立，而且所有权属于全民所有，也就是国家所有。在这些单位上班，或者为这些单位履行特定工作职责的人，就是这些单位的工作人员，也就同时属于国家工作人员，或者以国家工作人员论的人。

二是必须是从事公务的人员。只有当行为人代表国家单位从事工作、履行职责时，他的身份才是真正意义上的国家工作人员。所以要严格区分行为人自己的行为和从事公务的行为。

三是从事公务的人员与国有单位之间必须具有明确的隶属关系。既是国家所属单位工作人员，又是履行公共事务的人员，这样的情况下才构成受贿犯罪的主体。

四是从事公务人员的行为结果应由其所属国有单位承担。国家工作人员的职业体现就是从事公务，而从事公务必然要产生行为结果，无论是好的结果抑或是坏的结果，在通常情况下总是会有结果发生。

国有医疗机构中从事医疗信息管理工作的事业编制人员，非法收取他人财物，为其获得本医疗机构信息提供便利的，是否构成受贿罪？国有医疗机构中从事医疗信息管理工作的事业编制人员，其工作实际是在履行公共事务管理、监督职责，具备公务性质，应属于国家工作人员；为他人获得本医疗机构信息提供便利，属于利用职务便利，符合受贿罪的构成要件。因此，国有医疗机构中从事医疗信息管理工作的事业编制人员，非法收取他人财物，为其获得本医疗机构信息提供便利的，应构成受贿罪。国有医疗机构中，从事医疗数据统计、传输、维护等信息管理工作的事业编制人员，其统计、传输、维护的信息和数据系国有医疗机构对医疗业务进行管理、监督、决策的重要依据，属于医保信息，工作内容具有公务性质，该人员系国有事业单位中从事公务的人员，应以国家工作人员论。该类人员利用从事信息管理的职务便利，非法收受医药营销人员财物，向其提供本医疗机构药品使用情况统计数据等信息，为相关药品生产、销售企业以不正当手段销售药品提供便利的行为，应当依照《刑法》第 385 条第 1 款的规定，以受贿罪定罪处罚。例如，丁某康受贿案：① 丁某康在担任某市某区社区卫生服务中心办公室信息管理员期间，利用负责构建、维护计算机网络及日常信息统计工作的便利，收受医药销售代表许某给予的好处费 27600 元，收受制药公司医药销售代表张某球给予的好处费 18000 余元，并向上述医药销售代表提供医院药品使用情况；收受电脑设备供应商负责人吴某兵给予的价值 2000 元的礼券、消费卡。法院最终认为：丁某康是国有事业单位社区卫生服务中心的事业编制人员。丁某康作为办公室信息管理员，工作职责包括监控信息数据库使用情况、管理用户权限、协助相关部门进行医保数据的统计、传输等信息管理工作，并对数据的真实性、准确性和安全性负责。这些信息是国有事业单位医院对医疗业务进行管理、监督、决策的重要依据。丁某康管理、监控医院用药数据等医保信息，是履行公共事务管理、监督等职责，从事的活动具有公务性质，故其应以国家工作人员论。丁某康身为国有事业单位中从事公务的国家工作人员，利用信息管理的职权，私自向药商提供数据，收受钱款，符合受贿罪钱权交易的特征，其还利用具有单位电脑采购建议权的职务便利，在计算机网络日常维护管理工作中，收取电脑设备供应商的礼券、消费卡，相关金额应与前述收取医药销售代表的贿赂款累计，一并以受贿罪论处。

在判断国有医院信息管理人员"拉统方"为医药营销代表谋取不正当利益的行为是否构成受贿罪时，应当从其职务内容是否具有公务属性来判断其是否系国家工作人员。国有医疗事业单位的信息管理人员对医保数据负有监控和管理职能，其工作具有技

————————

① 上海市嘉定区人民检察院诉丁某康受贿案，载最高人民法院办公厅编：《最高人民法院公报案例》，人民法院出版社 2014 年版，第 8 页。上海市嘉定区人民检察院诉丁某康受贿案。

术性和管理性的双重属性，当视为受国有企业、事业单位等委托从事公务的人员，应以国家工作人员论。本案的争议焦点是丁某康的行为构成受贿罪还是非国家工作人员受贿罪。受贿罪与非国家工作人员受贿罪的根本区别在于犯罪主体的不同，即受贿行为人是否系国家工作人员。因此，对丁某康是否系国家工作人员的认定是本案定性的关键所在。目前，对受贿罪主体的认定标准已从早期的唯身份论转为公务论，因此，对丁某康作为信息管理人员是否构成受贿罪，应该根据其职务内容是否具有公务属性来进行判断。

本书认为，丁某康作为国有事业单位的编制人员，对医保数据有监控和管理职能，从事的工作具有公务性质，应视为受国有企业、事业单位等委托从事公务的人员，应以国家工作人员论。同时，丁某康通过"拉统方"向医药营销代表提供的医保数据系因其具备相关数据的管理职能而获得，应当认定为受贿罪。

（一）"拉统方"是医疗机构信息管理人员利用管理和维护信息系统之职务便利谋取不正当利益的行为

"统方"是医院对医生用药信息量进行统计的一种统称，一般由药剂师进行统计并用作对药品临床疗效以及医生用药合理性的分析，在药学临床研究中对掌握第一手资料辅助医疗治疗起到了非常积极的作用。然而，商业"统方"的出现，使其成为医药购销贿赂链条中关键的一环。这种为商业目的的"统方"即本案中的"拉统方"，变成了医院中个人或部门为医药营销人员提供医生或部门一定时期内临床用药量信息，以便医药营销人员据此向用药医生支付药品回扣的行为。"统方员"成为医药购销贿赂链中的一个新环节。

"统方员"在医药购销贿赂链中起着关键作用。据统计，我国目前所用的药物中80%为政府招标药，而医院和用药单位不能直接从药厂采购，必须通过招标公司主持药品集中招标。因此，每一种新药从生产销售到进入医院最终再到患者手中都必须经过以下程序：医药公司以较为低廉的价格从药品生产厂家进货或拿到代理权，以现金、实物、免费券等形式作为回报，到医院去推销这些药品。也就是说，一个药品要到达患者手中，往往要经过生产厂家—全国、省、地市级代理—政府采购招标—医药公司—医药代表—医院—医生等层层利润分配。而要将这些"利润"给到医生手上，就必须知道每个医生开了多少处方。然而，医药营销代表本身无从知晓，如果让医生自报，可能出现虚报的情况，所以才诞生了"统方员"这一必不可少且至关重要的环节，由"统方员"负责统计每个医生的用药情况。医药营销代表根据"统方员"提供的数据，再将回扣反馈给相关的医生。而"统方费"就是医药营销代表给"统方员"进行"统方"的劳务费、好处费。因此，在整个医药购销贿赂链中，"统方员"成了医药营销代表与医院收受回扣人员之间不正当利益勾兑的桥梁。

通过信息管理部门"统方"是商业"统方"的有效途径。"统方"的方式大致可分为三类：第一类是医生自报。这类方式由于存在严重的虚报现象，一般不被医药营销代表所采纳。第二类是手工统方，主要由药房的药剂师根据收费存根进行手工统计，或者由科室负责领药的护士手工统计，或者由科室医生根据医嘱进行手工统计，但这种方式也会存在药剂师与医生串通虚报数据的情况，且统计的工作量较大，得出的数据存在误差。第三类是电脑统方，也是最常用、最准确的方法。这里也分两种情况：一种是通过科室电脑调单，但医院各科室的计算机系统目前仅可统计出某种药品每天或每月的出货量，无法具体统计到某个医生的处方数，如果要统计，全部要人工进行。因此，另一种通过信息管理部门数据库进行"统方"的方式，即本案被告人所采用的方式，成为医药代表进行"统方"最为可靠、精准、便捷、有效的途径。医院临床医生基本采用电脑开方，处方内容自动输入医院的药品数据库内，所以，医疗系统数据库存储着大量的用药和医疗设备采购信息。而信息管理部门的工作人员因需对医院的计算机及各数据库进行管理和维护，具有了统方的可能性与便捷性。

（二）丁某康应视为受事业单位委托从事公务的人员

我国《刑法》第93条将国家工作人员分为国家机关工作人员和以国家工作人员论的准国家工作人员两大类。在本案中，丁某康作为某卫生中心的事业编制人员，似乎在形式上已经具备了第二类准国家工作人员中第一种主体的身份资格。但是，在认定行为人是否系国家工作人员时，并非以其所在单位的性质或者人事编制作为标准，而应考虑行为人是否具有从事公务这一本质特征。也就是说，无论行为人是否在国有单位工作，无论该工作是被任命还是受委派或委托的，也无论其是否系编制内员工或者具有其他身份，当且仅当行为人系依法从事公务时，方能被认定为国家工作人员。因此，要考量丁某康是否系国家工作人员，必须要分析其工作性质是否符合从事公务这一认定标准。

根据最高人民法院2003年发布的《全国法院审理经济犯罪案件工作座谈会纪要》中对"从事公务"及"公务"的定义，从事公务，指代表国家机关、国有公司、企业事业单位、人民团体等履行组织、领导、监督、管理等职责。公务主要表现为与职权相联系的公共事务以及监督、管理国有财产的职务活动。例如，国家机关工作人员依法履行职责，国有公司的董事、经理、监事、会计、出纳人员等管理、监督国有财产等活动，属于从事公务。而那些不具备职权内容的劳务活动、技术服务工作，如售货员、售票员等所从事的工作，一般不认为是公务。公务直接或间接地体现着国家对社会的管理，对于保证社会稳定、有序发展具有重要的意义，关系到多数人或不特定人的利益，具有裁量、判断、决定性质，由国家机关或者其他法定的公共机构或者公共团体组织或者安排。从事公务的内涵即在于代表国家行使国家管理职能，且不受取得从事公务资格的方式的限制，也不受在何种单位从事公务的限制。因此，我们可以将公务的性质归纳为两个方面：一是国家代表性，即公务的行使代表着国家权力。这一点使其与私务区别开来。二是管理性，即公务是一种组织、领导、监督、管理、协调活动。这一点使其与劳务区别开来，劳务活动是指直接从事物质资料的生产活动和劳动服务活动，如炊事员、勤杂工、理发员等。本案中，被告人丁某康系国有事业单位办公室的信息管理员，在考量其是否系从事公务的人员时，应当从其工作职责是否符合国家代表性和管理性这两个公务的特性出发。此处先分析其工作职责是否具有国家代表性。

丁某康系国有事业单位编制人员。根据国务院 1998 年发布的《事业单位登记管理暂行条例》的规定，事业单位是指国家为了社会公益目的，由国家机关举办或者其他组织利用国有资产举办的，从事教育、科技、文化、卫生等活动的社会服务组织。事业单位主要从事公共服务活动，尤其是从某一具体的专业领域、利用其工作人员的特定专长为社会提供公共服务，其存在和发展的根本目的是社会公益，从事的事业多是政府职能的延伸和具体化。本案中，某卫生中心属于国有医疗机构，和其他国有事业单位一样，基本上是依靠国家投资建设起来的，接受国家财政拨款，是国家的公共福利机构，承担的职能就是代表国家为社会公众提供公共医疗服务，保障公民生命健康。丁某康系该单位的事业编制人员，其所在的办公室是该中心对业务科室开展日常管理、监督的重要综合部门。根据《事业单位岗位说明书》《信息科系统管理员岗位职责》等规章制度，作为办公室信息管理员，丁某康代表本单位行使对公共医疗服务信息的管理、监督职责和对计算机等国有资产的维护管理职责，因而具有公务所体现的国家代表性。因此，被告人应视为受国有事业单位委托从事公务的人员。

（三）丁某康从事的信息管理员工作具有技术性和管理性的双重属性

最高人民法院、最高人民检察院 2008 年发布的《关于办理商业贿赂刑事案件适用法律若干问题的意见》明确了医生处方权因其技术性而不具公务性，从而将医生排除在受贿罪主体之外。那么，对与医生同样具有专业技术特征的信息管理人员"拉统方"是否也应该比照此规定一刀切地认定其为非国家工作人员呢？本书认为，答案当为否定。对信息管理岗位工作人员而言，如果其职责内容仅包括对医院内部计算机以及日常数据库的维护等技术性工作，则应认定其工作不具有从事公务的性质。如果其职责中不仅包含对医院数据库进行维护，还包含经医院授权对药品用量进行分类、整理并保管不致外泄，或对医院内他人利用数据库"统方"进行监管，那么，其工作即属于参与医院事务管理，而其利用上述管理的职务之便"拉统方"谋取不正当利益的行为应认定为受贿罪。

1. 丁某康的工作职责具有技术性和管理性的双重属性，应当认定其系行使公共事务管理权。被告人丁某康任职的某卫生中心没有独立的信息科，在办公室内设立单独的信息管理员。该岗位没有统一规范的名称，有的医院称为网络管理员，有的称为信息员。自该单位设置信息管理岗位以来，一直由丁某康一人担任。丁某康主要担任计算机与网络管理工作，负责业务数据传输及医保接口的操作，完善计算机相关数据管理及保密制度等，对国有资产负有管理职责。其工作职责主要包括两个方面：一是技术服务工作。具体包括计算机和网络系统维护，保证整个医院网络系统的安全运行、数据准确，建设、建立硬件系统，协助相关软件供应商部署软件及日常维护。在协助相关软件部署的初期需要进行调试或者使用中变动口径需要进行测试时，可以取得解除数据的权限。二是监控管理工作。具体包括监控信息数据库使用情况、监控用户登录情况、管理用户权限、协助相关部门进行医保数据的统计、传输、提供医保检查的数据材料等信息管理工作，并对数据的真实性、准确性和安全性负责。如果发现数据异常，如出现大处方、某一药品一段时间大量使用等情况，分管院长会授权其和各科室进行核查，找出原因，确保数据的准确性，为医院管理费用、规范不合理用药提供依据。因此，丁某康的工作职责具备技术性和管理性相结合的双重属性，其管理、监控用药数据等医保信息，实质上是履行公共事务管理、监督的职责，体现了裁量、判断、决定等性质。本案中，一审判决仅仅注意到信息管理工作体现出的技术属性的一面，而忽略了其具有的公共事务的管理属性的一面。所以，应当认定丁某康从事的工作具有公务性，其属于事业单位中从事公务的人员，应以国家工作人员论。

2. 丁某康"拉统方"系利用了其工作职能所具有的管理属性，应当认定为受贿罪。本案中，丁某康作为信息管理部门的工作人员，具有对整个医院的医疗信息系统及各数据库进行管理、维护的权利。这些数据中包含了哪个医生用了什么药、用量多少，是国有事业单位医院对医疗业务进行管理、监督、决策的重要依据，关系到多数人或不特定人的利益，且具有非公开性，只有享有管理权限的相关人员才能获取。数据报表通过医疗信息系统程序中的外挂软件添加条件自动生成，具体步骤是：由各部门提出数据需求，再由信息管理员通过参与软件公司的外挂程序调试而获取。生成的报表直接涵盖了提供给医药代表的信息，信息管理员只需将报表中多余的医保数据删除，就可通过电子邮件发送给医药营销代表，医药营销代表再根据这些医保数据与各科室的医生结算劳动报酬。因此，丁某康正是利用了医院赋予的信息管理的职务便利，私自向医药销售代表提供相关用药数据，收受钱款，为医药销售代表谋取利益。这些用药数据是基于丁某康日常负责、承办的信息管理事务的职权所获取的，系利用了其本人职务上的便利。医药销售代表之所以给丁某康钱财，系在于其提供的相关用药数据可使医药销售代表在市场竞争中获得优势地位，这些行为本质上属于通过非正当手段获取经济利益，符合受贿罪的本质。同时，丁某康还利用其对单位电脑采购方面具有建议权的职务便利，在计算机日常维护管理工作中，即履行国有资产管理职责的过程中，收取电脑设备供应商的礼券、消费卡。

公立医院的网络管理人员，利用职务便利，将医生用药信息提供给医药销售代表并收取财物的，该行为是否构成受贿罪？受贿罪是指国家工作人员利用职务上的便利，索取他人财物，或者非法收受他人财物，为他人谋取利益的行为。受贿罪属于特殊主体犯罪，全国人民代表大会常务委员会《关于〈中华人民共和国刑法〉第九章渎职罪主体适用问题的解释》规定，虽未列入国家机关人员编制但在国家机关中从事公务的人员，在代表国家机关行使职权时，有渎职行为，构成犯罪的，依照刑法关于渎职罪的规定追究刑事责任。因此，国家工作人员的本质特征是从事公务。公立医院的网络管理人员，其所从事的职责是对国有资产进行管理、对公共事务进行监督，具备公务活动的性质，因此其利用职务便利，将医生用药信息提供给医药销售代表并收取财物的，构成受贿罪。社区卫生服务中心的网络管理员负有对本单位的网络信息进行维护，对医生用药情况进行统计、汇总、监控的职责，从事的活动具有公务性质。社区卫生服务中心的网络管理员利用职务便利，收受医药销售代表给予的财物，为其提供医生药品用量信息（俗称"拉单"）的行为构成受贿罪。例如，吕某辉受贿案[①]：吕某辉于 2004 年 5 月进入某区新港路街道社区卫生服务中心担任网络管理员，系临时工，2008 年 8 月成为新港卫生中心的正式职工。2009 年 12 月，新港卫生中心并入某区嘉兴路街道社区卫生服务中心，吕某辉继续担任新合并成立的嘉兴卫生中心的网络管理员。上述两家社区卫生服务中心的性质均系由某区卫生局举办的差额拨款形式的国有事业单位。2006 年至 2010 年，吕某辉利用担任上述两家单位网络管理员的职务便利，在负责采购计算机及相关配件的业务中，多次收受供货单位上海某科技有限公司销售员吴某、上海某企业管理咨询有限公司总经理卢某秋、上海某网络科技有限公司销售员郁某以及 ups 供应商王某宏给予的贿赂共计 14.47 万元；在负责管理本单位医药信息的过程中，多次擅自对外提供医生药品用量等信息并收受医药销售代表邓某方、刘某军给予的贿赂款共计 2.35 万元。2011 年 4 月 19 日，吕某辉主动向所在单位投案，并如实供述了上述受贿犯罪事实。到案后，吕某辉又主动向有关部门检举揭发了他人犯罪行为，经查证属实。吕某辉在其家属的帮助下主动向法院退出赃款 10 万元。法院认为，综合某区卫生局出具的情况说明和相关证人证言以及《事业单位登记管理暂行条例》的规定，可以认定 2006 年至 2010 年吕某辉收受贿赂期间，新港卫生中心和嘉兴卫生中心系事业单位，资产性质为国有资产。吕某辉自 2004 年 5 月进入新港卫生中心担任网络管理员，2010 年 1 月起担任嘉兴卫生中心网络管理员，负责采购计算机及其设备以及管理医药信息。吕某辉在事业单位中履行了

---

① 社区卫生服务中心网管员受贿罪的认定——上海二中院判决吕某辉受贿案，（2011）虹刑初字第 668 号；（2012）沪二中刑终字第 49 号，载《人民法院报》2012 年 5 月 24 日，第 6 版。

对国有资产的管理，对公共事务的监督职责，从事的活动具有公务性质，应当将吕某辉认定为国家工作人员。

本案焦点在于能否认定吕某辉系国家工作人员：

第一，新港卫生中心和嘉兴卫生中心系国有事业单位，虹口区卫生局出具的"关于社区卫生服务中心相关事宜情况"证实：2000年，为落实市政府关于城区地段医院全部向社区卫生服务中心转化的工程要求，地段医院全部转变体制，成立社区卫生服务中心。新港卫生中心和嘉兴卫生中心的开办资金由原前身地段医院（自收自支、自负盈亏的集体所有制单位）变更为社区卫生服务中心所有，两家社区卫生服务中心均系差额拨款的事业单位，资产属于国有资产。上海市虹口区机构编制委员会出具的《关于事业单位依法登记情况的说明》证实，全区所有登记在册的事业单位，包括上述两家社区卫生服务中心从2001年开始即按照国务院第252号令《事业单位登记管理暂行条例》的规定进行管理。综合上海市虹口区卫生局出具的情况说明和相关证人证言以及《事业单位登记管理暂行条例》的规定，可认定2006年至2010年吕某辉收受贿赂期间，新港卫生中心和嘉兴卫生中心系事业单位，资产性质为国有资产。

第二，认定国家工作人员应以是否从事公务为依据。根据我国《刑法》第93条的规定以及全国人民代表大会常务委员会《关于〈中华人民共和国刑法〉第九章渎职罪主体适用问题的解释》中"虽未列入国家机关人员编制但在国家机关中从事公务的人员，在代表国家机关行使职权时，有渎职行为，构成犯罪的，依照刑法关于渎职罪的规定追究刑事责任"之规定，国家工作人员的本质特征是从事公务，认定国家工作人员也应以是否从事公务为依据。本案中，吕某辉对社区卫生服务中心的网络信息予以维护的范围包括对医生的工作量、业务总金额、看病人次、人均费用、药品所占业务总金额的比例等进行统计、汇总，监控医生超量或异常用药情况，及时向院办公室汇报，并确保统计数据的真实性、安全性和保密性。可见，吕某辉在事业单位中履行了对国有资产的管理，对公共事务的监督职责，从事的活动具有公务性质，应当将其认定为国家工作人员。

第三，国有公司中从事公务的人员，利用职务便利，为他人谋取利益，收受他人财物，其行为构成何罪？国有公司、企业、事业单位、人民团体中从事公务的人员和国家机关、国有公司、企业、事业单位委派到非国有公司、企业、事业单位、社会团体从事公务的人员，以及其他依照法律从事公务的人员，以国家工作人员论。因此，国有公司中从事公务的人员，其利用职务便利，为他人谋取利益，收受他人财物，构成受贿罪。

第四，具体案例中受贿罪犯罪主体的界定。受贿罪的主体是国家工作人员。对于国家工作人员的界定，《刑法》第 93 条规定了国家工作人员的范围，即国家机关中从事公务的人员；国有公司、企业、事业单位、人民团体中从事公务的人员和国家机关、国有公司、企业、事业单位委派到非国有公司、企业、事业单位、社会团体从事公务的人员，以及其他依照法律从事公务的人员。以上人员均属于受贿罪的犯罪主体。

四、关于国家出资企业中贿赂犯罪主体认定问题

2008 年 10 月 28 日，十一届全国人大常委会通过《企业国有资产法》，并于 2009 年 5 月 1 日起实施。《企业国有资产法》首次提出了国家出资企业的概念。而在实践中，由于国家出资企业的种类繁多，在管理人员构成、职务产生方式、职权属性特质等方面均有所不同，特别是一些国有资本控股、参股公司，资本来源不一，股权属性多样，在企业日常运行及改制、重组过程中，常

发生一些职务犯罪案件。目前相关的法律及司法解释对于国家出资企业中的国家工作人员身份认定模糊不清，导致司法机关在办案实践中对涉案犯罪嫌疑人的身份难以准确把握，在案件定性及相关问题的处理上容易产生分歧，从而影响案件的查办进程和罪名的准确适用。① 因此，本书将国家出资企业中的国家工作人员认定问题，作为专门问题予以阐述。

（一）国有出资企业的认定

根据我国《企业国有资产法》规定，国有出资企业，是指国家出资的国有独资企业、国有独资公司，以及国有资本控股公司和国有资本参股公司。国有资本控股公司和国有资本参股公司比通常所说的国有控股公司、国有参股公司更准确，避免造成歧义与误解。国家出资企业强调，一是必须为国家出资的企业，二是必须为通过履行出资人职责的机构（包括授权的部门、机构）直接行使出资人职能的企业。国家出资企业的国家股权只相当于过去所说的国家股，不包括国有法人股。依据企业法律规范设立的全民所有制企业，现在称为国有企业，今后统称为国有独资企业。② 国家出资企业的形式有四类：一是国有独资企业，即企业的注册资本全部来自国有资产的非公司制企业；二是国有独资公司，即按照公司法的相关规定注册成立，企业的投资全部来自国有资本的公司制企业；三是国有资本控股公司，即按照公司法的相关规定注册成立，国有资本在公司中具有控股地位的公司；四是国有参股公司，即按照公司法的相关规定注册成立，国有资本在公

---

① 吴露萍：《如何认定国家出资企业中的国家工作人员身份》，载赵秉志主编：《新形势下贿赂犯罪司法疑难问题》，清华大学出版社2015年版，第294页。

② 李晓静：《〈企业国有资产法〉首次界定国家出资企业概念》，载《城市晚报》2008年12月1日，第A2版。

司中占有一定比例，但不具有控股地位的公司。此外，根据最高人民法院、最高人民检察院 2010 年 1 月 1 日颁布的《关于办理国家出资企业中职务犯罪案件具体应用法律若干问题的意见》规定，本意见所称"国家出资企业"，包括国家出资的国有独资公司、国有独资企业，以及国有资本控股公司、国有资本参股公司。是否属于国家出资企业不清楚的，应遵循"谁投资，谁拥有产权"的原则进行界定。企业注册登记中的资金来源与实际出资不符的，应根据实际出资情况确定企业的性质。企业实际出资情况不清楚的，可以综合工商注册、分配形式、经营管理等因素确定企业的性质。

（二）关于委派的理解

根据《关于办理国家出资企业中职务犯罪案件具体应用法律若干问题的意见》规定，经国家机关、国有公司、企业、事业单位提名、推荐、任命、批准等，在国有控股、参股公司及其分支机构中从事公务的人员，应当认定为国家工作人员。具体的任命机构和程序，不影响国家工作人员的认定。经国家出资企业中负有管理、监督国有资产职责的组织批准或者研究决定，代表其在国有控股、参股公司及其分支机构中从事组织、领导、监督、经营、管理工作的人员，应当认定为国家工作人员。由此可见，认定国家出资企业中国家工作人员身份有两种情形：一是国有公司、企业中从事公务的人员；二是经国有单位委派在国有控股、参股公司及其分支机构中从事公务的人员。对于第一种情形，法律规定和实务界分歧较少，难点是第二种情形，最关键是对委派的理解。

1. 关于委派的主体。《关于办理国家出资企业中职务犯罪案件具体应用法律若干问题的意见》规定，国有控股、参股公司及其分支机构中国家工作人员的委派主体是国家机关、国有公司、企业、事业单位以及国家出资企业中负有管理、监督国有资产职责的组织。对于国家出资企业中负有管理、监督国有资产职责的组织，有人认为，这里所称的"组织"，除国有资产监督管理机构、国有公司、企业、事业单位外，在实践中主要指上级或者本级国家出资企业内部的党委和党政联席会议。根据党管干部的组织原则，改制后的国有出资企业一般仍设有党委，并由本级或者上级党委决定人事任免。[1] 还有人认为，国家出资企业中负有管理、监督国有资产职责的组织包括国家出资企业党委（党组），国有独资企业负责人集体，国有独资公司董事会，国有资本控股、参股公司股东会，股东大会中由履行出资人职责机构委派的股东和董事会中由履行出资人职责的机构委派的董事。在司法实务中，可以根据法律、法规和企业章程的具体规定确定国家出资企业中负有管理、监督国有资产职责的组织的具体类型。[2]

例如，2008 年张某在某中央企业（国有控股）的二级公司的应聘，经二级公司总经理办公会议决定聘为财务部负责人，此后，张某利用职务便利，通过购买虚假发票、伪造印章、仿冒领导签字等方式，套取公款 130 余万元，对于张某构成贪污罪还是职务侵占罪，存在一定争议。有人认为，张某的聘用没有通过所在公司党委或者党政联席会议决定，不是委派，故不是国家工作人员。还有人认为，由于聘用张某期间，该二级公司正在实施改革，党委或者党政联席会议的组织并不存在，但总经理办公会在一定程

---

[1] 陈国庆、韩耀元、王文利著：《"两高"〈关于办理国家出资企业中职务犯罪案件具体应用法律若干问题的意见〉解读》，中国检察出版社 2011 年版，第 34 页。

[2] 李勇：《论国家出资企业中国家工作人员的认定》，载孙应征主编：《新型贿赂犯罪疑难问题研究与司法适用》，中国检察出版社 2013 年版，第 330 页。

度上是根据法律、法规和企业章程的具体规定确定国家出资企业中负有管理、监督国有资产职责的组织的具体体现，且张某从事的是管理公款的职务，应当认定为国家工作人员。对此，我们认为，对委派主体的理解不能狭隘地理解为党委和党政联席会议，应当做扩大化理解。当前国有出资企业结构复杂多样，管理方式和治理结构也存在千差万别，关键是要从公司法等法律法规去判断委派的主体是否在该企业中从事管理、监督国有资产的职责，此外，还要看被委派的人到底是否从事组织、领导、监督、经营、管理工作。因此，本案中，张某应当属于国家工作人员。

2. 关于委派的形式。根据《关于办理国家出资企业中职务犯罪案件具体应用法律若干问题的意见》第6条规定，委派形式包括提名、推荐、任命、批准等，其第2款规定"批准"或者"研究决定"也属于委派的形式。《企业国有资产监督管理暂行条例》明确履行出资人职责的机构向国家出资企业委派人员的方式为任免和建议任免。其中建议任免具体包括提出任免建议、提出人选、推荐人选、提出人选的建议。因此，"委派"在形式上可以有很多种，如任命、提名、推荐、认可、同意、批准等，无论是书面委托还是口头提名，只要有证据证明属于上文所提到的委派形式之一即可。实践中，国家出资企业中工作人员职务任免机构和程序多种多样，应当将委派和任命机构区别开来，有的委派组织同时是任命机构，有的是经国家机关、国有公司、企业、事业单位或负有管理、履行国有资产职责的组织委派后，再由接受委派的企业发文任命职务。

（三）几种具体情况的认定

1. 在国有公司、企业、事业单位、人民团体中从事公务的人员。这一类国家工作人员的认定相对较为简单，实务中争议不大。需要注意的是，一是国有公司指的是国有独资公司、企业，不包括国有控股、参股公司；二是相关人员必须从事公务，对于那些从事不具备职权内容的劳务、服务工作的人员，如勤杂人员，通常不能认定为国家工作人员。

2. 在国有控股、参股企业中的国家工作人员。对这一类国家工作人员的认定比较复杂，根据司法解释，主要把握两点：一是在国有控股、参股型的国家出资企业中的相关人员，经国家机关、国有公司、企业、事业单位的委派，方能够成为国家工作人员；二是受委派人员必须在国有控股、参股型的国家出资企业中从事公务，这将那些不具备职权内容的劳务活动、技术服务工作排除在外。实践中，不同的情况也会导致不同的法律评价。

一是国家出资企业中，采用党委直接任命的方式，如果被任命人员从事的工作具有公务性质，应当认定为国家工作人员，没有争议。

二是党委确定人选并且任命后通过股东会或董事会选举形式，完成公司法及公司章程的要求。对于此种情形，第一种观点认为，该人选是由党委确定并任命，此时已完成了委派的过程，因此，该人员是国家工作人员。第二种观点认为，该人员虽然先由党委确定，但是根据公司法和公司章程，遵循规范的公司治理方式选举后确定的人员，已经不再具有党委指派的性质，该人员不应认定为国家工作人员。第三种观点认为，由于人选是党委事先确定的，其实质是由党委进行任命，股东会或董事会的选举只是完成任职的形式要求，因此，该人员的任职与党委有必然联系，且该人员与党委具有责任义务关系，如果任职者的岗位具有公务性，则应认定为国家工作人员。① 我们认为，此种情况下人员的任命和

---

① 李亮：《国家出资企业中贪污贿赂犯罪主体的认定》，载《现代管理》2013 年第 6 期，第 57 页。

适用均由党委决定，最终决定权在党委，按照公司法和章程进行选举只是程序而已，故实质上还是由党委确定并委派，故应当认定为国家工作人员。

三是公司人力资源部拟定聘用人选，后经党委研究决定，再由公司进行聘任。对此种情况，第一种观点认为，该人员是公司人力资源部聘用，虽然中途经由党委进行了研究决定，但最终还是公司进行聘任，因此该人员不应认定为国家工作人员。第二种观点认为，该人员虽然是人力资源部拟定，但是根据党管干部原则，其任职必须经过党委同意，否则，公司是无法聘用的。因此，党委具有聘用的决定权，该人员既然经过党委研究决定，那么应当认定为国家工作人员。第三种观点认为，该人员系公司人力资源部确定的人选，则聘用系公司行为，党委进行研究决定是形式上的要求，最终还是公司对该人员进行了聘任，该人员与党委并无职责义务关系，并不代表党委行使职权，不应认定为国家工作人员。[①] 我们认为，聘用人选的最终决定权在哪个组织，再看这个组织是否具有委派的主体的资格，至于在前方出现聘用的组织以及聘用的程序，都不是影响认定国家工作人员的关键所在。

四是在国家出资企业中担任一定的领导职务，如销售部长，没有经过公司党委的任命，但是其工作具有公务性质，且在贪污贿赂犯罪中给公司国有资产造成了很大的损失，对于这种类型的人员的职务犯罪行为该如何认定？严格依照法律规定，那么这种类型的人员必然被认定为非国家工作人员的职务犯罪，在法律上，相似罪名，如挪用公款与挪用资金，非国家工作人员的刑事处罚与国家工作人员的刑事处罚有很大的差距，只是因为身份上的差

---

① 李亮：《国家出资企业中贪污贿赂犯罪主体的认定》，载《现代管理》2013年第6期，第57页。

异，造成了不一样的处罚。这样的处理在某种程度上有失公正。这种二元化的处理模式存在很多弊端，最为直接的便是对非公有制经济与公有制经济进行了不平等的保护，不利于非公有制经济在市场中公平竞争，因此有必要在将来的立法中予以完善。

实践中，在对国家出资企业贿赂犯罪主体的认定上，有从严的趋势，出现生搬硬套地适用法律和司法解释的问题，只要有一个组织的名称不符合规定或者聘用程序不符合要求，就认定为非国家机关工作人员，这就导致了在同一个单位，同样的行为导致不同的法律评价。

第四节　贿赂犯罪的新型行为表现

随着形势的变化，特别是社会转型，也带来了贿赂犯罪行为的多样化。而传统的"拿人钱财，替人消灾"的贿赂模式，在法律认定和司法办案中已经取得很大的共识，司法疑难问题相对较少。近年来，随着经济的发展，利用市场经济的规则，在市场中向受贿人输送经济利益，从而达到行贿的目的，这样的受贿犯罪刑事案件出现了一些新情况，受贿手段不断翻新，更具隐蔽性、复杂性，权钱交易由"直接"变为"间接"、由"现货"变为"期权"；另外，受贿人针对新的行贿方式也是更加"心里有底、收得放心"，对这些受贿犯罪的新情况、新问题，能否定罪以及如何定罪，2007年7月8日最高人民法院和最高人民检察院联合下发的《关于办理受贿刑事案件适用法律若干问题的意见》，2016年4月18日最高人民法院、最高人民检察院联合发布的《关于办理贪污贿赂刑事案件适用法律若干问题的解释》，对新型贿赂犯罪进行了规定，也解决了一些司法实践问题。但针对这些新情况、新问题，如何在司法中准确加以认定，还有很多问题需要探讨。下面我们根据司法解释对相关贿赂犯罪的规定，分类探讨如下：

一、交易型受贿行为的认定

2007 年 7 月 8 日发布的《关于办理受贿刑事案件适用法律若干问题的意见》第 1 条对以交易的形式受贿行为的认定与处罚作了如下规定：关于以交易形式收受贿赂问题。国家工作人员利用职务上的便利为请托人谋取利益，以下列交易形式收受请托人财物的，以受贿论处：（1）以明显低于市场的价格向请托人购买房屋、汽车等物品的；（2）以明显高于市场的价格向请托人出售房屋、汽车等物品的；（3）以其他交易形式非法收受请托人财物的。这里所列市场价格包括商品经营者事先设定的不针对特定人的最低优惠价格。根据商品经营者事先设定的各种优惠交易条件，以优惠价格购买商品的，不属于受贿。受贿数额按照交易时当地市场价格与实际支付价格的差额计算。最高人民法院、最高人民检察院有关负责人就以交易形式收受贿赂的具体界定问题回答了记者的提问。

国家工作人员以低于市场价格购买的方式买卖房屋的行为，是否构成受贿？最高人民法院、最高人民检察院《关于办理受贿刑事案件适用法律若干问题的意见》规定，以交易形式收受贿赂，如以低于市场价格购买或者以高于市场价格出售的方式买卖房屋、汽车等物品，较之于直接收受财物的传统意义上的受贿，虽然因支付了一定费用而在手法上有所不同，但性质上并无不同，都属于权钱交易，故应以受贿论处。因此，国家工作人员低于市场价格购买房屋的行为，构成受贿罪。例如，胡某某受贿案：胡某某曾在某县规划建设局规划办工作，后任某县城市规划管理所副所长、所长。某公司在该县 a-2 地块开发商住楼。同年，胡某某的妻子徐某向该公司预定了商品房一套，购房联系单上载明，优惠

1%后房价计人民币 157155 元，同日胡某某缴纳首付 57155 元。后胡某某及其弟弟胡小某到该公司购买商品房时，胡某某要求给予优惠，该公司同意给予优惠，但考虑查账等原因，要求胡某某仍旧按市场基准价签订购房合同并付款，事后由胡某某向公司提供一张他人名义的购货发票，之后公司再将优惠的钱以报销的形式返还给胡某某，胡某某和胡小某分别以优惠价与公司签订了买卖合同，并付清房款，后胡某某凭购货发票从该公司获取现金 5 万元。后徐某与胡某某商量后到另外某公司以 7.5 折的优惠价购买了一套商品房。公司经理陈述如果不考虑胡某某的职务因素，最多只能优惠到 7.9 折，与 7.5 折之间差价为 19000 余元。本案中胡某某任某县城市规划管理所副所长，对在某县开发房地产的某公司存在职务上的监管，胡某某及其弟弟胡小某与该公司签订购房合同，付清房款后，用其他购货发票从该公司获取 5 万元，兄弟二人购房比该公司售房的最高优惠幅度还少付房款 4 万余元，优惠幅度达总房款的 13% 以上，显然超出正常优惠幅度，该公司负责人的证言也证实是基于胡某某的职权考虑才给予该幅度的优惠，故对该 4 万余元应当认定为采用交易的形式收受贿赂。

　　一个时期以来，以交易的形式收受贿赂的具体界定，是办理贿赂犯罪案件极为复杂的一个问题，上述《关于办理受贿刑事案件适用法律若干问题的意见》明确地传递出以下信息：第一，以交易的形式收受财物，如以低于市场价格购买或者以高于市场价格出售的方式买卖房屋、汽车等，与直接收受财物相比只是手法上有所不同，性质上都属于权钱交易，可以认定为受贿。第二，考虑这类交易行为的对象多为房屋、汽车等大宗贵重物品，如简单规定以低于市场的价格购买或者高于市场的价格出售房屋、汽车等，达到受贿犯罪的定罪数额起点的，都将构成受贿犯罪，则有可能混淆正常交易与权钱交易的界限，也不利于控制打击面。

为此，该意见规定了"明显"低于或者高于市场价格的限制性条件。第三，受贿数额按照交易时当地市场价格与实际支付价格的差额计算。以交易形式收受财物，行为人实际获取的好处是交易时当地市场价格与实际支付价格的差额，以此认定受贿数额符合刑法规定。第四，考虑市场经济条件下优惠让利是一种正常而普遍的销售方式，该意见明确，根据商品经营者事先设定的、不针对特定人的各种优惠交易条件，以优惠价格购买商品的，不属于受贿。

所谓交易型受贿，是指国家工作人员利用职务之便为请托人谋取利益，以市场交易的方式，将非法利益输送给国家工作人员的行为。交易型受贿在法律上最大的特点就是行为人规避法律和政策，表面上是市场交易行为，而实际上却是贿赂行为，这与民法中的"以合法形式掩盖非法目的"有异曲同工之妙。根据司法解释的规定，交易型受贿除了具备受贿罪的一般特征外，还突出表现出如下特点：

第一，交易的非市场性。在交易型受贿中，在收受贿赂时采取相对隐蔽的交易方式进行，行贿、受贿双方在交易前已经就交易的标的（一般为汽车、房屋、贵金属或者其他大宗商品）的交易价格、交易方式进行了约定，是交易主体自行决定、自行实施，交易行为处于相对封闭的状况，其他市场主体不可能通过市场的方式进入其中。

第二，交易的不等价性。在交易型受贿中，行贿人交易的目的是假，请托受贿人为自己谋取利益是真，所以这样的交易不可能按照市场公平定价，且定价的获利者一定是受贿人，主要表现为受贿人高卖、低买、不对等的以物易物。

一般来说，交易型受贿主要包括以明显低于市场价格向请托人购买大宗财物，或者以明显高于市场价格向请托人销售大宗财物，或者采取能够从中获取收益的以物易物的三种方式进行。认定交易型受贿，需要透过现象看本质，找到真正的贿赂物，即交易过程中所产生的财产差价，这是关键。那么如何认定差价数额，需要更进一步明确。

交易受贿行为的认定要以商品的价格来决定受贿数额，但商品的价格与价值不同，因为它处于经常波动的地位。这时，要将正常的商品促销打折和交易型受贿行为严格加以区分，不能打击面过大。要结合实际情况，查找优惠交易是否有正当理由，这样的优惠价格是针对不特定的人群还是为受贿者"量身定做"，如果属于产品销售者事先设定的优惠价格进行交易，则不能认定为交易受贿行为。

1. 如何在法律上对"明显"加以判定。《关于办理受贿刑事案件适用法律若干问题的意见》提出了构成交易型受贿行为的两种形式：（1）以明显低于市场的价格向请托人购买房屋、汽车等物品的；（2）以明显高于市场的价格向请托人出售房屋、汽车等物品的。这里一个是"明显高于"，另一个是"明显低于"，如何在法律上对"明显"加以判定。有的人提出用相对比例来解决"明显"的具体性问题，认为应当根据司法实践的需要规定一个统一的原则性比例，如规定 20% 的比例，超过这个比例则属于"明显"。① 也有人提出用数额与比例结合的办法来认定，认为单纯依靠比例不足以解决问题，具体案件还需要看确切的数额来认定是否属于"明显"。② 还有的人认为可以通过成本来进行认定，认为应当以产品所有人的成本价格为基准，而把成本价格与市场价格

---

① 夏思扬：《对交易型受贿有必要规定价格比》，载《检察日报》2007年8月10日，第3版。

② 刘志远主编：《新型受贿犯罪司法指南与案例评析》，中国方正出版社2007年版，第10页。

之间的差价排除在受贿数额以外，高于或者低于这个价格的就是"明显"。[1] 我们认为，对于"明显"的认定不能简单固定在一种模式上。拿房产来说，三线城市的一套住宅一般价格为几十万元，此时按照 20% 的标准来认定可能较为合理，如果是北京的住宅，动辄上千万元，20% 的比例已经达到 200 万元的差价，那么 200 万元以下的差价就不追究受贿犯罪的刑事责任吗？这显然是不符合法律规定和立法本意的。因此，要结合当时当地该类产品的平均市场价格，根据有资质的鉴定机构对商品交易时的市场价格以及该类商品市场优惠的平均比例进行司法鉴定，如果差价达到立案标准，再根据犯罪情节予以认定。

2. 增设中介环节的受贿问题。据报道，2015 年中央巡视中发现，靠山吃山、权钱交易、违规兼职——通过利益输送损公肥私问题严重，中国联通有的领导和关键岗位人员利用职权与承包商、供应商内外勾结，搞权钱、权色交易；有的纵容支持亲属、老乡或其他关系人在自己管辖范围内承揽项目或开办关联企业谋利；中石化有的领导人员在工程建设、物资供应、油品销售、合资合作、海外经营中搞利益输送和交换；有的领导人员亲属子女违规经商办企业，通过承揽中石化业务、进行关联交易谋利。中国海运一些领导人员及亲友和特定关系人围绕航运业务开办关联公司进行利益输送，"靠船吃船"问题突出，有的以较低价格甚至低于成本价将运输业务交由自己或亲友的公司经营，损公肥私；有的虚构业务往来，侵吞国有资产，或在职时照顾关联企业，退休后被关联企业高薪聘用。[2] 由此反映出现实生活中的一个突出问题，

---

① 张玉娟：《交易型受贿"明显偏离市场价格"的司法认定》，载《检察日报》2007 年 8 月 26 日，第 3 版。

② 《巡视发现"靠山吃山"等四大共性问题》，载《新华每日电讯》2015 年 2 月 11 日，第 1 版。

就是一些国家工作人员，利用职权，通过交易的方式增设不必要的中间交易环节，从中谋取巨额经济利益。《关于办理受贿刑事案件适用法律若干问题的意见》指出，以其他交易形式非法收受请托人财物的行为，也属于交易受贿行为。与传统的行贿、受贿行为相比较，行为人故意在交易环节增加一个中介环节，使构成受贿的交易不直接显露出来，其受贿利益的实现是通过中介因素反映出来的，显得更加隐蔽。例如，2016年9月27日，中国石油天然气集团公司昆仑天然气利用有限公司原总经理陶某某案在某市中级人民法院当庭宣判，陶某某犯贪污罪、受贿罪、为亲友非法牟利罪、国有公司人员滥用职权罪，被判处有期徒刑23年，并处罚款750万元。根据法律裁判文书显示，这一案件中出现大量增设中间环节进行谋利的情况。在认定方面，需要探讨以下几种情况：

第一种情况，某甲是国有化工企业经理，利用自己担任职务的便利，从某材料供应商某乙大批购进原材料。某乙没有直接行贿给某甲，而是以大大低于市场的价格将自己的原材料销售给某甲的情人的民营公司，而某甲的情人将大量原材料倒手一卖，某甲即获得大量利润。在这种情况下，国家工作人员利用职权为他人谋取了利益，国家工作人员与参与直接交易的另一方（介入的第三者）之间存在特殊关系，通过中介环节所进行的交易在价格方面是否明显偏离了市场价格，这已经符合了受贿罪的犯罪构成，应当以受贿罪追究刑事责任。

第二种情况，某甲是国有化工企业经理，为了谋取利益，指使其儿子成立贸易公司，该国有化工企业的原材料本可以从市场上直接采购，但某甲故意从其儿子处高价采购，将国有企业的利润间接输送到其儿子的贸易公司，而其儿子的贸易公司未实际进行任何贸易行为，仅仅倒手一买一卖，赚取大量利润。这种情况下，国家机关工作人员与他人共谋，以非法占有为目的，故意增加不必要的中间环节，在未进行任何贸易行为的情况下，将国有利润据为己有，这样的情况下，以共同贪污罪定罪较为合适。

第三种情况，某甲是国有化工企业经理，为了谋取利益，指使其儿子成立贸易公司供应原材料。其儿子的贸易公司实际运行，也开展其他公司的供销业务。这其实就是上述巡视中发现的最大问题，"靠山吃山、靠水吃水"。这样的情况下，国家工作人员，利用职务便利，将本单位的盈利业务交由自己的亲友进行经营，或者以明显高于市场的价格向自己的亲友经营管理的单位采购商品或者以明显低于市场的价格向自己的亲友经营管理的单位销售商品，或者向自己的亲友经营管理的单位采购不合格商品，使国家利益遭受重大损失的行为，以为亲友非法牟利罪追究刑事责任较为合适。

3. 计算受贿财物的时间基准问题。交易型受贿中，数额认定是一个重点，也是难点。在市场经济活动中，受市场供销情况以及信息不对称的影响，商品的价格往往与价值存在一定差异，而这种差异的认定需要确定一定的时间基准。我们认为，这个时间基准应当以受贿人实际控制受贿财物为准。如果受贿物品为动产，一般是以交付时间为时间基准。如果受贿物品是不动产，需要登记过户的，有的认为应当实际交付房产时；以有关部门受理房产登记申请时；也有的认为应当以登记完毕房产产权正式转换时；还有的认为应当以合同订立时。我们认为，如果该房产先实际交付，则应以交付时为基准，如果先申请登记，则应以申请登记时为基准，这样才能对实际占有但未办理过户、已办理过户但未实际占有两种情况进行有效打击。

二、干股型受贿行为的认定

《关于办理受贿刑事案件适用法律若干问题的意见》针对收受

干股问题作了如下规定:"干股是指未出资而获得的股份。国家工作人员利用职务上的便利为请托人谋取利益,收受请托人提供的干股的,以受贿论处。进行了股权转让登记,或者相关证据证明股份发生了实际转让的,受贿数额按转让行为时股份价值计算,所分红利按受贿孳息处理。股份未实际转让,以股份分红名义获取利益的,实际获利数额应当认定为受贿数额。"

干股即虚拟股是指未出资而获得的股份,但其实干股并不是指真正的股份,而应该指假设这个人拥有这么多的股份,并按照相应比例分取红利。干股的概念往往存在于民间,特别是私营企业,在私企的老板们给予干股的时候,有的会签署一些协议,有的没有,但是基本上无论哪种,持有干股的人都不具有对公司的实际控制权(有实际控制权的是"实际控制人")。所以,这种干股协议不如叫作分红协议更加贴切。受贿所得干股与其他依法取得的干股的主要区别在于:其一,受贿干股的持有人是具有特殊身份的国家工作人员;其二,支持这类干股取得的因素不是技术和人力资源,而是职务之便和权力;其三,这种干股的取得不是依靠投资,而是通过非法收受取得。虽然存在这些区别,但这种股份也与其他股份享有同样的公司权利,如可以进行分红、出让、兑现等。[1] 司法实践中要重点把握以下方面:

1. 关于干股受贿数额的计算。《关于办理受贿刑事案件适用法律若干问题的意见》明确规定:进行了股权转让登记,或者相关证据证明股份发生了实际转让的,受贿数额按转让行为时股份价值计算,所分红利按受贿孳息处理。股份未实际转让,以股份分红名义获取利益的,实际获利数额应当认定为受贿数额。首先,

---

[1] 刘方著:《贪污贿赂犯罪的司法认定》,法律出版社 2015 年版,第212 页。

针对已登记转让或者实际转让情况下受贿干股数额，如果是股份尚未上市流通的公司，应当以干股所占公司总股本的比例乘以转让时公司的净资产，作为持有干股的实际价值，此时需要对该公司的整体净资产进行有效评估，作出司法鉴定，这对于司法办案来说往往是很大的工作量，特别是针对大型有限责任公司的股权；如果是上市流通的股份，则应当按照转让时当天股票成交价格计算。其次，针对分红型受贿干股数额，由于行为人尚未进行股权登记，无法以转让股权时的价值来确定，只能按照实际分红所得数额计算其受贿数额。

2. 认定干股受贿行为应把握的标准。现实中有人把工业产权、非专利技术等无形资产的出资称作"干股"，这其实是没有正确认识无形资产的资产价值。经过评估确认了价值的无形资产，在公司设立时，依法办理了转移手续的，应当认为是实际出资，而不是所谓的"干股"。《公司法》第27条规定，股东可以用货币出资，也可以用实物、知识产权、土地使用权等可以用货币估价并可以依法转让的非货币财产作价出资；但是，法律、行政法规规定不得作为出资的财产除外。也有人认为，收受干股应当是行为人实际持有股份才能认定为犯罪。理由为干股是一种财产利益，没有占有其权属就无法确认其份额从而认定其收受的数额。实际上，干股的判断是一种利益的获取，认定干股受贿既不能以登记转让为认定根据，也不能完全根据实际持有来进行判断，而是综合运用受贿人是否实际享受到财产利益来认定。

3. 先收取红利后登记股份的行为的认定。如果行为人在干股受贿中先收取红利，其后又将干股进行了登记转让，应当如何计算受贿数额？有人认为，应当将登记后的干股数额认定为受贿数额，而将其获得的红利，包括股份增值部分认定为干股的孳息。[1]
还有人认为，类似情形应当把登记后确认的干股数额和登记前获得的红利数额以及登记前干股增值的数额一并作为受贿数额，而登记后获得的红利可以作为干股孳息予以认定。[2] 上述两种观点的分歧在于干股进行股权登记前所获得的红利和增值部分应否计入受贿数额。我们赞成第二种观点，因为红利和增值部分均是行为人利用职务便利获取的利益，应当计入受贿数额。

三、合作投资型受贿行为的认定

《关于办理受贿刑事案件适用法律若干问题的意见》第 3 条对以开办公司等合作投资名义收受贿赂行为的认定与处罚作了如下规定：国家工作人员利用职务上的便利为请托人谋取利益，由请托人出资，"合作"开办公司或者进行其他"合作"投资的，以受贿论处。受贿数额为请托人给国家工作人员的出资额。国家工作人员利用职务上的便利为请托人谋取利益，以合作开办公司或者其他合作投资的名义获取"利润"，没有实际出资和参与管理、经营的，以受贿论处。之后，最高人民法院、最高人民检察院有关负责人就收受干股的形式收受贿赂的具体界定问题回答了记者的提问。问：如何理解以开办公司等合作投资名义收受贿赂问题？答：国家工作人员利用职务上的便利为请托人谋取利益，以合作开办公司或者进行其他合作投资的名义收受请托人财物，是近几年来出现的新情况。主要有两种情形：一是由请托人出资，国家工作人员"合作"开办公司或者进行其他"合作"投资的，这与

---

[1]　杨兴国著：《贪污贿赂犯罪认定精解精析》，中国检察出版社 2011 年版，第 228~229 页。

[2]　孙应征著：《新型贿赂犯罪疑难问题研究与司法适用》，中国检察出版社 2013 年版，第 39 页。

直接收受贿赂财物没有本质区别，应以受贿处理。二是以合作开办公司或者进行其他合作投资的名义，既没有实际出资也不参与管理、经营，这意味着行为人没有任何正当理由获取所谓的"利润"，属于打着合作开办公司或者其他合作投资的名义，行受贿之实的变相受贿行为。

国家工作人员利用职务上的便利为请托人谋取利益，并与请托人以"合办"公司的名义获取"利润"，没有实际出资和参与经营管理的，以受贿论处。国家工作人员明知他人有请托事项而收受其财物，视为承诺"为他人谋取利益"，是否已实际为他人谋取利益或谋取到利益，不影响受贿的认定。国家工作人员利用职务上的便利为请托人谋取利益，以明显低于市场的价格向请托人购买房屋等物品的，以受贿论处，受贿数额按照交易时当地市场价格与实际支付价格的差额计算。国家工作人员收受财物后，因与其受贿有关联的人、事被查处，为掩饰犯罪而退还的，不影响认定受贿罪。例如，潘某梅受贿案：2003年八九月间，潘某梅、陈某分别利用担任某市某街道工委书记、办事处主任的职务便利，为某房地产开发有限公司总经理A某在创业园区低价获取100亩土地提供帮助，并以其亲属名义与A某共同注册成立甲公司，以"开发"上述土地。潘某梅、陈某既未实际出资，也未参与该公司经营管理。后A某以甲公司的名义将该公司及其土地转让给某体育用品有限公司，潘某梅、陈某以参与利润分配名义，分别收受A某给予的480万元。潘某梅、陈某分别利用担任街道工委书记、办事处主任的职务之便，为某置业发展有限公司在创业园购买土地提供帮助，并先后4次各收受该公司总经理吴某某给予的50万元。潘某梅利用担任街道工委书记的职务便利，为南京某发展有限公司受让项目减免100万元费用提供帮助，并在购买对方开发的一处房产时接受该公司总经理许某某为其支付的房屋差价款和相关税费 61 万余元。本案中，潘某梅时任街道工委书记，陈某时任街道办事处主任，对创业园区的招商工作、土地转让负有领导或协调职责，二人分别利用各自职务便利，为 A 某低价取得创业园区的土地等提供了帮助，属于利用职务上的便利为他人谋取利益；在此期间，潘某梅、陈某与 A 某商议合作成立甲公司用于开发上述土地，公司注册资金全部来源于 A 某，潘某梅、陈某既未实际出资，也未参与公司的经营管理。因此，潘某梅、陈某利用职务便利为 A 某谋取利益，以与 A 某合办公司开发该土地的名义而分别获取的 480 万元，并非所谓的公司利润，而是利用职务便利使 A 某低价获取土地并转卖后获利的一部分，体现了受贿罪权钱交易的本质，属于以合办公司为名的变相受贿，应以受贿论处。许某某向潘某梅行贿时，要求在受让大厦项目中减免 100 万元的费用，潘某梅明知许某某有请托事项而收受贿赂；虽然该请托事项没有实现，但"为他人谋取利益"包括承诺、实施和实现不同阶段的行为，只要具有其中一项，就属于为他人谋取利益。承诺"为他人谋取利益"，可以从为他人谋取利益的明示或默示的意思表示予以认定。潘某梅明知他人有请托事项而收受其财物，应视为承诺为他人谋取利益，至于是否已实际为他人谋取利益或谋取到利益，只是受贿的情节问题，不影响受贿的认定。潘某梅购买的房产，市场价格含税费共计应为 121 万余元，潘某梅仅支付 60 万元，明显低于该房产交易时当地市场价格。潘某梅利用职务之便为请托人谋取利益，以明显低于市场的价格向请托人购买房产的行为，是以形式上支付一定数额的价款来掩盖其受贿权钱交易本质的一种手段，应以受贿论处，受贿数额按照涉案房产交易时当地市场价格与实际支付价格的差额计算。潘某梅在案发前将购买许某某开发房产的差价款中的 55 万元补给许某某，相距 2004 年上半年其低价购房有近两年时间，没有及时补还巨额差价；潘某梅的补还行为，是出于掩盖罪行目的而采取的退赃行为，不影响对其受贿罪的认定。

国家工作人员利用职务上的便利为请托人谋取利益，而后以"合作"买房转手获利方式收受钱财的行为如何定性？国家工作人员利用职务上的便利为请托人谋取利益，而后由请托人出资，"合作"开办公司或者进行其他"合作"投资的，以受贿论处。受贿数额为请托人给国家工作人员的出资额。例如，朱某林受贿案：某市人民政府决定对某地块进行城建项目开发，时任乡政府领导的朱某林负责整个拆迁工作。由苏某实际所有的融达公司整体厂房属拆迁范围，经朱某林和朱某毛多次与日月公司沟通，最后日月公司赔偿苏某人民币240万元。其间，苏某还通过虚假的转让协议使得三间厂房得到原评估价三倍的赔偿。为感谢朱某林和朱某毛在此事中提供的帮助，苏某提出日后朱某林和朱某毛购房时，由其补贴每人30万元，朱某林及朱某毛均表示同意。后苏某有意购买日月城小区商务楼，让时任某乡副乡长的朱某林出面与日月公司谈价，最终谈定价格为1280万元。为感谢朱某林在融达公司拆迁过程中的帮助和购买商务楼时帮助谈价格，同时也为兑现以前关于购房时补贴30万元的允诺，苏某邀请朱某林参与购买该房产转手获利，朱某林同意并约定每人出资50%。苏某缴纳了第一笔定金60万元，朱某林表示先让苏某帮其垫付其中的50%，即30万元。5月初，两人商定加价180万元转售给下家，因下家暂无现金支付，出具了60万元的借条（债权人为朱某林）。后朱某林向苏某支付了由苏某垫付的30万元定金。根据约定，两人尚有40万元定金没有支付，后苏某又向日月公司缴纳了40万元。而朱某林并未支付其中的50%，即20万元。后下家又出具了60万元的借条（债权人为苏某）。因朱某林不断向苏某及下家催讨本金和溢价款，苏某分别向朱某林支付20万元和30万元，11月9日，苏某将下家支付的首笔现金 20 万元转入朱某林的账户，至此朱某林已经收到现金 60 万元。最后朱某林实际收到现金 110 万元。本案中，在拆迁赔偿中，苏某得到了朱某林的帮助，苏某许诺给予朱某林 30 万元好处，朱某林并未拒绝；在朱某林为苏某与日月置业有限公司谈妥商务楼价格后，两人共同投资该商务楼，苏某前后共支付定金 100 万元，朱某林虽曾支付给苏某 30 万元作为投资款，但该款是在转手出让商务楼基本谈妥的情况下支付的，且后又被抽回。故朱某林和苏某名义上是共同投资，实质上是权钱交易，应以受贿论处。

由于近些年伴随社会体制的转型，新的经济运行模式从传统计划经济模式脱颖而出，造成制度管理上的许多空隙和法律管辖上的空当，权力出租与商业谋利相结合，形成许多新型的经济犯罪和贿赂犯罪形式。《关于办理受贿刑事案件适用法律若干问题的意见》适应社会反腐败的需要，对具有严重受贿性质而在适用刑法规定的受贿罪时又存在诸多争议的各种新类型的受贿行为进行了规范。通过参与投资来收受贿赂，把投资作为掩护犯罪的手段，成为侵蚀公务行为廉洁性和扰乱正常经济秩序的一种卑劣现象。[1] 正当的经营投资，投资各方的权利义务关系是相互平等的，共同投资、共同管理、共享利益。而合作投资型受贿罪，是指国家工作人员利用职务上的便利为请托人谋取利益，以合作开办公司或者其他合作投资的名义，收受请托人的"投资"或者所谓"利润"的行为。[2] 根据《关于办理受贿刑事案件适用法律若干问题的意见》，结合司法实践，合作投资受贿主要有以下几种类型：

---

① 刘方著：《贪污贿赂犯罪的司法认定》，法律出版社 2015 年版，第 216 页。

② 孙应征著：《新型贿赂犯罪疑难问题研究与司法适用》，中国检察出版社 2013 年版，第 93 页。

1. 直接收取请托人的资金进行合作投资。由请托人投资，国家工作人员参与投资，以合作的形式开办公司或者进行其他投资，这种行为系直接受贿，国家工作人员受贿后，是将受贿款进行投资还是用于其他项目，与一般受贿罪没有区别，认定受贿的数额即为收取请托人的资金数额。

2. 由请托人垫付资金，国家工作人员参与投资但不参与管理。有人认为，对于这种受贿方式与干股的区别在于，行为人之间是否具有合作投资的意向。在干股型受贿行为中，国家工作人员虽然从请托人那里获得了企业、公司的干股，但这些股份并非是通过双方在协议合作投资的基础上产生的，而是请托人以赠送的方式给予行为人的。在干股条件下，国家工作人员与请托人之间根本不存在合作投资的意向，只有简单的行贿和受贿意向。所以，必须从公司、企业或者投资项目产生的源头上来对二者进行区分。区分的实质性意义在于，在干股受贿条件下，只要行为人利用职务之便为请托人谋取利益，并收受了请托人的干股，数额达到刑法规定的金额，一般都构成受贿罪。而合作投资行为在某些条件下并不构成犯罪，如国家工作人员在合作投资过程中偿还了请托人垫资的资金，就不能以受贿罪处罚。[①] 我们认为，这种受贿方式与干股型受贿本质是一样的。此种受贿方式下，受贿者没有实际出资，而是由请托人出资，将相应的股份份额送与受贿者，与干股的表现形式相同，而且二者是否具有投资意向，在司法实践中难以查明，而且也易成为所有干股型受贿者的托词和借口。因此，这种受贿方式宜以干股型受贿来认定。

3. 由请托人垫付资金，国家工作人员实际参与管理。由请托

---

① 刘方著：《贪污贿赂犯罪的司法认定》，法律出版社 2015 年版，第223 页。

人垫付资金，以合作的形式开办公司或者进行其他投资，双方参与经营。在这种情况下，请托人的垫付资金可以被视为一种借款行为，应当重点判断借款是否具有受贿的性质，而对于借款后进行投资，通过实际参与管理和经营，获取了与相应投资比例的投资收益，则不能认定为受贿，应以违纪处理。对于借款行为的判断，根据 2003 年出台的《全国法院审理经济犯罪案件工作座谈会纪要》，需要从有无正当、合理的借款事由，款项的去向，双方平时关系如何、有无经济往来，出借方是否要求国家工作人员利用职务上的便利为其谋取利益，借款后是否有归还的意思表示及行为，是否有归还的能力，未归还的原因等方面进行综合判断。该类受贿行为中，受贿数额应当按照请托人的垫付资金数额进行确定。

4. 关于参与管理、经营的认定。国家工作人员是否实际参加管理、经营，可以成为认定投资受贿罪是否成立在客观方面的基本要素之一。如何认定参与管理、经营？是实践中存在争议较多的问题之一。本书认为，参与管理、经营，应当以能否影响企业的主要业务决策方向、能否处于核心业务的决策层为重要指标。首先，对于虚假和挂名的参与经营管理。实际上就是没有参与管理，无论表现形式上是否有合同、签字协议等，均不能认定参与经营管理。其次，针对以劳务和经理形式参与管理。这就需要具体分析，如果行为人通过加入董事会、监事会参与管理，或者充任经理、副经理直接参与企业、公司或者项目的管理，则可以认定为参与经营管理，而仅仅是事务性的工作，如保洁、办公室文员等，不能据此认为参与经营和管理。但实践中，这样的情况比较复杂，如果所取证据不能足以证明行为人没有参与经营和管理的，只能作出有利于犯罪嫌疑人的解释。最后，以技术或者技术成果参与经营管理。国家工作人员以技术或者技术成果参与经营管理，虽然在具体经营管理方面没有直接体现，但这种参与形式在法律上是予以认可的。以技术或者技术成果参与经营管理，主要是指共同投资人之一方不以实物或者现金进行投资，而是以自己所有的知识产权或者专利技术进行投资，这种情况应当认定为参与经营管理。

四、委托理财型受贿行为的认定

《关于办理受贿刑事案件适用法律若干问题的意见》第 4 条对以委托请托人投资证券、期货或者其他委托理财的名义收受贿赂行为的认定与处罚作了如下规定：国家工作人员利用职务上的便利为请托人谋取利益，以委托请托人投资证券、期货或者其他委托理财的名义，未实际出资而获取"收益"，或者虽然实际出资，但获取"收益"明显高于出资应得收益的，以受贿论处。受贿数额，前一情形，以"收益"额计算；后一情形，以"收益"额与出资应得收益额的差额计算。最高人民法院、最高人民检察院有关负责人就以委托请托人投资证券、期货或者其他委托理财的名义收受贿赂行为的认定问题回答了记者的提问。问：《关于办理受贿刑事案件适用法律若干问题的意见》第 4 条明确了以委托请托人投资证券、期货或者其他委托理财的名义收受贿赂问题的处理意见，实践中应当如何正确理解和执行？答：国家工作人员利用职务上的便利为请托人谋取利益，以委托请托人投资证券、期货或者其他委托理财的名义收受请托人财物的，主要有两种情形：一是国家工作人员利用职务上的便利为他人谋取利益，未实际出资，借委托他人投资证券、期货或者其他委托理财的名义变相收受他人财物的；二是他人虽然将国家工作人员出资实际用于投资活动，但国家工作人员所获"收益"与实际盈利明显不符。对于第一种情形，既然没有出资，也就谈不上委托理财，更谈不上理

财 "收益"，应当以受贿处理。对于第二种情形，其实质就是变相受贿。

如国家工作人员接受他人请托，为其谋取利益，并收受他人无具体金额的荣誉会员消费卡，并未出资而委托他人购买股票并获利的行为是否认定为受贿，受贿的数额该如何计算？根据最高人民法院、最高人民检察院《关于办理商业贿赂刑事案件适用法律若干问题的意见》第 7 条规定，商业贿赂中的财物，包括可以用金钱计算数额的财产性利益，如含有金额的会员卡。具体数额以实际支付的资费为准。无具体金额的消费卡并不等于没有金额不能消费，只要持卡人可以进行正常的持卡消费，该卡则与含有金额的会员卡没有本质差别，因此根据 "举轻以明重" 的原理，国家工作人员受贿中的 "财物" 当然应当适用该解释，也不违背罪刑法定原则。最高人民法院、最高人民检察院《关于办理受贿刑事案件适用法律若干问题的意见》第 4 条规定，国家工作人员利用职务上的便利为请托人谋取利益，以委托请托人投资证券、期货或者其他委托理财的名义，未实际出资而获取 "收益"，以受贿论处。受贿数额，以 "收益" 额计算。因此国家工作人员接受他人请托，为其谋取利益，并收受他人无具体金额的荣誉会员消费卡进行消费使用的，并未出资而委托他人购买股票并获利的都应以受贿论处，受贿的数额依照以上两个《意见》的相关规定计算。例如，梁某琦受贿案：梁某琦先后担任某市规划局总规划师、副局长和开发投资有限公司董事长期间，利用审批规划调整、建设工程选址定点和检查董事会决议执行、签署董事会文件文书等职权，为请托人谋取利益，非法收受财物。梁某琦应某物业公司总经理曾某的请托，通过调整规划，将该公司的学校用地规模减小，开发用地增加，容积率上调，并为曾某的加州高尔夫练习场搬迁选址提供了帮助。梁某琦得知一只港股要涨一倍多，在没有给付股本金的情况下，让曾某在香港帮其买100万股，同年7月又让曾某将该股卖出，获利50万港元，后曾某将50万港元交给梁某琦。梁某琦利用其职务上的便利，为他人谋取利益，构成受贿罪。

所谓委托理财，是指个人或公司接受客户委托，通过投资行为对客户资产进行有效管理和运作，在严格遵守客户委托意愿的前提下，在尽可能确保客户委托资产安全的基础上，实现资产保值增值的一项业务。通常情况下，人们把个人与个人之间、个人与公司之间的委托投资也称为委托理财。由于这种委托理财有资产的增值作用，近年来，一些国家工作人员利用职务之便为请托人谋取利益，与请托人之间建立虚假的委托关系，利用请托人的名义投资证券、期货、房产或者其他经济项目，没有实际出资，或者虽然出资但从中所获收益明显超过其投资应得的收益，而实施受贿犯罪行为。委托理财受贿的认定，难点在于数额的认定，下面分为几种类型进行探讨：

1. 未出资的理财受贿型。国家工作人员利用职务上的便利为请托人谋取利益，以委托请托人投资证券、期货或者其他委托理财的名义，本人没有出资但仍然从中获取"收益"的行为。在这种情况下，根据司法解释的规定，应当以"收益"额来计算受贿数额，而并非以"出资"额来计算受贿数额。

2. 实际出资的理财受贿型。国家工作人员利用职务上的便利为请托人谋取利益，以委托请托人投资证券、期货或者其他委托理财的名义，实际出资，但获取"收益"明显高于出资应得收益的行为。在此种情况下，受贿数额应当以实际收益明显高于应得收益之间的差额。

首先，"应得收益"如何确定。在没有国家工作人员利用职务为他人谋利的情况下，该国家工作人员如果将资金投入证券、期货等项目中，应该获取的收益。在现实生活中，由于理财与个人判断、获取外界信息等方面息息相关，因此，应当区分不同情况加以认定。"应得收益"的计算要根据委托理财的具体项目来认定，有的理财项目收益巨大，如股指期货、贵金属现货买卖、房地产开发等。实物式的理财与金融式的理财在认定方面差别较大，实物理财以现货出售所得收益来计算应得收益，在计算过程中比较容易。而金融理财由于受到市场波动影响较大，在不同的时间点之间存在巨大的利润差，其应得收益中也难免会掺入不正当收益。[①]

其次，如何认定"明显高于"问题。目前，"明显高于"是一个抽象的、概括性的概念。对于明显没有司法实践的标准，但可以根据社会一般人的认识水平，应得数额和实际所得数额的差额是否远远高于受贿罪的追诉标准。比较麻烦的是投资股票，由于股票的投资收益不能根据一般的金融理财产品如基金的收益来判断，如果行为人选择较好的股票，很短时间内则可以获得数倍的收益，这种收益是否构成"明显高于"？实践中确实难以判断。总的来说，对"明显高于"的认定，应当适当从宽，除非是差距很大的委托理财收益认定为"明显高于"，差距不大的不宜认定，不能伤及无辜。

最后，如何认定委托理财中的保底条款。在委托理财中，代理人对委托人的最低收益所作出的保证性规定。市场经济中的理财，一般是高风险高回报，低风险低回报的规律，而保底条款恰恰违背了这一市场规律，一方面，委托人要获取高额的收益；另一方面，委托人要承担小的风险，要求代理人对此予以承诺。这就是以委托人（国家工作人员）手中的职权作为交换代价，代理

---

① 刘方著：《贪污贿赂犯罪的司法认定》，法律出版社 2015 年版，第230 页。

人（行贿人）才可能接受这一苛刻的条件。因此，司法实践中，应当通过保底条款看到行贿、受贿的本质，此时，对于明显高于的认定标准相对宽松，如果收益超过了普通金融理财产品，差距的数额达到了受贿罪的立案标准，就应当以受贿罪追究刑事责任。

五、以赌博形式受贿行为的认定

《关于办理受贿刑事案件适用法律若干问题的意见》第5条对以赌博形式收受贿赂行为的认定与处罚作了如下规定："根据《最高人民法院、最高人民检察院关于办理赌博刑事案件具体应用法律若干问题的解释》第7条规定，国家工作人员利用职务上的便利为请托人谋取利益，通过赌博方式收受请托人财物的，构成受贿。实践中应注意区分贿赂与赌博活动、娱乐活动的界限。具体认定时，主要应当结合以下因素进行判断：（1）赌博的背景、场合、时间、次数；（2）赌资来源；（3）其他赌博参与者有无事先通谋；（4）输赢钱物的具体情况和金额大小。"

最高人民法院、最高人民检察院《关于办理赌博刑事案件具体应用法律若干问题的解释》中对以赌博形式收受贿赂问题的处理已有明确规定，《关于办理受贿刑事案件适用法律若干问题的意见》第5条再次规定，是基于司法实践中反映，前述解释虽然明确了此类行为的定性处理意见，但在具体查证和认定中存在一定困难。为此，《关于办理受贿刑事案件适用法律若干问题的意见》第5条列举了一些可资区分贿赂与赌博活动、娱乐活动的界限的参考因素。应当注意到，这些因素本身不一定具有独立的判断意义，这里更多的是提供一个查证方向和认定思路。

以赌博形式受贿，实际上是行贿方和受贿方以赌博作为贿赂工具，来掩盖实质性的受贿行为，具有一定隐蔽性。通过赌博受贿的真正目的在于通过赌博形式来掩盖受贿行为，所以它力图通过各种规避法律制裁的花样和途径来达到受贿目的。有人把赌博受贿的类型分为收受赌资型、只赢不输型、代付赌债型、收受赢资型、输钱返还型、免除赌债型等多种类型。① 我们认为，赌博型受贿，主要是通过赌博，以赌资的方式来收受贿赂的行为，即赌博赢取赌资的行为，至于其他收受赌资、代付赌债型等类型，本质是一次性收取贿赂，只是用于赌博而已，与一般贿赂没有两样。实践中有以下问题值得研究：

1. 针对赌博赢取赌资受贿数额认定。赌博赢取赌资通常情况下不存在请托人为国家工作人员提供赌资的问题，在这种赌博形式下，参与赌博的国家工作人员总是赢钱，不会输钱。这其中可能有国家工作人员凭借自己的赌博水平赢取了赌资，也有可能是请托人故意输给国家工作人员。受贿数额如何认定？我们认为，应当以行为人从赌博过程中获得的全部财物作为受贿数额。当然，这也需要结合实际情况具体分析。例如，国家工作人员甲、请托人乙、没有利益关系的丙和丁四个人打麻将，最后是甲赢了3万元，乙输了2万元，丙和丁每个人输了5000元，此时，就只能把乙输的2万元作为受贿金额，因为只有乙才有事请托甲帮助，甲利用职权也是为乙谋利。如果多次赌博，则应当累计计算通过赌博向国家工作人员输送的赌资作为受贿金额。如果赌博中，国家工作人员输了，又怎么认定？如上例中，甲赢了十次，共从乙处赢取赌资20万元，但第十一次赌博时，甲输给乙4万元，这时4万元是否扣除？本书认为，从有利于犯罪嫌疑人的角度考虑，该4万元应当扣除。

2. 关于赌博形式受贿的具体认定问题。首先，关于赌博的背

---

① 孙应征著：《新型贿赂犯罪疑难问题研究与司法适用》，中国检察出版社2013年版，第112页。

景、场合、时间、次数，关键要看参与赌博的国家工作人员是否利用职务之便为参与赌博的人谋取利益。其次，关于赌资来源，要看请托人是否每次赌博都带了足够的赌资，用于向国家工作人员行贿，赌资是来源于日常生活支出还是来源于国家工作人员为请托人谋利而获得的利润。再次，关于其他赌博参与者有无"事先预谋"，行贿人是否为了受贿，请其他赌博参与者共同来完成，是否提前和其他赌博参与者打好招呼。最后，关于输赢钱物的具体情况和金额大小，要连续地看赌博次数和金额，根据不同的情况来判断金额，要与一般的日常礼尚往来区分开。

六、"挂名"取酬型受贿行为的认定

《关于办理受贿刑事案件适用法律若干问题的意见》第 6 条对以特定关系人"挂名"领取薪酬的认定与处罚作了如下规定："国家工作人员利用职务上的便利为请托人谋取利益，要求或者接受请托人以给特定关系人安排工作为名，使特定关系人不实际工作却获取所谓薪酬的，以受贿论处。"

关于如何理解特定关系人"挂名"领取薪酬问题的处理意见，我们认为，国家工作人员要求或者接受他人给特定关系人安排工作的情况较为复杂，主要有三种情形：一是特定关系人"挂名"领取薪酬的，这与直接接受财物没有实质区别，应以受贿论处；二是特定关系人虽然参与工作但领取的薪酬明显高于该职位正常薪酬水平的，其性质属于变相受贿，但考虑到当前一些企业，尤其是私营企业薪酬发放不规范，如何认定实际领取的薪酬与正常薪酬是否相当以及如何认定受贿数额，均存在困难，故该意见对这种情况暂没作规定；三是特定关系人正常工作和领取薪酬的，不存在非法收受财物问题，不能以犯罪处理。关于特定关系人的范围，该意见予以明确，即"是指与国家工作人员有近亲属、情

妇（夫）以及其他共同利益关系的人"。

　　所谓"挂名"取酬型受贿行为，是指国家工作人员利用职务上的便利，在为请托人谋取利益的同时，要求或者接受请托人给特定关系人挂名安排工作，从中收取贿赂的行为。挂名取酬有别于一般受贿行为，具有更大的隐蔽性和危害性，应重点予以打击。

　　特定关系人"挂名"领取薪酬，如果挂名人不实际工作，薪酬由国家工作人员领取，这与直接接受财物没有实质区别，应当以该国家工作人员实际领取的数额作为受贿数额。如果挂名人不实际工作，薪酬由挂名人领取，就有两种情况：一是挂名人为国家工作人员的近亲属、情妇（夫）以及其他共同利益关系的人这一类特定关系人，则挂名人领取的薪酬应当计入国家工作人员受贿数额；二是挂名人为国家工作人员关系要好的朋友，不属于特定关系人，而挂名人又没有将薪酬交与国家工作人员，此时不宜将挂名人领取的薪酬计入国家工作人员的受贿数额，但如果挂名人将部分薪酬送与国家工作人员，则该部分薪酬数额可以计入国家工作人员受贿数额。

　　特定关系人"挂名"领取薪酬，如果挂名人实际参加工作，则情况就比较复杂。一是国家工作人员仅仅为了解决挂名人的工作，要求请托人安排工作，而挂名人也实际到请托人的公司工作，领取了正常薪酬，则不能因为国家工作人员利用职权帮助特定关系人解决工作而追究其刑事责任，此时应追究其违纪责任，如亲属、老朋友、战友、老同学关系，就不能认定为受贿行为。二是挂名人虽然参加工作，但其领取的薪酬明显高于该职位正常薪酬水平的，其性质属于变相受贿，但如何认定实际领取的薪酬与正常薪酬是否相当以及如何认定受贿数额，均存在困难。我们认为，此时应当结合多方面情况综合判断：首先，挂名人领取薪酬与国家工作人员利用职务便利为请托人谋利的关系是否紧密；其次，挂名人领取的薪酬与请托人通过国家工作人员获取的利益比例如何；最后，在请托人的企业中，挂名人从事的工作与其他类似工作人员领取的薪酬是否存在较大差距，即以特定人的工作能力、知识水平和工作业绩为根据，来衡量他与其周围同类工作人员之间的工资水平应当是多少，如果所得报酬明显超过了与其自身条件相同的其他类似工作人员的报酬，其超出部分就应当认定为是非正当报酬，从而作为认定挂名取酬受贿的事实依据。①

七、离职国家工作人员受贿行为的认定

《关于办理受贿刑事案件适用法律若干问题的意见》第 10 条规定：国家工作人员利用职务上的便利为请托人谋取利益之前或者之后，约定在其离职后收受请托人财物，并在离职后收受的，以受贿论处。国家工作人员利用职务上的便利为请托人谋取利益，离职前后连续收受请托人财物的，离职前后收受部分均应计入受贿数额。这里需要强调的是，根据最高人民法院《关于国家工作人员利用职务上的便利为他人谋取利益离退休后收受财物行为如何处理问题的批复》规定，国家工作人员利用职务上的便利为请托人谋取利益，在其离退休后收受请托人财物的，须以在职时有事先约定为定罪条件。如果没有"事先约定"的限制要件，很有可能造成客观归罪，将离职后不再具有国家工作人员身份的人收受他人财物的行为一概作为受贿罪追究，与受贿罪的构成要件不符。同时，有必要对该批复精神进一步具体化，以满足办案实践的需要。出于这一考虑，《关于办理受贿刑事案件适用法律若干问题的意见》规定了国家工作人员利用职务上的便利为请托人谋取

---

① 刘方著：《贪污贿赂犯罪的司法认定》，法律出版社 2015 年版，第 247 页。

利益，离职前后连续收受请托人财物的，离职前后收受部分均应计入受贿数额。离职前后连续收受财物，在客观上足以表明国家工作人员在离职前与请托人有约定，与该批复规定的原则是一致的。

根据司法解释的规定，离职国家工作人员受贿行为，要求的是国家工作人员利用职务上的便利为请托人谋取利益之前或者之后，约定在其离职后收受请托人财物，并在离职后予以收受的行为。这里重点针对离职和约定两个情节进行探讨。

1. 关于离职的理解。有人理解为离开公职务的人员，即指离开了现有职务，且不再属于公务人员的人，具有"离职"的双重含义。[①] 还有人认为，从现有规定看，把"离职"后的人员限制在非国家工作人员范围并没有什么实质意义。"离职"应当包括离开现有职位，但仍然属于国家公务人员的情形在内，离职国家工作人员的范围包括三种类型：一是永久性地离开公权力职位，如退休、离休；二是变相离开原公权力职位，如调动、提升、降职；三是相对离开公权力职位，如辞职、辞退、解聘、开除。[②] 我们认为，离职是相对于国家工作人员在职期间为请托人谋取利益的权力而言的，因此，离职应当可以理解为离开现有职务，包括：永久离开，如退休、辞职等；相对离开，如职务提升、调整等。

2. 关于约定的理解。国家工作人员与请托人之间事前是否存在约定，是判断离职国家工作人员收受他人财物是否构成受贿罪的必要条件。所谓"事先约定"，意指国家工作人员与请托人之间达成的一个"贿赂协议"。关于约定，从司法实践中发现的情形

① 孙应征著：《新型贿赂犯罪疑难问题研究与司法适用》，中国检察出版社 2013 年版，第 152 页。

② 刘方著：《贪污贿赂犯罪的司法认定》，法律出版社 2015 年版，第 247 页。

看，有人将离职国家工作人员"事前约定"受贿行为主要划分为以下几种类型：一是明示约定，即国家工作人员在职期间，利用职务之便为请托人谋取利益，双方明确约定待其离职后，请托人便为此给予国家工作人员"酬谢"。二是暗示约定，是指国家工作人员利用职务之便为请托人谋取利益时，双方对行贿受贿事实都心知肚明，但都没有从口头上表达出来，而是含糊其辞地把双方的意思说清楚。而其后国家工作人员收受请托人财物的事实就是建立在之前双方的暗示约定基础之上。三是约定兑现，在这种贿赂关系中，是国家工作人员任职期间利用职务之便为请托人谋取利益后的约定，是在该国家工作人员离职后予以承兑。在这个时间距离中，没有出现与双方约定之初的意外情节，而是自然地按照约定内容予以兑现。四是约定索取，是指国家工作人员利用职务之便为请托人谋取利益时，双方所约定的内容，在该国家工作人员离职后没有得到正常履行，国家工作人员一方采取主动的态度要求请托人履行事前约定事项的一种受贿形式。① 对于上述几种类型，明示约定、约定兑现和约定索取三种有明确的约定内容，司法实践认定相对容易。对暗示约定的认定，现实情况比较复杂。例如，某生产汽车的大型国有企业的副总经理张某，在职期间对汽车配件供应商李某给予不少帮助，使得李某获取了大量利益，但未送予贿赂。张某退休后，李某看中了张某掌握的汽车行业的人脉资源，以年薪 150 万元高薪聘请张某为李某企业的副总经理，负责对外联络工作，而实际上，张某也出面协调一些关系，为李某的企业增加不少订单。此时，对于李某来说，高薪聘请张某一方面有感谢其在职时的帮助，另一方面也有利用其人脉关系的意

① 刘方著：《贪污贿赂犯罪的司法认定》，法律出版社 2015 年版，第266 页。

思，但这样的意思表示均未明确表示，最多也是"心照不宣"。由于张某退休后的工作没有其他类似工作予以衡量，因此也无法认定其是否存在明显高于合理薪酬的问题。对于这种暗示约定，综合考虑约定的前提、时间和内容，如果调查工作能取证证明国家工作人员对此明知，请托人也有暗示，达成了暗示的协议，则可以认定；如果证据不能证明在贿赂上的协议，则很难在法律上认定，对国家工作人员可以进行违纪处理，收缴其离职后工作期间的违纪收入。

八、"雅好"受贿物品价值认定

在办理国家工作人员职务犯罪案件过程中，发现相当多官员都有"雅好"，而且官员的"雅好"受贿现象层出不穷、花样不断翻新，从赤裸裸地收受他人字画、手工艺品、文玩等物品，到异价互换，再到借助拍卖机构实现瞒天过海式受贿，凡此种种，不胜枚举，办案机关打击国家机关工作人员腐败现象的难度在不断增加。从本质上讲，官员"雅好"受贿与收受钱财的行为并无区别，但是往往由于这些物品的价值难以认定，给认定受贿犯罪带来了一定的困难。加强"雅好"受贿物品价值认定法律制度建设有助于司法领域对"雅好"受贿行为的认定，从而达到精准认定并打击腐败行为的目的。

（一）"雅好"受贿认定的难度

目前实践中"雅好"受贿认定的主要难度通常情况下体现为"四个缺乏"：

1. 认定规则缺乏规范性。认定受贿犯罪以及确定最终的刑罚关键问题之一就是对受贿数额的认定，如果受贿数额低于最低起刑数额，则不能作为犯罪处理，然而由于"雅好"的范围非常广泛，既有文物、字画等，又有现代工艺品，甚至是大自然天然形成的物品。就目前的法律体系而言，对于"雅好"受贿数额的认定尚缺乏明确的标准，一件物品往往存在好几个价格，一是自然价值，二是市场价格，三是市场预期价格，四是鉴定价格。例如，文玩手串，其自然价值也就几十元，但是市场价格甚至可以上万元，若经过盘玩形成自然包浆之后市场预期价格可能随着市场炒作价格会飙升得更高，而鉴定价格则更是由于鉴定机构的不同而差距较大。若行贿人以文玩产品行贿，如何认定受贿人的受贿价值，是认定犯罪的关键问题，而现实立法中对于认定规则却没有统一的规范，而实践中对于受贿人犯罪行为的描述则是只描述物品及数量并不描述价值。当然这种描述方式仅限于受贿人收受的钱物已经足够可以定罪，才对收受其他物品的行为加以数量化描述而不作价格转换。例如，嫌疑人收受人民币 5 万元、名人字画 2 幅、小叶紫檀手串 3 条。但如果受贿人仅受贿 1 次，而且是以收受"雅好"物品为前提，那就必须对该物品的价格作出认定，否则将无法认定犯罪行为。

2. 数额认定缺乏便捷性。官员"雅好"受贿在很多时候的表现是较为隐蔽的，一般都会以修饰性手段来掩饰受贿行为。例如，行贿人以切磋、品鉴等名义向官员行贿文玩手串，意欲为子女获得非学区入学机会，而官员在收受了该文玩手串之后，认为品相很好，又以切磋互换为名，"回赠"行贿人一幅字画，后该官员利用职务之便为行贿人的子女安排了就学。在这种情况下，如何认定该官员的受贿行为以及受贿数额，实际上并没有一个简单便捷的办法来加以认定。从理论上讲，应当将受贿人与行贿人各自所得物品的价值相抵扣，就是受贿人的受贿数额。然而在实践中，对这种以互换的形式来实现受贿目的的现象，只能够依靠鉴定机构的鉴定来最终确认受贿数额。但是实践中，若出现两人互换的"雅好"物品均为赝品的情况，可能最终的鉴定数额并不足百元，是否还能够将其认定为受贿犯罪，这在实践中是有较大争议的。因此，"雅好"受贿的数额认定缺乏一个便捷性的认定方法，也是导致认定困难的原因之一。

3. 鉴定机构缺乏专业性。在司法审判中，根据领域不同对于鉴定机构的指定也会有所差异。一般情况下，民事领域之内，法院系统认可的鉴定机构会在法院的鉴定机构名录中备案，在审判过程中如果遇到需要鉴定的情况，则由法院从名录中指定。而刑事领域由于在调查和起诉阶段均需要对犯罪嫌疑人涉案财产的价值进行认定，因而鉴定工作是在审判阶段前就做好的，通常情况下，调查机关会指定发改局物价部门负责鉴定，原因在于刑事程序涉及剥夺或者限制行为人的人身自由，因而对于涉案财产价值由政府部门做鉴定则更加具有公信力。当然，绝大多数情况下，发改局物价部门对涉案财产的价值作出鉴定意见是没有问题的，而"雅好"受贿的物品较为广泛，仅凭发改局物价鉴定部门人员的技术力量往往难以涵盖所有的领域，因而其鉴定意见的专业性也会受到影响。例如，某官员具有收集小鞋的雅好，就是古代乃至近代女性穿过的小鞋，从各式各样的小鞋中则可以品鉴出中国女性文化的脉络，具有一定的文化研究以及鉴赏价值，但是由于市场上并不常见，鉴定人员受专业性的限制，对该类物品的鉴定往往会出现失真的情况。

4. 鉴定标准缺乏统一性。很多时候官员会异地任职，因而在其任职期间的受贿行为有可能发生在多地，这样就会存在异地办案、异地收集证据的问题，其中也会涉及不同地区鉴定机构的鉴定标准问题。通常对于一般物品，物价部门有统一的鉴定标准，而由于"雅好"受贿所涉及的物品范围十分广泛，很多时候物价部门对于其中的某些物品并没有具体的鉴定标准，或者说不同地区对于某一类物品会有着自己的鉴定标准，这样就会形成不同地区鉴定标准的差异。这种鉴定标准上的差异，反映在具体案件办案过程中很有可能会出现同一种类的受贿物品，在一地可以认定为犯罪数额而在另一地则无法被认定为犯罪的情况，此时如何取舍也就会成为一个较为困难的问题。例如，某官员在 A 和 B 两个省任过职，该官员的雅好是收集国内外各式烟盒，对于这样一个标的，有可能在不同的省份对其价值认定标准是不同的，究竟是按 A 地标准鉴定还是按照 B 地标准鉴定，关系到跨区域连续任职期间持续性"雅好"受贿如何认定，而由于鉴定标准不一致，给司法带来了一定的困扰。

（二）完善"雅好"受贿物品价值认定法律机制的必要性

1. 加强反腐建设之必要。随着我国反腐败力度的加强，人民对党中央反腐的决心认识越来越深刻，全社会对腐败行为"合围"的态势已经形成。在实践中，腐败分子受贿的花样越来越多，"雅好"受贿就是其中之一，对于这种现象我们应当采取坚决的态度予以打击。因此，完善"雅好"受贿物品价值认定法律机制，对于打击腐败行为、强化反腐制度建设，是具有积极推动意义的。

2. 精准打击犯罪之必要。对于受贿行为的精准打击，关键问题是要对受贿人受贿的钱款以及物品的数量给予准确查处，并对受贿物品的价值给予精准的价值评估。前者是调查活动需要解决的问题，而后者则是鉴定活动需要解决的问题。由于当前官员"雅好"受贿的花样非常多，但是核心都是通过一系列的掩饰性活动来掩盖受贿的本质，因而要想认定受贿人犯罪以及决定刑罚，就需要对"雅好"受贿物品的价值给予准确的估价，这样才能够达到精准打击受贿犯罪的目的。从这一角度来看，只有完善"雅好"受贿物品价值认定法律机制才能够实现这一目标。

3. 完善鉴定制度之必要。我国法律体系中，关于鉴定制度的规范有很多，各种专业鉴定机构的数量也非常多。例如，医学鉴定、笔迹鉴定、DNA 鉴定等，这些专业的鉴定机构极大地丰富了我国鉴定的法律制度实践体系，但是尽管如此，我国目前并没有以各专门针对官员"雅好"受贿物品鉴定的机构，相应的价值认定规则和制度体系也都没有建成，这种情况与我国当前强势反腐的客观实际不相吻合。因此，完善"雅好"受贿物品价值认定法律机制对于我国鉴定制度体系的发展而言，也是有积极推动作用的。

4. 提升司法效率之必要。在司法实践中，调查阶段对受贿人受贿钱款以及物品认定得越清楚翔实，在审查起诉阶段以及审判阶段，各部门所需要耗费的时间和精力就会越少，相应地所节省的机会成本越多，办案机关就可以将精力投入其他案件的办理之上。这样，司法机关的办案成本有所降低，在认定贿赂犯罪时的司法效率也就有所提升。因此，完善"雅好"受贿物品价值认定法律机制有利于调查阶段对受贿犯罪行为的准确认定，从而能够减少后期的工作量，提升效率。

（三）"雅好"受贿物品价值认定法律机制的完善

从司法实践来看，对"雅好"受贿物品价值的认定需要从以下几个方面来完善。

1. 成立专门鉴定机构。对于受贿物品的价值鉴定通常情况下是由发改委物价部门来完成的，但是这并不能完全满足司法实践的需求，尤其是不能满足当前反腐败力度不断加强的情势需要，在这种情况下，应当成立专门的受贿物品鉴定机构来对"雅好"受贿物品的价格进行鉴定，该鉴定机构的鉴定意见必须赋予法律上的效力，这样才能够起到加强打击腐败犯罪的效果。为了打击官员腐败犯罪，该鉴定机构可以是独立设置的第三方法人机构，专门负责鉴定官员受贿物品的价格以及评估官员渎职犯罪所带来的经济损失，这样所作出的价格鉴定意见则会更加具有客观性，对腐败犯罪的处罚才会更加恰当。

2. 扩展专业鉴定能力。根据法律的规定，要求从事物价鉴定的人员需要具备从业资质，然而该资质的规定仅仅是准入条件，就鉴定人员的专业技能而言，往往是通用技能，对于一些非常罕见领域内物品的鉴定则不一定具备专业能力，尤其是在广大基层，物价鉴定部门具备专业鉴定能力的鉴定人员则更是凤毛麟角，这对于基层反腐、认定犯罪而言，是极为不利的。因此，有必要在法律制度中明确鉴定人员轮训机制，对基层鉴定人员的专业鉴定能力进行轮训，扩展鉴定人员鉴定物品的宽度和广度，这样才能够提升鉴定人员鉴定活动的准确性，为参与反腐活动打下坚实的能力基础。

3. 明确数额认定规则。实践中，官员"雅好"受贿所收受的物品，往往存在多个价格，有原料成本价值、自然价值、市场价格、市场预期估价、鉴定价格等，按照哪个价格认定受贿人的受贿行为目前法律并没有明确具体规定，通常做法是将鉴定机构出具的鉴定意见中对涉案财产的评估价值作为受贿数额，这一做法虽然简单，但是与受贿人的客观行为以及主观恶性之间会有一定的误差。例如，某官员具有收集虎骨工艺品、文玩等物品的爱好，而虎骨本身是非流通性物品，没有直接的市场价格作参照，鉴定价格就十分困难。再如，官员受贿名人字画后利用职务便利将工程承包给行贿人，而经鉴定该字画为赝品。类似这些情况下，依据鉴定价值来计算受贿数额的做法就显得并不科学，因此应当由法律制度进一步明确受贿数额认定规则，建议按照如下顺序来作为"雅好"受贿物品价值认定的依据：一是鉴定价值。二是市场价格。如果鉴定价格与同类商品市场价格相差幅度较大时，可以考虑按照市场价格来确定"雅好"受贿物品的价值，当然市场价格也应当由第三方机构提供。三是市场对比估价。如果没有流通性市场价格作比对，而鉴定机构无法鉴定或者鉴定意见与客观情况差距巨大的，则可以按照比对规则来计算受贿物品的价值。

4. 建立价值比对规则。有些官员的"雅好"受贿物品属于非市场流通性的物品，对于这样的物品由于没有具体的市场参考价值，一方面鉴定机构不容易鉴定，另一方面也可能会出现较大价值误差，与客观实际不相符合。例如，受贿虎骨工艺品，很有可能会被认为是无价值物品，对于主要的物品若按照没有价值、"零受贿"是不符合客观实际的，因为客观上受贿人不仅收受了贿赂物品，而且还利用了职务之便从事了腐败行为。对于这种情况，建议建立价值比对规则，即比对同类可以流通的物品的市场价格来确定受贿物品的价格。

5. 建立互易认定规则。通过互易形式受贿是"雅好"受贿的主要形态，从实践中看，互易式受贿虽然受贿人也会"回赠"行贿人一些物品，但是事实上这些物品的价值几乎可以忽略不计，绝大多数为赝品，如果受贿人"回赠"行贿人的物品价值与行贿人行贿物品的价值相当或者差距并不大，那就失去受贿的意义了。因此，对于互易式"雅好"受贿物品的价值认定，应当建立互易认定规则，建议以行贿物品本身的价值作为受贿数额，因为受贿人进行"雅好"受贿时，主观目标是想得到行贿物品，而实际上也得到了该物品，其在客观行为方面也利用了职务之便，因此从主客观相一致的角度来看，应当以"雅好"受贿物品本身的价值作为受贿数额，受贿人"回赠"部分不属于受贿数额，因而不予以刨除。

6. 完善价格鉴定程序。由于"雅好"受贿物品的鉴定意见最终对犯罪嫌疑人的定罪和量刑会起到很重要的参考意义，因而必须慎重对待鉴定活动，应当为鉴定活动寻求救济途径。一般情况下，受贿人对受贿的钱款以及物品的数量并不会持有异议，因为在调查阶段，这些钱款和物品都是被受贿人所交代过的。而对于"雅好"受贿物品的价值认定，受贿人则很有可能会提出异议，因为该数额与嫌疑人最终的定罪量刑息息相关，因而必须对有异议的嫌疑人提供补救机会。一般情况下，可以建立并完善重新鉴定程序，对鉴定意见有异议的，可以申请重新鉴定，重新鉴定应当是非同一鉴定机构作出的鉴定。

目前，我国强势反腐的势头达到了前所未有的高度，不敢腐的目标初步实现，不能腐的制度日益完善，不想腐的堤坝正在构筑，风清气正的官场生态日益恢复。然而，从反腐败的实践来看，腐败行为并没有彻底覆灭，各种腐败行为还是会在一定空间内生存，并且出现了花样翻新、形态隐蔽的趋势，这对于办案机关和办案人员而言，提出了更高的要求。在众多腐败行为中，"雅好"受贿是当前反腐工作中遇到的一个较为突出的问题，由于法律制度对于"雅好"受贿物品的价值认定并没有明确具体的规定，实践中通常是由鉴定机构来对受贿物品的价格进行认定，所以完善相应的价格鉴定机制是非常有必要的，这是认定受贿行为以及受贿数额的一个关键问题。由于目前我国法律体系中并没有专门针对"雅好"受贿物品监督的法律机制，因此，建议设立相应的鉴定机构，相应地扩展专业鉴定能力，明确数额认定规则，建立价值比对规则，建立互易认定规则，完善价格鉴定程序，这样就可以较好地解决"雅好"受贿物品价值认定的问题，从而提升精准打击腐败的能力。

第五节 受贿犯罪的"为他人谋取利益"

受贿犯罪的"为他人谋取利益"是学界争议和司法实践认定中一个较大的问题，有必要单独加以研究。特别是其在犯罪构成中的地位、属性、有否存在必要等问题，一直没有定论。

我们知道，犯罪的主观构成要件，是指刑法规定成立犯罪必须具备的，表明行为的非难可能性的要件。包含了如下含义：一是主观构成要件是《刑法》规定的要素；二是主观构成的内容说明行为人对法益的保护持背反态度，表明行为人应当受到非难、谴责；三是主观构成要件是一切犯罪都必须具备的要件。①《刑法》总则明文规定了故意与过失两种责任形式，但刑法的一般理论认为：其一，受贿罪的主观方面应为故意，且须为直接故意。何为直接故意，即行为人造成损害，并对这种行为的社会危害性和违法性具有概括性认识；其二，对自己实施行为中的权钱交易关系以及获取的财物性质具有明确的认识。这两个方面是行为人认识因素中必须具备的条件，否则其主观罪过就难以成立。至于行为人对行贿人的请托事项以及必须为他人谋取利益等内容是否明知，则不在其列。实践中，"为他人谋取利益"是否为受贿罪的要件，存在较大争议。

根据我国《刑法》第385条和第383条的规定，受贿罪分为索取型、收受型和斡旋型三种类型。国家工作人员利用职务上的便利，索取他人财物的，直接构成索取型受贿罪；国家工作人员利用职务上的便利，非法收受他人财物，同时具备为他人谋取利益要件的，构成收受型受贿罪；国家工作人员利用本人职权或者地位形成的便利条件，索取或者收受请托人财物，同时具备为请托人谋取不正当利益要件的，构成斡旋型受贿罪。可见，为他人谋取利益是收受型受贿罪的构成要件。但在理论和实践中，"为他人谋取利益"是否为构成受贿罪的要件，在受贿罪中的性质究竟是什么，目前理论界主要存在"构成要件要素说"和"非构成要

---

① 张明楷著：《刑法学》，法律出版社2016年版，第203页。

件要素说"。

一、构成要件要素说

第一，主观要件说。该学说认为，受贿罪的成立要求受贿人必须有为他人谋取利益的目的或承诺，依据当然解释为，如果行为人收受他人财物前后没有为他人谋取利益的目的或承诺，或只是虚假表示为他人谋取利益，但实际上并没有此真实意思，就不构成受贿罪。[①] 为他人谋取利益，只是行贿人与受贿人之间货币与权力互相交换达成的一种默契。[②] 但并不能由此得出为他人谋取利益是主观要件的结论，因为许诺或者答应本身也是一种行为，而不是一种心理状态。[③]

第二，客观要件说。客观要件说将为他人谋取利益的许诺看做一种具体行为，视其为客观要件有利于实际操作，看到了主观要件说的自相矛盾和司法不能的困扰，但客观要件说也不可避免地带来了其他方面的不足：一旦为他人谋取利益成为受贿人的客观行为，那么受贿罪在客观上必须同时具备非法收受他人财物和为他人谋取利益两个要件。[④]

二、非构成要件要素说

有的学者认为，应当将"谋利"要件删除，以实现从严打击

---

①　曾粤兴著：《刑法学方法的一般理论》，人民出版社 2005 年版，第263 页。

②　高铭暄著：《中国刑法学》，中国人民大学出版社 1989 年版，第609~510 页。

③　杨敦先著：《廉政建设与刑法功能》，法律出版社 1991 年版，第136~137 页。

④　王作富著：《刑法》，中国人民大学出版社 1999 年版，第 511 页。

犯罪等目的。从"为他人谋取利益"的立法沿革来看，其并非一开始就被作为受贿罪的构成要件要素加以规定，设立的初衷是更严厉地打击贿赂犯罪行为，但是，就其设立后在司法实践中的效果来看，却并未达到所预想的结果。①

上述学说争议焦点，即是否应当废除受贿罪"为他人谋取利益"要件。本书认为，根据《刑法》第385条的规定，收受型受贿罪应当具备"为他人谋取利益"这一要件。之所以确立这一要件，没有将"谋利"要件删除，其实质是不能以简单方式来解决这个问题，从而导致受贿打击面不当扩大，避免将一些合法的人情往来当成犯罪进行追究。但在司法实践中，不论采用何种解释方法都无法解决司法实践中"收受礼金""感情投资"和"为他人谋取利益"在理论上存在的问题。因此，实践中对"为他人谋取利益"的认定不能过于机械。2016年4月18日，最高人民法院、最高人民检察院《关于办理贪污贿赂刑事案件适用法律若干问题的解释》第13条对这一要件进行了新的阐释，第2款规定："国家工作人员索取、收受具有上下级关系的下属或者具有行政管理关系的被管理人员的财物价值三万元以上，可能影响职权行使的，视为承诺为他人谋取利益。"这样的解释实际上从一定程度上回应了"收受礼金"和"感情投资"问题。

首先，受贿罪所侵犯的法益，是国家工作人员职务行为与不当利益的不可交易性。如果刑法不作"为他人谋取利益"这样的规定，只禁止现实存在的钱权交易行为，就会引发行贿之风，因为民众觉得既然职务行为是可交易的，为了确保利益实现或者争取更多的利益，就会作出交易尝试，由此形成对职务行为的"竞

---

① 王志祥、柯明：《受贿罪中的"为他人谋取利益"要素应当删除》，载《法治研究》2016年第1期，第78页。

买"，最终既不利于反腐，也让民众不得不陷入"凡事都需要求人"的状态。所以，受贿罪也包括让民众觉得职务行为具有可交易性的行为。正因如此，仅仅存在"作出职务行为的承诺"就足以构成"为他人谋取利益"，因为用财产性利益购买到"承诺"，即便这种承诺未必是真诚的，也会给民众传达出一种信息——职务行为是可交易的。但动摇民众对职务行为不可交易性的信赖，则不限于购买"承诺"的情形。那些案发时仅有利益输送、具体的职务行为尚未浮现，但利益输送购买具体职务行为或者其承诺的可能性很高的情形，也能让民众对职务行为不可交易性的信赖受到侵犯。由于具有行政上下级关系和行政管理与被管理关系的人员之间，处于低位或被管理位置的人，其利益往往取决于上级或者管理者的职务行为，因此即便案发时尚未出现具体的职务行为乃至其承诺，只要在一般人看来具有影响职权行使的可能性，便可以认为符合了刑法中的"为他人谋取利益"这一要件。通过这种方式，就能在司法实践中克服"感情投资"型贿赂案件的难题。只要利益输送具有影响职务行为的可能性，无论职务行为是否已经出现或者是否已经明确，都可以认为具备了"为他人谋取利益"的条件。

当然，对于"推定"存在承诺的情形，可以被事实推翻，否则就会让"为他人谋取利益"这一要件完全成为空壳，起不到划分犯罪和合法行为的作用。需要通过"为他人谋取利益"这一要件与受贿罪界分的行为，主要是一些真正具有社会相当性的人情往来行为。判断的时候，需要考虑的因素主要包括以下方面：第一，利益输送者与国家工作人员职务行为的关联程度，如果相关性很低，可以推翻前述推定；第二，输送利益的价值与通常的人情往来是否相当；第三，利益输送者与国家工作人员之间关系的疏密程度，尤其考虑后者具备国家工作人员身份之前的因素。《关于办理贪污贿赂刑事案件适用法律若干问题的解释》一方面强调上级与下级、管理者与被管理者的关系，另一方面要求收受的数额在 3 万元以上，并要求"可能影响职权行使"，就是为了排除合法的人情往来。

其次，要成立受贿罪，除了在客观上具备"为他人谋取利益"这一要件之外，行为人在主观上也必须认识到这一要素的存在，因为受贿罪是故意犯罪。但应当注意的是，"为他人谋取利益"是一个客观要件，而非犯罪目的。因此绝不能将受贿罪理解为只能是直接故意的犯罪，间接故意一样能够构成受贿罪。结合受贿罪所侵犯的法益，故意所针对的内容也是利益与职务行为之间现实或者可能存在的交换关系，至于两者谁先出现、谁后出现，并不具有决定性的意义。正因如此，不仅"事后受贿"成立受贿罪，只要行为人认识到利益的输送可能是对过去、现在或者将来出现的职务行为的对价即可，而不需要其对对价关系百分之百确定。尤其是利益输送在先的贿赂犯罪，只需要收受利益者知道可能会有针对自己职务行为的请托仍予以收受，就可以认定故意了。可见，《关于办理贪污贿赂刑事案件适用法律若干问题的解释》对"为他人谋取利益"这一要件的阐释是合理的，既兼顾了法条文字，又没有机械地固守文字最狭义的核心领域。这种解释是对新腐败犯罪形式的一种回应，对于腐败犯罪预防具有非常重要的价值。

第六节　贿赂犯罪的共犯

关于受贿犯罪的共犯问题，1988 年 1 月 21 日全国人大常委会《关于惩治贪污罪贿赂罪的补充规定》第 4 条规定：与国家工作人员、集体经济组织工作人员或者其他从事公务的人员勾结，伙同受贿的，以共犯论处。此为受贿犯罪共犯的最早规定。而 1997 年《刑法》只规定了贪污罪的共犯形式，并没有规定受贿罪的共犯形式。最明确的规定是 2007 年最高人民法院、最高人民检察院联合发布的《关于办理受贿刑事案件适用法律若干问题的意见》第 7 条规定：特定关系人与国家工作人员通谋，共同实施前款行为的，对特定关系人以受贿罪的共犯论处。特定关系人以外的其他人与国家工作人员通谋，由国家工作人员利用职务上的便利为请托人谋取利益，收受请托人财物后双方共同占有的，以受贿罪的共犯论处。2016 年 4 月 18 日最高人民法院、最高人民检察联合发布的《关于办理贪污贿赂刑事案件适用法律若干问题的解释》第 16 条第 2 款规定：特定关系人索取、收受他人财物，国家工作人员知道后未退还或者上交的，应当认定国家工作人员具有受贿故意。这是关于特定关系人与国家工作人员的受贿共犯的规定。通过这些规定，司法实践中逐渐确立了非国家工作人员与国家工作人员共同参与受贿以共犯论处的原则，有力地推动了司法实践。

　　共同犯罪是指两人以上共同故意犯罪，犯意联络和共同的犯罪行为是构成共同故意犯罪必不可少的条件。从共同犯罪行为来看，可分为实行行为、组织行为、教唆行为、帮助行为。从刑法规定的形态来看，又可分为犯罪集团与主犯（第 26 条）、从犯（第 27 条）、胁从犯（第 28 条）、教唆犯（第 29 条）。共同犯罪行为和单独犯罪行为相比，具有显著的特点。单独犯罪行为，都是由我国刑法分则加以明文规定的。因此，对于单独犯罪，只要直接依照刑法分则的有关规定对犯罪分子定罪就可以了。而共同犯罪行为，除实行犯的行为是由刑法明文规定的以外，其他共同犯罪人的行为，如组织行为、教唆行为和帮助行为，都是由刑法总则规定的。只有把这些行为与实行行为有机地结合起来，才能正确地解决共同犯罪的定罪问题。与一般犯罪主体的共同犯罪问题不同，受贿犯罪中必定有国家工作人员，属于特殊犯罪主体。因此，受贿罪的共犯要么全部是国家工作人员，此种情况在共同犯罪认定上很少存在争议；要么部分是国家工作人员具体到受贿犯罪，而且从行为来说存在最多的就是帮助行为。

2007 年 7 月 8 日，最高人民法院、最高人民检察院《关于办理受贿刑事案件适用法律若干问题的意见》对特定关系人以及其他关系人受贿问题作了专门规定。这里的特定关系人，根据该意见第 11 条的规定，是指与国家工作人员有近亲属、情妇（夫）以及其他共同利益关系的人。这是特定关系人或者其他人与国家工作人员在具有犯意联络的情况下实施了相应的行为，系受贿犯罪的帮助犯，主要有三种情形：一是国家工作人员利用职务上的便利为请托人谋取利益，授意请托人以本意见所列形式，将有关财物给予特定关系人的，以受贿罪论处。二是特定关系人与国家工作人员通谋，共同实施前款行为的，对特定关系人以受贿罪的共犯论处。三是特定关系人以外的其他人与国家工作人员通谋，由国家工作人员利用职务上的便利为请托人谋取利益，收受请托人财物后双方共同占有的，以受贿罪的共犯论处。

上述三种情形系特定关系人与国家工作人员的共同犯罪，那么，特定关系人之外的人与国家工作人员有犯意联络如何处理。《关于办理受贿刑事案件适用法律若干问题的意见》未对特定关系之外的人作具体规定。特定关系人与其他关系人的区分，就在于：特定关系人与国家工作人员之间具有共同利益关系，而其他关系人则没有这种利益关系。此时，就需要用刑法总则关于共同犯罪的规定来加以规制。这种犯罪中，参与犯罪的非国家工作人员与国家工作人员之间没有特殊关系，如果非国家工作人员与国家工作人员构成共同犯罪，首先他们之间要存在共谋，其次是国家工作人员利用了职务便利为他人谋取利益或者在非国家机关工作人员的帮助下完成，最后非国家机关工作人员要与国家机关工作人员共同占有受贿款物。

那么，如果特定关系人或者非特定关系人没有与国家工作人员进行犯意联络，但是利用或者通过国家工作人员的职权或者职务上的便利为他人谋取利益，从而收受财物的行为如何认定。事实上，因为在这种情况下国家工作人员并不知情，因此，国家工作人员不构成受贿罪，而特定关系人或者其他人也就不能构成受贿罪的共犯。但是这种行为又确实侵犯了国家工作人员的廉洁性，为此，《刑法修正案（七）》在我国《刑法》第388条之一设立了利用影响力受贿罪。根据这一规定，利用影响力受贿罪是指国家工作人员的近亲属或者其他与该国家工作人员关系密切的人，通过该国家工作人员职务上的行为，或者利用该国家工作人员职权或者地位形成的便利条件，通过其他国家工作人员职务上的行为，为请托人谋取不正当利益，索取请托人财物或者收受请托人财物，数额较大或者有其他较重情节的行为。在这种情况下，特定关系人或者其他人就可能单独构成利用影响力受贿罪。但是，《关于办理贪污贿赂刑事案件适用法律若干问题的解释》第16条第2款规定，特定关系人索取、收受他人财物，国家工作人员知道后未退还或者上交的，应当认定国家工作人员具有受贿故意。也就是说，如果这些人与国家工作人员之间具有犯意联络，仍然构成受贿罪的共犯。

在司法实践中，国家工作人员与其家属共同受贿行为比较普遍。在家庭成员为共犯的受贿犯罪案件中，如何认定他们主观上的共同故意，是正确认定这类案件的关键问题，也是刑事办案过程中最为棘手的疑难问题。如何认定家庭成员为共犯的受贿犯罪案件中各犯罪行为人的共同犯罪故意，在刑法学界及司法实践中有不同的观点。一种观点认为，利用职权为他人谋利益的人必须明确知道自己家属接受的贿赂物，即要么在场，要么家属告知，才能确认利用职权者主观上有受贿故意，否则，只能由收受家属自己承担责任。另一种观点认为，只要查明利用职权的人确实为他人谋取利益，而本人或家属收受他人贿赂，并且将贿赂物纳入家庭共同消费和使用的范围，就应该确认他们都具有知道或者应当知道的主观上的犯罪故意。因此，国家工作人员对其家属收受贿赂的行为，无论明知与否，都应承担责任。还有一种观点认为，只要查明利用职权为他人谋利益的行为人实际知道其家属收受了贿赂，就可确认其具有受贿的故意，至于认识的来源如何、对受贿内容认识是否具体都不用考虑。如果利用职权为他人谋利益的行为人与其家属事前具有预谋，尽管其家属在收受贿赂后国家工作人员不知晓，也同样可以认定具有共同的受贿故意。[①] 对此，我们赞同第三种观点。首先，这符合司法解释的规定，2007 年 "两高"《关于办理受贿刑事案件适用法律若干问题的意见》第 7 条已经明确规定：特定关系人与国家工作人员通谋，共同实施前款行为的，对特定关系人以受贿罪的共犯论处。这里的特定关系人，就包括国家工作人员的家属在内。其次，符合社会实际，以家庭成员为共犯的共同犯罪具有超越于一般共同犯罪行为人之间的紧密关系，很多时候家庭成员之间的共谋不需要太多语言和动作，有时就是一种默契，但都是 "心照不宣"，此时如果要求按照在场或者告知的要求去取证，会导致取证难度很大，从而放纵犯罪。

---

① 刘方著：《贪污贿赂犯罪的司法认定》，法律出版社 2015 年版，第 193 页。

第七节 贿赂犯罪的既遂与中止、未遂

一、受贿犯罪的既遂与中止、未遂不同观点及厘清

研究讨论受贿犯罪的既遂未遂，首先要明确既遂与未遂、中止的区别特征。《刑法》第 23 条第 1 款规定："已经着手实行犯罪，由于犯罪分子意志以外的原因而未得逞的，是犯罪未遂。"第 24 条第 1 款规定："在犯罪过程中，自动放弃犯罪或自动有效地防止犯罪结果发生的，是犯罪中止。"对于既遂与未遂的区别，传统刑法持"既遂的构成要件说"，认为"确认犯罪是否既遂，应以行为人所实施的行为是否具备刑法分则所规定的某一犯罪的全部构成要件为标准"。"未遂形态"的构成是经刑法总则修正的具有一定特殊性的构成。[①] 未遂构成区别于既遂构成的显著标志，是犯罪是否达到完成的终点。刑法既遂的通说比较清晰，易于理解，在下文审查判断贿赂犯罪既遂与否时，一般持刑法通说的观点。但应注意的是，贿赂犯罪"非既遂"情形中，统指已经着手实施了犯罪行为，但未达到既遂的阶段，包括应纳入刑罚的犯罪中止、犯罪未遂，也包括不应处罚的"不构成贿赂犯罪"的情形。

就受贿罪既遂与否认定标准而言，理论界存在不同观点，可总结归纳为以下几种：第一种是"取得财物说"，该学说认为，受贿罪既遂的标准应当是国家工作人员是否已经收受或者索取他人财物，已经收受或索取他人财物的，表明国家工作人员的行为已经现实地侵害了其职务行为的不可出卖性；如果没有收受或者索

---

① 高铭暄著：《刑法专论》（第 2 版），高等教育出版社 2006 年版，第 286 页。

取贿赂的，表明国家工作人员的职务行为的不可出卖性还没有现实地受到侵害，而只能成立未遂。① 第二种是"收受财物承诺说"，该学说认为，当行受贿双方协议达成，国家工作人员职务廉洁性就已经受到了侵害，只要受贿人与行贿人达成收受贿赂的具体约定，受贿罪就已经成立既遂。② 第三种是"谋取利益承诺说"，在受贿罪中，只要行为人对行贿人作出了为其谋取利益的承诺行为就构成受贿罪的既遂，这种承诺行为和取得贿赂、谋取利益没有关系，只要作出了承诺行为就构成受贿罪的既遂，无论行为人是否取得了贿赂、是否实际为行贿人谋取到了利益。该观点还认为，受贿罪既遂标准只有一个时间点，即作出承诺行为之日即犯罪既遂之时。③ 持此观点的学者认为，受贿罪侵犯的客体是国家机关正常的管理秩序和国家工作人员职务行为的廉洁性，从这一客体出发，当行为人向行贿人作出为其谋取利益的承诺时，就已经破坏了国家工作人员在公众心目中的形象，就已经破坏了国家机关正常的管理秩序，因此应以承诺行为作出之时为受贿罪的既遂标志。第四种是"谋利行为说"，此学说认为只要国家工作人员为相对人谋取了私利，而无论是否得到贿赂，均应视为既遂，反之，因有行为人意志以外的原因而未能为他人谋取利益时，方为未遂。理由是，受贿人是否为行贿人谋取了私利，表明是否实际侵害了国家机关的正常活动，而且这一标准也不会放纵那些为行贿人先谋利而事后收受贿赂的犯罪。第五种是"取得财物""谋取利益"双

---

① 李希慧著：《贪污贿赂罪研究》，知识产权出版社 2004 年版，第 190 页。

② 吕天奇著：《贿赂罪的理论与实践》，光明日报出版社 2007 年版，第 346 页。

③ 刘之雄著：《犯罪既遂论》，中国人民公安大学出版社 2003 年版，第 362 页。

重说，指行为既取得了贿赂，又利用职务上的便利为行贿人谋取了利益的，才构成受贿罪既遂。而只具备其中之一的，由于意志以外的原因而未具备另一项条件，均为受贿罪未遂。[①] 对于索贿的既遂标准，有一种观点认为，索取型受贿以索取贿赂行为的完成作为既遂的标志。[②] 对于争议和观点，有以下几个方面的问题必须厘清：

1. 是否侵犯刑法所保护的法益不能作为既遂、未遂的判定标准。在上述许多观点的证明理由中，都存在一个逻辑误区，即以是否侵犯或威胁了刑法贿赂犯罪所保护的法益或犯罪客体作为既遂未遂的判定标准。由于对贿赂罪侵犯的法益（犯罪客体）持不同看法，如"不可收买性""国家职务廉洁性""职务公正性"等，导致在各自观点中以"是否侵犯法益"为逻辑的关于既遂未遂的证明都具有形式上的"合理性"。无论是刑法通说中犯罪构成要件的犯罪客体，还是新派刑法的法益，均是学术上研究理解刑法规范时创立的刑法理论，属于对刑法的抽象理解和论述，在判断犯罪既遂、未遂上，不能用抽象的理论作为判断的标准。另外，根据我国刑法规定，犯罪中止、未遂同样属于"犯罪"，也需要纳入刑罚制裁的范围，意味着无论犯罪既遂或是中止、未遂，其成立的条件都具备"法益侵害性"或侵犯了"犯罪客体"，而只是侵害的程度之区别。"既遂犯对法益的侵害程度最深，预备犯对法益的侵害只是限于间接的威胁，未遂犯和中止犯则介乎其间。"[③] 有

---

① 赵长青、张翔飞、廖忠洪著：《贿赂罪个案研究》，四川大学出版社1991年版，第69页。

② 王天贵、王杰：《"预约受贿"是犯意表示还是未遂》，载《中国检察官》2010年第8期。

③ 李希慧著：《贪污贿赂研究》，知识产权出版社2004年版，第188页。

的属于已然侵害，有的引发危险、威胁，但其本质上并无不同，均是已然实施了具有"社会危害性"的行为。在论述受贿既遂、未遂的思路上，应该以对法益侵害的程度为标准，而不以是否侵犯法益、侵犯何种法益为标准。

2. "承诺说"的误区。无论是"谋取利益承诺说"还是"收受财物承诺说"，本质上都是双方以是否达成受贿行为的"协议"作为既遂与否的标准，认为只要双方行为人达成了贿赂犯罪的"意向"，不管是否着手给予"财物"或是谋取利益，都不影响贿赂犯罪既遂的成立。该学说其实是将受贿犯罪归属于传统刑法定义的"行为犯"，即认为受贿犯罪一旦着手，即为既遂，不存在犯罪中止的情形。这种观点否定了受贿罪其他犯罪停止形态的存在，否定了不同犯罪形态给社会带来的危害性大小区分，不仅具有主观定罪的倾向，而且极大地扩大了贿赂犯罪的打击范围，不利于鼓励中止贿赂犯罪。而将未接收财物与接受财物均作为同一种犯罪形态来定罪处罚，也明显违背公平的原则，不符合受贿罪的立法本意。无论是"谋取利益承诺说"还是"收受财物承诺说"，基本都不具备充足的法理依据和学术认同。

3. 为他人谋取利益不再成为既遂未遂的标准。既遂与未遂的认定标准应以行为人的行为是否完全具备刑法分则规定的特定犯罪构成的全部要件作为认定标准。在主体符合国家工作人员身份的情况下，受贿罪的构成要件主要是利用职务便利"为他人谋取利益"和"收受他人财物"两个行为。在《刑法修正案（九）》出台之前，对于"为他人谋取利益"行为能否成为判断既遂、未遂的标准存在争议，而争议的本质在于谋取利益究竟是主观意念的完成还是客观行为的实施。关于为他人谋取利益要件的性质，在刑法理论上一直存在客观说与主观说之争。客观说认为，为他人谋取利益是一种客观行为，只有国家工作人员具体实施了为他人谋取利益的行为才具备该要素。而主观说则认为，为他人谋取利益是主观意图，只要国家工作人员主观上具有为他人谋取利益的意图，即具备该要素。2003 年 11 月 13 日最高人民法院《全国法院审理经济犯罪案件工作座谈会纪要》规定："为他人谋取利益包括承诺、实施和实现三个阶段的行为。只要具有其中一个阶段的行为，如国家工作人员收受他人财物时，根据他人提出的具体请托事项，承诺为他人谋取利益的，就具备了为他人谋取利益的要件。明知他人有具体请托事项而收受其财物的，视为承诺为他人谋取利益。"但由于该纪要内容并未大规模宣传，且其强制力存在疑问，实践中在这个问题上仍有争议。一般比较普遍的认识是实际或者承诺为他人谋取利益，这种承诺可以是明示，也可以是暗示，甚至可以是双方"心知肚明"的"动作""眼神"等。2016 年"两高"出台的《关于办理贪污贿赂刑事案件适用法律若干问题的解释》承袭了上述精神，并且从司法解释的层面进一步强化甚至扩大了"主观说"。《关于办理贪污贿赂刑事案件适用法律若干问题的解释》第 13 条规定，"具有下列情形之一的，应当认定为'为他人谋取利益'，构成犯罪的，应当依照刑法关于受贿犯罪的规定定罪处罚：（一）实际或者承诺为他人谋取利益的；（二）明知他人有具体请托事项的；（三）履职时未被请托，但事后基于该履职事由收受他人财物的"。第 1 项是《关于办理贪污贿赂刑事案件适用法律若干问题的解释》未出台之前实践中一般掌握"谋取利益"的原则，第 2 项将"为他人谋取利益"作为一种主观违法要素，而第 3 项更为甚之，事后收受财物的行为与受贿故意以及为他人谋取利益的要素之间，是否存在对应关系，一直是能否将事后收受财物纳入受贿犯罪中的一个难以解决的问题。在《关于办理贪污贿赂刑事案件适用法律若干问题的解释》中明确，只要基于履职事由收受他人财物，就应当认定为具备为他人谋取利益的要素的规定。本条中的第2、3项的规定，都属于对"谋取利益行为"的一种法律上主观化的"拟制"，而拟制的结果是彻底将谋取利益归类为主观违法要素，而不必具备客观行为。

《关于办理贪污贿赂刑事案件适用法律若干问题的解释》使受贿犯罪构成要件中的"谋取利益"成为主观违法要素，彻底主观归类化意味着，"谋取利益"只存在主观上有无，不存在客观上是否着手及是否完成的状态。持"谋利行为说"的典型争议案例是，国家工作人员先收受了他人财物，并试图为他人谋取利益，但由于能力有限或其他意志外的因素，导致未能成功，后又将钱款退还给当事人，当否构成"未遂"。在《关于办理贪污贿赂刑事案件适用法律若干问题的解释》未出台前，持由于"没有为请托人谋取利益"而未符合全部受贿犯罪构成要件，因此应当属于受贿未遂的观点还有一定的合理性。但《关于办理贪污贿赂刑事案件适用法律若干问题的解释》出台后，该观点不再具有争论价值。国家工作人员是否为明知成为"谋取利益"的判断标准，谋取利益行为不再成为"受贿犯罪"的必然构成要件。实践中还有这样一种情形，某国家工作人员的职务便利并不能为请托人谋取利益，但请托人错误认为其可以，并给予国家工作人员财物，对此种情形，国家工作人员和请托人如何认定？请托人给予行为人财物，行为人自然应当知道请托人具有请托事项，符合《关于办理贪污贿赂刑事案件适用法律若干问题的解释》第13条第2项之规定，无论其是否具备谋取利益的能力，以及是否实施了谋利的事项，都不影响受贿既遂的认定。

综上所述，自该解释出台实施后，"是否谋取利益"不再成为评判贿赂犯罪既遂未遂的标准，这使"双重标准""谋利行为"标准观点不再成立。

4. 索贿的既遂标准存在理解偏差。许多观点都提出，索贿既遂应依据实施了索要行为作为本罪既遂的标准。理由在于，在索取型受贿中，行为人索取贿赂的完成就意味着权钱交易的本质和职务行为的不可收买性的法益受到了严重侵害。"在索取贿赂的情形，依据实施了索要行为作为本罪既遂的标准更可取。原因在于，即使行为人未取得贿赂，但索贿行为已经侵害职务行为的不可收买性。"[①] 其理由是索取型受贿要比收受型受贿对法益的侵害更为严重，索贿行为的完成就意味着法益受到了严重侵害，而判断是否犯罪既遂和犯罪未遂的区别在于犯罪行为所造成的法益侵害程度和社会危害性不同，并且不同于收受型受贿表现为一个渐进的过程，索取型受贿对法益的侵害方式具有终极性的特点。毋庸置疑，索贿型犯罪对法益的侵害程度比普通收受性受贿要更为严重，反映了行为人的主观恶性更大。但以索贿型犯罪比收受型犯罪侵犯法益程度更严重作为支持索贿型犯罪完成索取行为即为既遂的理由，是存在逻辑误区的。同一罪名同一法律构成要件和同一制裁程度的条件，是侵犯法益的严重程度能够作为判断既遂与否的标准的前提条件。必须注意，法律对于索贿犯罪已经制定了比普通受贿犯罪更少的构成要件，排除"谋取利益"的构成要件要求，同时，明确对索贿型犯罪予以更严厉的刑罚制裁。刑法规范已经体现了对索贿型犯罪与普通收受型受贿犯罪侵犯法益程度不同而予以不同的评价的情形，在这种条件下，失去了以侵犯法益是否严重作为评价犯罪既遂与否的基础。在刑罚更为严厉的处罚条件下，再主观将索取型受贿犯罪既遂标准降低，则意味立法和司法两次评价同一社会危害性，显然不公平。同时，将索贿行为完成作为犯罪既遂的标准也使财物数额可能无法纳入刑罚评价中，有

---

① 文立彬：《受贿罪既遂标准探讨》，载《湖北警官学院学报》2012 年第 8 期，第 86 页。

悖于数额犯的认定和处断精神。例如，如果行为人索取巨额贿赂，但并未成功，也依照巨额受贿既遂认定，显然有失公平。从刑法构成要件上讲，索取绝对不仅是索要行为，还应当包括取得财物。

二、审查贿赂犯罪是否既遂的标准及方法

虽然要件齐备说存在不少批评，但在贿赂犯罪是否既遂上，运用该学说能够最简单清晰地阐明既遂与未遂问题。如前所说，受贿犯罪行为的两个要件中，由于司法解释将"谋取利益"的认定标准由客观行为逐步扩大解释为具备"明知"等主观化特征即可，使得其只有是否存在的区分，而没有是否完成的阶段性区别。因此，受贿、行贿犯罪已遂、犯罪未遂、犯罪中止，都要紧紧围绕"给予、收受财物"这一核心行为特征进行判断。"取得财物说"的观点合理恰当，即将行为人是否实际取得财物（包括实际控制财物）作为受贿罪的既遂标准。

虽然从理论上来讲，受贿犯罪存在预备犯，但由于受贿罪中关键的定性行为——"收受财物"并不需要也不存在过多的准备工具、制造条件情形，因此对受贿犯罪预备犯没有进行深刻的讨论必要，行贿罪虽然筹备财物（购买礼物、借钱、提取现金、购买房屋等）用来赠送可以理解为制造条件，但由于上述行为与行贿的关系紧密，探讨行贿预备犯的意义不大。实践中贿赂犯罪的中止、未遂虽然极为罕见，但理论上仍然存在。审查判断贿赂犯罪的中止、未遂存在两个维度，既要区分其与既遂的区别，又要区分不构成贿赂犯罪的情况，因此审查中存在两个关键点，一是如何判断受贿犯罪的已经着手实施？或者行贿受贿到达何种阶段即使没能构成贿赂犯罪的全部构成要件也应纳入刑罚的制裁范畴。二是何时意味着"给予、收受财物"成立？

1. 如何判断"着手"。根据刑法理论，由于我国法律对犯罪未

遂和犯罪中止都认定犯罪，具有社会危害性，因此只有"着手行为"对法益的侵害已经达到相对紧迫的程度，才能纳入刑罚。收受型受贿、行贿犯罪中，一旦国家工作人员和请托人就接收（给予）财物达成"共识"，即可认定为"着手"实施。如果将贿赂犯罪分解为要约、协议和交付三个阶段，则协议阶段可以定义为"着手"。从法益的分析，行为人、请托人已经就"接收（给予）财物"达成共识，对法益的侵害程度已经达到相当紧急的威胁程度，一般排除外界因素的介入，双方的贿赂行为基本就能够顺利完成。表面上分析，以"达成共识"作为定罪起点有主观归罪的倾向，但达成共识并不仅仅是双方"意志"上的契合，而是需要一定的"要约"的信息传递与"协议"的信息反馈的行动。即请托人要将给予财物的信息对国家工作人员作出表示，而国家工作人员则需要对这种信息予以反馈。反馈可以是积极的，如行为人主动提出财物的类型、价值、交付方式等，也可以是消极的，如不作声的默许等。诚然，对于默许的情形，在实践中用证据存在极大难度。在审查判断中，要注意杜绝"主观归罪"的倾向，即要有请托人与行为人之间确实已经形成了"协议"的证据，而不能仅仅是司法人员的臆断或推测。

不过，对于索贿，国家工作人员开始实施索贿行为，或者国家工作人员主动提出权钱交易的要约，则可以认为"着手"，遭对方当事人拒绝而没有达成交易协议，或者当事人虽然答应，但事后没有得到贿赂，应成立受贿罪的未遂。

2. 如何理解贿赂犯罪的"因意志以外"。主要存在两种情形：一是未实现请托事项。该情况存在于约定先谋取利益后给予财物情形。虽然行为人尽力去办，但由于客观因素制约，导致未能成功为请托人谋取利益，请托人不再给予行为人财物。二是请托利益已经实现，但由于外界因素导致财物无法顺利给予（接收）。外界因素可能是请托人方面的，如请托人突然死亡、失联，或其财物状况出现问题等，也可能是行为人方面的，包括死亡、被调查等。值得注意的是，意志外的因素必须是能够阻碍财物客观上无法顺利完成的情形，而不仅仅是给财物交割带来困难或风险。例如，实践中行为人听说相关部门在调查他的消息而拒绝接收财物的行为如何认定存在争议。此案例中，虽然相关部门调查行为人的事件确实属于意志外的事件，并且逻辑上也是由于行为人的恐惧、担心而导致不敢接收财物，但恐惧并不足以阻止接收财物的完成，在这种情况下，"拒绝"仍属于行为人的主观意志，应当归为犯罪中止更为贴切。

三、几个常见的争议问题

（一）收受房屋，未变更权属登记的认定

对于需要以登记作为权属变更条件的财物，如房屋、汽车，国家工作人员仅实际占有并未变更权属登记，是否认定为"收受财物"。此类问题曾引发过很大争议，但2007年7月8日最高人民法院、最高人民检察院《关于办理受贿刑事案件适用法律若干问题的意见》第8条规定，"国家工作人员利用职务上的便利为请托人谋取利益，收受请托人房屋、汽车等物品，未变更权属登记或者借用他人名义办理权属变更登记的，不影响受贿的认定"。该规定对于未变更权属登记但实际占有财物的，明确为"受贿"犯罪。但一些观点也提出，"因为上述司法解释只是规定这种情形'不影响受贿的认定'，但认定为未遂还是既遂都属于认定为受贿"。如陈兴良教授认为，"收受房屋、汽车等物品而未办理权属变更登记的，应当认定为受贿罪的未遂而不是既遂。因为物权法的登记制度决定，房屋、汽车等物品的权属是否登记在收受者的名下，对其权利行使是会有较大影响的，在性质上不同于权属已经登记在收受者名下的情形，因而在将这种收受财物的行为认定为受贿性质，同时对此以未遂论处，这是符合法理的"。[①] 本书并不同意这种观点。在民事法律中，"占有权"转移一般是在普通平等主体之间的法律关系，以公开登记作为转移的生效要件，体现平等和保护第三人的理念。在贿赂案件中，行贿人与受贿人因为职务、利益形成了一种特殊的微妙的关系，不同于"普通民事主体"，不适用于"平等"的民法原则，而其"给予财物""占有权的转移"不仅不能公开，还需要隐蔽。在这种情形下，不能简单以民事法律关系及规定来理解判断是否完成"占有权"的转移，即应抛弃"形式论"，而应当以"实质论"，即是否具有长期占有并不归还的意图。《关于办理受贿刑事案件适用法律若干问题的意见》也体现了这一立法精神，凸显了"财物"占有的实质说。当然，如果收受未变更登记的房屋、车辆后，行贿人反悔，强行收回所给予的房屋、车辆等物品或行贿人意外死亡引发的对行贿物品占有权的纠纷，由于缺乏权属登记的保护，财物可能会脱离行为人的实际控制。但并不影响对占有房屋、车辆既遂的认定，在量刑时应该予以考虑。

（二）贿赂物品为"赝品"的认定

在实践中，发现行为人收受贿赂物品为假冒伪劣品的案例非常多。对于伪劣品数额的认定，司法认定中，一般存在以下几种做法和认识。一是以伪劣产品实际鉴定价格作为贿赂的数额。理由是贿赂物品是一种有价值和使用价值的特定物，应比照侵财类犯罪，以物品反映出来的实际价值来认定其受贿数额，这样认定的数额客观公正。二是以请托人购买伪劣产品的实际支付价格作

---

① 陈兴良：《受贿罪的既遂、未遂之区分》，载《中国审判》2010 年第 48 期，第 97 页。

为贿赂数额。理由主要是，受贿犯罪的对象是他人的财物，是一种以他人实际支付的价格反映出来的特定物，因而应该以行贿的物品反映出来的价格认定其受贿数额。实践中受贿人虽收受了他人的伪劣物品，但这只是受贿人的一种过失心态，即刑法理论上所讲的犯罪对象的认识错误。对此不应影响其犯罪性质的认定。[1]上述观点基本是目前收受伪劣产品数额认定的主流观点，但都有失偏颇之处。第一种观点，虽然贿赂犯罪表现为给予、接收有价值财物，财产性法益是衡量贿赂危害严重程度的一把尺子，但与财产犯以单一侵犯财产法益有所区别，贿赂犯罪侵害法益本质是职务行为与不当利益的不可交易性，财物数额与承诺或谋取的利益均是反映法益侵害程度的内核，在财物实际价值与行为人、请托人主观认识价值相一致时，贿赂物品的真实价值基本精准地衡量了法益侵害严重程度，但当二者存在较大距离时，财物价值对贿赂犯罪法益的侵犯的判断发生偏移，精准衡量的功能弱化。通俗而言，伪劣产品的价值无法反映受贿人的主观恶性及贿赂的社会危害性，以此定罪会造成处罚偏轻。第二种观点，逻辑上与第一种观点存在同样的缺陷，以双方的主观认识作为衡量贿赂犯罪法益严重的标尺，未能反映因认识对象错误、财物实质价值远低于认定价格而降低了法益侵犯的严重性。由于该观点与客观实际相违背，也使实践中控辩护方对此认定存在巨大争议，辩护律师把其作为重要的薄弱点加以辩护，由于法院认定该争议问题无统一标准，造成司法混乱。在行为人收取假冒伪劣产品，在主观上按照真品价值予以收受，但实际经价格认定远远低于真实价格时，应该按照认识对象错误而构成受贿未遂，具体情节应以当时行为

---

① 丁军青：《受贿所得系伪劣产品的数额计算》，载《人民检察》1999年第6期，第49页。

人主观认知或真品当时市场价格予以确定。通过犯罪未遂的评价，即准确反映行为人收受真品价格贿赂的主观恶性，也能客观反映未收受得逞的客观行为，以此作为犯罪侵犯法益严重性的考量，具有合理性和客观性。当伪劣产品也具有相当的价格时，还需要将伪劣品的实际数额也纳入犯罪评价中，即构成受贿既遂（伪劣产品价格）与受贿未遂（主观认为价格）的想象竞合犯，在刑罚时，择一重罪处罚。行贿犯罪实践中应以同样的逻辑、视角来审查，案件中受贿、行贿（未遂）构成对象犯。

第八节　斡旋受贿的问题

斡旋受贿是指国家工作人员利用本人职权或者地位形成的便利条件，通过其他国家工作人员职务上的行为，为请托人谋取不正当利益，索取请托人财物或者收受请托人财物的行为。根据我国刑法规定，斡旋受贿是受贿罪客观方面的一种特殊表现形式，即斡旋受贿与普通受贿在犯罪构成要件上存在差别。斡旋犯罪是学理上对具备上述犯罪特点的一类受贿的归纳和总结。

一、斡旋受贿与受贿异同的观点之争

在理论研究与司法实践中，如何理解《刑法》第 385 条规定之"利用职务上的便利"与《刑法》第 388 条规定之"利用本人职权或者地位形成的便利条件"是区分普通受贿与斡旋受贿的关键，也是斡旋受贿认定的难点。如何理解"利用本人职权或者地位形成的便利条件"，学术领域各种观点纷繁杂乱，主要可以归纳为以下几种：（1）制约说、特殊关系说。即利用职权或地位形成的便利条件主要有三种情形的制约关系、特殊关系，"一是上级单位的工作人员对其下属单位的有关部门和人员的制约关系；二是

无领导关系但职权能够制约或者影响其他单位所谋取的利益，如税务机关和纳税义务单位之间；三是同一单位内部存在的密切工作关系，如领导干部与其秘书"①。此观点认为，制约关系比较明确，容易把握，有利于控制打击面。（2）非制约关系说。认为利用本人职权或者地位形成的便利条件，是指行为人利用职务对第三者产生非制约性的影响或作用。即行为人与被利用的国家工作人员之间不存在职务上的制约关系，而一般受贿则存在职务上的制约关系。②（3）平行关系说。认为利用本人职权或者地位形成的便利条件，应当"界定为国家工作人员利用与其有密切联系的其他国家工作人员的平行的职务关系"③。（4）职务的依赖性与权力的互换性说。认为利用本人职权或者地位形成的便利条件，是指行为人以职务为基础，并通过职权或者地位形成的能对第三者施加职务影响的便利条件。双方的关系具有职务的非制约性、职务行为的依赖性、第三者意志自由的不完全性和权力的可交换性。④

在上述观点中，本书认为"非制约说"具有一定的合理性。在阐述分析各类学说时，核心要点是该学说能够精准地表达出斡旋犯罪的本质特征，并与一般受贿犯罪以及其他类型的贿赂犯罪有所区分，普通受贿犯罪构成中的"利用职务上的便利"有两种情况：一种是利用本人直接主管、负责、承办特定公共事务的职

---

① 高铭暄著：《刑法专论》（第 2 版），高等教育出版社 2006 年版，第 286 页。

② 陈兴良著：《刑法疏议》，中国人民公安大学出版社 1997 年版，第 635 页。

③ 张利兆：《论斡旋受贿的职务关系》，载《中央政法管理干部学院学报》1998 年第 5 期，第 23 页。

④ 朱孝清：《斡旋受贿的几个问题》，载《法学研究》2005 年第 3 期，第 82 页。

权，另一种是利用与其本人在职务上有"制约关系"的国家工作人员的职权。制约关系归类为"利用职务上的便利"更为贴切。特殊关系说过于抽象，没有精准的框架作为边界，不具有现实指导性。平行关系说过于狭隘，没有过多影响。职务依赖和权利互换性说与前几个学说的最大差异，是明确了斡旋受贿的几个关键特征，并归纳出第三者意志不完全性和权力的可交易性。目前，"非制约说"被学界普遍认为其清晰地划清了罪与非罪的界限，又有利于反腐败斗争的开展。2003 年，最高人民法院出台的《全国法院审理经济犯罪案件工作座谈会纪要》中规定，《刑法》第388条规定的"利用本人职权或者地位形成的便利条件"，是指行为人与被其利用的国家工作人员之间在职务上虽然没有隶属、制约关系，但是行为人利用了本人职权或者地位产生的影响和一定的工作联系，如单位内不同部门的国家工作人员之间、上下级单位没有职务上的隶属、制约关系的国家工作人员之间、有工作联系的不同单位的国家工作人员之间等。从上述司法解释中可以看出，"利用本人职权或者地位形成的便利条件"最核心的特征，是与谋取利益人的关系并非制约、影响关系，将其与普通受贿排除在外。在这样的背景下，非控制论就更具备合理性。

二、"斡旋受贿"与"利用影响力受贿"的区别

在《刑法修正案（七）》未出台之前，关于国家工作人员涉嫌受贿类犯罪仅存在斡旋受贿与受贿两种类型。但"利用影响力受贿罪"正式入罪后，利用影响力受贿罪的外延与斡旋受贿存在交叉，也带来一些理论上的争议和实践中的模糊。斡旋受贿与利用影响力受贿在行为方式上非常相似，都是借助其他国家工作人员的职务行为，为请托人谋取利益，自己收受财物。二者的主要区别在于身份主体的差异，受贿罪的主体严格限定于国家工作人

员的特殊身份。而利用影响力受贿罪则是普通主体，任何身份都可以构成此罪。因此，有观点在《刑法修正案（七）》规定出台后罪名尚未明确前，建议将该犯罪罪名选用为"非国家工作人员斡旋受贿罪"，理由是，"该罪名与国家工作人员斡旋受贿罪紧密联系，从法条的客观方面规定上来看，二者具有极大的相似性。《刑法修正案（七）》第13条本身的立法原意是非常明显的，就是要规制和打击非国家工作人员实施的斡旋受贿行为，并且选用'非国家工作人员斡旋受贿罪'同我国已有的'非国家工作人员受贿罪'相对应，有助于保持我国受贿犯罪罪名体系的整体性"①。虽然司法解释最终没有采纳该观点，但至少说明两个罪名在客观方面具有高度的相似性。

（一）"斡旋犯罪"和"利用影响力"受贿罪的交叉地带

一般而言，斡旋犯罪是国家工作人员，利用影响力受贿罪的主体是非国家工作人员，但从利用影响力受贿罪的构成要件分析，国家工作人员也可能构成其犯罪主体，如何将国家工作人员斡旋受贿和利用影响力受贿区分开来，在理论上和实践中存在争议。有学者主张根据具体情况，来分析判断国家工作人员究竟是利用亲密关系还是其职务、地位影响力，理由是，斡旋受贿之所以作为受贿罪来定罪处罚，其中很重要的原因在于斡旋受贿行为人利用了自己的职务便利，王作富教授所指出的"行为人之所以能够通过其他国家工作人员职务上的行为为请托人谋取不正当利益，是因为行为人所具有的职权或者地位对其他国家工作人员存在一

---

① 于志刚：《中国刑法中贿赂犯罪罪名体系的调整——以刑法修正案七颁行为背景的思索》，载《西南民族大学学报》（人文社科版）2009年7月，第106页。

定的影响关系"①。也有观点认为，即使斡旋受贿的行为人地位较低，或者没有形成与实际为请托人谋取不正当利益的国家工作人员较为紧密的依赖性，也仍然可以成立斡旋受贿，只要后者是基于前者职务或者地位对其的价值，而实施的为请托人谋取不正当利益的职务行为就足够了。② 上述两种观点，一种观点是要严格把握两者界限，分析究竟是"利用本人职权或者地位形成的便利条件"对国家工作人员实施的影响力，还是利用与职权、地位无关的其他"密切关系"促使国家工作人员为请托人谋取利益，严格限定"斡旋受贿"的打击圈。另一种观点是通过判断是否"基于前者职务或者地位对其的价值"，适度降低"斡旋受贿"的准入门槛。两种观点本质上都是通过分析被请托人谋取利益的动机来区分两个罪名，其符合构成要件的本质区分。但实践中，随着社会的多元化发展，人与人之间的交往逐渐扩大，不同国家工作人员之间因非职权而联系或产生交往的情形逐渐增多，这就很难判断帮助请托人谋取非法利益的国家工作人员实施该行为的动因，究竟是由于其职权、地位，还是普通"友情"。例如，某国有企业领导甲与某机关局领导乙在工作中并无交集，但在活动中偶然认识，并在一起吃过几次饭，后甲受丙委托，请乙利用自身职权帮助丙谋取非法利益，并且甲收受丙财物，而乙未收受任何财物。此时，应当如何处理？甲与乙的相识并非是由于甲的职务、地位的便利，且其动机无法排除友谊、面子原因，按照斡旋受贿罪处理似乎不妥；但甲与乙的关系达不到密切的程度，只是偶尔在一起吃饭，

---

① 高铭暄著：《刑法专论》（第 2 版），高等教育出版社 2006 年版，第797 页。

② 冯志恒：《贿赂犯罪中间人的刑法处理》，载《兰州大学学报》（社会科学版）2013 年第 41 卷第 4 期。

利用影响力受贿罪似乎也不贴切。该行为认定两个罪名似乎都可以，却又有些含糊、不精准。被请托的国家工作人员谋取利益的主观意志，本质上就存在情、利交织的情形，即使司法人员水平再高，也很难区分。这种情形的增多也大大降低了上述观点的实践指导价值。

（二）应用排除法区分斡旋犯罪与利用影响力受贿罪

本书主张，对于上述情形，应当以"排除法"作出法律拟制，即除国家工作人特定关系人之外的其他人员，如果符合国家工作人员的主体身份，并实施了"通过国家工作人员为请托人谋取利益，并收受财物"的客观行为，一律认为斡旋受贿，以受贿罪论处。理由如下，一是现实中判断审查为请托人谋取利益的国家工作人员的主观动机难度过大，无论如何认定都不够充分。二是贿赂犯罪的法益是职务行为与不当利益的"不可交易性"，乙收受丙的财物虽然不是基于自身职务便利的影响，但其行为对该法益产生侵害与利用自身职权谋取利益是相同的，社会危害性也基本相似。三是将该类行为归类为受贿罪，有利于表明立法对国家工作人员实施"利用职务影响力"犯罪的更加严厉的态度。法律对贿赂犯罪是严厉制裁，作为公职人员，更应模范带头廉洁自律，当其成为破坏廉洁的参与者时，应承担比普通人更重的刑事责任，更有助于营造清正廉洁的政治环境。

第九节　介绍贿赂罪

一、关于介绍贿赂罪的观点之争

我国《刑法》第392条规定，向国家工作人员介绍贿赂，情节严重的，处3年以下有期徒刑或者拘役。对于介绍贿赂犯罪的行为特征，1999 年最高人民检察院《关于人民检察院直接受理立案侦查案件立案标准的规定（试行）》中认为，"'介绍贿赂'是指在行贿人与受贿人之间沟通关系、撮合条件，使贿赂行为得以实现的行为"。对于介绍贿赂的存在是否有价值，有不同观点。

（一）认为无存在必要

认为介绍贿赂罪的行为系行贿罪的帮助行为与受贿罪的帮助行为，其完全符合行贿、受贿共同犯罪的成立条件，如果某行为同时对行贿、受贿起帮助作用，则属于一行为触犯数罪名，应从一重处罚。帮助行贿或帮助受贿行为，应当排除在介绍贿赂之外。介绍贿赂犯罪仅限于相当行为的行为，即明知某人欲通过行贿谋取国家工作人员职务行为，而向国家工作人员提供该信息，在此基础上，情节严重才成立介绍贿赂罪。论者还认为，行贿罪、受贿罪的帮助行为定为介绍贿赂罪会导致以下问题：介绍贿赂罪轻于受贿罪和行贿罪，通过该罪不可能实现加大对行贿、受贿共犯的打击力度；会导致罪数混淆。例如，甲一方面帮助乙行贿给 A，另一方面帮助丙向 B 索取、收受贿赂。如果将帮助行贿、受贿的行为认定为介绍贿赂罪，则甲只是犯了同种数罪，且通常不并罚，如果说帮助行贿、受贿的行为分别成立行贿罪与受贿罪的共犯，则甲触犯了两个不同的罪名，应当实行数罪并罚；会导致刑法不协调，因为刑法没有规定对非国家工作人员介绍贿赂罪。[①] 另外，司法实务界也有人持这样的观点，理由：一是介绍贿赂罪在司法实践中几乎没有实例，罪名不切实际；二是介绍贿赂的行为实质上是共同犯罪的一种形式，在受贿与行贿之间，总是有倾向性地代表某一方，或者是受某一方的委托进行活动。对介绍贿赂的，

① 张明楷：《受贿罪的共犯》，载《法学研究》2002 年第 1 期，第 34 页。

根据其具体活动，按照受贿或者行贿的共犯处理。①

（二）认为有存在必要

认为介绍贿赂罪有两种表现形式，一种是受行贿人委托，为其行贿物色、疏通、引荐受贿人，转交贿赂款物，转达行贿意思；另一种是按受贿人的意图，为其寻找索贿对象、转告索贿要求等。但这种观点显然使介绍贿赂与帮助犯难以划清界限。还有的学者主张，介绍贿赂罪与贿赂罪的帮助犯有着本质的不同：其一，前者是刑法分则规定的实行行为；后者是刑法总则所规定的非实行行为。其二，主观上，前者不仅有单纯帮助贿赂实行犯的意思，而且是出于介绍贿赂的故意；后者仅有单纯地帮助贿赂实行犯的意思。区分二者的关键是看行为人有没有介绍贿赂的故意。② 实践中，实行行为与非实行行为只是一类法学理论，其界限模糊，而介绍贿赂的故意与共同行贿、受贿的故意在本质上并无区别。

还有一种观点认为，以一般公民是否参与了国家工作人员利用职务上的便利为他人谋取利益，来区分受贿罪的共犯与介绍贿赂罪。③ 在"两高"解释将"谋取利益"彻底归类为主观违法方面后，这种观点失去了存在和讨论的价值。至于持介绍贿赂是为双方服务并从交易中获取利益，行贿受贿共犯是为单方服务并从一方获取利益的观点，显然更不具有信服性。实践中，还有以中间人是否获得利益作为区分行受贿共犯与介绍贿赂的标准，具体而言，中间人如果参与受贿款的分割，则构成受贿共犯。如果帮助行贿并谋取自己利益，则构成行贿共犯，否则便成立介绍贿赂

① 肖扬著：《贿赂犯罪研究》，法律出版社 1994 年版，第 330 页。
② 赵秉志著：《疑难刑事问题司法对策》（第 2 集），吉林人民出版社 1999 年版，第 348 页。
③ 周道鸾、张军著：《刑法罪名解释》（第 2 版），人民法院出版社 2003 年版，第 722 页。

犯罪。我们认为，以行为人是否谋取利益为标准区分介绍贿赂和行受贿共犯，是忽视犯罪本质的表现。即使没有谋取利益，中间人存在帮助行受贿的行为及故意，也应当认定为共犯。

有观点认为，基于发挥作用具有等价性的特征，中间人的行为都应当被同等对待，而不是区分为受贿罪的共犯或者行贿罪的共犯。只有身份和其基于身份所起的作用才是影响中间人处理的关键，应该将除国家工作人员（定斡旋受贿）、特定关系人受贿（利用影响力受贿）之外，其他一般身份的中间人均认定为介绍贿赂犯罪。理由是，认定中间人为行受贿共犯，会处以更重的刑罚，不符合罪责刑相一致原则。同时介绍贿赂是刑罚分则规定的特殊条款，依照特殊条款优于一般条款的原则，适用此罪名。[①] 这种以抛开具体实行行为，而以主体身份来区分罪名的论点显然有诸多不合理之处，首先，犯罪罪名是由犯罪构成要件决定的，而犯罪行为是最核心的构成要件，身份论与刑法最基本的理论相悖；是否定了普通主体与行受贿存在共同犯罪的情形，而实践中普通主体与行受贿犯罪共同实施犯罪的行为并不少见，其行为完全符合共同犯罪的特征，不以共同犯罪论处显然造成司法适用的混乱。其次，刑法对介绍贿赂的处罚条件更高，处罚更轻，这会导致对中间人处罚偏轻，不利于打击"掮客"。

二、介绍贿赂罪的必要性及其边界

（一）介绍贿赂是否有存在的空间和必要

一项罪名是否有必要设立，犯罪所反映出的行为特征、危害性、行为人主观恶性与其他犯罪罪名存在区别。因此，厘清介绍

---

① 冯志恒：《贿赂犯罪中间人的刑法处理》，载《兰州大学学报》（社会科学版）2013 年第 7 期，第 122 页。

贿赂罪与贿赂共同犯罪之间的区别，就成为关键。如果确实实践中任何一种介绍贿赂的行为，都可以纳入行贿受贿共犯来精准定性处罚，则介绍贿赂没有存在的必要。现实中，有这样一类案例，请托人丙找到中间人乙，希望乙能帮助引荐认识国家工作人员甲，并希望给他贿赂。至于贿赂的具体财物数额，并没有告知乙。乙引荐丙认识了甲，并积极介绍，但其并不知情丙送给甲多少财物。按照一般理论，此种行为应认定为行贿共同犯罪，但本书认为这样并不妥。共同犯罪需要各共犯人具备相同的犯罪故意和意思联络，即对犯罪行为的内容、社会意义和危害结果都有相同的认知，并抱有相同的一致意志。上述案例中，乙帮助丙引荐甲，其对丙行贿甲的数额并不知情，即对行贿行为对法益的侵害程度、产生的危害结果具有不可预测性，让其共同承担丙犯罪行为的后果有悖于刑法罪责刑相一致的原则。例如，丙可能送给甲不符合立案标准的财物，也可能赠送甲巨额财物，乙在引荐时对此无法判断，虽然对犯罪方式具有基本的认识，但对于类似数额犯的行贿犯罪，其对犯罪结果的程度不具有可预测性。如果将乙作为丙的帮助犯，并以其行贿数额认定乙的刑事责任，对乙的处罚有悖于刑法主客观责任相统一的原则。而对于上述行为，尤其是比较严重的，不追究刑事责任也不利于该行为的打击，对此，本书认为，应以介绍贿赂罪定罪量刑比较准确。从这个角度分析，行贿、受贿是否得逞的犯罪形态不影响介绍贿赂罪行为构成，但由于介绍贿赂犯罪的构成要件中，以情节恶劣的作为本罪的法定危害结果，因此，行受贿的是否既遂及金额也必须纳入考量中。这样，介绍贿赂罪的边界和意义就呼之欲出，中间人虽然知道请托人或国家工作人员想要行贿、受贿的意愿，但对具体财物金额并不知晓，同时仍然完成帮助双方提供信息、撮合等行为，情节严重的，则应认定为构成此罪。张明楷教授持基本类似的观点，认为向国家人员介绍贿赂罪，是指行为人明知某人欲通过行贿谋取国家工作人员的职务行为，而向国家工作人员提供该信息；在此基础上，情节严重的才成立介绍贿赂罪。该观点将介绍贿赂的表现形式框定在"提供信息上"，实践中介绍贿赂的行为仅仅提供信息显然是不够的，必然还包括引荐、介绍、沟通等，而对单纯的"提供信息"行为就予以处罚，显然不够合理。

（二）介绍贿赂罪侵犯的法益

对于居间行为在刑法上的必要性和意义一直存在较大质疑，但在法律没有修订的情况下，从法解释学视野下，有许多观点：（1）国家工作人员职务行为的廉洁性；（2）国家机关的正常活动和国家工作人员的职务行为；（3）国家机关的正常管理活动。从侵害的法益来看，表面上分析介绍贿赂犯罪促成了行受贿犯罪，其侵犯法益应该与行受贿法益一致，但如果这种归类认定介绍贿赂的法益，则介绍贿赂罪的存在价值就值得怀疑，并且上述归类具有间接性，没能突出介绍贿赂希望保护的法益的特征。还有一种观点认为，由于介绍贿赂人在不同情况下可能处于代理买方或卖方的地位，介绍贿赂犯罪侵犯的法益应为职务行为的不可交易性。[①] 不可交易性能够涵盖介绍贿赂侵犯法益的基本特征，但其性质变为了破坏经济秩序类型犯罪，明显不准确，也无法表达立法将其入罪的严厉态度。本书认为介绍贿赂的法益是国家对贿赂行为的禁止性更为贴切。由于贿赂犯罪的危害性，法律禁止公民实行该行为，也禁止为对象犯提供撮合、提供信息等类似于中介服务。如果乙也获得财产性利益，是否影响对介绍贿赂犯罪的认定？本书认为不影响。即使丙给予乙财物，只要乙事前与甲无共同受

---

① 胡祥福：《论介绍贿赂罪》，载《南昌大学学报》2002 年第 4 期，第 48 页。

贿和分割财物的故意，则不构成共同受贿，乙也没有利用影响力帮助丙实现利益。从另一个角度思考，无论是否获取利益，乙明知丙要向甲行贿并帮助丙引荐，必然出于一定的动机考量，动机可能是获取了财产性利益，可能基于亲情、友情，或者是考虑以后需要从丙处获取某种利益，这不影响该行为的定性。

三、介绍贿赂罪中的几个关键问题

（一）事后贿赂数额信息沟通的行为如何认定

上述案例中，如果乙收取财物后，将此事告知甲，是否意味着甲对乙帮助丙的行为予以认可，可视为与甲具备共谋的故意？同样，如果甲或丙在受贿行为完成后将财物请求与乙沟通，是否可以认定为共同犯罪。本书认为，一般主体以事后推定认知的形式来惩处过于严厉，有悖于罪责刑相一致的原则，但特定关系人则可能例外。刑法对国家工作人员的特定关系人的犯罪是持严厉的惩处态度。2007 年 7 月 8 日最高人民法院、最高人民检察院《关于办理受贿刑事案件适用法律若干问题的意见》对特定关系人作了专门规定。根据该意见第 11 条的规定，"特定关系人"是指与国家工作人员有近亲属、情妇（夫）以及其他共同利益关系的人。国家工作人员利用职务上的便利为请托人谋取利益，指定特定关系人收取财物或同谋后共同收取财物，二人均构成共同受贿。2007 年该规定出台后，实践中对于特定关系人先为请托人谋利益，并收取财物后才告知国家工作人员的情形，如何处理形成争议。对此，《关于办理贪污贿赂刑事案件适用法律若干问题的解释》明确，"特定关系人索取、收受他人财物，国家工作人员知道后未退还或者上交的，应当认定国家工作人员具有受贿故意"。该规定将"事后知道未退还或上交"拟制为国家工作人员与特定关系人之间具备共同犯意联络。至此，特定关系人与国家工作人员受贿犯罪比较清晰，即存在共犯犯意的，则认定为共同犯罪；否则，认定为利用影响力受贿罪。对于特定关系人实施了介绍贿赂犯罪的情形如何认定？鉴于特定关系人与国家工作人员的"利益一体性"关系，如果特定关系人仅仅实行了帮助引荐了国家工作人员的行为，并没有利用其他职务便利直接帮助请托人谋取利益，则可以依据一般主体一样认定为介绍贿赂；如果其完成介绍行为并收受财物，后将此事告知国家工作人员，则根据上述司法解释的最新精神，应将其认定为共同受贿行为，而非介绍贿赂犯罪。

（二）介绍贿赂的犯罪形态

对这个问题，论者的见解不一。有论者以行贿与受贿两方之间是否建立了贿赂的联系为标准。"介绍贿赂的既遂应以行贿与受贿两方之间建立了贿赂的联系为标准，而不论行贿或受贿行为所追求的结果是否达到。"[①] 也有论者以行贿、受贿得以实现为条件。犯罪既遂标准，从法解释学的角度分析，应是否齐备刑法规定的犯罪构成要件，从法理上分析，主要依据行为对法益的侵害程度，即社会危害性的大小。刑法明确介绍贿赂罪是结果犯，即以"情节严重"是犯罪必然构成要件。作为一种居间行为，介绍贿赂的情节主要应取决于居间行为而引发的贿赂犯罪的严重性，如果贿赂没有实现，以情节严重认定介绍贿赂犯罪成立几乎不具有合理性。介绍贿赂罪存在未遂、中止等犯罪形态，但由于犯罪未遂、中止危害性极小，实践中也几乎不存在该种罪数形态，因此不必作过度分析和解读。即贿赂得以实现，是介绍贿赂罪成立的必然构成要件。而司法解释也支持这种观点，《关于人民检察院直接受理立案侦查案件立案标准的规定（试行）》对"介绍贿赂"描述

---

① 张穹著：《贪污贿赂渎职"侵权"犯罪立案标准精释》，中国检察出版社 2000 年版，第 135 页。

为，指在行贿人与受贿人之间沟通关系、撮合条件，使贿赂行为得以实现的行为。

（三）介绍贿赂罪中"情节严重"的判断要素

对介绍贿赂罪情节严重，《关于人民检察院直接受理立案侦查案件立案标准的规定（试行）》中有明确的规定。《关于办理贪污贿赂刑事案件适用法律若干问题的解释》对行受贿的犯罪数额及情节都作了新的规定，司法人员在审查介绍贿赂的立案标准时，也应根据新的立法精神，作出适当能动性的调整。除立案标准中明确的几种情形外，以下因素也是审查情节严重时判断的重要要素。其一，介绍贿赂的动机。例如，有的将动机归纳为实践中，介绍贿赂人的动机一般有以下几种：一是情义型。即出于情义或碍于面子而介绍贿赂，主要发生于行贿、受贿一方或双方与介绍贿赂人是同学、亲戚、同事或朋友关系等情况下。二是联络感情型。一些人介绍贿赂是出于建立关系网，以备自己以后利用的心理而进行的。三是巴结权势型。这些人主要是为讨好与自己有一定利害关系的上司而介绍贿赂，以便从上司那里得到恩宠。四是贪财型。这些人利欲熏心，物欲强烈，为从中谋取非法利益而介绍贿赂。并分析出，贪财型和巴结权势型的主观恶性更大。① 本书认同上述分析。其二，介绍人在贿赂行为实现中的作用。介绍人出谋划策，积极引荐，撮合条件，较深地参与到贿赂的协商中，并推动贿赂得以实现起到较大作用，则反映其主观恶性及情节必然比较严重。反之，如果介绍人对介绍贿赂相对消极，仅实施了提供信息、引荐等行为，没有进一步介入贿赂双方商议、沟通中，在对贿赂实现上起到较小的作用，则其犯罪情节相对较轻。

---

① 田凯：《介绍贿赂罪司法疑难问题探究》，载《河南社会科学》2004年第12卷，第121页。

（四）介绍贿赂过程中转递贿赂行为的认定

在介绍贿赂罪的行为表现中，与引荐、撮合、沟通等中间行为不同，如果行为人帮助转递了贿赂物，对此应如何认定？大多数观点认为，转递财物本身就是介绍贿赂行为的固有内容。[①] 还有学者主张，"介绍贿赂行为不含给予或接受贿赂、教唆贿赂行为，故介绍贿赂过程中转递贿赂的可能有考察罪数的必要。行为人实施了介绍贿赂和行贿（介绍行贿的）或受贿（介绍受贿的）两个行为，触犯了两项罪名：介绍贿赂罪、行贿罪或受贿罪。倘若两罪之间没有牵连、吸收关系，则构成并罚的数罪"。[②] 而张明楷教授则持"帮助行贿、受贿的行为，应该直接排除在介绍贿赂之外"之观点。对此，根据上文的论述观点，介绍贿赂罪与贿赂共犯的核心区分，在于对贿赂物品数额的认知。在中间人帮助转交贿赂时，依然适用该理论，即当中间人知晓转交的是贿赂物（价值）时，其与一方构成贿赂共同犯罪。反之，则构成介绍贿赂罪。当然，只需要中间人大体认知到贿赂物的价值即可，而不是精准认识。

（五）介绍贿赂罪的主观特征

必须是直接故意，即对行贿人给予数额巨大的财物的事实知晓，并积极追求贿赂得以实现，如果主观上是间接故意或过失，即使其他方面符合介绍贿赂罪的入罪条件，也不宜认为介绍贿赂罪。因此，对贿赂物品的认识错误以及事后知晓行为，都不应该以犯罪论处。例如，丙告知与甲熟悉的乙，希望他引荐认识甲，后来乙引荐了，后丙给予甲巨额财物，但乙在引荐前对于此并不

---

① 陈兴良著：《罪名适用指南》（下册），中国政法大学出版社2000年版，第1551页。

② 胡祥福：《论介绍贿赂罪》，载《南昌大学学报》（人社办）2002年第4期，第52页。

知晓，乙不应认定为犯罪。同理，乙转交给甲一礼盒，丙告知乙该礼盒是茶叶，甲收受了，最后茶叶盒内是5万元人民币，对此，也不宜认定为介绍犯罪。

（六）共同犯罪的认定

如果中间人对赠送财物的价值有准确的认识，并实施了介绍贿赂的行为，则构成受贿、行贿共犯。在具体认定中，按照刑法总则关于共犯的认定标准，需要作进一步的区分：第一，如果居间人主要站在国家工作人员（受贿者）的立场促成受贿的完成，应成立受贿的共犯；第二，如果居间人主要站在请托人（行贿者）的立场促成行贿的实现，则应成立行贿罪的共犯；第三，如果居间人同时站在受贿者和行贿者双方的立场，以确保行贿受贿犯罪的实现，则应成立受贿罪的共犯与行贿罪的共犯的想象竞合犯，考虑到受贿罪的共犯处罚更重，最终应当成立受贿罪的共犯。

第十节　涉影响力犯罪

《刑法修正案（七）》规定了"利用影响力受贿罪"，即工作人员的近亲属或者其他与该国家工作人员关系密切的人，通过该国家工作人员职务上的行为，或者利用该国家工作人员职权或者地位形成的便利条件，通过其他国家工作人员职务上的行为，为请托人谋取不正当利益，索取请托人财物或者收受请托人财物。在《刑法修正案（七）》未出台之前，国家机关工作人员身边人的受贿行为，往往以与国家工作人员共同受贿犯罪来认定处理。但在一些案件中，国家工作人员确实对"身边人"的实施行为不知情，作为共同犯罪定罪处罚不符合客观情况。利用影响力受贿罪的确立解决了这一问题，其进一步严密了法网，将作为非国家工作人员的身边人受贿行为也纳入刑罚范畴，得到学术和实务各界人士的充分肯定。

在《刑法修正案（七）》罪名尚未明确之前，关于该条款的罪名，存在几种观点，有的认为，应当参照"非国家工作人员受贿罪"的罪名，称为"特定关系人受贿罪"；有的认为参照学术界对原第388条的理解，称为"斡旋受贿罪"，并认为修正案的规定完善了我国刑法关于斡旋受贿罪的规定；有的认为，《刑法修正案（七）》第13条的规定本身构成一个完整的罪名体系，即原第388条规定的犯罪叫斡旋受贿罪，第388条之1中第1款规定的犯罪叫非国家工作人员斡旋受贿罪，第2款规定的犯罪叫离职的国家工作人员斡旋受贿罪；有的认为，应当参照《联合国反腐败公约》的称谓，叫"影响力交易罪"，根据该公约第18条的规定，影响力交易罪是指"直接或间接向公职人员或者其他任何人员许诺给予、提议给予或者实际给予任何不正当好处，以使其滥用本人的实际影响力或者被认为具有的影响力，为该行为的造意人或者其他任何人从缔约国的行政部门或者公共机关获得不正当好处"。"公职人员或者其他任何人员为其本人或者他人直接或间接索取或者收受任何不正当好处，以作为该公职人员或者该其他人员滥用本人的实际影响力或者被认为具有的影响力，从缔约国的行政部门或者公共机关获得任何不正当好处的条件"。① 上述观点背后折射的是对我国中间人受贿刑罚体系的新的构建与思考。在司法解释明确将其称为"利用影响力受贿罪"后，上述争论告一段落，这意味着，从实然的角度，《刑法》已经构建了一类相对完备的对中间人受贿犯罪的定罪处罚体系。

---

① 于志刚：《刑法修正案（七）出台后受贿犯罪罪名体系的调整》；周道鸾：《刑法修正案（七）新增、修改和保留的罪名探析》；侯国云、么惠君：《刑法修正案（七）的罪名如何确定》，载《检察日报》2009年4月3日，第3版。

对于利用影响力受贿罪，其客观的行为特征与斡旋受贿比较相似，在上文中已经系统讨论，不再赘述。而对该罪最大的争议和论述是集中在主体要件"关系密切人"上。关系密切人的内涵与边界，其与"特定关系人"的异同，成为理解认定该罪的主要疑难问题。

一、"特定关系人"与"关系密切人"理解的不同观点

关于"关系密切的人"的范围，2007年出台的《关于办理受贿刑事案件适用法律若干问题的意见》中，对"特定关系人"的范围来对其作出界定，即与国家工作人员有近亲属、情妇（夫）以及其他共同利益关系的人。从文字语义上分析，关系密切人比"共同利益的人"范围更大，外延更广，显示立法者主动扩大"利用影响力受贿罪"主体范围的意愿。但关系密切人的外延边界究竟有无，如何把握其边界又成为理论争论和实践困惑的一个问题。有的学者还指出，"关系密切的人"与该国家工作人员之间并不必然存在共同利益关系，至少主要不是指经济利益关系。因为"关系密切的人"利用国家工作人员的地位、职权和影响力而索取或者收受财物，其收敛财物的行为并不为该国家工作人员所知（否则可能构成共同受贿罪），且在大多数情况下财物归"关系密切的人"不法所有。也有学者指出，《刑法修正案（七）》中的"关系密切的人"与《关于办理受贿刑事案件适用法律若干问题的意见》中的"特定关系人"是一种包容关系，前者的范围可以容纳后者。其认为"特定关系人"包括三类："近亲属""情妇（夫）"和"其他共同利益关系的人"。这三类人之中，作为"特定关系人"的"近亲属"被《刑法修正案（七）》明示规定为"关系密切的人"的一种而另外两类"特定关系人"中，"情妇（夫）"是与国家工作人员具有不正当男女关系和金钱包养关系的

人，"其他共同利益关系的人"一般认为只限于具有经济利益关系的人，不包括老乡、同学、故友等只具有情感往来的人。《刑法修正案（七）》中的"其他关系密切的人"当然包括特定关系人中的"情妇（夫）"和具有"共同利益关系的人"，同时，被"特定关系人"概念排除在外的那些仅仅有情感往来但却无明显共同利益关系的其他人，就有可能属于"与国家工作人员有密切关系的人"，从而能够在实施特定行为的时候，进入《刑法修正案（七）》第 13 条评价的视野之中。①

有观点认为应去掉"其他与该国家工作人员关系密切的人"这一规定，使主体范围明确为"国家工作人员的近亲属"。其理由概括起来有三："其他与该国家工作人员关系密切的人"斡旋受益行为的社会危害性较小，应当排除在受贿罪的犯罪圈之外，以体现刑法谦抑精神；这种规定根本不具有明确性和可操作性。"其他与该国家工作人员关系密切的人"界限不明确，尤其是实践中无法准确界定其范围，对其斡旋受益行为定罪具有牵连无辜的重大风险，可能形成人人自危的局面，不利于建设社会主义和谐社会，也不具有可操作性，违反罪刑法定原则的精神；对于"其他与该国家工作人员关系密切的人"斡旋受益行为，可以用其他方法进行防范，以充分体现刑法的最后手段性特征，节约刑法资源以集中打击相关的严重危害社会行为。② 该观点主张严格限制关系密切人，与解决实践中出现的贿赂新形态的趋势相悖，没有获取太多赞同。

从《刑法修正案（七）》的规定与《关于办理受贿刑事案件

---

① 于志刚：《"关系人"受贿的定罪规则体系之思考》，载《人民检察》2009 年第 7 期。

② 魏东、邓贵杰：《论我国受贿罪的修正方案》，载《山东警察学院学报》2008 年第 6 期。

适用法律若干问题的意见》的规定分析，有观点认为，尽管"关系密切的人"与"特定关系人"两概念之间在语义上似乎是一种包容关系，但是，实质上则是一种交叉关系。该观点还认为，在修正案七颁行后，"特定关系人"的概念理应取消。另外，由于《刑法修正案（七）》第13条扩大了受贿犯罪的主体范围，即非国家工作人员在无通谋情况下也可以独立构成相关受贿犯罪，因此，我们理应明确界定"关系密切的人"之范围，从而谨慎划定受贿犯罪圈，强调实际存在的影响力对构成受贿犯罪的重要作用。如果行为人为"近亲属"以及"关系密切的人"以外的其他人，同时又不具有国家工作人员身份的，在与国家工作人员没有通谋的情况下收受贿赂，是不应该构成犯罪的。①

以上观点基本可以总结为几类，一是包含关系，即关系密切人包含特定关系人；二是交叉关系，并且建议取消特定关系人的提法；三是将不使用上述名称，上述主体严格限制在近亲属的范围内。对于二者的关系，最核心的是要对特定关系人和关系密切人的价值和本质内涵进行系统分析。

二、特定关系人的存在价值与内涵及外延

2007年出台的《关于办理受贿刑事案件适用法律若干问题的意见》中，第一次提出特定关系人的概念。该意见第7条规定："国家工作人员利用职务上的便利为请托人谋取利益，授意请托人以本意见所列形式，将有关财物给予特定关系人的，以受贿论处。特定关系人与国家工作人员通谋，共同实施前款行为的，对特定关系人以受贿罪的共犯论处。特定关系人以外的其他人与国家工

---

① 刘宪权：《贿赂犯罪的完善与适用——以〈刑法修正案（七）〉为视角》，载《法学杂志》2009年第12期。

作人员通谋，由国家工作人员利用职务上的便利为请托人谋取利益，收受请托人财物后双方共同占有的，以受贿罪的共犯论处。"例如，罗某受贿案：罗某明知杨某给予其财物是为讨好其情夫张某，以获得张某利用担任某局局长的职务便利提供帮助，仍收受杨某给予的财物并于事前征得张某同意或者事后告知了张某，张某亦接受杨某的请托利用职务便利为杨某提供了帮助，据此应认定罗某具有与张某共同受贿的故意，参与实施了共同受贿行为，对其应当按受贿罪的共犯定罪处罚。在共同受贿犯罪中，罗某仅参与收受财物，系起次要作用的从犯。根据最高人民法院、最高人民检察院《关于办理受贿刑事案件适用法律若干问题的意见》第 11 条规定，该意见所称"特定关系人"，是指与国家工作人员有近亲属、情妇（夫）以及其他共同利益关系的人。该意见第 7 条规定，国家工作人员利用职务上的便利为请托人谋取利益，授意请托人以该意见所列形式，将有关财物给予特定关系人的，以受贿论处。特定关系人与国家工作人员通谋，共同实施前款行为的，对特定关系人以受贿罪的共犯论处。上述规定中，"共同实施前款行为"包括特定关系人收受财物，而国家工作人员利用职务便利为请托人谋取利益等分别实施部分受贿行为的情况。"通谋"应理解为共同犯罪故意的意思联络、沟通，包括事前通谋，即着手实施犯罪实行行为之前的预谋，以及事中的通谋，即各共同犯罪人在犯罪实行行为已经着手实施过程中形成共同的犯罪故意。"通谋"的形式多样，既有明确的谋议，也有心照不宣的配合默契和心领神会。根据我国《刑法》第 385 条第 1 款的规定，对于国家工作人员利用职务上的便利非法收受他人财物，为他人谋取利益的受贿犯罪，其实行行为包含国家工作人员利用职务便利为他人谋利和收受财物两部分，故收受财物的特定关系人构成受贿罪共犯时，其与国家工作人员之间的"通谋"不仅必须有收受他人财物的共同意思联络，而且必须有由国家工作人员利用职务便利为他人谋利的共同意思联络。而其收受他人财物之前经国家工作人员同意或之后告知国家工作人员，且其与国家工作人员均明知他人给予财物是希望国家工作人员利用职务便利为他人谋取利益，其与国家工作人员即已构成"通谋"。本案例中，罗某明知杨某给予其财物是为讨好其情夫张某，以获得张某利用担任某局局长的职务便利提供帮助，仍收受杨某给予的财物并于事前征得张某同意或事后告知了张某，张某亦接受杨某请托利用职务便利为杨某提供了帮助，据此应认定罗某具有与张某共同受贿的"通谋"和故意，参与实施了共同受贿行为，其行为符合最高人民法院、最高人民检察院《关于办理受贿刑事案件适用法律若干问题的意见》第7、11条及《刑法》第25条的规定，应认定为与张某的行为构成共同受贿，对其应当按受贿罪的共犯定罪处罚。虽然现有证据不能认定作为特定关系人的罗某除收受财物外，还向张某转达请托，或者帮助杨某从张某处获得利益，或者与张某相互配合实施利用张某的职务便利为杨某谋取利益的行为，也不能认定罗某对杨某直接向张某请托的事项及张某实际为杨某提供帮助的事项知情，但认定作为特定关系人的罗某构成受贿罪共犯不以此为必要。

同时对"特定关系人"，明确指出是指国家工作人员有近亲属、情妇（夫）以及其他共同利益关系的人。由于实践中许多"共谋"的证明难度较大，尤其对于国家工作人员事后知情是否认定为共同犯罪存在争议，为解决上述问题，本着主客观相一致的定罪原则，最高人民法院、最高人民检察院《关于办理贪污贿赂刑事案件适用法律若干问题的解释》第16条第2款再次对"特定关系人"犯罪作出特别规定，"特定关系人索取、收受他人财物，国家工作人员知道后未退还或者上交的，应当认定国家工作人员具有受贿故意。"这意味着，对于特定关系人实施了符合《刑法》

第 388 条最后一款"利用影响力受贿罪"的行为，仅仅依据国家工作人员是否认知的主观方面，即可以作为认定国家工作人员是否涉及"共同犯罪"的依据。对于"特定关系人"以外的其他人员，如果也实施了上述行为，则应严格依据刑法总则中共犯的条件，通过审查双方是否有共谋故意以及共同占有财物的行为及约定进行判断认定，即对非特定关系人，即使国家工作人员事前、事后知晓此事并未退还财物，只要没有共同占有行为或故意，一般也不宜认定为共同犯罪。由此可见，法律对特定关系人收受财物中的国家工作人员的故意作出了扩大性解释，通过法律拟制方式放宽认定条件，适度突破了总则关于共犯的限制，体现了国家工作人员放任"身边人"借助其地位谋取利益时，法律对国家工作人员也是严厉惩治的态度。

法律将特定关系人的范围解释为国家工作人员有近亲属、情妇（夫）以及其他共同利益关系的人。值得注意的是，根据文字中"其他"的存在可以判断，这里的近亲属、情妇（夫）等，并非与共同利益关系是并列关系，二者为包含关系，具体与抽象、个体与全部的关系，是将实践中比较常见的、没有过多争议可以认定为特定关系人的人员的典型予以明确，即减少实践运用时关于上述人员主体身份的争论，也有利于理解"其他有共同利益关系"的特点。可见，与国家工作人员有共同利益关系的人是特定关系人的核心特征。《关于办理受贿刑事案件适用法律若干问题的意见》之所以将与国家工作人员有共同利益关系的人规定的共同犯罪作出扩大化解释，是缘于二者的利益一体性特征。在这种特征下，双方拥有"利益一体性"的特殊关系，基于这种关系，国家工作人员愿意以特定关系人获取财物，作为为请托人谋取利益的交换。在此特征下，一些不具有亲情、感情但具有利益一体性的人，也应当纳入特定关系人中。

三、关系密切人的存在价值与内涵及外延

根据《刑法》第 388 条规定，关系密切人是构成"利用影响力受贿罪"的主体，即除关系密切人外的其他普通人员，如果与国家工作人员不存在共谋，单独实施了符合"利用影响力受贿"客观构成要件的行为，并不构成犯罪。刑法条文规定"工作人员的近亲属或者其他与该国家工作人员关系密切的人"，同上述论证一致，由于文字中有"其他"的存在，意味着关系密切人与近亲属同上述关系密切人、"近亲属""情妇"关系一样，是个体与全部的关系。而关系密切的人不仅抽象，外延相当宽广，而关系密切人的核心是行为人与国家工作人员拥有密切的关系，并且这种密切的关系能够促使国家工作人员帮助关系密切人实现为请托人谋取不正当利益的事项，或者利用其地位、便利，通过其他国家工作为请托人谋取不正当利益的事项。对于密切关系人的外延，有很多不同的观点，有观点认为，所谓"关系密切的人"是指非国家工作人员以亲情、友谊、利益等因素为纽带，与国家工作人员之间形成的较为亲近的特殊关系人。其认为"关系密切的人"主要存在于以下几种常见的关系之中：亲戚关系（非近亲属）、情人关系、情感关系、经济利益关系、朋友关系、同事关系、同学关系、老乡关系等。而这些关系又常常存在相互交叉的情形，如情人之间，往往同时兼有情感关系和经济利益关系。[①] 有观点认为，如果行为人为"近亲属"以及"关系密切的人"以外的其他人，同时又不具有国家工作人员身份的，在与国家工作人员没有

---

① 孙建民：《如何理解刑法修正案（七）中"关系密切的人"》，载《检察日报》2009 年 5 月 5 日。

通谋的情况下收受贿赂，是不应该构成犯罪的。① 还有观点认为，不应将关系密切人作为利用影响力受贿罪的主体，"影响力交易行为"的本质不在于犯罪主体的特殊性，而在于行为人所具有的影响力。《刑法修正案（七）》列举诸多主体，甚至概括至"关系密切的人"，其含义模糊，掌握困难，难具司法实践的可操作性。②

从应然法的角度，本书赞成最后一个观点，不应对利用影响力受贿罪的主体作任何限定，只需要对其犯罪客体进行明确即可。理由是，关系密切是一个抽象又宽泛的概念，边界和外延相当模糊，何种关系为密切，是经常联系还是经常在一起、关系好到何种程度可以界定为"密切"；关系密切究竟是个体双方的主观认知还是客观状态；除双方认可外，鲜有其他证据能够证明双方关系密切。由于关系密切的抽象性和不可证明性，给实践的认定带来很多困惑。另外，对无法被证明的关系密切的人，实施了利用影响力受贿行为，却不追究刑事责任，显然不利于维护法律的公平。办案实践中发现，有许多"掮客"，其利用与公职人员的各种关系，帮助请托人谋取利益，并收受财物。"掮客"既不是国家工作人员的特定关系人，甚至也称不上关系密切的人，其在整个过程中，收取了大量的财物，并将少部分财物给予国家工作人员，如果仅仅以行贿罪追究其责任，会造成处罚过轻，不利于对这种社会现象的遏制，也不利于维护法律的公平，因此，本书同意不对利用影响力受贿罪的主体作出任何限制。但从实然法的角度，法条已经明确"关系密切的人"为利用影响力受贿罪的主体，如何

---

① 刘宪权：《贿赂犯罪的完善与适用——以〈刑法修正案（七）〉为视角》，载《法学杂志》2009 年第 12 期。

② 赵秉志：《对〈刑法修正案（七）（草案）〉的几点看法》，载《法制日报》2008 年 9 月 21 日，第 5 版。

理解"关系密切人"的外延，关乎"利用影响力受贿罪"运用的准确性和打击性。本书认为，法律之所以作出上述规定，旨在将部分确实与国家工作人员关系一般甚至不相识、无法真正通过国家工作人员为请托人谋取非法利益、具有一定欺骗色彩的"掮客"类型行为排除在利用影响力受贿之外，以保证该罪适用过程中的准确性。例如，乙与国有企业领导甲只是吃过两次饭，即向请托人丙吹嘘其可以通过甲帮助承揽工程，并索取丙财物，乙将请托事项告知甲，甲并没有放在心里，但碰巧由于其他原因，甲帮助丙揽到了工程。在此案例中，由于甲为丙谋取非法利益的主因并非是与乙的关系，因此，乙的行为不易认定为利用影响力受贿罪。本书支持"关系密切人"的扩张性解释，即只要能够判断国家工作人员实施的行为为请托人谋取不正当利益起到主要作用的，即可以将行为人认定为"关系密切人"。依托反证的思维，如果国家工作人员能够因为行为人的关系而为请托人谋取不正当利益，则足以证明其关系密切。由此可见，关系密切人的范围相当大，判断的核心在于国家工作人员谋取非法利益的动机是否基于与行为人的关系。

第十一节　贿赂犯罪中的司法鉴定

很多贿赂犯罪的认定，离不开司法鉴定确定贿赂数额。司法鉴定是在诉讼活动中鉴定人运用科学技术或者专门指示对诉讼涉及的专门性问题进行鉴别和判断并提供鉴定意见的活动。在查办贿赂案件中依法正确应用司法鉴定，对提高诉讼效率、有效节约司法资源、严厉打击贿赂犯罪具有重要意义。当前，司法鉴定效率低、鉴定多次重复、法律认定存在分歧等问题较多，因此有必要针对司法鉴定在贿赂犯罪调查中应用进行一些专门探讨。

一、贿赂犯罪调查中司法鉴定的特点

贿赂犯罪调查中的司法鉴定是指办案机关在调查贿赂犯罪过程中，为查明案件事实，依据职权或者当事人及其他诉讼参加人的申请，指派或者委托具有专门知识的人，对专门性问题进行检验、鉴别和评定的活动和措施。贿赂犯罪调查中的司法鉴定是一种法定调查措施，鉴定的任务是对案件一些专门性问题进行科学鉴别，以便及时收集证据，准确揭露犯罪，正确认定案件事实。贿赂犯罪调查中的司法鉴定具有以下特点：

1. 鉴定结论的重要性。证据是司法公正的前提和基础，司法鉴定作为证据制度的重要内容，鉴定结论就显得尤为重要。司法鉴定用专业知识判定贿赂金额的有无和多少，转换为刑事证据，为贿赂犯罪的定罪和量刑提供法律依据。因此，司法鉴定在贿赂犯罪调查中的应用是犯罪构成的重要内容，如收受干股数额的认定、投资性受贿金额的确定。

2. 委托方为监察机关。监察机关在查办案件中须对相关问题作出司法鉴定时，一般由监察机关作为委托方，委托有资质的鉴定机构对专门问题作出鉴定。与民事诉讼中的司法鉴定不同，监察机关在贿赂犯罪调查中委托司法鉴定时，职权体现比较明显。

3. 涉及范围广。贿赂犯罪以职权存在和行使为前提，具有公共事务管理权、行政执法权的部门、行业、机关等单位都可能发生。目前，贿赂犯罪已涉及社会、经济生活的各个领域以及国家机关的各个部门，特别是在司法、行政执法中。基于贿赂犯罪相对比较封闭，证据少且难以收集等特点，司法鉴定在贿赂犯罪调查中的适用范围较为广泛。在《司法部鉴定执业分类规定（试行）》的13种鉴定类型中，贿赂犯罪调查中比较常用的有：文书鉴定、税务司法鉴定、资产评估司法鉴定等。

4. 影响因素复杂。当前处于调查阶段的贿赂犯罪在事实上较为模糊，符合犯罪构成条件的事实不明显，收受贿赂以及行贿的行为事实不清，再加上情节上的复杂性、职务上的掩饰性以及责任上的分散性，使司法鉴定人难以厘清贿赂犯罪中的各种法律关系，给鉴定过程造成一定影响。同时，一些犯罪嫌疑人或者被调查人为了洗脱自己的罪责，往往会在鉴定中为司法鉴定人设置障碍，阻挠司法鉴定的顺利进行。

二、司法鉴定在贿赂犯罪调查中的应用要点

我国现行的司法鉴定制度主要是建立在部门规章、司法解释和地方政府规章的基础之上。所涉及的主要法规有：全国人大常委会《关于司法鉴定管理问题的决定》，司法部《司法鉴定机构登记管理办法》《司法鉴定人管理办法》《司法鉴定程序通则》《司法鉴定许可证管理规定》等。这些规定确立了相对完善的司法鉴定管理体制和操作程序，基于贿赂犯罪的特殊性，司法鉴定在贿赂犯罪调查中的应用应注重以下几方面：

1. 重视启动司法鉴定的评估。贿赂犯罪案件所涉及的行业广、法律关系较为复杂，为提高司法鉴定在贿赂犯罪案件调查中的证明效力，避免司法资源的浪费，需重视对启动司法鉴定的评估。

首先，在认真分析贿赂犯罪案件法律关系的基础上，评估司法鉴定的作用。法律关系是法律规范所形成的权利和义务的关系，贿赂犯罪中大都存在多个法律关系。查办案件时需要对各个法律关系进行梳理，分析哪个法律关系需要司法鉴定，在查办案件中需要解决什么问题。例如，国家工作人员收受干股的行为，有国家工作人员利用职权为他人谋利的行为，有行贿方与受贿方的约定。我们查办贿赂犯罪，主要是要查清国家工作人员在为他人谋利中到底收受多少金额的财物。此时的司法鉴定便是确定干股在

行贿时的价值。

其次，评估司法鉴定的必要性。司法鉴定的启动有较为严格的程序限制，需承担一定的鉴定费用，延长调查时间，作为证据使用的司法鉴定还必须经过犯罪嫌疑人或者被调查人的异议，所以在启动司法鉴定前应对其必要性进行评估。在贿赂犯罪中，司法鉴定往往被用于证明贿赂的金额，但并不是所有的贿赂都要司法鉴定来证明。

最后，评估启动司法鉴定的时机。查办贿赂犯罪具有很强的时效性，启动司法鉴定的时机得当会起到事半功倍的效果。《刑事诉讼法》第144条规定：为了查明案情，需要解决案件中某些专门性问题的时候，应当指派、聘请有专门知识的人进行鉴定。一般来说，法医类和文书类司法鉴定可在一进入调查就可进行。经济损失类的司法鉴定，如资产评估司法鉴定、税务司法鉴定等，可在收集相应材料，对案件有初步定性后再进行。鉴定时间过早可能会致使被调查人员串供或者毁灭证据，影响下一步调查工作的开展。鉴定时间过晚会丧失最佳鉴定时机，致使司法鉴定无法进行或者鉴定结论不真实。因此，鉴定时机需要综合考虑贿赂犯罪案件情况而定。

2. 注重司法鉴定机构的选择。贿赂犯罪案件涉及的司法鉴定范围广，仅仅依靠调查机关内部的鉴定机构是远远不够的。全国人大常委会《关于司法鉴定管理问题的决定》赋予了调查机关内部设立司法鉴定机构的合法性，在调查贿赂犯罪中如涉及法医类、文书类等鉴定可委托公安机关内设的司法鉴定机构进行鉴定。但如果涉及资产评估、税务评估、产品质量等司法鉴定时，就需要聘请具有相关资质的中介机构进行。司法部《司法鉴定人管理办法》规定，在我国必须经省级以上司法行政管理部门许可，进入省级司法行政管理部门编制的鉴定人和鉴定机构名册才能进行司法鉴定。在选择司法鉴定机构和人员应当注意以下几点：

首先，应当从各省、市、区司法行政主管部门出台的司法鉴定人和机构的名册中选择司法鉴定机构。各鉴定机构之间没有隶属关系，鉴定机构接受委托从事司法鉴定业务，不受地域范围的限制，凡取得司法鉴定资格的中介机构可在全国从事司法鉴定业务。因此，调查机关可在全国范围内选择司法鉴定机构。

其次，需对鉴定机构进行全面审查。主要是对鉴定机构和人员是否具备专业业务水平、鉴定资质是否过期、是否存在不良记录、拟指派的鉴定人是否需要回避等进行审查。在对鉴定机构进行考察时，可先从省级司法行政管理部门获取辖区内具有司法鉴定资格的机构名册，选择几家信誉较好、没有受过行业处罚的鉴定机构，综合技术力量、鉴定人员素质、鉴定价格等因素确定司法鉴定机构。在对鉴定人进行考察时，判断其业务高低的主要依据有：所受专业教育情况、职业资格证书取得的时间、从事专业工作的年限和实际经验、在专业领域的知名度、科研成果及业务职称、是否从事类似鉴定工作的经历等。

3. 严格司法鉴定的委托程序。内部委托鉴定由调查人员提出，经由办案部门负责人审核，委托办案机关技术部门有鉴定资格的人员鉴定。委托司法鉴定中介机构鉴定的，由调查人员提出鉴定申请，并综合选择三家以上司法鉴定中介机构，经由办案部门负责人审核，报领导决定选择司法鉴定中介机构并进行委托鉴定。

4. 加强司法鉴定中的配合。司法部《司法鉴定程序通则》规定，委托人或者被鉴定人不予配合，致使鉴定无法继续进行的，鉴定人可终止鉴定。为确保司法鉴定的顺利进行，调查人员应当加强与司法鉴定人的配合，为鉴定提供必要的条件。

第一，要向司法鉴定机构及时提供有关检材和对比样本的原始鉴定客体，介绍鉴定有关的情况，明确鉴定需要解决的问题。

比如，法医临床鉴定要提供鉴定的尸体或者受伤的活体，文书鉴定需要提供需鉴定的文书材料，资产评估司法鉴定需要协调被评估单位全力配合鉴定人的鉴定工作。提供鉴定客体时需注意与案件必须要有关联性，只有依据能查明案件真实情况且与案件事实有关联性的鉴定客体作出的鉴定结论才可以在诉讼中使用。

第二，要保证鉴定人员独立鉴定。《关于司法鉴定管理问题的决定》规定，我国司法鉴定实行鉴定人负责制度，鉴定人应当独立进行鉴定，对鉴定意见负责并在鉴定书上签名或者盖章。一方面，鉴定过程中调查人员应当为鉴定人的独立鉴定提供条件。调查人员不得暗示或者强迫鉴定人作出某种鉴定结论，对于鉴定所涉及的专业问题应当尊重鉴定人员的判断，不得随意要求变更。另一方面，调查人员在鉴定中还应当为鉴定人排除来自外界的干扰和阻力，如犯罪嫌疑人为洗脱罪责而为鉴定工作设置的干扰、被鉴定人或者被鉴定单位不配合而形成的阻力等。

第三，要注意查办案件的保密。《司法鉴定程序通则》要求司法鉴定机构和司法鉴定人应当保守在执业活动中知悉的国家秘密、商业秘密，不得泄露个人隐私。但作为查办贿赂犯罪的调查人员，在鉴定中更应当注意查办案件的保密。调查中的司法鉴定往往都是为了固定损失结果的证据，是调查措施的一部分，司法鉴定结论直接关系到案件成功查办与否。鉴定中在保证司法鉴定人能顺利开展司法鉴定工作而说明案件情况以外，案件的调查策略、线索来源、下步调查措施等都需要严格保密。

5. 细化对司法鉴定结论的审查。鉴定结论是刑事证据的一种，要求诉讼活动中鉴定人运用科学技术或者专门指示对诉讼涉及的专门性问题进行鉴别和判断并提供鉴定意见。鉴定结论须符合证据的要求才能作为证据使用，司法鉴定完成后，调查人员应当对鉴定结论的合法性、科学性等方面进行全面的审查。

首先，审查鉴定结论在形式上是否符合证据的相关规定。主要是鉴定人员签章是否符合要求，鉴定时间是否准确，鉴定结论在法律上是否存在歧义，是否有遗漏鉴定的情况存在。

其次，审查鉴定结论在实体上是否存在瑕疵。结合贿赂犯罪案件本身进行审查，分析鉴定结论与案件中的其他证据材料是否存在矛盾，司法鉴定的程序是否合法，是否达到调查的需要。审查鉴定方法是否科学，适用的仪器设备是否符合要求，鉴定中是否发现差异点和疑问，是否有说服力的解释，鉴定结论是否具有唯一性和排他性。特别要注意审查鉴定结论中的鉴定说明，鉴定说明是对鉴定方法、鉴定意见的解释，必要时可由专业人员审查。

最后，审查是否存在重新鉴定或者补充鉴定的情形。《司法鉴定程序通则》规定，鉴定机构需重新鉴定的情况有：鉴定意见与案件中其他证据相矛盾，有证据证明鉴定意见确有错误的，送检材料不真实的，鉴定程序不符合法律规定的，鉴定人应当回避而未回避的，鉴定人或者鉴定机构不具备鉴定资格的，其他可能影响鉴定客观、公正情形的。当鉴定事项有遗漏或者发现新的相关重要鉴定材料的，可以进行补充鉴定。

6. 着力避免重复鉴定。重复鉴定是当前司法实践中比较突出的一个问题，可以说是现行司法鉴定体制诸多弊端的集中体现。某地办案机关在调查一起刑讯逼供案件时，对尸体的法医临床鉴定就达三次之多，调查时间达一年半之久。重复鉴定不仅耗时长，花费大，结案十分迟缓，造成诉讼资源的严重浪费，而且耗费调查人员的精力，贻误查办案件的最佳战机，造成案件无法顺利查办。尤其是在党委政府关心和支持贿赂犯罪案件，如果因重复鉴定而导致办案时间太长，会丧失查办案件的良机，极大地损害司法权威，挫伤群众举报的积极性。因此，在贿赂犯罪案件所涉及的司法鉴定中，应当着力避免重复鉴定。一是应当委托信誉好、技术力量强的司法鉴定机构，提高鉴定结论的权威性；二是尽量委托社会中介的司法鉴定机构，检察机关内部的鉴定机构的鉴定结论会让犯罪嫌疑人有鉴定人无法站在中立、公正的角度去鉴定的认识，而要求重新鉴定；三是要强化鉴定人应当出庭作证制度，委托鉴定时向鉴定机构和鉴定人说明出庭作证的义务。要求鉴定人针对鉴定方法、鉴定原理、鉴定材料、鉴定过程和结论等向犯罪嫌疑人或者法庭作出陈述，为犯罪嫌疑人放弃重复鉴定和法官采信提供专业依据。

7. 做好司法鉴定的质证工作。鉴定结论作为诉讼证据，应该经过法庭审查才能成为合法的定案根据。要实现鉴定结论的证明效力，需要经过法庭质证。调查人员调查终结移送起诉后，应当及时与公诉人沟通，协调鉴定人参与法庭质证。《关于司法鉴定管理问题的决定》规定，在诉讼中，当事人对鉴定意见有异议的，经人民法院依法通知，鉴定人应当出庭作证。调查人员应当协助鉴定人充分做好庭前准备工作，熟悉案件的有关情况。司法鉴定人员不是案件的调查人员，对于具体案件的了解程度可能仅限于送检报告书或鉴定委托书的简单案情介绍中，而对于案件详情，如案件的侦破过程、嫌疑人口供、证人证言等往往所知甚少，仓促出庭就可能使作证工作陷入被动之中，法庭上出现与鉴定结论相反的证据就可能影响鉴定人本身对鉴定结论的确信程度，从而达不到客观阐述鉴定结论的效果。为了便于鉴定人了解案件情况，刑事诉讼法规定了鉴定人应享有的诉讼权利，其中包括：有权了解为鉴定所需的案卷材料；经司法人员许可，可以询问当事人和证人；在必要的时候，有权要求参加现场勘验、检查和调查实验等。司法鉴定人员本身即为司法人员，运用上述权利显然比其他鉴定人要方便，司法鉴定人员应充分利用自身的优势，积极深入案件之中，了解案情，分析不同种类型的证据，并对证据间的符合点与差异点作出科学的解释，有了庭前细致的准备工作，法庭上作证才能顺利进行。

　　总之，贿赂犯罪调查中的司法鉴定的应用，需要把握贿赂犯罪的特点，认清司法鉴定在贿赂犯罪中的作用，按照现行有关司法鉴定的法律规范，结合贿赂犯罪的个案情况，选择良好时机进行，让司法鉴定在贿赂犯罪调查中发挥最大的证明作用。

第三章 贪污、私分等犯罪疑难问题研究

第一节 贪污罪的主体认定

《刑法》第382条规定，贪污罪，是指国家工作人员和受国家机关、国有公司、企业、事业单位、人民团体委托管理、经营国有财产的人员，利用职务上的便利，侵吞、窃取、骗取或者以其他手段非法占有公共财物的行为。

受国家机关委派从事公务的人员，利用职务之便，侵吞公司款项，数额特别巨大，情节特别严重的，应如何论处？在司法实践中，对于受国家机关委派从事公务的人员，利用职务之便，侵吞公司款项，数额特别巨大，情节特别严重的，已构成贪污罪。这种处理方法从2000年左右持续至今。例如，在胡某贪污一案①中，胡某经原某市委组织部任命为农业生产资料总公司副经理；

---

① 中华人民共和国最高人民法院刑事审判第二庭著：《刑事审判参考》，法律出版社2002年版，第35页，胡某贪污案，指导案例第275号，重庆市第一中级人民法院（2001）渝一中刑初字第594号刑事判决。

后经人事局批准为国家干部;经市委财贸政治部任命为某市农资公司经理;又经市委财贸政治部任命为农资公司经理;经供销合作总社委员会根据市委财贸政治部授权,任命为市农资公司总经理。依照全市范围内所有全民所有制企业和集体所有制企业的领导均需与主管部门签订合同的有关规定,胡某与某市供销合作总社签订劳动合同。本案争论的焦点在于胡某是否属于国家工作人员,否定意见认为胡某在供销社时被政府部门任命为干部,随着供销社由全民所有制企业转变为集体所有制企业,胡某原来的国家干部身份也就随之消失,转变成为集体企业中的劳动合同制职工,且按劳动法的规定与该企业签订了劳动合同,因此,胡某不具有国家工作人员身份,也非受国家机关、国有公司、企业、事业单位委派到非国有公司、企业、事业单位、社会团体从事公务的人员。本书认为,认定主体身份时宜采用的标准:供销合作总社受市人民政府领导,行使政府授权的行业管理和某些重要商品的市场调控职能,后改制为事业单位。农资公司原系供销合作总社下属的全民所有制企业,体制改革后,系供销合作总社直属集体所有制企业,市政府农业生产资料协调小组成员单位,其法定代表人仍由政府和其主管部门任命。市农资公司在改为集体所有制性质后,在人员的管理体制上,原属全民所有制的干部和职工,均按中央和省、市关于原有全民所有制职工身份不变的政策执行。胡某国家工作人员的身份从未改变,并受政府和上级主管机关的委派担任集体企业领导,管理公共财产,胡某具有国家工作人员身份。

第二节 利用职务便利的认定

一、典型案件中利用职务便利行为的认定

贪污罪中的"利用职务上的便利"，是指利用职务上主管、管理、经手公共财物的权力及方便条件，既包括利用本人职务上主管、管理公共财物的职务便利，也包括利用职务上有隶属关系的其他国家工作人员的职务便利。例如，杨某虎贪污案①：杨某虎曾任某市委常委，市人大常委会副主任，某国际商贸城建设领导小组副组长兼指挥部总指挥，主持指挥部全面工作。杨某虎得知该市某村将列入拆迁和旧村改造范围后，决定在该村购买旧房，利用其职务便利，在拆迁安置时骗取非法利益。杨某虎遂与王某芳、郑某潮共谋后，由王、郑二人出面，通过某村王某某，以王某芳的名义在该村购买赵某某的3间旧房。按当地拆迁和旧村改造政策，赵某某有无该旧房，其所得安置土地面积均相同，事实上赵某某也按无房户得到了土地安置。为使3间旧房所占土地确权到王某芳的名下，在杨某虎指使和安排下，郑某潮再次通过某村王某某，让该村村民委员会及其成员出具了该3间旧房系王某芳1983年所建的虚假证明。杨某虎利用职务便利，要求兼任国际商贸城建设指挥部分管土地确权工作的副总指挥、某市国土资源局副局长吴某某和指挥部确权报批科人员，对王某芳拆迁安置、土地确权予以关照。国际商贸城建设指挥部遂将王某芳所购房屋作为有村证明但无产权证的旧房进行确权审核，上报国土资源局确权，

---

① 最高人民法院指导案例 11 号：杨某虎等贪污案，载 http://www.court.gov.cn/shenpan-xiangqing-13308.html。

并按丈量结果认定其占地面积为 64.7 平方米。此后，杨某虎与郑某潮、王某芳等人共谋，在其岳父王某祥在某村拆迁中可得 25.5 平方米土地确权的基础上，编造了由王某芳等人签名的申请报告，谎称"王某祥与王某芳共有三间半房屋，占地 90.2 平方米，二人在 1986 年分家，王某祥分得 36.1 平方米，王某芳分得 54.1 平方米，有关部门确认王某祥房屋 25.5 平方米、王某芳房屋 64 平方米有误"，要求义乌市国土资源局更正。随后，杨某虎利用职务便利，指使国际商贸城建设指挥部工作人员以该部名义对该申请报告盖章确认，并使该申请报告得到国土资源局和市政府认可，从而让王某芳、王某祥分别获得 72 平方米和 54 平方米的建设用地审批。按王某祥的土地确权面积仅应得 36 平方米建设用地审批，其余 90 平方米系非法所得。杨某虎等人在支付选位费 24.552 万元后，在国际商贸城拆迁安置区获得两间店面 72 平方米土地的拆迁安置补偿。该处地块在用作安置前已被国家征用并转为建设用地，属国有划拨土地。经评估，该处每平方米的土地使用权价值 35270 元。杨某虎等人非法所得的建设用地 90 平方米，按照当地拆迁安置规定，折合拆迁安置区店面的土地面积为 72 平方米，价值 253.944 万元，扣除其支付的 24.552 万元后，实际非法所得 229.392 万元。

国际商贸城指挥部系市委、市政府为确保国际商贸城建设工程顺利进行而设立的机构，工作人员从国土资源局抽调，负责土地确权、建房建设用地的审核及报批工作，分管该科的副总指挥吴某某也是国土资源局的副局长。确权报批科作为指挥部下设机构，同时受指挥部的领导，作为指挥部总指挥的杨某虎具有对该科室的领导职权。贪污罪中的"利用职务上的便利"，是指利用职务上主管、管理、经手公共财物的权力及方便条件，既包括利用本人职务上主管、管理公共财物的职务便利，也包括利用职务上有隶属关系的其他国家工作人员的职务便利。本案中，杨某虎正是利用担任市委常委、市人大常委会副主任和兼任指挥部总指挥的职务便利，给下属的土地确权报批科人员及其分管副总指挥打招呼，才使王某芳等人虚报的拆迁安置得以实现。本案中王某芳购房时系居民户口，按照法律规定和拆迁安置有关规定，不属于拆迁安置对象，不具备获得土地确权的资格，其在某村所购房屋既不能获得土地确权，又不能得到拆迁安置补偿。杨某虎等人明知王某芳不符合拆迁安置条件，却利用杨某虎的职务便利，通过将王某芳所购房屋谎报为其祖传旧房、虚构王某芳与王某祥分家事实，骗得旧房拆迁安置资格，骗取国有土地确权。同时，由于杨某虎利用职务便利，王某芳等人弄虚作假，既使王某芳所购旧房的房主赵某某按无房户得到了土地安置补偿，又使本来不应获得土地安置补偿的王某芳获得了土地安置补偿。《土地管理法》第2条、第9条规定，我国土地实行社会主义公有制，即全民所有制和劳动群众集体所有制，并可以依法确定给单位或者个人使用。对土地进行占有、使用、开发、经营、交易和流转，能够带来相应经济收益。因此，土地使用权自然具有财产性利益，无论国有土地，还是集体土地，都属于《刑法》第382条第1款规定中的"公共财物"，可以成为贪污的对象。王某芳名下安置的地块已在2002年8月被征为国有并转为建设用地，市政府文件抄告单也明确该处的拆迁安置土地使用权登记核发国有土地使用权证。因此，杨某虎等人及其辩护人所提该项辩护意见，不能成立。综上所述，杨某虎作为国家工作人员，利用担任市委常委、市人大常委会副主任和兼任国际商贸城指挥部总指挥的职务便利，伙同郑某潮、王某芳以虚构事实的手段，骗取国有土地使用权，非法占有公共财物，三人的行为均已构成贪污罪。杨某虎还利用职务便利，索取或收受他人贿赂，为他人谋取利益，其行为又构成受贿罪，应依法数罪并罚。

二、被委派到非国有公司的国家机关工作人员将其掌握的未上市的股票向他人出售，从中赚取差价的行为

被委派到非国有公司的国家机关工作人员违规将其掌握的未上市的股票向他人出售，后交回股本认购金，从中赚取巨额差价的行为，应当如何论处？掌握公司待上市的股票的人员，私自将其掌握的未上市的股票出售给他人的行为，是代表公司的发行行为，而不是个人炒股行为。其在将股票出售后，只交回股本认购金，从中赚取巨额差价的，是利用职务上的便利，侵犯公司财产的行为。因此，该行为应当认定为贪污罪。例如，江某生等贪污案①：经某省委组织部川组任〔1994〕146 号批复和某电气集团公司东司党组干字〔1994〕第 021 号批复，江某生任东方锅炉股份有限公司董事长，程某峰为副董事长、执行董事，马某中为副董事长、总经理，何某明为执行董事、副总经理。1996 年 11 月，东方锅炉股份有限公司（以下简称东锅公司）的股票，准备在上海证券交易所挂牌上市，江某生、马某中、何某明、程某峰利用可以调拨股票的职务便利，经商议，先后两次由程某峰从董事会秘书贺某强保管的股票中，领出 80 万股，何某明、程某峰到成都分别以每股人民币 7 元、8.8 元的价格卖给北京天龙股份有限公司，获款人民币 650 万元。除将本金交还外，差额部分由程某峰、何某明用化名存入银行，存折由程某峰保管。1996 年 11 月，江某生、何某明、马某中、程某峰考虑到政府规定不允许公司董事买卖自己公司的股票，便由何某明出面，用东锅公司的股票 20 万股换回

----

① 中华人民共和国最高人民法院刑事审判第一庭著：《刑事审判参考》，法律出版社 2001 年版，第 39 页，江某生贪污案，指导案例第 311 号。

四川银山化工股票 20 万股后，四人各分 5 万股。后何、程二人将四人手中的该 20 万股股票以 13.5 元的价格卖给北京比特股份有限公司，获款人民币 270 万元。何某明在交还本金后，将差额款用化名存入银行，存折仍交由程某峰保管。1996 年 12 月，东锅公司决定以奖励股票的方式奖励公司领导和部分中层干部。之后，江某生、何某明、马某中、程某峰利用职务之便，擅自决定四人各多分 8 万股，由何某明办好托管手续后，分别交本人自行处理。江某生获利人民币 735304 元，何某明获利人民币 925960 元，马某中获利人民币 739328 元，程某峰获利人民币 696904 元。

本案的争议焦点在于，江某生主观上是否具有占有公司财产的故意行为，其获取的差价款是否为公共财物。何某明获取差价的股票和收益是否属于公共财产，马某中的职务是由股东大会选举产生，是否属于国有企业委派。

本书认为，本案中江某生、马某中、何某明、程某峰均系组织人事部门管理的副厅级以上国家干部，受委派到东锅公司从事公务，构成贪污罪的主体。四人将手中所掌管的东锅公司未上市的股票向有关机构出售，是代表公司的发行行为，不是个人认购后的炒卖行为，所得的款项是公司发行股票募集的资金，非个人炒股利润。因此，四人私分利润的行为构成贪污罪。

受税务局委托代征税款的组织，其法定代表人属于依照法律从事公务的人员，应以国家工作人员论，其利用该职务便利，采取收取增值税税款后不出具增值税发票的手段，截留并占有国家税款，数额巨大的，已构成贪污罪。例如，黄某惠贪污案①：2004 年 1 月至 2005 年 12 月，黄某惠个人独资经营的某食品购销站依法

---

① 熊选国著：《刑事审判参考》，法律出版社 2011 年版，第 69 页，黄某惠贪污案。

接受某市国家税务局新区分局委托代征收生猪零售环节增值税，黄某惠利用职务便利，采取收取增值税税款后不出具增值税发票的手段，将收取的增值税共计人民币 182808 元截留侵吞。本案争议焦点在于，黄某惠按该协议从事的履行行为是否具有管理职能。本书认为，食品购销站依法接受国家税务分局委托代征收生猪零售环节增值税，属于依照《税收征收管理法实施细则》第 44 条委托代征税款的行为，黄某惠作为法定代表人代理食品购销站行使代征的权力，属于依照法律从事公务的人员，应以国家工作人员论。黄某惠利用其在食品购销站的职务便利，采取收取增值税税款后不出具增值税发票的手段，截留并占有国家税款，其行为构成贪污罪。

三、国有事业单位工作人员利用职务便利私分本单位违法收取的费用的行为

国有事业单位工作人员利用职务便利私分本单位违法收取的费用的，是否应认定为贪污罪？我国《刑法》第 382 条规定，国家工作人员利用职务上的便利，侵吞、窃取、骗取或者以其他手段非法占有公共财物的，是贪污罪。对于单位违法收取的费用，因由单位的非法行为或途径获得，并由单位支配，应当由单位对其非法行为负责，故在该单位上级主管部门对该部分财产进行查处或者依照法律程序对该财产进行退还、赔偿处理之前，应当视为由该单位管理的公共财产，即公款。该项财产也能成为贪污罪所侵犯的客体。此外，国有事业单位工作人员属于国家工作人员。所以，国有事业单位工作人员利用职务便利私分本单位违法收取

的费用的行为应当认定为贪污罪。例如，尚某多、李某明贪污案①：2001 年 9 月，原成都理工学院、四川商业高等专科学校（以下简称商专）、成都有色地质职工大学合并组建成都理工大学。根据理工大学领导班子的决定，同年 9 月 21 日至 12 月 31 日的合并过渡期间内的经济业务由三校财务分别进行日常开支账务处理，年终分配要报校务会决定。2002 年 1 月 1 日，原商专、成都有色地质职工大学停止财务收支账务处理业务，统一由新成立的理工大学计划财务处组织财务收支的账务处理。2002 年 3 月 19 日，原商专 2001 年年底资产负债结转合并到理工大学。尚某多于 1998 年 2 月被聘任为原商专副校长。2001 年 9 月，尚某多被任命为理工大学副校长。李某明于 1999 年 12 月 2 日被任命为原商专党委副书记，在三校合并过渡期间，负责原商专校区的党务工作，2002 年 1 月 27 日，李被任命为理工大学传播科学与艺术学院党总支书记、副院长。另查明，国家教育部、计委、财政部等部门多次明令切实纠正招生收费"双轨制"、取消与招生录取挂钩的"赞助费""建校费"等乱收费项目。在原商专 2001 年招生工作中，尚某多、李某明负责招生录取领导小组工作，原商专学生处处长彭某斌具体负责收取和保管点招费。招生工作结束后，尚某多、李某明、彭某斌于 2001 年 10 月对当年收取的点招费进行对账，除去开支后，结余人民币 34.2 万元，经三人商量，决定从点招费余款中提出人民币 20 万元另存，只上缴学校人民币 14.2 万元。同年 12 月 28 日，彭某斌将人民币 20 万元从存放点招费的账户上转入以其子彭某名义开立的私人账户。2002 年春节前，尚某多、李某明、彭

---

① 刘玉顺著：《四川省高级人民法院案例指导》（第 3 辑），人民法院出版社 2009 年版，第 71 页，四川省成都市中级人民法院（2003）成刑初字第 298 号刑事判决。

某斌共谋将截留的人民币 20 万元点招费予以私分，议定三人各得人民币 6 万元，给原商专校长张某某人民币 2 万元。后尚某多单独找到彭某斌商议，决定李某明仍得人民币 6 万元、尚某多得人民币 5 万元、彭某斌得人民币 4 万元，给张某某人民币 5 万元。同年 2 月，彭某斌给李某明现金人民币 6 万元，彭某斌存入尚某多在中行成华支行的个人账户人民币 5 万元。彭某斌还以原商专学生处所留活动费的名义送给张某某人民币 5 万元，后该款被张某某退回。彭某斌将这 5 万元存入"彭某"账户，至案发。2001 年 12 月，尚某多要彭某斌从当年已向学校上报的点招费余款人民币 14.2 万元中提点钱作为活动费。彭某斌遂以奖励招生工作人员的名义打报告，经当时负责原商专行政管理工作的蔡某某签字同意，从该笔点招费中提出人民币 5.7 万元。随后，彭某斌按尚某多的指示，将其中的人民币 0.7 万元用于学生处发放奖金，余下的人民币 5 万元于 2001 年 12 月 28 日存入尚某多的私人银行账户。尚某多于同月 31 日、2002 年 1 月 4 日分两次取出此款，用于个人开支。

本案争议在于，尚某多以其三人分配人民币 20 万元，是依照原商专校务会的授权，用于对在招生工作中有突出贡献的人员进行重奖，程序合法，是正常的履行职务行为；完成招生任务奖的发放经过蔡某某批准，对该奖金的分配不属于侵占公有财物的行为；人民币 5 万元系用于向有关人员拜年、送红包，由于有关证人与本案可能存在利害关系，又无其余证据佐证，证人否认收红包的证言的证明力不足，原判认定尚某多个人贪污该 5 万元的事实错误；尚某多主观上不具有非法占有公共财物的目的，原判认定的主要犯罪事实不清，定性不准，证据不足，尚某多不构成贪污罪；李某明及其辩护人以对有贡献人员进行重奖是事先通过原商专校务会研究决定的；点招费是国家明令禁止的乱收费项目，是非法收入，其三人将点招费作为奖金分配的行为，没有侵犯国有财产的所有权。

本书认为，尚某多、李某明身为国有事业单位中从事公务的人员，利用负责学校招生工作的职务之便，伙同彭某斌将原商专收取的、扣除开支后的点招费余款中的人民币 20 万元予以侵吞，和尚某多利用职务之便，在彭某斌写报告，从上报学校的点招费余款中提出部分款项后，指使彭某斌将其中人民币 5 万元存入尚某多的私人银行账户，尚某多将该款取出用于个人开支的行为，均已构成贪污罪，应依法处罚。其中，尚某多参与共同贪污公款人民币 20 万元，分得人民币 5 万元，尚某多个人贪污公款人民币 5 万元；李某明参与共同贪污公款人民币 20 万元，分得人民币 6 万元。在共同犯罪中，尚某多起主要作用，是本案主犯，应按照其所参加的全部犯罪处罚，李某明起次要作用，是本案从犯。原商专校务会会议纪要证明，2001 年 3 月 12 日，该校校务会在研究 2000 年招生工作奖励办法时，形成同意适当奖励在招生工作中表现突出者的意见。但此意见不能证明二人未经审批程序，从点招费余款中提取人民币 20 万元并分得部分款项的行为具有合法性。当时，国家有关部门虽然多次明令禁止乱收费，但全国很多高等院校都收取点招费，运作不够规范，这是客观存在的事实。原商专学生处作为学校下属的、负责招生的部门，以原商专的名义向当年招收的新生收取的点招费应视为原商专的财产，即公款。尚某多、李某明等人侵吞公款的行为，侵犯了公共财物所有权，是非法收入，已经构成犯罪。

第三节　侵吞、窃取、骗取的行为样态

一、将私人账户上的期货合约转入国有企业账户

国家工作人员利用职务之便将私人账户上的期货合约在价格下跌时转入国有企业账户，造成国有企业持仓亏损，该国家工作人员转嫁个人损失的行为是否构成贪污罪？我国《刑法》第382条规定，国家工作人员利用职务上的便利，侵吞、窃取、骗取或者以其他手段非法占有公共财物的，是贪污罪。对于国家工作人员利用职务之便，采取欺骗手法，将私人账户上的期货合约在价格下跌时转入国有企业账户，造成国有企业持仓亏损的，该行为是向国有企业转嫁个人损失的做法。虽然没有表现为直接地占有国有财物，但实质是以用国有企业亏损来弥补个人损失的手段占有国有财物，因此是非法占有的一种行为。该国家工作人员移仓当日给国有企业造成的持仓亏损，应成为认定其构成贪污罪的事实基础。由于该工作人员转入的期货合约在国有企业持仓期间发生的盈亏由期货行情决定，因此这时的盈亏则不能成为其是否构成犯罪的情节，而只能成为对其量刑需考虑的因素。例如，窦某颖、冼某玲贪污案[1]：窦某颖自某年5月起，担任华东公司期货部经理。冼某玲自某年4月至其后一年6月间，任金属公司期货部报单员。二人因业务关系相识后，冼某玲提出，以其丈夫朱某的名义开设私人账户。窦某颖同意，在华东公司期货部为冼某玲设立

---

[1]　最高人民法院办公厅编：《中华人民共和国最高人民法院公报案例》2003年第2期，第12页，上海市黄浦区人民法院窦某颖、冼某玲贪污案于2002年8月21日判决。

了编码为 034 的私人账户。11 月 1 日，冼某玲电话委托窦某颖，在 034 账户上买入交割期为 11 月、代号为 9511 的胶合板 300 手（每手 200 张，买入价为每张 43.7 元）。成交后，胶合板行情下跌，冼某玲为避免个人损失，利用其报单员的职务便利，通知窦某颖将这 300 手合约转入金属公司开设的 001 期货自营账户上。窦某颖同意，但提出冼某玲必须向该公司副总经理何某报告。当日交易所收盘后，窦某颖通知华东公司的结算人员，将原本应入 034 私人账户上的 300 手胶合板合约，转入金属公司的 001 自营账户。冼某玲则对何某谎称，该 300 手合约是其听错指令购入的，因此得到金属公司认可，记入该公司持仓情况汇总表。11 月 1 日胶合板的收盘价为每张 43.06 元。因冼某玲的转嫁行为，300 手胶合板合约使金属公司当天持仓亏损 3.84 万元。之后，冼某玲按何某的指令，将这 300 手合约平仓卖出，共亏损 26.9 万元。11 月 17 日，冼某玲电话通知窦某颖，要求在 034 账户上买入交割期为 12 月、代号为 9512 的红小豆 400 手（每手 2 吨，每吨买入价为 2380 元）。成交后，红小豆价格上涨，冼某玲电话通知窦某颖下仓。而窦某颖认为红小豆的行情还会继续上涨，劝冼某玲再看一看，冼某玲同意。但在当日临收盘前，红小豆价格下跌。交易所收盘后，冼某玲给窦某颖打电话，责怪其没有及时平仓。窦某颖坚称此行情还会看好，并表示如果冼某玲后悔，这 400 手可算在他们公司的自营账户上，冼某玲听后默认。窦某颖随后电话通知华东公司结算人员，将原本应入冼某玲私人账户上的合约，转入华东公司编号为 018 的自营账户上。当日红小豆的收盘价为每吨 2345 元，400手红小豆合约使华东公司当天持仓亏损 2.8 万元。11 月 22 日，窦某颖因担心红小豆行情继续下跌会影响当年利润指标的完成，遂决定将 400 手红小豆平仓，此举使华东公司亏损 24.4 万元。平仓后，红小豆行情反弹，窦某颖又大量买入后不久即平仓，又使华

东公司获利。

本案的争议焦点在于，持仓亏损随期货行情的浮动而浮动，不是固定损失。虽然成交当天的持仓亏损要由国有企业来追加保证金，但追加的保证金还属于国有企业，如果第二天盈利，保证金就要退还给国有企业。因此把成交当天的持仓亏损认定为是被他人非法占有的公共财物，就无法解释持仓盈利后被退还的保证金是什么性质的财产。窦某颖、冼某玲将私人账户上的期货合约在价格下跌时转入国有企业账户，致使国有企业持仓亏损，这种行为具有社会危害性。由于期货行情有涨有跌，期货合约的持有人既可能因行情下跌而受损，也可能因行情上涨而盈利，盈亏均是期货交易的正常表现。因此窦某颖、冼某玲将价格下跌时的期货合约转入国有企业账户，转嫁的只是期货交易风险，不是实际损失。国有企业账户上转入价格下跌的期货合约，在尚未平仓时只反映该持仓亏损，不代表国有企业已经遭受实际损失。不能认为此行为即构成非法占有国有企业财物。至于事后国有企业因平仓引起的损失，虽有他人转嫁风险的因素，但主要是国有企业对期货合约持仓不当造成的。因此，窦某颖、冼某玲的行为不符合《刑法》第382条规定"侵吞、窃取、骗取或者以其他手段非法占有公共财物"这些贪污罪的客观要件。

本书认为，1988年1月21日第六届全国人民代表大会常务委员会第二十四次会议通过的《关于惩治贪污罪贿赂罪的补充规定》第2条第1款第4项，对贪污罪的起刑点作如下规定："个人贪污数额不满二千元，情节较重的，处二年以下有期徒刑或者拘役；情节较轻的，由其所在单位或者上级主管机关酌情给予行政处分。"1997年修正的《刑法》第383条第4项规定："个人贪污数额不满五千元，情节较重的，处二年以下有期徒刑或者拘役；情节较轻的，由其所在单位或者上级主管机关酌情给予行政处分。"

本案发生在两法修改之间，两相比较，修改后的刑法处刑较轻。根据《刑法》第 12 条规定的从旧兼从轻原则，对本案应适用修改后的刑法定罪量刑。窦某颖、冼某玲身为国有企业中的工作人员，在为各自单位从事期货交易活动中，利用职务便利，采取欺骗手法，将私人账户上的期货合约在价格下跌时分别转入国有企业的账户，造成国有企业在转入当天的持仓亏损分别为 3.84 万元、2.8 万元。这种向国有企业转嫁个人损失的做法，虽然没有表现为直接地占有国有财物，但实质是以用国有企业亏损来弥补个人损失的手段占有国有财物，是非法占有的一种行为。窦某颖、冼某玲的行为构成贪污罪，贪污数额，应按窦某颖、冼某玲移仓当日的结算价计算。根据期货规则，期货合约成交当天的持仓亏损，应从当天的资金结算账户中扣划。合约成交后至平仓的整个持仓过程中每日发生的持仓盈亏，既与成交当天的持仓亏损有联系，又不同于成交当天的持仓亏损，二者是有区别的。区别在于，持仓过程中每日发生的持仓盈亏与每日的期货行情有关，由期货行情决定，是不确定的；而成交当天的持仓亏损，却因应从当天的资金结算账户中扣划，而成为确定的、实际发生的损失。持仓过程中每日发生的持仓盈亏，与持仓者参与的当日期货交易活动有关；而成交当天的持仓亏损，却是成交当天期货交易活动结束后资金结算的结果。二者不能混为一谈。窦某颖、冼某玲身为国有企业中的工作人员，利用职务便利，实施了把价格下跌的私人账户期货合约转入国有企业账户的行为，移仓当日给国有企业造成共计 6.64 万元的当天持仓亏损，这是认定二人行为构成贪污罪的事实基础。二人转入的期货合约在国有企业持仓期间发生的盈亏，虽与二人的转入行为有一定联系，但不由二人的转入行为决定，而是由期货行情决定的。因此这时发生的盈亏，不是认定二人行为能否构成犯罪的情节，只是对二人量刑时考虑的因素。

二、国有公司证券营业部工作人员利用客户资金炒股，并私分所得

国有公司证券营业部工作人员利用职务便利用客户资金炒股，并私分所得的行为应当如何定罪量刑？国有公司证券营业部工作人员利用职务便利用客户资金炒股，从行为表象来看貌似属于盗窃客户个人财产，但是因为其盗用的是客户存放在证券营业部的账户内资产，该资产属于证券营业部占有，属于国有资产。其利用职务便利用客户资金炒股，并私分所得的行为构成贪污罪。例如，郭某某等贪污、挪用公款案①：经济开发信托投资公司系全民所有制企业，证券营业部系该公司分支机构。1996 年下半年，证券营业部常务副总经理李某林召集时任财务部经理的张某琴和时任交易部经理的赵某茹，研究决定本单位自营炒股，并商定了自营炒股的资金数额及来源。后赵某茹在李某林的指使下，以转账存款方式虚增账户资金透支代理股民证券交易的资金 1952.5 万元，又将本单位从他单位国债服务部借用的 1996 年七年期国债 1000 万元卖出，得款 983.40211 万元，同时将在本单位开设的金宇集团账户期初结存股票卖出，得款 17.49467 万元，及黎明账户资金期初余额 1241.75 元，共计 2953.520955 万元，先后用在本单位开设的柳某、丁某、张某勉等 14 个账户进行自营炒股，共计盈利 864 万余元。1997 年下半年，时任证券营业部总经理的郭某某在得知自营炒股获利后，命令停止自营炒股，并指使张某琴、赵某茹将盈利款提出，以个人名义存入银行。1998 年四五月，郭某某、张某琴、赵某茹伙同李某林研究决定将其中的 500 万元盈利款四人私

---

① 中华人民共和国最高人民法院刑事审判第一庭：《刑事审判参考》（总第 48 辑），法律出版社 2006 年版，第 25 页，第 383 号。

分。其中，郭某某分得 180 万元，李某林分得 120 万元，张某琴、赵某茹各分得 100 万元。2000 年下半年至 2001 年 10 月，审计署对证券营业部进行审计。为掩盖私分自营炒股获利款，郭某某指使李某林及被告人张某琴、赵某茹多次共谋策划，联系炒股大户刘某国，与其订立攻守同盟，让其承担证券营业部透支炒股及借哲里木盟 1000 万元国债炒股的责任，并伪造两份透支协议书，企图逃避法律追究。后刘某国将张某琴交给的 17 万元人民币向证券营业部交纳了所谓的透支款利息。张某琴实得款 83 万元。1997 年 11 月 13 日，郭某某利用担任财政厅国债服务中心主任的职务便利，个人私自决定将本单位 1996 年三年期国债 2000 万元借给某实业集团股份有限公司证券部经理关某和无业人员蒋某用于个人炒股，后二人将 1801 万元国债卖出，得款 2313.341279 万元进行炒股。

本案的争议焦点在于，炒股盈利款是否具备公共财物的特征；张某琴是否符合贪污罪的主体资格。

本书认为，郭某某、张某琴、赵某茹身为国家工作人员，利用职务上的便利，侵吞公款，数额特别巨大，其行为已侵犯了公共财产所有权和国家工作人员职务行为的廉洁性，均已构成贪污罪。郭某某挪用公款归个人使用，进行营利活动，数额巨大，其行为已构成挪用公款罪。证券营业部自营炒股是根据该部常务副总经理李某林的指使进行的，且炒股所用资金系股民保证金、营业部自有资金和赵某茹以本单位名义借的 1000 万元国债，该自营炒股行为应认定为单位行为，所盈利的 864 万元显然应归证券营业部，是公共财产。对于张某琴的身份问题，经济开发信托投资公司是全民所有制企业，证券营业部系其分支机构；张某琴、赵某茹系被证券营业部于 1996 年 11 月 3 日分别正式聘任为财务部和交易部经理的，且其贪污事实发生在 1998 年四五月间，张某琴、赵某茹的身份应认定为国家工作人员。

三、将国家公路建设专项资金用于谋取私利

行为人作为国家工作人员利用职务便利，将国家公路建设专项资金用于谋取私利的行为应当怎样定罪处罚？行为人身为国家工作人员，利用其管理国家建设专项资金职务上的便利，采取虚构事实的方法，将国家公路建设专项资金用于谋取私利，其行为符合贪污罪的构成要件，对其应当以贪污罪论处。例如，杨某芳贪污、受贿案①：2000 年 6 月 6 日，某县委办公室和县政府办公室联合下发太办字〔2000〕19 号《关于成立"某县公路建设协调领导小组"的通知》，成立了"某县公路建设协调领导小组"，组长由时任县委副书记、县长的杨瑞某兼任，领导小组成员由县交通局、土地局、计经局、财政局、林业局、水利局等有关政府部门领导组成。领导小组下设办公室，时任县交通局局长的杨某芳任协调办主任，县财政局干部乔某军和土地局干部谢某平任该办副主任。同年 8 月，杨某芳与乔某军、谢某平在得知县广电局有五套在建的职工集资住宅单元房向外出售时，三人商议以协调办的名义购买这五套房。后杨某芳指使协调办出纳向某菊于同年 9 月 25 日、10 月 25 日、11 月 20 日，三次从协调办账户上向县广电局各转款 10 万元，共 30 万元作为购房首付款，广电局给协调办开具了"购房集资款"的收款收据。2001 年 6 月，在广电局催要购房款的情况下，杨某芳又与乔某军、谢某平二人商议，指使向某菊将协调办在公路征地拆迁补偿费中以虚构补偿人和补偿项目、签订虚假补偿协议方式套出的 84015 元中的 5 万元再次付给县广电局作为

① 宝鸡市中级人民法院（2003）宝市中法刑二初字第 028 号刑事判决，载中国裁判文书网，http：//wenshu.court.gov.cn/。

购房付款，广电局开具了 5 万元收据。同年 11 月，为了应付财务审计，杨某芳与乔某军、谢某平商议，以与广电局签订虚假广电杆线迁改协议的形式，以支付广电局广电杆线修复款的名义将 30 万元的集资购房款做账处理。后与广电局签订广电杆线再次迁改协议，并将该虚假协议的签订日期提前为 2000 年 9 月 15 日，由广电局给协调办出具三张各 10 万元的"公路广电线路修复款收款收据"，换回原开具的 30 万元的集资购房款的收款收据。后该收据由杨某芳报县公路建设协调领导小组副组长、县人民政府副县长宫某宏签字核报后，杨某芳交协调办出纳向某菊做账处理。同年年底，杨某芳与乔某军、谢某平商议，将五套住房除每人一套外，其余两套分给县交通局纪检委书记苟某珂和向某菊各一套，并具体确定了房屋。2002 年 2 月，广电局催交剩余房款，杨某芳经与乔某军、谢某平商议，明确了已付 35 万元购房款的各自份额，杨某芳、乔某军、谢正军、向某菊为 7.75 万元，苟某珂为 4 万元。后在房屋交付前，五人分别自缴了余款。同年 4 月，五人与广电局补签了《出售集资房的协议》，并出具由广电局盖章的个人向广电局交纳全部集资购房款的收款收据，向房屋管理机关申请办理房屋产权登记，领取了个人房屋产权证。

本案的争议焦点在于，杨某芳身为县公路建设协调领导小组办公室直接负责的主管人员，违反国家规定，以单位名义将国有资产集体变相私分给个人，其行为构成私分国有资产罪还是贪污罪，以及杨某芳是否构成受贿罪。

本书认为，杨某芳身为国家工作人员，伙同他人，利用其管理国家建设专项资金职务上的便利，采取虚构事实的方法，将国家公路建设专项资金用于为自己和少数人谋取私利，非法占有国家公路建设资金，其行为构成贪污罪。协调办只是县委、县政府为公路建设而成立的协调领导小组的内设办事机构，其虽代表政府管理着国家用于征地、拆迁、安置的国有资产，但其只是在公路建设领导小组领导下开展工作，它的一切活动应以公路建设领导小组的名义进行，其不能直接支配所管理的国有资金。协调办人员均抽调于县政府各职能部门，没有独立的财政拨款和经费预算，其人员工资待遇由原单位负责，不能因其受委托代表政府行使职能而将其扩大或上升为独立的国家机关。协调办与私分国有资产罪主体要件不符。杨某芳等人在作案过程中采取虚构事实，虚列支出，以正常支出名义骗得主管领导同意，将购房款在协调办账目上以拆迁补偿费用核报，从而使该笔非法支出在单位账目上得以合法支出反映，符合贪污罪客观方面的特征。杨某芳等人主要是为给自己和少数人购买住房，且杨某芳等人在分房后隐瞒协调办支出大部分购房款的事实，捏造其个人全部出资的事实，向房屋管理部门办理了个人房屋所有权证，具有非法占有公共财物的主观故意。另外，杨某芳身为国家工作人员，利用职务上的便利，非法收受他人财物，为他人谋取利益，其行为又构成受贿罪，应数罪并罚。

第四节　贪污罪与非法经营同类营业罪

增设中间环节截留国有财产是否构成贪污罪？行为人利用职务之便，直接通过增设中间环节等非法手段将国有公司的财产转移到其兼营公司中，属于截留国有财产行为，应认定为贪污罪。若行为人是将国有公司、企业的盈利性商业机会让渡给兼营公司，而非直接转移财产，由于商业机会并非财物，不能成为贪污罪的犯罪对象，行为人则构成非法经营同类营业罪。例如，祝某财等贪污案[①]：祝某财、杨某、及某、王某立均系国有公司万商大厦管理人员。2004年2月至3月，四被告人和陈某琴等人共同商定并出资，以祝某财亲属的名义成立了佳信公司。同年3月间，中复电讯公司有意承租万商大厦裙楼一层约488平方米原"鞋服城"项目用于经营。时任万商大厦总经理的祝某财与时任副总经理的杨某，共同利用职务便利，由杨某代表万商大厦与中复电讯公司洽谈租赁万商大厦底商事宜，在双方商定租赁价格后，采用由佳信公司同日先与万商大厦签订承租合同，再与中复电讯公司签订转租合同的手段，截留本应属于万商大厦的底商租赁款。及某受祝某财指派负责管理佳信公司，将所截留的房屋租金收入扣除各类税款等费用后不定期分配给上述被告人，2006年12月该公司注销。2007年1月，王某立受祝某财指派，以自己与他人共同成立的瑞源通泰公司接替佳信公司继续开展上述业务，并受祝某财指派管理瑞源通泰公司所截留的房屋租赁款，不定期分配给上述被告人。

本书认为，非法经营同类营业罪是指国有公司、企业的董事、经理利用职务便利，自己经营或者为他人经营与其所任职公司、企业同类的营业，获取非法利益，数额巨大的行为。国有公司、企业的董事、经理非法经营同类营业的行为，主要有两种形态：一种是横向竞争关系，即行为人的经营行为与其任职国有公司、企业的经营行为在市场机会、市场价格等方面进行竞争。也就是国有公司、企业生产、销售或服务什么，国有公司、企业的董事、经理就兼职生产、销售或服务什么，然后利用其职务便利将其任职国有公司、企业的商业机会交给兼营公司、企业进行经营，或

---

① 南英著：《刑事审判参考》（第2辑），法律出版社2015年版，第35页，祝某财等贪污案。

者以其任职国有公司、企业的名义为兼营公司、企业谋取属于任职国有公司、企业的商业机会，获取非法利益。另一种是纵向链接竞争关系，即行为人的兼营行为与其任职国有公司、企业的经营行为形成纵向链接的竞争。也就是国有公司、企业的董事、经理利用职务便利，将其任职国有公司、企业销售、采购业务的商业机会交给经营同类营业的自营或者他营公司、企业经营，自营或者他营公司、企业通过低价买入、高价卖出方式获取本来属于国有公司、企业的经营利润。贪污罪是指国家工作人员利用职务上的便利，侵吞、窃取、骗取或者以其他手段非法占有公共财物的行为。

非法经营同类营业罪与贪污罪的主体有重合之处，国有公司、企业的董事、经理都可以成为两罪的主体，客观方面都要求利用职务上的便利并获取一定数额的非法利益，主观方面均为直接故意。在司法实践中，对于获取购销差价的非法经营同类营业行为与增设中间环节截留国有财产的贪污行为，由于两行为存在相似之处，区分起来有一定难度，争议较大。

本书认为，虽然获取购销差价的非法经营同类营业行为与增设中间环节截留国有财产的贪污行为在增设中间环节、获取购销差价上具有共同性，但仍然存在以下区别：

第一，对增设的中间环节是否客观存在要求不同。虽然两种行为都人为地增设了中间环节，使国有公司、企业原本与业务单位的直接购销关系变成了有其他公司、企业参与的间接购销关系，这个中间环节不是在经营中自然产生的，本来就不应该存在，具有明显的主观故意性与客观多余性。但是对获取购销差价的非法经营同类营业行为而言，由于需要从事同类营业，故增设的中间环节必须是客观存在的，中间环节所涉及的公司、企业往往成立并从事同类或类似的经营行为已有一定时日。而对增设中间环节截留国有财产的贪污行为而言，由于实在的和虚设的中间环节都可以达到截留国有财产的目的，故增设的中间环节可以是虚构的。在司法实践中，尽管有时增设的中间环节涉及的公司、企业真实存在，但这些公司、企业往往是为了承揽相关业务而突击成立，并无从事同类或类似经营行为的经历。本案中，虽然佳信公司客观存在，但其是各被告人为了在万商大厦和中复电讯公司之间的租赁关系中增设中间环节而突击成立。中复电讯公司之前一直与万商大厦接洽租赁万商大厦底商事宜，直到签订合同时，才得知必须与佳信公司签订合同，而不是直接与万商大厦签订合同，中复电讯公司从未接洽过佳信公司。而佳信公司与万商大厦签订承租万商大厦底商的合同，佳信公司向中复电讯公司转租底商的合同，万商大厦出具的同意转租书面意见均在同一天内完成。佳信公司此时刚刚成立，之前并无从事同类或相似经营行为的经历。

第二，对增设的中间环节是否具有经营能力要求不同。如果增设的中间环节都客观存在，则要看增设的中间环节是否具有经营能力。一般而言，贪污罪中为截留国有财产而增设的中间环节的经营，往往是无经营投资、无经营场地和无经营人员的"三无"经营，而非法经营同类营业罪中增设的中间环节的经营，是有投资、有经营场所、有经营人员的经营，即具有经营同类营业的完全能力。在司法实践中，一些国有公司、企业的董事、经理为了截留国有财产而增设的中间环节系"三无"公司、企业，不具有经营能力，只是为了变相贪污国有财产而掩人耳目。本案中，佳信公司成立之后，并不具备实体经营的特征。一是佳信公司的注册资金仅为50万元，而万商大厦底商出租给中复公司第一年的租金就高达150万元。如果不能马上转租，佳信公司并不具备承租万商大厦的经济实力。二是佳信公司并不具备开展经营活动所需的最低限度的组织机构。该公司法定代表人仅是挂名，不参与公司管理，公司仅有一名会计负责管理公司收付租金、报税等工作，公司的股东基本上均为国家工作人员，平时也不参与公司经营。佳信公司不具备开展实体经营的条件。三是从佳信公司的经营情况来看，该公司成立后除从事万商大厦底商出租的业务外，基本上从未开展其他的经营业务。四是该公司虽然缴纳了 65 万余元的税款，但这是因为万商大厦底商出租收入而必然产生的成本，不能作为该公司曾进行实体经营活动的根据。

第三，对增设的中间环节是否进行了实际经营活动并承担一定的经营责任风险要求不同。如果增设的中间环节都客观存在并具有经营能力，则要看增设的中间环节是否进行了实际经营活动并承担一定的经营责任风险。有经营就有风险，就可能存在盈亏。如果增设的中间环节进行了实际经营活动并承担了一定的经营责任风险，则行为人所获取的购销差价系通过利用国有公司、企业让渡的商业机会所进行的经营所得，属于获取购销差价的非法经营同类营业行为。如果增设的中间环节没有进行实际经营活动，而是由国有公司、企业一手操办，或者进行了相关的经营活动，但只管盈利，而由国有公司、企业承担经营责任风险的，则此时行为人所获取的购销差价不是经营所得而是截留的国有财产，属于增设中间环节截留国有财产的贪污行为。本案中，证据不能证明佳信公司介入中复电讯公司承租万商大厦底商业务承担了相应的经营风险。从本案的事实来看，祝某财等人实际上并无严格受其所签订合同约束的意愿。2006 年年底，在佳信公司与万商大厦、佳信公司与中复电讯公司合同正常履行的情况下，祝某财仅凭个人意愿就将佳信公司注销，让王某立以瑞源通泰公司接下佳信转租万商大厦底商的业务，并对中复电讯公司谎称佳信公司改组更名为瑞源通泰公司，原租赁合同均以瑞源通泰公司继续履行。可见，祝某财等人并不认为佳信公司严格受其与万商大厦、中复电讯公司签订合同的限制，佳信公司无论是转租万商大厦底商，还是退出承租业务自行注销；均是由祝某财等人利用其职务便利行使职权所致，而非市场行为，其承担了相应的经营风险无从谈起。

此外，在佳信公司注销的过程中，祝某财指示王某立将佳信公司的注册资金"退每人出资款 5 万元，陈某琴退了 10 万，张某退了 7 万，并说以后不带张某玩了"。从这也可以看出，佳信公司的成立、注销、由其他公司代为承接业务、减少股东等均极其随意，未经过正常、必要的程序，这均反映出祝某财等人只是将佳信公司作为截留公款的工具，而非将佳信公司视为真正的经营实体。而承接万商大厦底商转租的瑞源通泰公司也无实际的经营项目，账目混乱，对获取的转租款中的将近 50 万元无法合理说明具体去向。

第四，对所获取的购销差价是否合理要求不同。如果增设的中间环节不仅客观存在、具有经营能力，而且进行了实际经营活动并承担了一定的经营责任风险，则要看所获取的购销差价是否合理。获取的购销差价合理的，属于获取购销差价的非法经营同类营业行为；不合理的，则为增设中间环节截留国有财产的贪污行为，因为此时的差价不再是经营行为的对价。当然，在法律没有明确规定的情况下，其合理范围需要司法人员根据经验具体把握。

结合以上四个方面可以发现，区分获取购销差价的非法经营同类营业行为与增设中间环节截留国有财产的贪污行为的关键在于，行为人是采取何种方式取得非法利益的。不难看出，本案四被告人的行为实际上是将国有公司本可直接获得的房租收入转移给其个人成立的没有实际经营能力的公司，属于截留国有财产的贪污行为，构成贪污罪。

第五节　贪污罪与索贿型贿赂犯罪

国家工作人员利用职务上的便利以单位的名义向有关单位索要"赞助款"并占为己有的行为是《刑法》第 385 条规定的索贿①还是贪污？例如，阎某民、钱某芳贪污、受贿案②：1996 年 1月，阎某民以市场协会需投资为由，向苏交所索要 80 万元。阎某民、钱某芳为方便该款的取得，商议开设市场协会的银行临时账户。经阎某民向钱某芳提供市场协会相关证件，由钱某芳办理了开户事宜。后钱某芳持阎某民提供的市场协会介绍信直接到苏交所办理了该 80 万元转至市场协会上述临时账户的手续。该款到账后，钱某芳按阎某民的要求提现并交给阎 50 万元及以 9.9904 万元人民币购买的面值为 10 万元的国库券一张，余款 20.0096 万元被钱某芳个人取得。苏交所事后要市场协会就以上 80 万元出具手续，阎某民遂向体改委工会要了空白收据一张并加盖市场协会公章，经钱某芳以借款为由填写内容后直接交苏交所入账。因群众举报，纪委对此事进行调查时，阎某民经与钱某芳及钱某芳的丈夫谷某（共谋），由钱某芳、谷某伪造了市场协会与其他单位的投资协议

---

①　《刑法》第 385 条规定的受贿罪，是指国家工作人员利用职务上的便利，索取他人财物的，或者非法收受他人财物，为他人谋取利益的。国家工作人员在经济往来中，违反国家规定，收受各种名义的回扣、手续费，归个人所有的，以受贿论处。国家工作人员利用职务便利，非法收受他人财物，为他人谋取利益，数额巨大的，其行为侵犯了国家机关、国有公司、企事业单位、人民团体的正常管理活动及国家工作人员职务行为的廉洁性，已构成受贿罪，依据《刑法》第 386 条的规定，"对犯受贿罪的，根据受贿所得数额及情节，依照本法第三百八十三条的规定处罚。索贿的从重处罚"。

②　南英著：《刑事审判参考》（第 42 辑），法律出版社 2011 年版，第 56页，332 号指导案例，阎某民、钱某芳贪污、受贿案。

及财务凭证，钱某芳还向纪委调查人员提供了虚假证言，以掩盖其伙同阎某民非法占有 80 万元的犯罪事实。1998 年间，阎某民利用职务便利，收受苏交所所送装修好的住宅一套，价值人民币 38.81 万元。1996 年 11 月至 1998 年 12 月，阎某民利用职务便利，先后 17 次将本人及家庭成员的各类消费发票拿到苏交所报销，金额共计 48628.1 万元。

本书认为，案发前阎某民担任的市场协会法定代表人系受国家机关委派，同时其仍任省体改委副主任，市场协会亦由其分管，故符合国家工作人员的主体身份。其以市场协会名义向苏交所索要 80 万元赞助款后，虽应苏交所的要求以市场协会名义出具的系借款手续，但根据阎某民向苏交所虚构要款事由，"借"款主体为单位，阎某民、钱某芳二人另开账户秘密私分，至案发前数年未还，苏交所亦从未催要，得知有关部门查处后阎某民、钱某芳二人共谋伪造证据等事实，应当认定阎某民在取得该款时没有归还的意图，具有个人占有性质。阎某民与钱某芳在得知有关部门查处后，以不成对价之货物向苏交所抵"债"的行为，系在上述犯罪既遂后，为掩盖其犯罪事实之行为，不能改变原犯罪行为的性质。阎某民以单位名义向苏交所要款，以其法定代表人的职权开设账户，并将苏交所汇至其单位账户中的款项与他人秘密私分的行为，缺乏索贿行为中被索贿人对索贿人行为性质的认知和向索贿人付款之行为指向的目的特征，故不属受贿罪的性质。钱某芳为顺利取得苏交所赞助市场协会的款项，利用上诉人阎某民的职务之便，伙同阎某民实施了开设市场协会账户，持市场协会介绍信至苏交所办理 80 万元转账手续，提现后与阎某民私分，填写阎某民交付的空白单位收据后交给苏交所充账，向有关部门作假证明等。其虽曾辩解其所得本案之款项已用于市场协会出资的昊宇公司之经营活动，但由于其与阎某民系秘密取得市场协会公款，即使其将该款项已用于昊宇公司，在市场协会和昊宇公司分别未作相应账务反映的情况下，市场协会作为昊宇公司出资单位之一，对该款项仍然没有出资单位应有的主张权利、取得收益的依据，显然其辩解不能改变市场协会公款被其个人实际控制支配的状态。在阎某民的职权对苏交所具有制约关系的情形下，阎某民之子仅在苏交所之下属单位短暂工作，苏交所以其子名义购买房产并耗资装修，并在其子离开苏交所后以为其子发工资的名义冲抵购房费用，案发前阎某民的家人一直在该处住宅内居住等事实表明：以阎某民之子名义购房，以阎某民本人的名义向苏交所出具虚假借条的行为，均系规避违法事实的行为，应当认定该房产的取得系阎某民接受苏交所财物的受贿行为。尽管案发前上述住房之产权证尚存放于苏交所，但根据房屋产权以房产管理机关登记为准的规定，房屋产权证持有人与所有人的不一致不影响房屋的权属性质，不影响阎某民受贿行为的既遂形态。阎某民利用职务便利，伙同钱某芳共同非法占有苏交所赞助市场协会 80 万元的行为，已构成贪污罪。

第六节　贪污罪与挪用公款罪

国有银行会计挪用客户资金上百万元用来炒股，事情暴露后携款潜逃，依旧控制公款，有能力偿还却拒不偿还，该如何定罪？是按挪用公款罪①或者贪污罪一罪论处，还是两罪并罚？作为国家工作人员的国有银行会计，挪用客户资金上百万元用来炒股的行

---

①　挪用公款罪，是指国家工作人员，利用职务上的便利，挪用公款归个人使用，进行非法活动的，或者挪用公款数额较大、进行营利活动的，或者挪用数额较大、超过 3 个月未还的行为。

为，客观上实施了利用职务上的便利，挪用数额较大的公款进行了盈利活动；主观上属于直接故意，符合挪用公款罪的要件，根据《刑法》第185条，国有银行会计挪用客户资金上百万元用来炒股的行为，构成挪用公款罪。作为国家工作人员的国有银行会计挪用公款后潜逃依旧控制公款，有能力偿还却拒不偿还的行为，客观上利用职务之便，侵吞公共财物；主观上出于直接故意，并具有非法占有公共财物的目的，符合贪污罪的构成要件。根据《刑法》第271条，挪用公款后潜逃依旧控制公款，有能力偿还却拒不偿还，构成贪污罪。国有银行会计挪用客户资金上百万用来炒股，事情暴露后携款潜逃，依旧控制公款，有能力偿还却拒不偿还，先后构成挪用公款罪、贪污罪，应以两罪论处。例如。陈某新贪污、挪用公款案①：1995年5月22日至7月17日，陈某新利用担任某分理处票据交换会计，直接处理客户各种往来票据，管理284科目资金的职务便利，采用扣押客户往来进账单，以自制的虚假进账单予以替换的手段，先后16次挪用客户资金人民币100万余元进入由其控制的新元公司账户，将其中99.7万元划入其在证券营业部开立的账户，用于炒股牟利。同年7月，陈某新两次从其股票账户上划款人民币100万余元，归还了挪用的公款。1996年4月至2000年4月，陈某新利用职务便利，采用上述手段，先后将284科目的客户资金人民币743万余元，挪入新元公司账户，而后又分别转入其开立的股票资金账户，用于炒股牟利。1996年6月至1998年12月，陈某新先后4次从股票账户划款人民币268万余元归还了部分挪用的资金，尚有人民币475万余元不能归还。2000年5月8日、10日，陈某新利用经管某支行解报资金

---

①　重庆市第一中级人民法院（2001）渝一中刑初字第363号刑事判决，中国裁判文书网，http://wenshu.court.gov.cn/。

的 921 科目的职务便利，在分理处账上虚增解报资金人民币 475 万余元，填平了 284 科目上的资金缺口人民币 475 万余元。2000 年 5 月 25 日、30 日，陈某新利用职务便利，在 921 科目正常解报单上二次虚增解报分理处资金人民币 2000 万元，而后填制虚假进账单，分三次将 2000 万元转入其股票资金账户，用于炒股牟利。2000 年 6 月 1 日至 9 月 19 日，陈某新利用职务便利，采用同样手段，四次虚增解报 921 科目资金人民币 1524 万余元，转入其公司在分理处的账户，从中提取现金 13 万元，用于给前妻购买商品房，其余 1511 万元转入由其控制的科源公司账户。而后，将其中 800 万元转入其股票账户，用于炒股牟利。

本书认为，陈某新身为国有银行工作人员，利用职务上的便利，采用扣押客户进账单，以自制的虚假进账单进行替换的手段，多次挪用客户资金人民币 843 万元，用于炒股牟利，而后归还的行为，已构成挪用公款罪。其采取虚增账上资金，自制虚假单据的手段，将公款 4000 万元人民币挪入自己控制的账户，用于填平挪用的资金缺口、个人消费和炒股牟利，在罪行即将败露时，携带现金及银行汇票等 699 万余元潜逃，并带走全部炒股手续和其控制的各公司银行账户凭证，将尚未带走的公款置于自己控制之下，有能力归还而拒不归还，主观上具有非法占有的故意，其行为已构成贪污罪；挪用公款数额巨大，情节严重，应以贪污罪、挪用公款罪数罪并罚。

第七节　贪污罪与职务侵占罪

国家出资企业中的工作人员，利用职务上的便利，以虚开发票在单位报账的方式，将本单位资金非法占为己有，数额巨大的，构成何罪？职务侵占罪，是指公司、企业或者其他单位的人员，利用职务上的便利，将本单位财物非法占为己有，数额较大的行为。本罪的犯罪客体是公司、企业或者其他单位的财产所有权；本罪在客观方面表现为利用职务上的便利，侵占本单位财物，数额较大的行为；本罪主体为特殊主体，包括公司、企业或者其他单位的人员；本罪在主观方面是直接故意，且具有非法占有公司、企业或其他单位财物的目的。国家出资企业中的工作人员，利用职务上的便利，以虚开发票在单位报账的方式，将本单位资金非法占为己有，数额巨大的行为，完全符合上述构成要件，因此，其行为构成职务侵占罪。例如，李某光案①：贪污事实，2009 年 5 月至 9 月，李某光利用担任某铁路 ngzq-4 项目部一分部财务主任的职务便利，多次到某税务局虚开收款人为他人、总金额为人民币 1247040 元的发票 4 张，在单位报账后将 1247040 元据为己有。李某光将虚报所得款项中的 825000 元用于购买国债和银行定期存款，370000 元取现后交由一分部食堂职工藏入一分部食堂的库房里。2010 年 8 月 25 日，李某光因挪用公款事实被检察机关立案调查。8 月 31 日，李某光主动向检察机关交代了检察机关未掌握的自己以他人名义到税务局代开发票报销所得款 1247040 元并据为己有的事实，藏匿地点及 370000 元现金藏匿处。挪用公款事实，2010 年 3 月间，李某光利用担任某铁路 ngzq-4 项目部一分部财务主任的职务便利，挪用公款共计 860000 元归个人使用，进行营利活动。法院认为，李某光身为国家出资企业中从事公务的人员，利用职务上的便利，以虚开发票在单位报账的方式，侵吞公款 1247040 元，其行为侵犯了公共财产的所有权和国家工作人员职务行为的廉洁性，已构成贪污罪。同时，利用职务上的便利，以营

---

① 南英著：《刑事审判参考》（第 99 辑），人民法院出版社 2007 年版，第 68 页。

利为目的，在任职期间擅自决定挪用本单位公款 860000 元归个人使用，其行为构成挪用公款罪。

本案的争议焦点在于，李某光所在公司是原国有企业改制后的有限公司，其本人是否属于受委派从事公务的人员，是否具备贪污罪、挪用公款罪的主体要件。

本书认为，李某光所在的单位属于国家出资企业，李某光系该公司合同制员工，只有技术职称，没有行政级别，其担任某铁路 ngzq-4 项目部一分部财务主任是经过公司人力资源部提名，主管总会计师同意报公司总经理聘任的，未经公司党委或者党政联席会讨论、批准或者任命，故其不具有国家工作人员身份。李某光身为国家出资企业中的工作人员，利用职务上的便利，以虚开发票在单位报账的方式，将本单位资金 1247040 元非法据为己有，数额巨大，其行为构成职务侵占罪；同时其利用职务上的便利，挪用本单位资金 86 万元归个人使用，进行营利活动，数额巨大，其行为构成挪用资金罪，应以职务侵占罪、挪用资金罪数罪并罚。

第八节　贪污罪与私分国有资产罪

国家机关工作人员在内部会议上商议决定用公款集资购房的行为构成贪污罪还是私分国有资产罪？如何认定该罪的犯罪对象？国家机关工作人员在内部会议上商议决定用公款集资购房，行为人以秘密的方式在单位少部分人之间进行利益分配，并不对单位大多数或全部人公开，其行为侵犯的是公共财物的所有权和国家机关、国有企业事业单位的正常活动以及职务的廉洁性，为自己谋取非法利益，符合贪污罪的构成要件，不符合私分国有资产罪的构成要件，构成贪污罪。根据《刑法》对贪污罪的规定，行为人非法占有的是公共财物，所以其利用公款购房，犯罪对象仍然

是公款，而不是房产。例如，高某华等贪污案①：（1）1994 年 12
月 16 日，时任某办事处党委书记的高某华，主持召开了办事处党
委扩大会议，岳某生、张某萍、许某成等参加了会议。会议讨论
了用公款购买私房的问题，经研究决定，每人交集资款 30000 元，
并动用祥云大厦给办事处的拆迁补偿费，给包括四被告人在内的 9
人共购买房屋 9 套，并要求参与买房人员保密。高某华还指示该办
事处劳动服务公司会计将拆迁补偿费不入服务公司账，单独走账。
之后，9 人向服务公司各交纳了 30000 元，并选定了购买的房屋，
后一人退出购房。办事处劳动服务公司陆续向中亨公司等处汇款。
其中，高某华用 245052.6 元（其中公款 215052.6 元），购买房屋
一套；岳某生用 253000 元（其中公款 223000 元），购买房屋一
套；张某萍用 223025.4 元（其中公款 193025.4 元），购买房屋一
套；许某成用 223025.4 元（其中公款 193025.4 元），购买房屋一
套。之后，四被告人均以个人名义交纳了契税。（2）1997～1999
年，高某华利用担任房管局局长的职务之便，指使房管局人劳科
科长吴某海，将应交到该局财务科的企业保证金共计 140000 元私
自扣留后，高某华以"业务费支出"等名义，先后取出 101500
元。其中，支付给本局李某强抚恤金 3000 元，支付过节费 2500
元，其余 96000 元高某华据为己有。法院认为，各被告人的行为均
已构成贪污罪。高某华、岳某生、张某萍、许某成用公款购买私
房的行为，由于意志以外的原因未办理产权证，系犯罪未遂。在
共同犯罪中，高某华系主犯，岳某生、张某萍、许某成系从犯。
高某华利用担任房管局局长之便，将拆迁补偿费人民币 264600 元，
直接用于购买住房一套和装修房屋的事实，因该住房的产权不可

---

① 南英著：《刑事审判参考》（第 58 辑），法律出版社 2015 年版，第 76
页，第 462 号高某华等贪污案。

能发生实质性转移，且案发前高某华已向产权单位办理了公房租赁手续，该房产已纳入单位管理，其行为不具备贪污罪的客观要件。

本案的争议焦点在于，第一，第一、二起是否为贪污既遂，第二起是否为贪污罪。本书认为，起诉书指控第一起事实系各被告人将公款侵吞后购买住房，已实现了对公款的非法占有，公款已发生实际转移，各被告人虽未取得所购房屋所有权，并不改变贪污公款的性质。高某华、岳某生、张某萍、许某成利用职务上的便利，以集资购房为名，共同侵吞公款，并实质上用于购买私房，应认定为贪污犯罪，且系既遂。起诉书指控第二起事实清楚，高某华称96000元公款用于非业务性支出经查不实。在起诉书指控第一起事实中，高某华利用职务之便，将公款不入单位账，私盖单位印章，以单位名义签订购房协议后，长期占有该房，在离任前未将该房屋纳入单位固定资产管理，高某华对购买该房的公款已取得实际控制权，该行为已构成贪污罪。

第二，国家机关工作人员通过集体讨论、决定，将单位的违法收入进行私分的行为，应当认定为贪污罪还是私分国有资产罪？私分国有资产罪和贪污罪的主要区别在于主体和客观方面的不同，私分国有资产罪的主体是单位，而贪污罪的主体是自然人；私分国有资产罪客观方面表现为违反国家规定，以单位名义将国有资产集体私分给个人，数额较大的行为，而贪污罪的客观方面表现为利用职务上的便利侵吞、窃取、骗取或者以其他手段非法占有公共财物的行为；私分国有资产的行为具有一定公开性，而贪污的行为则是秘密进行的。国家机关工作人员通过集体讨论、决定，将单位的违法收入进行私分的，其反映的是该单位集体的意志，应当认定为单位犯罪，而其私分行为亦不同于贪污行为，因此应当认定为私分国有资产罪，并对直接负责的主管人员和其他直接责任人员进行处罚。至于其私分的该单位的财产虽系违法收入，但该违法收入亦是基于该单位的国家机关的主体属性获得，亦应当视为国有资产，因此不影响其私分行为的定性。例如，李某等被控贪污案：某县教育局人事科利用办理全县教师职称评审、教师年度考核、公务员年度考评、职称聘书、教师资格换证等业务代收费之机，采取抬高收费标准、搭车收费、截留应缴资金等手段，筹集资金，设立小金库。小金库资金除用于科里公务开支外，每年春节前后，由科长李某组织科里人员将小金库账目进行对账后，以科室补助、年终福利等名义分6次私分给人事科工作人员，并记录入账，私分款总额为120300元，李某、张某、刘某各分得40100元。李某等身为国家工作人员，利用教育局人事科的职权和职务上的便利，在代收费过程中，获取钱款，其行为系构成贪污罪还是私分国有资产罪？本书认为，李某等主观上不具有贪污的共同故意，客观方面不符合共同贪污的行为特征，不构成贪污罪。李某作为县教育局人事科的负责人，违反国家规定，擅自决定将单位违规收费的部分资金以单位补助、年终福利等名义私分给个人，数额较大，其行为应构成私分国有资产罪。

第九节　贪污的数额计算

国家工作人员在国有事业单位改制过程中瞒报国有资产的行为，是否构成贪污罪及贪污数额如何认定？行为人作为国家工作人员，利用担任国有事业单位相关职务的便利，在国有事业单位的改制中隐瞒国有资产，并将国有资产转移到自己有投资份额的公司中，其行为符合以骗取的手段非法占有公共财物的特征，构成贪污罪。例如，段某强等贪污、受贿案①：1996 年 10 月，某省残疾人联合会的下属事业单位聋儿康复中心开办成立听力门诊部，性质为国有事业单位，负责耳聋患者的听力检测、耳模配制和助听器选配等服务，同时仍作为康复中心的部门之一，人员与财物均属康复中心管理。2001 年 2 月，省残联成立听力技术服务中心，隶属康复中心，听力服务中心实际仍以听力门诊部名义对外经营。2001 年 11 月，省残联将康复中心、残疾人用品用具供应站合并组建直属事业单位残疾人康复指导中心，听力门诊部也归属康复指导中心管理，同时残疾人用品用具站的下属部门现代假肢矫形器装配中心也并入康复指导中心。2002 年 8 月，听力门诊部经营范围新增伤残人用品用具及康复训练用品的供应。2007 年 8 月，康复指导中心增挂残疾人辅助器具资源中心牌子；听力门诊部于 2008 年 12 月更名为残疾人康复指导中心听力门诊部，于 2012 年 2 月更名为残疾人康复指导中心辅助器具服务部。

2001 年 1 月至 2011 年 8 月，段某强先后被省残联任命为残疾人用品用具站主任、康复中心副主任、听力门诊部主任、康复指导中心副主任、辅具中心主任，主管听力门诊部、假肢中心的工作。2005 年 7 月，周某波被聘任为听力中心副主任，负责听力门诊部的管理工作，至 2008 年 5 月其回家待产。2008 年 7 月、2011 年 6 月，张某彬先后被聘任为听力中心副主任、主任，接替周某波负责听力门诊部的管理工作。2006 年 11 月、2010 年 1 月，沈某锋被先后聘任为假肢中心副主任、主任，负责假肢中心业务管理工作；2011 年 8 月与康复指导中心终止劳动合同。

---

① 中华人民共和国最高人民法院刑事审判第一庭编：《刑事审判参考》（第 102 辑），法律出版社 2002 年版，第 125 页，指导案例第 1071 号，浙江省杭州市人民法院（2013）浙杭刑初字第 202 号刑事判决。

2006 年 3 月至 2011 年 8 月，段某强、周某波、张某彬、沈某锋分别结伙或伙同胡某燕，利用段某强等人的职务之便，增加采购环节、虚构业务经费，侵吞听力门诊部、辅具中心公款；段某强、沈某锋、周某波还分别利用职务之便，收受他人财物。段某强、周某波、张某彬、沈某锋分别结伙或伙同胡某燕共同贪污人民币 2093412 元，其中段某强参与贪污人民币 2093412 元，胡某燕参与贪污人民币 1995187 元，张某彬参与贪污人民币 1301013 元，沈某锋参与贪污人民币 98225 元，周某波参与贪污人民币 667077元。段某强和沈某锋共同受贿人民币 372590 元；周某波受贿人民币 26000 元。

本案的争议焦点在于，段某强成立达那福等三家公司都是为了解决所谓"医生回扣费"的支付问题，从而维持听力门诊部的生存，虚开业务经费是"以丰补歉"的做法，这笔钱款为了留待单位以后使用，是否具备非法占有故意。向达那福等第三方公司采购助听器正是为了解决所谓"医生回扣费"的支付问题、维持听力门诊部经营而必须增加的交易环节，听力门诊部为此增加的经营成本系必须付出的代价，胡某燕等人是否具有侵吞公共财物的故意。

本书认为，从听力门诊部工商登记资料、省残联批复、康复指导中心的情况说明等书证，已充分证明听力门诊部的性质系国有事业单位聋儿康复中心投资开办的全民所有制事业单位，后虽经主管单位变更、自身更名，但其性质一直为国有事业单位；听力门诊部最初注册资金来源于国有事业单位拨款，先后任命的负责人段某强、周某波亦系事业单位工作人员，由国家支付工资。因此，听力门诊部的国有性质应确认无疑，其所有的经营性收入属于国有事业单位的资产，即国有资产。关于瑞声达公司按照合同约定给予达那福公司一定比例的返利，瑞声达公司自 2006 年每个季度按照达那福公司回款额的 10% 以助听器形式返利给达那福公司；且达那福公司与瑞声达公司的经销协议备忘中明确约定基于达那福公司与听力门诊部的经销协议，瑞声达公司给予达那福公司返利；按照之前购货模式，听力门诊部直接从瑞声达公司采购产品，则该部分返利应属于听力门诊部，现因段某强等人在听力门诊部与瑞声达公司之间增设一道流转环节，由达那福公司先从瑞声达公司采购产品后再转卖给听力门诊部，从而将原本应直接给予听力门诊部的返利被截留在达那福公司。因此，该部分返利应该原属于听力门诊部的经营性收入。关于胡某燕打给张某彬的 6 万余元钱款系归还听力门诊部的所谓"医生回扣费"差额，担任听力门诊部负责人、财务人员的周某波、朱某、冯某均证明听力门诊部未收到过任何达那福公司返回的该笔费用差额。因此，该部分钱款仅能认定系胡某燕与张某彬之间赃款分配，而非返还给听力门诊部的钱款。

故段某强、沈某锋、张某彬、周某波身为国家工作人员，伙同胡某燕，利用段某强等人的职务之便，侵吞公共财物，其行为均已构成贪污罪。段某强、沈某锋、周某波身为国家工作人员，利用职务之便，非法收受他人财物，为他人谋取利益，其行为均已构成受贿罪。段某强等人利用职务之便决定听力门诊部等单位从第三方公司采购产品的价格时即已为自己或他人谋取私利预留了足够的空间，从审计报告数据也可以看出达那福公司、天聪公司、来帮特公司因此从听力门诊部等单位获取的利润一部分用于支付听力门诊部、假肢中心业务员销售助听器、假肢配件、矫形器的费用，另一部分则被截留在第三方公司，后在听力门诊部、辅具中心领导、员工不知情的情况下被段某强等人秘密侵吞；段某强多次供述成立第三方公司的目的除解决听力门诊部、假肢中心业务员销售助听器、假肢配件、矫形器的费用支付问题外，也是为给胡某燕、张某彬、沈某锋谋取利益，可见其在成立第三方公司前已明知此乃稳赚不赔的买卖；听力门诊部、假肢中心之所以会高价从达那福公司、天聪公司、来帮特公司"中转"进货，无非是因为段某强、张某彬、周某波、沈某锋系听力门诊部或假肢中心的分管领导和部门负责人，从段某强等人离职后达那福公司和听力门诊部再无相关业务关系，天聪公司、来帮特公司也不再有经营业务等情况，也能充分反映出这三家公司依靠段某强等人的职务便利非法获取本应属于国有单位利润的事实。最后，根据审计报告显示，达那福公司仅仅对于听力门诊部就有 360 余万元毛利，且该毛利已扣除相应的税费，涉案天聪公司、来帮特公司也是如此。可见段某强、胡某燕、沈某锋等人从中获取的利润不只公司经营成本所需。

综上所述，段某强、周某波、张某彬、沈某锋作为国家工作人员，利用职务之便，伙同胡某燕虚增交易环节，在为解决听力门诊部、假肢中心业务员销售助听器、假肢配件、矫形器的费用支出问题的同时为个人谋取私利，侵吞本属于国有事业单位的利润，造成国有资产损失，该行为构成贪污罪；段某强、胡某燕、沈某锋等人为谋取私利而支出的经营成本属于他们的犯罪成本，不应扣除。证人王某甲、胡某燕、张某彬的供述，均证明在达那福公司与瑞声达公司签订合同的过程中，段某强、周某波代表听力门诊部、达那福公司与瑞声达公司谈判，周某波还参与了经销合同的修改和签订，在经销合同中亦明确写明达那福公司是听力门诊部的下属公司，并写明达那福公司的进货价格和返利；周某波在调查阶段也对此供认不讳。时任听力门诊部负责人的周某波应当知道达那福公司的真实情况以及通过三方经销协议可以从中赚取的利润超过应支付给听力门诊部业务员销售助听器的费用部分，仍利用自己的职权帮助段某强共同参与谈判及达那福公司与瑞声达公司经销合同的修订；且周某波在调查阶段还供称如此做一是为了其当时丈夫钟某甲在听力门诊部内可以获取更好的业绩，二是自己的职位只能听从上司段某强。可见周某波为了自己的职位及家人的工作成绩而明知达那福公司并非听力门诊部下属单位，仍然默许达那福公司以听力门诊部下属公司的名义与厂家签订经销合同并抬高价格转而将产品销售给听力门诊部，帮助段某强等人以此获利，足以证实周某波具有利用职务之便帮助段某强、胡某燕侵吞公共财产的主观故意和行为。张某彬在周某波之后接任听力门诊部负责人职务，但其至听力门诊部时已明知达那福公司实际是段某强、胡某燕所经营，其也曾直接跟厂家进购过助听器而知道助听器实际的进货成本，对达那福公司从中赚取的利润高于应支付给听力门诊部业务员销售助听器费用的情况肯定明知，仅因段某强是其直接领导而利用其作为听力门诊部负责人的职务之便为段某强等人侵吞国有资产的行为提供帮助，并从胡某燕处分得3万余元钱款。故亦足以认定张某彬利用职权帮助段某强、胡某燕侵吞听力门诊部的公共财产。因此，周某波、张某彬在该节贪污犯罪事实中先后与被告人段某强、胡某燕构成共同犯罪。蒋某、艾某的证言及沈某锋的供述均证明系段某强提出将蒋某等人代表奥托博克公司所送的"好处费"四人平分，可见蒋某二人送给段某强、沈某锋"好处费"的目的显然不是为了占为己有，而是希望段某强、沈某锋在双方单位业务往来时给予奥托博克公司便利和帮助；段某强和沈某锋亦供认明知收受该钱款是为了奥托博克公司的请托事项，双方均明确送钱或收钱的原因基于段某强和沈某锋所具有的职务身份。段某强、沈某锋身为国家工作人员，利用职务便利，非法收受他人财物并为他人谋取利益，构成受贿罪；至于该钱款来源如何，不影响段某强、沈某锋行为的定性。本案中蒋某、艾某送给段某强、沈某锋钱款是希望通过段某强、沈某峰的职务身份为其所在的奥托博克公司提供便利和帮助，而这些请托在之后也基本实现，奥托博克公司在"小康工程"项目中顺利中标并签约，段某强、沈某锋为奥托博克公司已实际谋取利益；即使段某强、沈某锋并未实际为奥托博克公司谋取利益，但段某强、沈某锋明知他人的请托事项而收受其财物，视为承诺为他人谋取利益，符合受贿罪中"为他人谋取利益"的要件。

本案还存在的争议点在于，成立达那福等第三方公司的目的是替浙江省残联下属的听力中心、假肢中心等单位或部门支付无法从单位内部支出的业务员销售助听器、假肢配件、矫形器所必需的费用，多余的利润仅够支付第三方公司经营的必要成本，是否属于为了单位利益，而不构成贪污罪。

本书认为，段某强、周某波、张某彬、沈某锋身为国家工作人员，分别结伙或伙同胡某燕，利用段某强等的职务之便侵吞公共财物共计2093412元，其行为均已构成贪污罪，其中段某强参与贪污2093412元，胡某燕参与贪污1995187元，张某彬参与贪污1301013元，沈某锋参与贪污98225元，周某波参与贪污667077元；段某强、沈某锋、周某波身为国家工作人员，利用职务之便，非法收受他人财物，为他人谋取利益，其行为均已构成受贿罪，其中，段某强和沈某锋共同受贿372590元，周某波受贿26000元，依法应予数罪并罚。

第十节 私分国有资产类犯罪的特殊认定问题

一、基本案情

案例1：2010年11月，童某担任被告单位工行SM支行行长后，为解决经费不足和职工福利问题，授意该支行办公室主任张某采取虚拟项目的方式，向其上级银行 YL 分行套取经营性费用。2010 年，张某以虚拟的维修费、燃料费、绿化费等名目套取资金 22 笔，合计 65.0261 万元。后经行长办公会决定，将其中 22 万元以春节过节费的名义发放给该支行全体职工。2011 年 2 月，温某出任 SM 支行副行长，分管财务和市场营销。童某、温某继续指使张某套取资金。2011 年间，张某以上述方式向 YL 分行套取费用 73 笔，合计 303.9538 万元。经行长办公会决定，将其中 38.6 万元（其中现金 21.7 万元，另含价值 16.9 万元的购物卡）以春节福利费的名义发放给全体职工；以第三、四季度奖励和专项奖励的名义发放给职工 62.69 万元。

案例 2：昆仑银行股份有限公司系中国石油天然气集团公司的控股公司，昆仑银行股份有限公司国际业务结算中心是北京银监局批准设立的昆仑银行的分行级专营机构。马某于 2014 年 4 月 11 日，经人力资源部（党委组织部）同意被任命为总行营业部国际业务部总经理；2014 年 8 月 11 日，经昆仑银行股份有限公司党政联席会同意，被聘任为国际业务结算中心（筹）总经理助理；2014 年 10 月 20 日，被正式任命为国际业务结算中心总经理助理。马某于 2013 年至 2015 年，利用担任国际业务部负责人、总经理及国际业务结算中心总经理助理的职务便利，通过虚报部门营销费用的手段多次套取公款后给银行员工发放奖金，合计人民币 139.9 万余元。

案例 3：青海省工达建筑总承包工程公司为全民所有制国有企业，高某春在该公司担任出纳，2011 年该公司改制期间，黄某元、赵某、段某莲、应某世、汪某全、高某春参与协商并侵吞公司小金库资金 317459.16 元，高某春分得 52909.86 元；参与协商并侵吞挂靠管理费 323180.40 元，高某春分得 53863.40 元；参与协商并侵吞出卖子公司所得款项及挂靠管理费 262000 元，高某春分得

40000 元；经改制负责人姚某雪同意，参与协商并套取公司挂靠管理费 300000 元，高某春分得 50000 元。

上述案例 1 和案例 2，均系国有控股、参股银行管理人员套取经营费用后给员工发放奖金的案件，案例 1 最终法院认定童某、张某构成国有公司人员滥用职权罪。案例 2 最终法院认定马某不构成犯罪。案例 3 最终法院认定高某春构成贪污罪和私分国有资产罪。

法院作出不同认定的理由：

案例 1 的主要理由是：童某任 SM 支行行长、温某任副行长，在 SM 支行从事组织、领导、监督、经营、管理工作；被告人张某任办公室主任，在该行从事财务管理工作，属于国有公司的工作人员，童某、副行长温某违反财务制度，授意办公室主任张某向上级行工行 YL 分行套取经费，并以春节过节费、季度奖励、专项奖励以及其他名义发给职工。根据工行相关财务制度和考核办法，SM 支行职工的基本工资、绩效工资、福利费系由支行经考核后上报 YL 分行，由分行审批后直接发放给职工。童某、温某、张某以套取的经费发放福利费、奖金属于重复发放、非正常发放，属于国有公司、企业的工作人员滥用职权的行为。本案中，被告人童某等人向上级行套取资金并发放给职工总计 123.29 万元的行为，对于 SM 支行而言，虽然没有遭受实质损失，但由于工行实行的是统收统支的财务管理制度，各分支机构系向上级报账，最终会体现为国有资产的损失。故童某等的行为符合滥用职权罪的构成要件，认定为国有公司人员滥用职权罪。

案例 2 的主要理由是：关于指控马某贪污营销费用 139.9 万余元的事实，马某身为国际业务部的负责人、总经理和国际结算中心的总经理助理，指使部门员工虚报营销费用或通过其他公司套取营销费用，骗取银行公款，用于其本人及部门员工分配，以公开的形式集体侵占银行公款。其行为具有以单位名义，集体私分公共财产的特征。其行为从决定主体、实施主体、公开程度、受益者范围而言与贪污罪系自然人犯罪，一般具有隐秘性不同。故马某的行为不符合贪污罪的构成要件。但又鉴于私分国有资产罪的犯罪主体为特殊主体，即国家机关、国有公司、企业、事业单位、人民团体。昆仑银行系国家出资并控股的企业，不属于私分国有资产罪的犯罪主体。故其行为又不符合私分国有资产罪的构成要件。也就是说，马某既不构成贪污罪，也不构成私分国有资产罪。

案例 3 的主要理由是：高某春在该公司担任出纳，2011 年该公司改制期间，黄某元、赵某、段某莲、应某世、汪某全、高某春参与协商并侵吞公司小金库资金 317459.16 元，高某春分得 52909.86 元；参与协商并侵吞挂靠管理费 323180.40 元，高某春分得 53863.40 元；参与协商并侵吞出卖子公司所得款项及挂靠管理费 262000 元，高某春分得 40000 元；经改制负责人姚某雪同意，参与协商并套取公司挂靠管理费 300000 元，高某春分得 50000 元。高某春参与侵吞国有企业资金的行为，已构成贪污罪，参与私分国有企业资金的行为，已构成私分国有资产罪，是共同犯罪中的从犯。

二、存在的问题以及可以考虑的解决方案

上述三个案例中，案例 1 以国有公司人员滥用职权罪追究童某等的刑事责任。案例 2 中直接没有追究马某的刑事责任。案例 3 以贪污罪、私分国有资产罪追究高某春责任。上述案例的争议焦点在于，一是国家控股、参股公司、企业是否属于私分国有资产罪中的"国有公司、企业"；二是国家控股、参股公司、企业工作人员私分本公司、企业资产行为的定性。

本书认为，刑法条文中"国有公司、企业"系指国有独资公

司、企业，不包括国有控股参股公司、企业。理由如下：

1. 将"国有公司、企业"理解为国有独资公司、企业，是对2010 年最高人民法院、最高人民检察院《关于办理国家出资企业中职务犯罪案件具体应用法律若干问题的意见》（以下简称《2010年意见》）的准确理解。将"国有公司、企业"一概理解为"国有独资公司、企业"是与《2010 年意见》精神严格相符的。《2010 年意见》创设了"国家出资企业"的概念，此概念涵盖了国有独资公司、国有控股、参股公司，旨在结合国有企业改制实际情况，解决国家工作人员认定的难题。《2010 年意见》将国有公司、企业与国有控股、参股公司、企业并列表述主张应当将"国有公司、企业"限制理解为"国有独资公司、企业"。《2010 年意见》其中第 7 条第 1 款"七、关于国家出资企业的界定。本意见所称'国家出资企业'，包括国家出资的国有独资公司、国有独资企业，以及国有资本控股公司、国有资本参股公司"，将国有公司、企业与国有控股、参股公司、企业进行了并列表述。可以看出，"国有公司、企业"应当区别于"国有控股、参股公司、企业"；第 3 条至第 8 条多处使用了"国家出资企业"的表述，如果国有公司、企业包含了国有控股、参股公司，则《2010 年意见》不必创设出"国家出资企业"这个概念来涵盖"国有公司、企业"和"国有控股、参股公司、企业"。从刑法规定的一致性来看，关于国家工作人员的认定，可以得出国有公司、企业与国有参股、控股公司企业是两个不同的概念。《2010 年意见》第 6 条第 1 款规定："经国家机关、国有公司、企业、事业单位提名、推荐、任命、批准等，在国有控股、参股公司及其分支机构中从事公务的人员，应当认定为国家工作人员。具体的任命机构和程序，不影响国家工作人员的认定。"如果"国有公司、企业"包含了"国有控股、参股公司"，则就没有必要在人员任命程序中区分国有公司、企业与国有控股、参股公司。此外，私分国有资产罪不是特殊罪名，不应当认为私分国有资产罪中的"国有公司、企业"是经过特殊解释后认定为"国有独资公司、企业"的。

2. 从相关法律条文之间的关系来看，将"国有公司、企业"认定为"国有独资公司、企业"，体现了条文间的协调衔接。《刑法》第165条非法经营同类营业罪，第166条为亲友非法牟利罪，第167条签订、履行合同失职被骗罪，第168条国有公司、企业、事业单位人员失职罪、滥用职权罪，第169条徇私舞弊低价折股、出售国有资产罪等，都含有"国有公司、企业"的表述，有观点认为如果将上述条款中的"国有公司、企业"都解释为"国有独资公司、企业"，国有控股、参股公司、企业中国有资产的保护就可能面临失去刑法层面的保护，如何遏制国有资产流失犯罪就可能成为非常严重的问题。这种观点难以成立，理由在于，《2010年意见》中关于国家工作人员在企业改制过程中的渎职行为的处理中指出，"国家出资企业中的国家工作人员在公司、企业改制或者国有资产处置过程中严重不负责任或者滥用职权，致使国家利益遭受重大损失的，依照刑法第一百六十八条的规定，以国有公司、企业人员失职罪或者国有公司、企业人员滥用职权罪定罪处罚。国家出资企业中的国家工作人员在公司、企业改制或者国有资产处置过程中徇私舞弊，将国有资产低价折股或者低价出售给其本人未持有股份的公司、企业或者其他个人，致使国家利益遭受重大损失的，依照刑法第一百六十九条的规定，以徇私舞弊低价折股、出售国有资产罪定罪处罚。国家出资企业中的国家工作人员在公司、企业改制或者国有资产处置过程中徇私舞弊，将国有资产低价折股或者低价出售给特定关系人持有股份或者本人实际控制的公司、企业，致使国家利益遭受重大损失的，依照刑法第三百八十二条、第三百八十三条的规定，以贪污罪定罪处罚。贪污数额以国有资产的损失数额计算"。从此规定可以看出，国有控股、参股公司等人员有《刑法》第168条、第169条的失职滥用职权、徇私舞弊低价折股、出售国有资产的行为，是分别"依照刑法第一百六十八条的规定，以国有公司、企业人员失职罪或者国有公司、企业人员滥用职权罪定罪处罚""依照刑法第一百六十九条的规定，以徇私舞弊低价折股、出售国有资产罪定罪处罚"，这也足以说明，《刑法》第168条规定的国有公司、企业，是指国有独资公司、企业，否则如果国有公司、企业包含国有控股、参股公司，则不必再另行特别规定依照《刑法》第168条定罪处罚。

3. 将"国有公司、企业"理解为"国有独资公司、企业"不会导致法条之间的不协调，不会导致国有资产保护不力。国有控股参股公司员工私分国有资产的，在满足贪污罪或滥用职权罪犯罪构成的条件下，可以以贪污罪共犯或滥用职权罪处罚。国有独资公司中主管人员利用职务便利非法占有公共财物后又私分的，可能构成贪污罪、私分国有资产罪；国有出资企业中国有独资公司、企业之外的国有控股、参股的企业中人员犯罪的，尽管不依照私分等罪名认定，即国有控股、参股公司、企业的工作人员违反国家规定，以单位名义将国有资产集体私分给个人，造成公司严重损失，致使国家利益遭受重大损失的，可能构成贪污罪或国有公司、企业人员滥用职权罪。亦即，国有独资公司、企业和国有控股、参股公司、企业中私分国有资产的行为都可以通过刑法予以规制，国有公司、企业改制前、改制过程中以及改制完成后三个阶段中，任一阶段发生私分国有资产的行为都可以通过刑法规制，不会出现国有资产保护不力的情况。

三、具体案例的认定

回归到具体案例，本书认为应当区分行为人在"私分"行为中的作用来认定罪名，在国有独资公司中，对于主要负责人，企业领导等，其作为分管领导，对于其利用职权，指使下级用发票套取资金自己占有的同时又发放给员工的，前后存在两个行为，即套取行为和发放行为，即行为人采取欺骗手段套取资金后自己占有并发放给员工，同时构成贪污罪与私分国有资产罪，应当数罪并罚。对于领受钱款的一般员工，如果其对于私分行为具有明知，积极参与协作，有可能构成贪污罪的共犯和私分国有资产罪，而如果仅仅对私分行为具有明知和领受钱款，则可能仅构成私分国有资产罪。而对于国有控股、参股公司，对于主要负责人，企业领导等，其作为分管领导，对于其利用职权，指使下级用发票套取资金，自己占有同时又发放给员工的，由于其私分行为不符合私分国有资产罪的构成要件，可以将其套取资金又发放的行为认定为贪污罪一罪，其发放给员工的部分可以作为定罪量刑情节予以考虑。对于领受钱款的一般员工，如果其对于私分行为具有明知，积极参与协作，有可能构成贪污罪的共犯，如果仅仅对私分行为具有明知和领受钱款，则难以认定为犯罪。上述的区分评价，不会导致国有资产保护不力的情况出现。具体到上述三案例，案例1中童某担任被告单位工行SM支行行长后，授意该支行办公室主任张某采取虚拟项目的方式，向其上级行YL分行套取经营性费用。部分以春节过节费的名义发放给该支行全体职工。童某宜以贪污罪定罪处罚。案例2中马某利用担任国际业务部负责人、总经理及国际业务结算中心总经理助理的职务便利，通过虚报部门营销费用的手段多次套取公款后给银行员工发放奖金，合计人民币139.9万余元，同样宜以贪污罪定罪处罚。案例3中青海省工达建筑总承包工程公司为全民所有制国有企业，高某春在该公司担任出纳，参与协商并侵吞公司小金库资金等并分得钱款，宜以贪污罪、私分国有资产罪定罪处罚。

此外，对于国有事业单位的主管人员，违反国家规定，套取、截留国有资产，并以单位名义将国有资产集体私分给本单位职工，且数额巨大，则其构成何罪？国有事业单位的主管人员，违反国家规定，套取、截留国有资产，并以单位名义将国有资产集体私分给本单位职工，其行为已构成私分国有资产罪，数额巨大的，依据《刑法》第396条之规定，应处三年以上七年以下有期徒刑，并处罚金。例如，徐某桢等私分国有资产罪案①：徐某桢担任某市信息化办公室无线电管理处（以下简称无管处）处长，市无线电管理委员会办公室（以下简称无委办）副主任兼市无线电监测站（以下简称监测站）站长，后兼任市无线电管理局（以下简称无管局）党组成员，主要工作职责为负责监测站党政工作，分管精神文明建设，协管无管局日常行政、财务、干部调配等相关工作。徐某桢为解决监测站职工集体福利问题，决定启用无资质、无场地、无设备、正处于歇业状态的唯远信息开发有限公司（以下简称唯远公司）承接定检工作。后其与该公司负责人陈某晖商定，唯远公司所得收入除列支必要成本外，剩余钱款均应当以现金形式账外返还给监测站用于职工福利发放。2003年四五月，徐某桢隐瞒唯远公司的真实情况，利用职权以无委办的名义批准授予唯远公司无线电设备检测资质，同时授意倪某杰并通过相关人员讨论决定，委托唯远公司承接定检工作，后又将监测站办公场地、政府采购的技术设备、有关技术服务及启动资金提供给唯远公司使用。2003年5月起，唯远公司受委托以监测站名义开展定检工作，直接向非国家拨款的单位或者个人收取检测费；监测站也以

<hr />

　　① 中华人民共和国最高人民法院刑事审判第一、二、三、四、五庭编：《中国刑事审判指导案例》（增订第3版）（刑法总则），法律出版社2009年版，第125页，徐某桢等私分国有资产罪案（第937号）。

国家财政拨款和转移支付项目专款向唯远公司支付检测费用。监测站向陈某晖提出明确要求，2003 年唯远公司的全年业务开支为人民币 12 万元。2004 年起，上海市定检工作每年财政预算达数百万元。徐某桢代表监测站与陈某晖变更约定，唯远公司须将监测站拨款及公司自行收取的检测费，按 50% 的比例以现金形式返还给监测站。2007 年 10 月，陈某晖另设咸元公司取代唯远公司承接定检工作，有关约定保持不变。2003 年至 2009 年年底，唯远公司、咸元公司自行直接收取检测费以及以检测劳务费等名义通过监测站获取财政拨款合计 3860 余万元。陈某晖按照事先约定，通过其专门成立的银闪公司、常帮唯博服务社以及其他单位将上述款项予以套现或者转账，监测站则违反国家规定，由徐某桢决定，监测站副站长丁某咏等人具体执行，将上述返还款隐匿于监测站账外，分别多次将其中 13228073 元以职工津贴、工资补差、奖金、过节费等名义陆续发放给无管局及监测站全体员工，徐某桢个人分得 507729.20 元。

国有事业单位监测站与被告人陈某晖相勾结，违反国家规定，套取、截留国有资产，并以单位名义将其中 1300 余万元集体私分给本单位职工，数额巨大，被告人徐某桢作为该单位实施上述犯罪直接负责的主管人员，其行为构成私分国有资产罪，且系共同犯罪，应予处罚。陈某晖为监测站私分国有资产提供帮助，其行为构成私分国有资产罪，且系共同犯罪；在共同犯罪中陈某晖起辅助作用，系从犯，依法予以减轻处罚。

第四章　渎职犯罪疑难问题研究

　　渎职侵权违法犯罪是国家机关工作人员在行政管理、行政执法、司法活动中实施的，不仅严重破坏国家机关的正常管理秩序，而且严重危害法治中国建设。一是渎职侵权违法犯罪严重破坏依法行政。极大破坏了国家机关正常管理秩序，大大降低了政府的公信力，严重破坏了依法行政。二是渎职侵权违法犯罪严重破坏司法公正和社会公平正义。三是渎职侵权违法犯罪严重危害人民生命财产安全。有些国家机关工作人员不认真履行安全生产监管职责，滥用职权、玩忽职守，造成"瘦肉精""地沟油""毒胶囊"等重特大食品药品安全事件屡禁不止；特别是一些重大责任事故，如天津爆炸案件、深圳滑坡案、江西丰城发电厂重大事故，给国家和公民造成极其严重的损失，令人触目惊心。四是渎职侵权违法犯罪严重侵害公民人身和民主权利。例如，在全国引起重大震动的湖南衡阳破坏选举案，社会影响极其恶劣。极少数司法工作人员刑讯逼供、暴力取证、虐待被监管人，严重侵害公民的人身权利和诉讼权益，甚至造成冤假错案。这类犯罪不仅使公共财产、国家利益、人民群众生命财产安全遭受重大损失，而且严重损害国家和政府的形象。渎职侵权犯罪对国家和人民造成的损失，有时要远远超过贪贿犯罪所造成的损失。近年来，为严惩渎职犯罪，国家把惩治和预防渎职违法犯罪提到了前所未有的高度，习近平总书记多次就相关工作作出重要批示和指示，每年的中央纪委全会都要对此作出部署，提出要求。全国人大常委会连续两次听取并审议最高人民检察院关于渎职侵权检察工作的专项报告，强调进一步加大渎职案件的查办力度，坚决遏制一些领域腐败现象易发多发势头。中共中央转发了最高人民检察院与有关部门联合制定的关于严惩渎职犯罪的文件。最高人民检察院也下发了大量具有司法解释性质的关于惩防渎职侵权犯罪的规范性文件。2012年12月7日，最高人民法院、最高人民检察院联合出台了《关于办理渎职刑事案件适用法律若干问题的解释（一）》。这些对于认定和查处渎职犯罪具有十分重要的指导作用。

司法实践中，渎职犯罪尚存在一些认定困难、容易引起争议的问题，主要有主体认定问题、危害后果的认定问题、因果关系的认定等。而对司法实践中渎职侵权犯罪的深入研究与探讨，有利于深化反腐败，进一步丰富社会主义法治体系，为下一步整合反腐败力量及完善立法提供理论指引。下面结合司法实践中的具体案例，分别展开讨论。

第一节　司法实践中渎职侵权犯罪主体认定问题

2002年12月28日，全国人大常委会《关于〈中华人民共和国刑法〉第九章渎职罪主体适用问题的解释》，把依法或受委托行使行政管理职权的组织中从事公务的人员，以及没有编制但代表国家机关行使职权的公务人员等列入渎职罪的主体。2006年最高人民检察院的司法解释进一步明确规定了国家机关工作人员的范围。根据刑法和司法解释等规定，国家机关工作人员是指在国家机关中从事公务的人员，包括在各级国家权力机关、行政机关、司法机关和军事机关中从事公务的人员。在依照法律、法规规定行使国家行政管理职权的组织中从事公务的人员，或者在受国家机关委托代表国家机关行使职权的组织中从事公务的人员，或者虽未列入国家机关人员编制但在国家机关中从事公务的人员，在代表国家机关行使职权时，视为国家机关工作人员。在乡、镇以上中国共产党机关、人民政协机关中从事公务的人员，视为国家机关工作人员。由于我国国家机关工作人员及职务行为的界定十分复杂，在判定某一主体能否构成滥用职权罪时，应给予实质的解释。

实践中，由于我国正处于社会转型期，国家行政机构与社会组织等划分还不明确，对滥用职权罪主体的判断必须立足于我国的具体国情来进行分析，特别是必须结合刑法罪名的规定来解释。比如，《刑法》第403条规定构成滥用管理公司、证券职权罪的主体是有关主管部门，但有关主管部门既有国家机关如工商行政管理机关，也有中国证券监督管理委员会等具有行政职能的事业单位。类似的问题有第405条违法提供出口退税凭证罪中发案主体包括银行等金融机构，第409条传染病防治失职罪中发案主体包括卫生防疫站、卫生防疫所的人员，以及第408、413、418、419条等。2002年立法解释出台后，渎职罪的主体总体上已经得到解决，但实践中仍有不少问题需要研究。下面从具体案例出发，讨论相关问题。

例如，董某滥用职权罪、诈骗罪、偷税罪案：董某原系某区房地产交易中心信息资料科工作人员，利用职务便利，擅自转移信息资料科档案室保管的41份商品房预售合同，并使用私刻的相关房地产公司的印章对预售合同进行变造。之后，又利用变造的预售合同及伪造的购房发票等，直接向区财政局农业税收征收管理所申报交纳契税，以此逃避区分局的营业税征收，致使41套个人出售商品房的营业税及附加合计人民币140余万元未能征缴。董某通过房屋中介人员等，从中非法获利人民币20余万元。董某为牟取非法利益，通过他人，将16份商品房预售合同进行伪造，同时伪造了购房发票等，并以此作为缴纳契税的凭证，致使16套个人出售的商品房的营业税及附加合计人民币49万余元未能征缴。同时，董某以代缴营业税为由，骗取房屋买卖当事人支付的营业税人民币10万余元。2005年5月至12月，董某单独或伙同周某，为偷逃营业税，伪造上海市商品房预售合同、房屋交接书、购房发票、收据，并以此作为缴纳契税的凭证材料，偷逃3套商品房的营业税共计人民币83821.51元。

本案中，对董某的主体身份是否适格及其滥用职权罪是否成立等问题存在争议。分歧主要有："职权范围"之争。董某只是一个房地产交易中心信息资料科缮证员，其职权范围究竟是什么？究竟有没有对职权的滥用？还是仅仅利用熟悉工作环境、了解工作流程等工作上的便利进行犯罪活动？正确区分这两者的异同，是判断其是否构成滥用职权罪的决定性因素。董某只利用自己职责范围内的小部分工作便利，加上其后与职务便利无关的伪造、变造等犯罪手段，才完成全部的犯罪过程，其仅作为缮证员是否符合滥用职权罪的主体资格要求？

关于主体认定的问题，本书认为，董某所在的房地产交易中心属于受国家机关委托代表国家机关行使职权的组织。房屋土地管理局是本市房地产行政主管部门，负责房地产登记管理工作；区县房地产管理部门对规定范围内的房地产登记工作实施监督管理。房地产登记处和区县房地产登记机构受市房地产局委托，办理规定范围内的房地产登记工作。董某本身属于国有事业单位人员，在房地产交易中心的信息资料科工作，具体从事缮证工作，即负责将审查终结的案子打印审核表及权证以及查阅档案资料的接待等工作，其工作性质属于房地产登记工作的一个环节，应当理解为从事公务的人员，符合滥用职权罪的主体资格要求。最终，法院认为，董某作为受国家机关委托代表国家机关行使职权的组织中从事公务的人员，故意逾越职权，致使国家利益遭受百万余元重大损失，其行为已构成滥用职权罪。

从以上董某案，结合法律规定和司法解释，可以作以下的分类探讨：

第一，依照法律、法规授权的组织中从事公务的人员。这主要是指依具体法律、法规授权而行使特定职能的非国家机关组织的工作人员。判断这些人是否能够成为滥用职权罪的主体，关键是其代表国家行使管理职权的行为是否会侵犯职务行为的正确性及保障的利益。从实际情况来看，这些虽不是"国家机关"但实际上行使着国家机关才能行使的权力，本质上具备滥用职权罪的可能。

1. 具有行政管理权的事业单位中从事公务的人员。包括证监会、银监会、保监会及其各地的分支机构，具有确认知识产权的国家知识产权局，社会保障基金理事会等机构中从事公务的人员。这一点，最高人民检察院自 2000 年以后发布的一系列具有司法解释性质的答复已经明确。这些答复以从事公务为核心，认为这些事业单位的工作人员如果依照法律规定从事公务，可以认定为国家机关工作人员。具体包括了对证监会、保监会主体认定、镇财政所所长、属工人编制的乡（镇）工商所所长、海事局工作人员等有关主体认定请示的答复。这意味着，如果具有行政管理职能或者具有公务的事业单位人员，虽不是国家机关工作人员，但其有行政管理职责，有法律明确赋予的权力，也肩负着相应的义务，可以成为滥用职权等渎职犯罪的主体。

2. 一些行政性公司、企业组织中从事公务的人员。包括在机构改革中由国家行政机关改制而成的具有行政管理职权的全国性专业公司的工作人员。比如，烟草专卖局（中国烟草总公司）、盐业监督管理协会等部门，在工作中代表国家行使对烟草种植及生产销售、盐产品的生产管理及销售等国家管理相关职权，在其行使职权给公民个人、公共财产和国家造成经济损失、人身伤亡的重特大事件时，也应成为滥用职权罪的主体。即这类事业单位人员能否成为滥用职权罪的主体，判断的关键为是否行使行政管理职权。比如，烟草专卖局同时也是中国烟草总公司，既具有行政审批、处罚等管理职责，也具有企业性质。从实质解释的角度出发，关键不在于认定身份，而在于认定其是否违背了法定的义务而滥用了具体权力。例如，某地烟草专卖局副局长兼烟草公司副经理王某，明知张某等人生产假烟，考虑是国庆放假期间，就要求其他工作人员等节后再查禁，导致大量假烟流入市场，一些市民吸后产生恶心等后果。王某虽然是属于事业单位人员，但是其在行使行政管理职权过程中滥用职权，导致严重危害结果，被以滥用职权罪定罪处罚。

3. 一些公益性行政事业单位中从事公务的人员。比如，各级公立教育机构中的行政管理人员（各级学校的校长）、医疗卫生单位（卫生防疫站）、农业部门中畜牧防疫部门、博物馆等工作人员，在行使教育、医疗卫生管理，文物的发掘、研究和管理等职权活动中，发生滥用职权行为给个人、公共财产和国家造成损失的，应该成为滥用职权罪的主体。例如，2008年12月2日，山西省定边县堆子梁中学11名住校学生因煤气中毒死亡案件，经检察机关调查，该校校长、后勤管理员等人存在渎职行为，侦查终结后提起公诉。2009年6月12日，法院以渎职犯罪判处班主任宋某某有期徒刑5年，校长赵某某、副校长韩某某有期徒刑3年，后勤管理员周某某有期徒刑4年。

4. 企事业单位内所设的国家机关中从事公务的人员。比如，一些国有单位的公安、纪检监察等工作人员。最高人民检察院对此有明确的司法解释，认为其能够成为滥用职权罪的主体。对于这个问题，必须以具体事例进行分析。即从具体的职能以及该单位所具有的性质来界定。这种情况随着改革的深入，一些单位的转型，而有可能面临更加复杂的情况，需要进行具体细致的分析。

第二，受委托从事公务的人员。受委托的人员如果是国家机关工作人员，其判断的核心为是否有职权。除此之外，还有两种类型的人员比较难以判断，特别是临时聘用人员（工人等）。最高人民检察院对此也作出一些明确的司法解释，规定合同制民警、工人等非监管机关在编监管人员私放在押人员可以构成渎职犯罪。另外，最高人民法院司法解释规定，未被公安机关正式录用的人员、狱医等人员履行公务的，也可以认定为渎职犯罪主体。"两高"立足于司法实践的需要，对渎职罪的主体作了扩大解释，法理基础是以行为人是否代表国家、行使国家管理职能，即以"公务论"作为渎职罪主体界定标准。因此，在实践中，能否构成滥用职权罪，核心的判断在于是否有职权。

当然，需要明确的是，委托必须基于机关或者组织的合法授权，不包括个人和私自的委托。例如，王某某渎职案：2006 年 9 月 7 日，某地公安局在四湖宾馆审讯涉嫌销售假冒伪劣香烟的朱某。9 月 10 日晚，公安局治安大队安排支队教导员张某和王某某一起值班看守朱某。张某交代，王某某用手铐把朱某铐好，并不许其睡觉，之后自己到另一屋休息。晚 11 点，王某某在看守中睡着了，朱某逃脱。2007 年 5 月，王某某被立案调查，但未对张某进行处理。2009 年，检察院对王某某作决定不起诉，并责成追究张某的刑事责任。本案中，治安支队将本应由正式警察履行的职责委托给临时聘用人员，其委托属明显不当，不应由受托人承担刑事责任，而应由具体的责任人员和委托人承担责任。

除临时聘用人员的认定外，另一个问题是基层群众自治性组织中的工作人员，在协助履行公务时能否认定为渎职犯罪。2000年全国人大常委会的立法解释规定，村民委员会等村基层组成人员协助人民政府开展计生、收税等7项行政工作时，如有贪污、受贿、挪用公款的，以国家工作人员论，按贪污罪、受贿罪、挪用公款罪来追究。但这些人员协助人民政府开展行政工作时渎职应如何追究？例如，1998年特大洪灾发生的时候，南方某省一名村长在受政府委托防护大堤的过程中，在村里打麻将，没有按照要求查防，结果大堤垮塌，造成重大人员伤亡和财产损失，后来以《刑法》第397条被追究刑事责任。2002年全国人大常委会关于渎职罪主体适用问题的解释中，明确了村民委员会按照村委会组织法的规定，有协助政府从事行政管理的职责。这意味着村民委员会作为具有从事行政管理的职责，滥用职权时就可以按照第397条来追究刑事责任。具体包括：协助政府从事救灾、抢险、防汛、优抚、移民、救济款物的管理和发放；社会捐助公益事业款物的管理和发放；土地征用补偿费用的管理和发放；代征、代缴税款；有关计划生育、户籍、征兵等行政管理工作等。

提炼出来的基本结论：一是看行为人代表国家行使管理职权的行为是否会侵犯职务行为的正确性及保障的利益。二是要以"公务论"作为渎职罪主体界定标准，不取决于其固定身份，不看其是否属于公职人员，而是取决于从事活动的内容，核心判断行为人是否有职权。三是注意区分"集体研究"形式实施的渎职犯罪，要在综合认定行为性质、危害结果大小等情节的基础上决定是否追究刑事责任和应当判处的刑罚。

第二节 司法实践中渎职侵权犯罪
危害结果认定问题

危害结果的判断原本是司法实践中的问题。但是，对于滥用职权罪而言，危害结果的判断往往涉及罪与非罪问题，有必要加以探讨。下文我们同样从一个典型案例出发展开讨论。

李某某滥用职权案：2004年1月，李某某主持某国有单位会议讨论甲中心土地的开发问题，提议将甲中心土地与房地产合作开发，获取收益以解决国有单位烂尾楼盘活和甲中心搬迁所需的资金等问题。李某某主持召开党组会议，提出成立开发领导小组和开发办公室。李某某等代表国有单位与乙公司董事长马某某等商谈，双方同意按照"1+3"模式进行合作，即甲中心以每亩63.8万元的价格转让100亩土地，另300亩土地与深圳乙公司合作开发，按照3:7比例分配收益，后签订协议。根据协议，甲中心需配合乙公司通过挂牌交易获取402.54亩土地使用权。2005年8月11日，乙公司作为唯一的竞买人以3.6229亿元的挂牌底价获得涉案土地使用权。按照相关规定和合同约定，甲中心应当收取土地补偿款1.81145亿元，实际仅按照双方签订的协议收取了6380万元，但甲中心仍向国土部门出具了乙公司已经付清1.81145亿元补偿款的虚假证明。根据"1+3"协议以及收益分配协议，乙公司对转让的106.97亩土地于2004年12月向甲中心支付转让款6380万元，对合作开发的295.57亩土地，自2008年至2013年分6个年度对相应地块进行开发，并按照建成物业面积7:3的比例与甲中心进行收益分配，截至案发，已经支付甲中心2008年至2011年4个年度的收益共计2.783655亿元。摘牌后，乙公司向国土部门缴纳土地出让金 1.81145 亿元。经评估，涉案土地价值共计 10.6572347 亿元，违规转让造成国家经济损失 5.4241297 亿元。

李某某在武汉乙公司与甲中心土地转让过程中的违法、违规事实基本清楚，但对李某某的行为是否造成经济损失，如何计算损失有不同意见，实践中共有以下四种不同的计算方式：

第一种：整体评估价减去实际摘牌价，这种计算损失的方式不能如实反映该宗土地的实际收益情况，可能存在较大争议。理由是乙公司并没有按挂牌价实际履行合同。第二种：整体评估价减去实际收益，这种计算方式只看到土地转让开发的表面现象，没有考虑乙公司取得甲中心土地从签订合同、挂牌交易、取得土地使用证等各个环节都存在明显的违法、违规问题。第三种：涉案地块的分批评估价减去甲中心和乙公司的实际收益，认定理由是乙公司取得的甲中心土地从签订合同、挂牌交易、取得土地使用证等环节都存在明显的违法、违规问题，应当从根本上否定此次土地转让的合法性。乙公司竞得土地，取得土地使用权证是内外勾结采取恶意串通和欺诈行为的结果，应由国土管理部门予以撤销。土地使用权的实际交付应当以乙公司实际控制土地的时间为准，应按照利益分配决算日为基准日，以实际开发面积进行价值鉴定，以土地评估的市场价与实际取得土地收益之间的差价来确定渎职行为的损失。以甲中心按比例分成获得收益的时间或者以土地实际开发的日期为基准日，分批对涉案地块的地价进行评估，用评估价减去甲中心和东湖国土的实际收益来确定给国家造成的损失。第四种：单独计算国家财政少收土地出让金作为损失，即以土地挂牌转让过程中，国土部门收入与评估价的差额作为国家的损失。这种计算方法可能存在的争议是，甲中心是国有单位的直属事业单位，其获得的土地开发收益是否也应当算作国家的收入有不同认识。我们认为，对这部分收益的性质，应视为国有单位和甲中心为小集体的利益，违反处置国有资产和土地交易规定的结果，是违法行为带来的孳息，对李某某滥用职权造成国家财政少收土地出让金的损失没有影响，不能抵扣。

最后，法院认定了第三种计算方法，根据《资产评估资格证书》记载，甲中心采取"1+3"合作方式违规处置国有划拨地，即106.97亩土地在2005年即卖断给乙公司，其收益当时即兑现，评估报告对该部分土地按照产权变动时间，即2005年8月作为评估基准日。另295.57亩产权虽然形式上在2005年8月与106.97亩一并转移给乙公司，但基于双方签订的协议，甲中心对于该部分土地享有30%的合作收益，且其收益是随着土地分段开发而实现的，故甲中心对这部分土地违规处置的行为在2005年8月当时并未实际完成，违规处置行为持续于乙公司相应地块的开发过程，直至甲中心在土地开发的每个年度分得相应的收益为止。因此，评估报告以乙公司自2008年至2013年分6个年度对295.57亩土地依次开发，以双方收益分配时间即前5个年度的12月，以及案发时间2013年5月，结合每个时间节点上土地开发完成的情况，对涉案土地价值进行分段评估。

由此可以看出，损害后果的认定是一个极其复杂的问题。还有以下问题值得研究：

第一，危害结果的判断标准。如何认定危害结果中的重大损失，学界看法不一，司法实务中的处断也不同。归纳起来说，对于重大损失的判断，可能有以下几种判断方式：第一种，滥用职权罪的损失只包含滥用职权行为造成的物质性损失，不包括非物质性损失。第二种，重大损失既有物质性损失也有非物质性损失，滥用职权行为的危害结果既有可以量化的部分，也有不能直接量化的结果。第三种，对于滥用职权危害结果的重大损失，不能简单地用物质损失和非物质损失来区分，而应综合两个标准来具体判断。对于重大损失的判断，第一种观点明显不足取，非物质性损失当然是危害结果之一，单纯以物质损失来认定也被司法实践所抛弃。第二种观点是司法实践中常用的做法，达到物质损失了，肯定能够定罪，如果不够，则看是否有非物质性损失。滥用职权行为的后果往往多种多样，应把物质损失和非物质损失结合起来具体判断损失的程度，从整体上进行把握，进而认定是否构成滥用职权罪。（1）把握法益侵害的程度。一般而言，法益侵害的程度与损失大小成正比，但是我国幅员辽阔，不同的地区经济社会发展环境不同，对滥用职权行为导致危害结果的判断在基本标准一致的情况下，立足于考虑法益侵害程度与犯罪预防需要的大小，在认定损失情况时应有所区分。（2）把握刑事政策的变化。根据宽严相济刑事政策的要求，在认定损失时，特别是非物质性损失时，应结合案件的具体情况，特别是刑事政策对出罪入罪的影响，从一般民众的判断和社会的承受程度等角度进行综合考量，行使好自由裁量权。

损失判断的另一个关键问题是时间判断。司法实践以立案时为标准，这是经过慎重考虑的。损失数额往往是定罪量刑的重要标准，如果计算时间过于靠后，不利于调查和起诉工作的稳定性，也不利于定罪量刑。对损失判断的时间和具体要求必须根据渎职时的具体情况，以及立法的原意和精神进行综合衡量。比如，一些渎职犯罪或者与之相关联的犯罪在被检察机关打击之前，就已经被纪检监察机关、行政执法机关及其他司法机关先行调查处理并挽回了大部分经济损失，再待检察机关立案时，其立案的损失额就可能达不到立案标准。对此，应该从法律的原意进行认定，立案前其他部门先行挽回的经济损失实际上属于犯罪后赃物的处理或损失的补救，并不能证明犯罪嫌疑人主观和客观危害的减少，更多地可以作为量刑考量的情节，应当视为造成经济损失。换言之，刑罚的核心针对的是犯罪行为，因此纳入评价单位的行为结果也是行为直接引发的后果。这种直接性一方面是为了防止刑罚打击面太广，从而保护犯罪嫌疑人的合法权益；另一方面则是为了对犯罪嫌疑人进行限制，损失发生在有关司法机关立案前由其他机关进行挽回的，是既遂后的补救行为，不影响定罪，可以酌情从轻处罚。又如，擅自改变国家专项资金使用用途，用于小集体违法违规发放工资、奖金、福利以及购买车辆、娱乐、接待等，在现实中大量存在，其违背了国家专项资金使用的本意和目的，损害了国家和人民群众的合法利益，造成此类专项资金的损失，应当认定为损失已发生。再如，由于行政执法人员、司法工作人员的渎职行为导致他人不动产被生效法律文书确认为第三人所为，但是房屋登记部门未办理权属变更登记的，因司法文书具有终局性，房屋登记部门虽不进行变更，但不能对抗生效的司法文书，尽管未变更，但是也视为损失已发生。

第二，物质损失和非物质损失。重大损失包含物质损失和非物质损失，物质损失中人员伤亡等比较明确，关键是对财产损失的认定，存在两个方面的问题：一是个人财产和公共财产是否需要区分，二是其他物质性损失的认定。

对于物质损失的计算，特别是个人损失和公共财产损失，"两高"的司法解释曾有不一致的地方。比如，2006 年最高人民检察院关于渎职罪立案标准的规定中，对于《刑法》第 408 条环境监管失职罪，规定了个人财产损失 15 万元、公共财产损失 30 万元的立案标准。而最高人民法院发布的相关司法解释里，对第 408 条环境监管失职罪定罪标准则规定公私财产 30 万元。关于公共财产损失与个人损失是否要分开计算的问题，司法实践中一直存有分歧。有的学者认为，公民合法的私有财产应予以保护，如果单独规定私人财产损失数额，有利于体现对私人财产保护，并且私人对财产损失承受能力要差，有必要分开规定。有的学者则认为，分开规定不能体现平等保护，所以对损失计算没有分个人财产和公共财产。2012 年"两高"《关于办理渎职刑事案件适用法律若干问题的解释（一）》没有区分个人财产和公共财产，统一规定只要造成经济损失 30 万元即可。从我国实际来看，对个人财产的保护还比较弱，相对于公共财产而言，个人对财产损失的承受能力较差，而且同样数额的个人财产的价值效用也不同，是否有必要进行分开规定，以更好地保护公民个人财产，仍是需要从理论上深入研究的一个问题。

对于其他物质性损失，目前认定上存在争议的主要有债权损失、利息损失和违法所得的认定。（1）司法实践中，经常出现犯罪嫌疑人向调查机关出示债权以表明并没有造成损失。对此最高人民检察院在立案标准中规定了无法实现债权的四种情形，但有些规定还需要斟酌，如"债务人潜逃，去向不明"的规定，债务人虽潜逃但如果债权债务还没有达到约定的期限，此时不宜认定造成重大损失。事实上，对债权损失的认定，债权文书及债务人潜逃等都是表象，关键是要具体问题具体分析，着重分析与案件相关的债务人是否具有履行相应债务的偿债能力及偿债意愿。特别是一些不具有履行相应债务的能力且没有偿债意愿的债务人，即使没有逃跑，也可以认定造成了损失。例如，某镇政府组织出口劳务，玩忽职守导致出国人员被骗，镇政府先行赔偿出国人员损失。之后镇政府起诉劳务公司要求其承担赔偿责任，但二审判决仍决定由镇政府承担。镇政府申诉，但高级人民法院未决定再审。此时应认定债权损失已经形成。（2）对于利息损失的认定，有的认为利息是具有期待性的利益，应当认定为直接的经济损失，有的则认为利息应当属于间接的经济损失。对此，还应当根据不同案情进行相应的判断，特别是要根据利息所依托的主合同的性质来判断，主合同合法，自然是可期待的利益，可以认定为直接经济损失。主合同是非法，利息作为一种自然之债，不受法律的保护，可以考虑认定为间接的经济损失。同时，还要考虑立案的时间，对于检察机关立案调查前的利息，由于司法机关还没有介入，可以认定为直接经济损失，而之后的利息收入，应认定为间接经济损失。（3）对于违法所得损失的认定，在司法实践中，被害人的损失和加害人的违法所得有时候不相同，对此，存在两种观点：一种认为应该就高认定，另一种则认为以实际损失数额为准，如果实际损失数额难以计算的，按获利数额。实务中，应取被害人实际损失数额，这也是司法解释上以经济损失为认定标准的主要理由。

对于非物质性损失的司法认定，是判断是否构成滥用职权罪的难点之一。由于非物质性损失的模糊性，没有可以量化的标准，司法实践中认定不一。因此，要为这些模糊的标准加上一些可以量化参考的情形。比如，司法解释中除了人身伤亡和经济损失外，还规定了"造成恶劣社会影响"，如何判断就成为关键。滥用职权行为是否造成了恶劣的社会影响，可以结合刑法其他条文和司法解释关于恶劣社会影响的判断，大致可以从以下几个方面去把握：（1）是否对社会秩序产生影响。如果破坏了一定区域的社会秩序，从而致使发生了群体性事件或者造成其他的冲突性事件，直接影响到当地的社会秩序和社会稳定，则可以认定为恶劣社会影响。（2）是否对个人生命健康造成影响。这方面的判断不能扩大化，否则就会变成客观处罚条件。比如，有的学者认为，滥用职权行为间接地导致了相关人员的自杀或者自残行为，或者精神方面的疾病，应对其处罚。这种情况应十分慎重，特别是要结合当事人的主观故意进行判断，如果对这种结果一般人都难以预料，则尽量不能进行归责。（3）从对民族政策、社会安定角度考虑。比如，严重损害国家的基本政策，破坏了一定地区的民族团结，激化了当地民族矛盾等。（4）从国际影响角度看，是否给国家外交声誉等造成影响也可以作为判断的因素。例如，原国家食品药品监督管理局局长郑某萸玩忽职守案，该案判决书的一段表述为，"郑某萸上述玩忽职守行为，导致国家药品管理失序，增大了人民群众的用药风险，损害了国家机关依法行政的形象，致使国家和人民利益遭受重大损失"。判决书认定的郑某萸玩忽职守造成的危害结果就是非物质性结果。

这里必须把握一点，就是舆论报道与认定恶劣影响的关系。在转型期的中国，舆论与司法关系尚未定型和厘清，很多时候对于造成恶劣社会影响，往往与媒体的关注度、舆论的炒作度息息相关。在司法实践中，一些地方经常将媒体报道作为非物质性危害结果的一种表现形式甚至是定案的主要依据。从客观上说，媒体报道、社会关注是造成社会恶劣影响的最直观的体现，也最易于判断，而且媒体报道的频率以及导致的影响在一定程度上反映着事态的严重程度。但是，媒体报道与恶劣社会影响不能重复、机械地画等号。媒体报道不是评价滥用职权行为对法益侵害的主要指标，甚至两者之间有时并无必然联系。是否造成社会恶劣影响，取决于一定区域和一定群体对案件的关注度和对整个社会的影响程度。有些案件由于某些特殊原因，媒体难以报道，但给当地和人们心灵造成严重冲击，社会影响很坏。而有些案件，由于案情吸引人或者相关当事人身份特殊，加上一些媒体的恶意炒作，吸引了大多数人的关注，但其犯罪行为本身所造成的社会危害性却不大。因此，对于造成社会恶劣影响的判断，需要司法官员本着法律的精神，进行内心确信或释法说理，对一个事件的社会影响度进行客观、审慎的判断。

如何认定损失特别是非物质损失，结合事例的分析是为实际判断提供一种思路，在司法实务中，关键是结合具体案件进行研究判断。例如，A 县 B 乡房地产管理所在受理房屋产权初始登记过程中，所长张某明知 469 户申请人提供的材料中没有合法的用地手续（涉及非法占用一般耕地 102 亩），不符合办理房屋所有权证的法定条件，仍然为该 469 户申请人办理了《房屋所有权证》，并由单位收取办证费共计 9 万元。损失如何计算？

无论是滥用职权还是玩忽职守，危害结果是犯罪构成要件要素之一。而危害结果经常表现为重大损失。在认定是否构成犯罪的时候，对于危害结果的认识并非那么明确，只要认识到自己的行为可能造成危害结果即可。但在具体认定犯罪时，则需要对损失进行比较准确的判断。如上所述，司法机关通过司法解释，罗列了损失的具体类型，如死亡人数、伤害人数，以及直接经济损失等。对于非物质损失，最高人民检察院《关于渎职侵权案件立案标准的规定》对不同的罪名规定了一些具体的情形，如在滥用职权罪中规定了严重损害国家声誉，或者造成恶劣社会影响等情形。

滥用职权和玩忽职守作为渎职犯罪的一般条款，其与其他犯罪是普通法条和特别法条的关系。虽然在普通法条和特别法条的认定上具有各自不同的特点，刑法规定特别法条有其特殊的考虑，但是在数额的认定上，其入罪的衡量标准应该具有相通性。因此，损失的认定可以参考其他罪名的相关规定。比如，非法批准征用、占用土地罪。根据最高人民检察院的司法解释规定，非法批准征用、占用基本农田 10 亩以上即构成犯罪。虽然，类推是刑法明确禁止的，但是并非创设罪名的参考不是类推，而是一种实质的解释。刑法在正义的眼光中，其解释的维度和空间不应受到太多的局限。本案中，耕地 102 亩遭到破坏的直接缘由是 469 户农户的盖房行为，但是张某的确权登记使这种损失固定化，而且弥补的难度进一步加大。因此，其危害损失可以按照这种情况认定，即有一定的量化标准。

此外，滥用职权等渎职犯罪因果关系认定存在一系列问题，这些问题更多的是因为此类犯罪因果关系认定的极端复杂。我们从典型案例出发，探讨这个问题，某监狱分管狱政的副政委孙某指使狱政科长袁某为该监狱罪犯高某办理保外就医。袁某指使该科负责保外就医的黄某办理，并称是孙某的意思。黄某找到了监狱医院院长刘某，称孙某指示要为罪犯高某办保外就医，并要特事特办。刘某遂同高某的主治医师吕某伪造病情并签署意见，建议为高某办理保外就医手续。之后该监狱将高某转至具有鉴定保外就医资质的监狱管理局总医院住院治疗。后总医院副院长陈某在《罪犯保外就医审批表》上签署同意保外就医半年。随后副政委孙某签署建议保外就医意见，呈报给监狱管理局。该局同意保外就医6个月，并要求从严考察，病好收监。之后高某在相关医院治疗3个月后，病完全好转。但监狱未及时掌握这一情况，也未对高某收监。高某在随后的8年间被7次延期保外就医，其间，伙同他人在武汉、长沙等地作案，分别实施杀人、抢劫、强奸、绑架等严重暴力犯罪，共致4人死亡，2010年6月被依法判处死刑。案件中，高某8次被保外就医，究竟是首次违规批准需要对最终的后果负责，还是所有8次审批都要负责？从"风险的实现是否行为规范意义上的必然延伸"这一判断规则看，尽管首次具有决定性的作用，但是后面的每次续保行为如果认真审核，可以对先前的违规行为进行纠正。因此，在重复性的渎职行为中，危害结果这种风险的实现，实际上是行为在徇私舞弊减刑、假释、暂予监外执行这个犯罪规范意义上的必然后果，都应该承担相应的失职渎职责任。在判断风险的实现是否行为规范意义上的必然延伸时，必须区分各个行为人之间的责任。"两高"在有关司法解释中对于国家机关负责人员、具体执行人员等认定责任有明确的规定。由以上案例可以看出，需要结合具体案情审慎判断。

我们可以得出以下基本结论：一是对滥用职权、玩忽职守等渎职罪需要采取条件说，根据最高人民检察院《关于加强查办危害土地资源渎职犯罪工作的指导意见》，就做好查办危害土地资源渎职犯罪案件工作指出，"实施人员、监管人员明知决策者决策错误，而不提出反对意见，或者不进行纠正、制止、查处、造成国家土地资源被严重破坏的，应当视其情节追究渎职犯罪责任"。根据这个司法解释传递出的信号，只有采取条件说，才可以认定实施人员、监管人员的行为与结果之间具有事实的因果关系。二是如果介入了第三者的行为，需要考虑介入行为的通常性，以及国家机关工作人员对介入行为的监管职责内容和范围。只要国家机关工作人员有义务监管第三者的介入行为，原则上应当将介入行为造成的结果归属于国家机关工作人员的渎职行为。

第三节 渎职犯罪中"造成恶劣社会影响"的 实证研究与理解适用

2012年出台的最高人民法院、最高人民检察院《关于办理渎职刑事案件适用法律若干问题的解释（一）》，将"造成恶劣社会影响"与"造成死亡1人以上，或者重伤3人以上等"以及"造成经济损失30万元以上"一并，明确为渎职犯罪"致使公共财产、国家和人民利益遭受重大损失"的法定情形。与后两种危害结果不同，"恶劣社会影响"是一种相对抽象的、主观的判断，无论在学术讨论还是司法实践中，因缺乏科学的证明方法和统一的认知标准，使其成为学者讨论以及法官、控诉方、辩护方的争议焦点。本节收集了大量的以"恶劣社会影响"作为唯一危害后果的渎职犯罪生效判决案例样本，通过对公开的司法裁判文书中展现的渎职犯罪事实、证据情况、辩护方、控诉方意见以及法院对证据的审查、采纳、评析、认定等要素的整理分析，阐述司法实践在证明、认定"恶劣社会影响"时的基本概况、存在问题，并以证据法学的视角，通过对证据证明力、证明逻辑、审查认定方法的辨析，构建科学的认定"恶劣社会影响"的方法和标准，为学术和实践解决上述争议提供指引。

一、实证样本的基本情况

在中国裁判文书网收集案例共 198 例，其中 123 例为一审案件，75 例为二审案件，文书跨 22 个省的三级审判机关，抽取的样本具有随机性，符合统计分析样本的要求。本研究选择的案例，均为以造成"恶劣社会影响"作为认定"致使公共财产、国家和人民利益遭受重大损失"的唯一情形。之所以将在案例中既认定了"恶劣社会影响"，也认定了造成财产损失或人员伤亡危害结果的案例排除之外，原因在于上述两类案件中法官认定"恶劣社会影响"的标准可能不完全相同：在有"物质性危害结果"的渎职案件中，作为非唯一性危害后果，法官会降低对"恶劣社会影响"的认定标准，将其与"犯罪情节"相混淆，其审查认定的方法、标准与作为"法定构成要件"的"恶劣社会影响"存在差异，不能作为分析的样本。

本统计主要聚焦对"恶劣社会影响"的证明和司法认定有价值的信息，对与其无关的内容，如罪名、审判级别、地域以及渎职行为的领域等信息，不作无用的统计分析。根据渎职行为表现形式的不同，将造成"恶劣社会影响"的渎职行为抽象为以下五大类。

1. 履行监管职能中的渎职行为。此类渎职行为比例最高，占整个案例的 35.8%。具体而言，主要是承担行政监管职能的国家机关工作人员，没有依照规定严格履行职责，致使违法行为发生，并引发严重后果。主要表现为，相关部门不作为或不履职，导致"违建长期存在""非法办学长期存在""非法制作不安全生产食品""林业被盗伐""耕地土地被占""罪犯逃脱"等各类行为。对于监管对象的违法行为，一般都需要经过上级行政机关或公安机关依法定性追责处理后，才能以此作为危害后果进一步阐明渎职行为造成"恶劣社会影响"。

2. 履行审批职能中的渎职行为。此类案例也比较常见，占整个样本的 33.3%，审批权是一项重要的行政权力，此类犯罪一般表现为在各类审批职能行使中，未能严格依法依规审核材料，玩忽职守或擅自放宽审查条件，致使一些不符合条件或存在错误的行为通过审批，造成严重危害后果。主要表现为因违规审批导致"土地登记证书出现重叠""为本不具备发证资格的个人颁发证件""使不符合检疫条件的动物颁发许可证""为违建颁发证书"等。

3. 行政执法过程中的渎职行为。案例占样本的 20.7%。与前两者相比，此类渎职行为的特点是积极、主动作为，一般表现为未按照规定履行职责，滥用职权，造成严重后果。主要表现为在"执法的过程中不按照规定程序执行公务，并采取暴力方法，擅自决定将相关人员强制带上执法车带回办公地点""未对犯罪嫌疑人立案采取措施，导致犯罪嫌疑人再次作案""公安民警违反监规在看守所买卖物品"，总体而言，其主观恶性更为严重。

4. 公安机关在办理身份信息时的渎职行为。案例占样本的 7.6%。此类行为与审批权渎职和滥用执法权的行为有重叠之处，之所以将其提炼为单独的类别，是考虑该行为具有一定的代表性，其主体单一，行为特点明显，且后果具有一定的相似性。一般表现为，由于不负责或故意违规行使职权，致使当事人成功拥有伪造的身份，用以逃避处罚甚至再次作案等行为，也有导致违规参加高考、多个身份证用于房产登记等后果并产生恶劣社会影响。

5. 其他非行政、审批职能中的渎职行为。案例占样本的 2.6%。此类行为主要是难以归类为行政审批、监管、执法中，其包括司法、鉴定等各种职权。例如，司法人员在行使司法职能中，未严格按照规定，导致发生了恶劣社会影响；鉴定人员作出错误的鉴定结论等。

二、准确把握实践中存在的几个认知证明误区

（一）实践中对"恶劣社会影响"几种常见的认知证明误区

"影响"是客观事物在主观心理上产生的一种反应，在恶劣社会影响中，渎职行为本身以及渎职行为造成最初的直接的危害结果，即为产生"恶劣影响"的"客观事物"。为更好区分渎职犯罪的"危害后果"，这里将渎职行为产生的危害后果分解为两个部分，一部分是渎职行为引发的直接危害后果，本书称为"直接危害后果"。另一部分是恶劣社会影响。二者在逻辑上是先后关系，即渎职行为先产生了直接危害后果，并在一定范围内传播被社会公众感知，进而引发社会的不良反应，造成了恶劣的影响。

分析收集的裁判文书，发现准确阐明了渎职行为、直接危害后果与恶劣社会影响关系的案件，仅占 18.4%，大部分的案件中，对此是不作重点阐述的。例如，杨某林滥用职权、受贿案①：杨某林担任百管委副主任，分管安全生产等工作，后兼任安全生产委

① 贵州省毕节市中级人民法院审理贵州省毕节市人民检察院指控原审被告人杨某林犯滥用职权罪、受贿罪一案，于 2014 年 12 月 19 日作出 (2014) 黔毕中刑初字第 156 号刑事判决，载中国裁判文书网，http://wenshu.court.gov.cn/。

员会主任，负有按照国家、省、市各项规程规范和规章制度要求，在煤矿发生安全事故后第一时间赶到现场、组织开展抢险救援、将事故情况及时报告上级有关部门、做好善后工作、按照事故等级开展事故调查等职责。

2013 年 10 月 4 日，湾田煤业公司所属金隆煤矿发生重大劳动安全事故，造成 3 人死亡，3 人受伤。杨某林在得知金隆煤矿发生重大劳动安全事故后，未按照规定将事故情况及时上报，指使安监、煤矿安全部门相关人员不去现场组织实施救援，并授意金隆煤矿负责人隐瞒不报。后安全监察局要求百管委组织对金隆煤矿事故进行调查。为了隐瞒事故真相，杨某林召集彭某亮等人商定，以金隆煤矿未发生事故作为调查结论，指使安监、煤矿安全部门以及矿方与事故死、伤者家属相互串通，在百管委组织联合调查组进行调查时提供虚假材料，并将事前与彭某亮等人商定的金隆煤矿未发生事故的虚假结论上报给监察局，致使事故隐瞒。

2014 年 3 月，杨某林在得知监察局将组织对金隆煤矿事故重新调查后，为避免事故真相被查出，杨某林安排伪造举报信，以"举报"金隆煤矿发生事故，造成 2 人受伤的虚假材料为由组织联合调查组进行第二次调查。调查前，杨某林指使联合调查组作出煤矿发生事故，造成 2 人受伤与事实不符的调查结论，致使事故真相再次被隐瞒。事故真相被隐瞒期间，数家新闻媒体记者以调查金隆煤矿安全事故为由，敲诈勒索金隆煤矿财物。为避免事故真相被曝光，金隆煤矿被迫以赞助费等名义给予记者赵某等人现金数十万元。此外，因事故真相一再被掩盖，金隆煤矿得以继续违规生产，相关责任人员也未受到处理。杨某林的上述行为在当地造成恶劣社会影响。

法院认为，杨某林身为国家机关工作人员，滥用职权，致使国家和人民利益遭受重大损失的行为构成滥用职权罪。杨某林犯滥用职权罪造成的社会影响恶劣，且无任何法定、酌定从轻处罚情节。判决杨某林犯滥用职权罪，判处有期徒刑三年。即法院仅仅表述造成的社会影响恶劣，但是几乎没有重点阐述。

实践中对"恶劣社会影响"存在如下几种常见的证明逻辑的误区。

1. 无任何关于"恶劣社会影响"的证明。此类样本中，裁判文书将认定犯罪的过程简单地描述为"某某未履行监管职能，造成了恶劣的影响，构成渎职犯罪"。对渎职行为、产生的直接危害后果以及如何传播并产生的恶劣社会影响的过程，并未做逻辑上的推理证明和阐述，也没有提供相应的证据，此类案件占比为23.2%。

2. 以"直接危害后果"代替"恶劣社会影响"。此类证明逻辑误区非常常见：将渎职行为造成的直接危害后果完全等同于"恶劣社会影响"，通过对造成初步危害后果的阐述及证明，推断出"恶劣社会影响"的认定结论，共有87个样本出现此类情形，占比为38.3%。例如，"造成护家乡龙洞煤矿被行政罚款199万元，业主陈某某被罚款13万元的严重损失，以及陈某某、罗某某等六人被逮捕的恶劣影响""造成某某继续实施犯罪，最后被判处有期徒刑19年""造成7名未成年少女被猥亵""导致148头死因不明的能繁母猪部分流入市场，部分去向不明，严重危及食品安全和人体健康""造成军事设施被毁坏、军事通信长时间中断的严重后果，构成破坏军事通信犯罪"等。

3. 以其他重大非物质损失后果代替"恶劣社会影响"。此类情形混淆了证明对象，通过对给国家、公共利益造成的其他严重后果的描述与证明，得出造成"恶劣社会影响"的结论，占比为11.6%。例如，"消纳场的不当经营和机械施工一定程度上人为破坏了水源保护区的地表植被，存在威胁水源保护区蓄积的安全隐患，造成恶劣社会影响""市场的违规开办给政府造成取缔市场、拆除违章建筑及安置经营户等诸多问题，使各种矛盾交织、沉淀，成为一个严重的不稳定因素""给公安机关抓捕蒋某甲、耿某某、张某甲等人的行动造成严重侵扰""给社会食品安全造成重大隐患，严重威胁不特定多数人的生命健康安全。致使国家的惠农政策落空，受益农户的利益及国家、政府的形象及公信力受损"等。

4.以其他对恶劣结果评价化的语言来代替"恶劣社会影响"。通过对直接危害结果的抽象化"定性"，以及用对结果恶劣程度的评价化语言来直接达到"恶劣社会影响的"的证明目的。比如，借助渎职行为"严重扰乱了国家机关的正常管理活动，严重损害国家教育行政机关的声誉""严重损害了公安机关的声誉""看守所正常监管秩序，严重损害国家声誉""影响了政府行政执法权威及政府公信力""扰乱了市场经济秩序"等语言，得出"造成恶劣社会影响"的结论，此类情形占比为8.5%。

（二）准确把握"恶劣社会影响"容易产生误区的几个关系

1."渎职行为"与"恶劣社会影响"的关系。有观点认为造成"恶劣社会影响"的主要评价行为是渎职行为，如"这种影响是由事件本身造成的，如行为人主观恶性较大、渎职严重、行为恶劣，使得公众难以接受等，而非其他外在因素叠加的结果"，并明确在适用法律时应当考虑"渎职行为本身严重程度，即行为侵害的法益、行为人的主观恶性、行为方式等因素作判定"。[①] 本书不同意这种简单将"渎职行为"作为评价"恶劣社会影响"要素的观点。根据传统的刑法理论，渎职犯罪的构成要件中，"恶劣社会影响"是法定的危害后果形式，与犯罪行为和主观故意系并列

---

① 商凤廷：《渎职罪中"造成恶劣社会影响"的司法认定》，载《国家检察官学院学报》2016年第4期，第124页。

关系。用一个构成要件作为证明另一个构成要件的证据，显然在证明逻辑上是不通的。渎职主体的主观恶性以及渎职行为本身是否严重，与"恶劣影响"并无天然的关联性，其为渎职犯罪构成要件成立后法官在量刑时评价考量的因素，而非"定罪"时的因素。

是不是渎职行为都不能作为评价恶劣影响的证明要素呢？显然也不是，渎职行为一般不必然成为社会恶劣影响的评判标准，但在具备两个特定因素前提下，能够成为评价因素，一是渎职行为被传播出去，被不特定的人知晓。二是被传播出去的渎职行为是真实的，与调查结果相同。渎职行为发生在国家机关工作人员行使职权过程中，在政府信息公开程度有限、公民介入公共管理程度不高的情况下，违规的行政行为具有相当的隐蔽性，需要经过充分的调查取证才能发现。因此，渎职犯罪行为一般不容易被社会直接感知，而仅仅是猜测居多，不存在产生"恶劣影响"的情形。例如，某煤矿发生重大责任事故，监管人员存在严重的渎职行为，并且弄虚作假、隐瞒真相，导致救援延误造成重大损失，情节非常恶劣。但事故发生时，该行为并未被发现，也未在社会上传播，其不能作为评价恶劣社会影响的要素。但对于一些显而易见的渎职行为，一旦与直接危害后果一并传播，并且信息真实准确，即可以作为评价是否恶劣的重要因素。例如，某判例中，城管队员在执法过程中，"不按照规定程序执行公务，并采取殴打、喷射灭火器等暴力方法，擅自决定将相关人员强制带上执法车带回办公地点"，由于滥用职权行为被真实记录并被媒体大肆宣传报道，该行为与相关人员遭受的伤害等事实一并成为造成恶劣影响的重要因素。由此可见，只有经过传播的渎职行为的真实信息，才能与直接危害后果一并成为审查社会影响是否"恶劣"的证据。

2. "直接危害后果"与"恶劣社会影响"的关系。样本中，有38.3%的案例将"直接危害后果"完全等同于"恶劣社会影响"，提供的证据及证明逻辑均为证明"直接危害后果"的恶劣，并在证明链条上没有延伸。一般而言，渎职行为直接导致的后果是初步危害后果的发生。由于直接危害后果的易感知性，在一定范围内扩散后，成为引发社会感知关注的对象，是渎职行为造成恶劣社会影响的重要载体，也成为评价是否造成恶劣社会影响的最直接的因素。二者在逻辑上是先后出现的关系，在内容上具有主体与对象关系，危害结果的恶劣程度很大程度决定了"社会影响"是否恶劣。

但二者绝不能完全画等号，在恶劣社会影响与初步危害结果之间，有一个重要的指标，即社会传播的程度。危害结果与传播程度相叠加，才等同于"恶劣社会影响"。在司法实践中，存在多起造成严重危害后果但并未扩散传播的情形，法院却以"造成恶劣社会影响"作出判决。例如，在某案例中，贾某在担任某地派出所所长期间，不认真履行职责，在审批蒋某（特大制毒、贩毒案的在逃犯罪嫌疑人，最终被判处无期徒刑）等人的遗漏户籍申报审批时，严重不负责任，致使网上在逃人员蒋某及其家属等人通过审核，在本地落户，导致蒋某直到6年后才被公安机关抓获。最终，法院认定贾某行为"扰乱户籍管理制度，对当地公安机关的追逃行动造成严重侵扰，形成恶劣的社会影响，其行为符合最高人民法院、最高人民检察院《关于办理渎职刑事案件适用法律若干问题的解释（一）》第一条第一款第（三）项的规定"。本案中，辩方提供的证据证实涉案人被判处无期徒刑且在逃6年未归案的证据，均为因玩忽职守的行为导致的直接危害后果，危害后果的"恶劣"并不等同于社会影响的"恶劣"。该事件无被害人，无论是蒋某以其他身份落户，还是其涉嫌贩毒并逃脱6年之久之事，可能只有涉及本案的少数公安机关人员知道，信息的扩散传播范围非常有限，在未大规模披露，未对社会大众造成恐慌的情况下，可能难以认定为"恶劣社会影响"。

3. "恶劣社会影响"与"其他致使公共财产、国家和人民利益遭受重大损失的情形"的关系。《关于办理渎职刑事案件适用法律若干问题的解释（一）》中第 1 条第 4 款规定"其他致使公共财产、国家和人民利益遭受重大损失的情形"，是"致使公共财产、国家和人民利益遭受重大损失"情形的法定兜底条款，应适用于不符合造成"人员伤亡""财产损失""恶劣社会影响"三个条件的其他"重大损失"。由于兜底条款不如列举式立法明晰、规范，难以操作并容易引发争议，在司法实践中，法官一般都会下意识地回避适用兜底条款作出裁判，这个问题在理解适用渎职犯罪抽象性损失后果中更为明显。根据收集的案例，有 11.6% 的裁判者混淆"恶劣社会影响"与"其他损失情形"，擅自扩大了"恶劣社会影响"的适用范围，导致裁判文书法律适用偏差、逻辑证明不通畅、权威性受到损害。例如，某样本中将危害后果描述如下，"市场的违规开办给政府造成取缔市场、拆除违章建筑及安置经营户等诸多问题，使各种矛盾交织、沉淀，成为一个严重的不稳定因素"，从危害后果的描述及提供的证据情况分析，该危害后果与"恶劣社会影响"并无直接关系，涉案人渎职行为引发的后果是一种对市场秩序、经营户权益、社会稳定、政府公信力复杂、抽象的损害，并酝酿制造了多种矛盾隐患，其情形显然适用"其他损失"更为合适。本书也收集到了一例以"其他损失"的案例，具体表述为"被告人俞某甲的滥用职权行为和被告人梁某的玩忽职守行为共同导致赵某甲在涉案土地上违法建造了涉案营业房，且由于该违法建筑的长期存在未予拆除，在当地确实造成了不良影响，并导致国资公司对涉案地块进行房地产整体开发的计划被搁置，故应认定为最高人民法院、最高人民检察院《关于办理渎职刑事案件适用法律若干问题的解释（一）》第一条规定的国家机关工作人员滥用职权或者玩忽职守应当认定为刑法第三百九十七条规定的'致使公共财产、国家和人民利益遭受重大损失'情形中的第（四）项'其他致使公共财产、国家和人民利益遭受重大损失的情形'"。[①] 该案例造成的危害后果与上述案例相似，均是造成违法建筑长期存在，法官以"其他情形"的兜底式条款裁判了该案，显然更为准确。因此，对于渎职行为造成非物质性损失的结果的情况，如果危害后果没有广泛传播，司法实践中应根据危害后果的恶劣程度，综合审查判断，并准确适用《关于办理渎职刑事案件适用法律若干问题的解释（一）》第1条的"兜底条款"。

三、建立科学的证明"恶劣社会影响"的证据体系

由于证明对象过于抽象化，司法实践中，无论是对辩护方还是审理者，有关"恶劣社会影响"的证据均是一个"头疼"的问题，用何种证据去证明、各种证据能力和证据效力如何，均是司法人员面临的困惑问题。通过在实践样本分析发现，在"恶劣社会影响"证据体系中，准确把握下列证据的证明力和收集运用要点，对证明"恶劣社会影响"至关重要。

（一）媒体报道具有较高的证明力

1. "媒体报道"的证据情况。从样本分析来看，事件被媒体（包括网络等新兴媒体）报道，成为证明造成恶劣影响的最普遍的证据，覆盖率为32.3%。由于渎职行为具有一定的隐蔽性，需要

---

① （2013）杭临刑初字第235号，载中国裁判文书网，http://wenshu.court.gov.cn/。

调查后才能认定，一般媒体曝光的事件并非均为渎职行为本身，而是该行为引发的直接危害后果，表现为日报、电视、网络、论坛等对某事件的报道、曝光、宣传。比如，"2013 年 6 月 27 日《焦点访谈》栏目以《看好国家的'钱袋子'》为题对该事件予以曝光""河南日报农村版、搜狐网、网易网、中国化肥网等相关媒体对该化肥造成的危害进行的报道""中央电视台、新华网、凤凰网等各大媒体和网络对该新闻予以转播、转载""债权人以游行示威、在互联网上发帖等方式广泛传播本案重复预告登记的事实"。具体到证据形式，有光盘、截图、纸质材料、网络舆情统计表等。

2. 证明力分析。有观点认为，媒体报道是客观存在的一种宣传方式，宣传报道并不意味事件造成了"恶劣影响"，其证明力的价值存在疑问。例如，张明楷教授提到，"社会影响不是犯罪行为造成的，而是媒体广泛报道形成的，如果将社会影响作为定罪量刑的情节，不仅不符合构成要件的基本原理，导致定罪量刑不公平，而且容易形成媒体左右定罪量刑的局面"。[1] 还有观点认可其对恶劣社会影响的证明力，但认为"社会影响的大小与媒体报道的影响力具有直接关系，因而具有偶然性与不确定性"。[2] 本书不同意上述观点，不可否认，在某种意义上，社会影响确实是因媒体报道而产生，具有一定的偶然性。但一方面，事件引起媒体的关注，证明渎职行为或其初步危害结果已经产生了一定的影响。另一方面，渎职犯罪是以损失后果作为定罪处罚的必要条件，而损失后果本身的发生本身就具有相当的"不可预见性"和"不确

---

① 张明楷：《明确性原则在刑事司法中的贯彻》，载《吉林大学社会科学学报》（第 7 版）2015 年第 4 期。

② 汪明亮：《媒体对定罪量刑活动可能带来负面影响的作用机制》，载《现代法学》2006 年第 6 期。

定性"。只要媒体报道的信息客观真实，渎职事件与"恶劣社会影响"的本质上因果关系成立，恶劣社会影响即成为已然发生"危害后果"，必须纳入构成要件的范畴。裁判者也认可这种认识，如在样本中有辩护人提出，"事件发生后确有多家媒体进行了报道，但在后果上应当以被告人的行为本身造成的社会影响来判定。媒体对事实的报道起到的是一个信息传播作用，也是社会监督的一种方式，但并不能以媒体进行了报道就当然认定造成了恶劣社会影响的后果"。面对上述质疑，法官认为"本事件发生后各家报刊、网络、电视台60余家媒体均争相进行了持续跟踪报道，引起了各方的讨论、评议，严重地损坏了青海公安队伍的形象和声誉，而这种恶劣的影响实质上是来源于媒体报道的内容的恶劣性，而非报道行为本身"。① 可见，无论从司法实践还是理论分析，媒体报道都是证明造成恶劣社会影响的一个重要有力证据。

3. 证据的理解与运用要点。首先，媒体的概念比较宽泛。随着时代的进步发展，媒体的形式也呈现多样化的趋势，不仅包括传统意义的报纸、电视，也包括在微博、微信、论坛、网站等新媒体上传播扩散。其次，媒体的地位、关注度、受众面，是判断恶劣程度的重要因素。被本地报纸报道与在中央级新闻媒体报道显然传播广度不同。为使裁判者更精准地把握信息传播的范围，在收集运用此类证据时，应注意尽量全面展现报道事件的媒体、网站的名称、类别、报道的形式等内容。例如，某案例中提道，"中央电视台《新闻调查》《东方时空》栏目先后播出了该事件的专题调查节目"。中央电视台专题调查意味着该信息的受众面广泛，可信度高，造成的社会影响也自然更严重。最后，尽量收集

---

① （2015）宁刑终字第77号，载中国裁判文书网，http://wenshu.court.gov.cn/。

能证明信息传播广度的量化证据。如果有技术能力，最好以数字化的直观方式对信息的传播广度予以呈现，包括收集转发信息的网站数量、报纸的发行量、网络新闻的点击率、网络贴文的数量等。某案例中提到"发行量达 100 万份以上的现代快报对此事进行报道""搜狗论坛、每日热点新闻、微博、光明网文化论坛、人寿保险论坛、江苏教育黄页、天语网、微信等共 482 篇贴文"等。

（二）区分不同信访情况的证明力

1. "信访材料"的证据情况。引发个人、人群上访、信访或群体性事件等，是证明恶劣社会影响的另一种常见证据，覆盖率为 28.7%，如"引发购房户和债权人集体上访、游行示威、堵塞交通要道等行为""引发某村村民强烈不满及信访"。具体证据形式主要包括能够反映信访、上访的证据材料，如信访登记表、接访日志、控告信、反映举报材料，公安机关、信访部门关于信访的情况说明、息诉罢访保证书等，能够证实确实当事人就某事进行过信访。

2. 证明力分析。虽然司法实践中，信访、上访是社会恶劣影响的重要证据，但严格来讲，信访对社会恶劣影响的证明力不能一概而论。信访是指"公民、法人或者其他组织采用书信、电子邮件、传真、电话、走访等形式，向各级人民政府工作部门反映情况，提出建议、意见或者投诉请求，依法由有关行政机关处理的活动"。[①] 由此可见，信访人依法信访，是对维护自身合法权益的一种正常途径，与恶劣社会影响并无直接关联，当事人信访不具备对"恶劣社会影响"的天然证明力。但实践中，一方面，渎职危害后果可能涉及的面比较广，涉及较多人员，集体信访会产生较大影响。另一方面，信访人为获得更高的关注，往往不采取

---

① 中华人民共和国国务院令（第 431 号）《信访条例》，第 2 条。

依法信访的方式，而是用越级信访、拉横幅、堵敏感部门大门甚至集体游行等方式反映问题，这又导致事态影响面的扩大。

3. "信访情况"的理解与运用要点。对于引发信访事件后果，需要具体问题具体分析。对于人数较少的个别人员，即使采取了越级上访等方式来反映问题，如果没有被宣传传播，不能认定为恶劣社会影响。样本中一件最终判处无罪的案例支撑了这个认识：公诉机关指控犯罪嫌疑人造成恶劣社会影响，并提供了关于当事人麦某甲上访的有关证据，但法院经审查提出，"检察机关出示的证据仅能证实麦某甲向有关单位信访，不能以此就认定造成了恶劣的社会影响"。最终，法院以"无其他证据印证，指控造成恶劣社会影响，证据不足"为由，对被告人作出无罪判决。[①]

然而，如果涉案人员较多，大规模集体反映问题，或者信访人确实因合法权益受到侵害而采取了比较极端的信访方式，进而使信访事件引发媒体社会关注，在一定范围内发酵、扩散、传播，则能够证明带来了恶劣社会影响。比如，某案例中提到引发"滨江新城的购房户和债权人集体上访、游行示威、堵塞交通要道等行为，造成恶劣社会影响"。显然，集体游行示威、堵塞交通要道的行为必然会在社会上产生一定的传播，此份证据即对"恶劣社会影响"具有相当的证明力。

（三）科学的"证人证言"具有最直接的证明力

1. "证人证言"的证据情况。在证言中直接说明事件（直接危害后果）产生恶劣的社会影响的证人证言。例如，有证言谈到"韦某平猥亵儿童案发生后社会舆论和新闻媒体一致谴责，对政府、教育部门和教育工作者的声誉、形象产生极坏影响，对被害

---

① （2015）卫刑终字第46号，载中国裁判文书网，http://wenshu.court.gov.cn/。

儿童、家庭造成心灵创伤""被多家媒体报道,引起社会各界关注;影响政府和教育部门的声誉和形象,降低政府公信力,对被害人及家属身心健康造成极大伤害"等,此类证据的覆盖率为3.5%。

2. 证明力分析。理论上来讲,证明"恶劣社会影响"最直接、最有证明力的证据即随机的、相当数量"民意反映"。收集此类证据在司法实践中面临最大阻力是如何保证收集到"证人"代表"民意",即取证群体的随机性,符合抽样统计的标准。由于司法资源、手段、方法的限制,鲜有司法机关能够运用科学的统计手段,大范围收集相当数量的证人证言。常见的是,司法机关向一定范围内的证人,如案发单位的同事、危害后果的被害人以及其他与案件有关联人员等收集案件相关人员的证言,并在证言中直接突出强调"危害后果极大地损害了政府形象、造成恶劣影响"直观的感受。"统计抽样是以概率论原理为依据,按照随机抽样原则进行抽样",① 抽样统计必须具备随机选取样本、运用概率论评价样本结果两个特征,由于取证群体与案件具有相当的关联性,样本不具备随机抽样的特点,其证言无法科学地代表"民意",即使数量相当,证明力也十分有限。

3. 证据的收集和运用要点。究竟用哪种方法能够收集到对恶劣社会影响有证明力的证据。有观点提出,"在各大知名网站设立专门平台,及时将有关此类案情公布,在规定的时间内广泛收集民意",② 但在网站上收集"民意"的行为,由于技术和程序上均没有严格的规范,无法保证"民意"的普遍性、代表性、公正性,

---

① 陈亮著:《审计学(新编)》(第1版),中南工业大学出版社1994年版,第47页。

② 奚根宝:《渎职罪非物质性损害结果认定的困境与对策》,载《江西警察学院学报》2015年第4期,第16页。

作为证据运用时合法性容易遭到质疑。对恶劣社会影响的证言需要被作为刑事证据使用，对其收集的程序需要严密规范，以保障结果的公正性和真实性。本书认为，应借鉴"鉴定意见"证据形式以及证据收集方式，将"造成社会影响的情况"委托给具有资质、专业的调查统计公司，由公司按照统计抽样原理以及行业规范要求对渎职危害后果"社会影响"进行调查。与委托鉴定一样，主体资质合格、调查程序合规都是保证"调查结果"具备证据采纳能力的重要因素。具体到调查结果，公司可以分类作出"一般""严重""恶劣""特别恶劣"分层级的鉴定意见，最后交由审判机关审查认定。以此收集到的证据，对恶劣社会影响，即具有合法性和可采性，也具备逻辑上的较强关联性，是下一步实践需要不断探索、创新的方向。

（四）其他证据材料

1. 其他证据情况。比如，某事件引起了上级机关、部门、领导的重视、批示的书面材料，如"贺某某等生产销售有毒有害食品案被最高人民检察院、公安部列为督办案件""中共山西省委政法委员会重大刑事案件协调工作联席会议纪要及有关领导批示""市委关于某事的会议情况通报"等。另外还有政府、司法机关出具的有关产生恶劣社会影响的情况报告，如"审前调查报告""桐城市公安局情况说明"，此类证据的覆盖率为 5.5%。

2. 此类证据证明力的分析与适用要点。在证据体系中，还有许多其他与恶劣社会影响具有一定关联性的证据，也可作为辅助证据。例如，引发上级机关关注的材料。我国政府行政管理体系，实行的是条块结合、以块为主、分级负责的制度。如果某渎职事件引发上级行政、司法机关的重视，证明其危害后果的影响已经扩散至基层地域的范畴之外，并且确实引发了一定的社会关注，对恶劣社会影响具有相当的证明力。在运用此类证据证明时，一般关注的上级机关层级越高，说明事件引发的影响越大，危害后果越严重。另外还有一些公安机关、信访机关等提供的"情况说明"，证明事件的影响。此类证据均为证明"恶劣社会影响"的间接证据，可以与其他直接证据合并使用。

四、构建规范的"恶劣社会影响"的证明路径

在"恶劣社会影响"证明中，即要允许司法裁判者对恶劣标准的判断拥有一定的弹性和区间，又要通过明确清晰的证明要素、规范的评判方法和清晰的证明说理逻辑，压缩自主判断的空间，使"恶劣影响"呈现清晰化的态势，让各方诉讼参与人以及社会大众对证据结果的判断趋同。

（一）准确把握"恶劣社会影响"的关键证明要素

"恶劣社会影响"从字面上可以分解为"恶劣"和"社会影响"两个关键字眼，即为证明的关键对象。

1. "恶劣"。"恶劣"是一种客观存在状态，同时又是一种主观化的认知。立法者、司法者希望法律条文具象化，有助于准确适用法律，也有利于限制司法恣意。但由于司法实践情形千差万别，很难将属于"恶劣"的情形一一列举明确。"恶劣"不可能存在统一、客观、精准的证明标准。虽然审查判断时很难摆脱司法人员本身的社会经验、生活常识、认知水平、逻辑分析的影响，但在证明中，仍需要运用一定的证据，借助推理的证明方法，来判断是否达到"恶劣"的程度。

2. "社会影响"。"社会"应该指一定范围之外的不特定人群，包括但不限于渎职行为直接侵害的个体及有限范围内的特定人群。数量不是衡量是否造成社会影响的唯一标准，如果危害结果的信息只是在特定人群中传播，即使数量相当，也不能代表产生了足够的"社会影响"。但是，如果"特定人群"的数量足够大，由于

单一个体也代表着信息扩散源，特定人群的数量也可以作为"社会影响"的一个评判指标。

（二）构建规范的"恶劣社会影响"的审查评判方法

构建规范化、标准化"恶劣社会影响"评判程序，有助于为司法人员审查认定"恶劣社会影响"提供统一的方法和尺度，最大限度地减少个人因素对认知的影响。构建规范的审查评判方法的思路是，将评判是否"恶劣"的影响指标进行分解并赋予级别程度，根据最后各指标级别的综合情况判断是否达到"恶劣"程度。

评判社会影响是否"恶劣"，可以分解为四个判断指标：①被传播出的渎职行为及危害后果本身的恶劣程度，通过事件对党、政府（国家）形象、公信力和声誉、社会经济秩序、社会安全秩序、食品安全秩序、人民群众的安全感的影响和损害程度，分为一般、非常、极其三个等级。②事件扩散知悉范围，可以通过宣传报道的媒体的类别、地位、潜在传播对象等判断，分为一般、较广、极其广。③一定范围内负面评论的数量，分为较多、多、非常多。④负面评论的程度，一般、强烈、非常强烈。其中，负面评论的数量和程度需要借助科学的方法，在一定范围内进行调查统计。在分步确定上述四个指标后，如果其中三项均为中间档以上，则应当作出"恶劣"的认定。

在证明评断是否"恶劣"中，必须注意的是，用于评判是否"恶劣"的对象的范围。"恶劣"是用于形容"社会影响"，其评断的对象是"社会对事件的感知"，感知的主体不是法官而是"社会公众"，范围是被社会知悉到信息，无论是渎职行为还是直接危害后果，只有被传播出去，才构成评价是否"恶劣"的对象。

（三）明确"恶劣社会影响"的证明说理逻辑

实践中，有不少控诉方、裁判者缺乏证明意识，省略或简化

"恶劣社会影响"的推理证明过程，导致判决结果可信度不高，合理性遭到质疑。作为渎职犯罪唯一的法定构成要件，恰恰由于"恶劣社会影响"的抽象化并容易产生认知争议的特点，要求司法人员在证明时，比证明其他构成要件更注重证明过程和逻辑推理的阐释，即能够限制司法的恣意，更能增强证明的可信度，保证裁判结果的准确。

法官要构建符合渎职犯罪"恶劣社会影响"的一套科学的证明逻辑。具体而言，证明逻辑应该为"渎职行为导致了直接危害后果的发生，直接危害后果经过'一定途径'被社会公众感知，进而产生了恶劣的社会影响"。其中危害后果、经过"一定途径"、恶劣社会影响三个要素是逻辑递进关系，在证明中不能省略其中任何一个。具体的逻辑表述可以参考以下判例：赵某某作为国家机关依法从事玉米制种监管检查工作人员，在履行工作时流于形式，监管不实，致使本市凉州区松树镇、丰乐镇部分农户非法种植玉米制种，被农业部抽检发现通报后经中央电视台及多家新闻媒体报道，产生恶劣社会影响。[①] 当然，信息的"传播途径"不一定是媒体，可能是"集体上访""群体性事件"等。在裁判文书中，要强化证明逻辑意识和文书说理意识，通过语言阐明证明过程及逻辑，增强裁判结论的信服力。

司法证明只有实然发生的事实才能作为推理证据，无论在逻辑假设上多么合乎"逻辑推理"，未然的、假设的事项，都不能作为定罪处罚的依据。"造成恶劣社会影响"逻辑证明中也是如此。例如，有辩护方提出"只有少量媒体转载报导，不能被认为该案存在一定社会影响的意见"。法官在评审辩护意见时提到"因为不

---

① （2016）甘0602刑初50号，载中国裁判文书网，http://wenshu.court.gov.cn/。

符合安全标准的食品被长期非法生产、销售多地，严重背离党和政府的要求，严重损害人民的利益，一经在社会上传播，必然会严重影响人民群众对党和政府的信赖程度，继而危及党和政府的执政基础，该案危害后果已经构成恶劣社会影响"。这样的证明逻辑显然是存在瑕疵的，在非法律明确的"推定"或"拟制"的情形下，法官不能根据经验通过"已知的事实"以推理假设的形式直接认定"未知案件事实"，这违背了"推定"法律规定原则。[1]正如上文所说，缺少了实然"传播"的途径，恶劣社会影响即无法认定。

（四）严格准确作出"恶劣社会影响"的认定

根据样本分析，"恶劣社会影响"中的无罪率87.2%，远高于渎职犯罪免予刑事处罚的52.6%。[2] 在调查、诉讼资源与犯罪案件之间的矛盾突出背景下（北京人民检察院一年提起公诉的刑事案件高达21878人，[3] 人均办案数百件以上）过高的免刑罚率极大地占用了调查、起诉、判决的司法资源，容易引发新的社会矛盾，也不利于维护刑法的谦抑性和权威性。导致无罪率高的原因有很多，但调查、诉讼环节对立法原意把握不准、适用法律不严，致使刑事诉讼准入门槛变低是一个重要的原因。在实践中适用渎职犯罪的"恶劣社会影响"时，司法人员应准确把握"恶劣社会影响"的内涵，运用科学的证明逻辑、方法，依托周全的证据体系和准确的认定标准，按照审慎、客观的原则，严格控制犯罪圈半

---

① 何家弘：《论推定概念的界定标准》，载《法学》2008年第10期，第110页。

② 《检察机关立案查处事故背后渎职犯罪情况报告》，载《检察日报·廉政周刊》2007年5月。

③ 《2015年北京市人民检察院工作报告》，载《北京日报》2016年2月24日，第1版。

径，准确理解和适用"恶劣社会影响"。

第四节 环境监管渎职犯罪相关问题探讨

环境资源是指各种天然的和经过人工改造的自然因素的总体，包括大气、水、海洋、土地、矿藏、森林、草原、野生生物等，是人类生存和发展的物质基础。近年来，随着经济快速发展，城镇化进程的加快，个别地区非法盗采、滥采砂石、矿土，盗伐、滥伐林木，非法破坏、占用农用地等破坏环境资源现象严重，社会反响强烈，各级媒体对重大破坏环境资源事件也时有曝光，由于对环境污染行为及对监管失职行为构成犯罪的定性定量存在一定模糊争议，导致此类犯罪的查办存在种种问题。故而厘清行为边界，明晰危害后果，是促进犯罪查办、提升环境质量的首要任务。

一、环境资源监管领域职务犯罪的表现形式及特点

环境资源监管领域主要包括对金属、砂石、非金属矿土等矿产资源的监管，对森林、草原、耕地等农用地的保护与监管，以及对地下水、江河、湖泊、海洋等水资源污染以及大气污染的预防和治理等，该领域渎职犯罪主要有以下两种表现形式：

一是存在于申请、审批环节。环境资源的开采需由开采资源企业向主管行政部门提出申请，经行政主管部门审核批准后方可依法实施。但现实中一些负有审批职能的主管行政部门工作人员，滥用职权或玩忽职守，不严格审核申请资料，不认真核实相关企业是否符合开采资格；有的甚至徇私舞弊，收受当事人贿赂，在当事人只提出申请但未提供任何申报材料的情况下，批准审核通过；有的超越职权发放环境资源采伐许可证，或者擅自更改许可

证事项，错误行政审批，违法扩大开采范围，或者对不符合年检、延续开采条件的矿产企业申请批准通过；还有的与当事人合谋，以合法手续掩盖非法目的，骗取上级主管部门审批，规避上级主管部门的监管。因行政主管部门工作人员的渎职，造成环境资源被超采或被错误开采，使环境资源遭受严重破坏。

二是存在于日常监管环节。负有行政执法权的行政主管部门，在日常工作中负责保护环境资源，一方面定期巡查或不定期抽查所管辖区域，及时发现非法盗采、滥采环境资源，占用、破坏农用地等破坏环境资源违法犯罪行为，对违法行为予以行政处罚，对构成犯罪的移交司法机关查办；另一方面定期检查已获得开采环境资源的单位，监督有关单位按照许可证的要求范围、标准开采环境资源，避免越界滥采、破坏性开采环境资源。但个别行政主管部门放松监管，不履行或疏于履行巡查职责。有的甚至徇私舞弊，收受贿赂，为犯罪分子充当"保护伞"，对盗采、滥采环境资源等违法、犯罪行为视而不见，或以罚代刑，对构成犯罪的行为仅以象征性的行政处罚应付了事，给犯罪分子攫取巨额非法利益以可乘之机，严重破坏环境资源。此外，在环境资源特定资金领域也同样可能存在渎职犯罪，如按照我国法律规定，矿产资源开采企业应当按照一定比例缴纳矿产资源管理费，国家设立专门账户管理，用作勘探新矿产资源的专项经费，现实中存在一些行政主管部门工作人员不按照法律规定比例收取该项管理费，而是擅自决定缴纳金额，导致开采企业偷缴或漏缴巨额矿产资源管理费。

环境资源监管领域渎职犯罪具有如下特点：一是与原案具有紧密联系。破坏环境资源领域渎职案件多起因于环境资源监管部门及公安机关查办的非法采矿、盗伐林木、非法占用农用地等原案，原案背后往往存在利益输送。原案的犯罪嫌疑人受巨额经济利益驱使，实施破坏环境资源犯罪，为逃避或减轻处罚，往往向负有监管职责的国家机关工作人员输送经济利益以寻求庇护。相关国家机关工作人员收受非法利益后，则充当其"保护伞"，放纵破坏环境资源违法犯罪行为。

二是具有一定地域性。由于所处地理位置不同，蕴含的主要环境资源各异，各地环境资源监管部门监管重点也各不相同。一般来讲，渎职犯罪发生领域与监管重点相互重合，具有一定的地域性，因此应当根据监管重点来判断渎职犯罪发生的领域和监管部门，并因地制宜确定查办案件重点。例如，有的地区富含矿产资源，则监管重点主要在矿产开采的申请、审批和日常监管领域，有的地区属于老工业基地，重污染企业较多，则监管重点主要是大气污染和水污染的防治。如果主要环境资源为非金属矿土、森林等自然资源，则监管重点也集中于这两类自然资源，监管单位则主要是国土资源和林业部门。

三是犯罪隐蔽性强。环境资源监管领域渎职犯罪案件一般都具有较强的隐蔽性，多以合法形式掩盖违法行为。例如，有的开采企业虽有开采环境资源许可证，但形式合法的许可证属行政主管部门违法发放；有的破坏环境资源犯罪行为虽然主管行政机关的执法档案中有行政处罚记录，但属于以罚代刑，为犯罪分子开脱刑事责任。有的采矿企业虽然缴纳了矿产资源管理费，但实际缴纳金额远低于国家规定标准。

四是涉及面广，环节多。环境资源监管活动贯穿于申请、审批、日常监管到注销许可各个环节，经历周期长，涉及面广，每个环节均有可能出现渎职犯罪，成案链条长，可取证据多，并且很容易形成窝案串案。

二、环境监管渎职犯罪的认定难点

（一）危害后果量化难

虽然最高人民法院发布了《关于审理环境污染刑事案件具体运用法律若干问题解释》，对环境污染犯罪的定罪量刑标准作了明确、具体的规定，但由于环境污染行为不一定直接侵害不特定多数人的生命健康和财产安全，而是通过土壤、水体、空气等为中介物间接对不特定人的人身或财产造成损害。在这一过程中，由于污染后果的长期性、潜伏性、持续性、不可预测性和复杂性决定了危害后果均难以用金钱或具体数值来进行量化，这为确定危害后果带来相当的困难。

（二）鉴定难度大

因果关系的复杂性和危害后果的不确定性使得鉴定结论的产生需要较强的技术性和专业性。一方面，环境污染鉴定涉及多学科多门类，对鉴定资格、鉴定程序等要求相对较高，符合条件的鉴定机构较少，有的地方甚至没有。例如，云南省仅有两家机构可鉴定危害后果，而专门鉴定因果关系的机构我国还未有。[①] 另一方面，涉及证据形式转换的问题。行政证据与刑事证据之间需要进行转换。虽然从形式和内容上看，行政证据属于鉴定结论，但程序上却不符合刑事鉴定结论的要求及规范。但行政证据转换为刑事证据，仍需要重新办理委托鉴定手续，并且履行鉴定的一整套程序，不论从时间上还是从费用上来说，都是不经济的，存在重复劳动和资源浪费的问题。

---

① 罗玲芬、速春、洪和兴：《重大环境污染事故罪认定的若干疑难问题研究——以阳宗海砷污染案为例》，载《中国检察官》2010 年第 11 期，第 44~46 页。

（三）立法上对环境监管失职罪的犯罪构成要求较高

环境监管失职罪针对的只是重大污染事故，适用范围稍窄。根据《刑法》第408条的规定，环境监管失职罪在客观方面表现为负有环境监管职责的国家工作人员严重不负责任，只有在导致发生重大环境污染事故，致使公私财产遭受重大损失或造成人员伤亡的严重后果时才负刑事责任。这样虽有环境监管失职行为的存在，甚至发生环境污染事故，但只要不是发生重大污染事故且造成人员伤亡或公私财产遭受重大损失，在刑法上对环境监管失职行为进行评价就没有法律依据，更谈不上以犯罪来追究行为人的责任。

（四）相关法律法规不健全导致法律适用难

无论如何审慎的法律，其必然有法律的漏洞。[①] 一是《刑法》有关破坏能源资源和生态环境刑事犯罪的规定不合理，影响对犯罪的打击。二是行政法规与刑事法律衔接不到位。三是关于危害能源资源和生态环境犯罪案件损失结果中，由于鉴定机关和程序等不明确、不规范，只能由发案部门作出损失评估，或其上级主管部门来鉴定，影响了对损失结果的正确认定。四是司法解释不完善，执法标准不统一。

三、环境监管渎职犯罪认定的对策探讨

（一）严密法网，提高环境监管失职罪的实际处罚率

负有环境监管职责的国家机关工作人员，严重不负责任，只有在导致重大环境污染事故，致使公私财产发生重大损失或者造成人身伤亡的才负刑事责任。有学者认为，不仅对环境监管失职

---

① ［德］卡尔·拉伦茨著：《法学方法论》，陈爱娥译，商务印书馆2003年版，第87页。

造成重大污染事故者制裁，对同样由于监管不力或失职，造成资源和环境严重破坏者也应进行刑事处罚。[①] 本书认为，环境监管失职罪针对的只是重大污染事故，适用范围狭窄，不利于发挥刑罚保护环境的功能。负有环境监管职责的国家工作人员，工作中严重不负责任，存在环境监管失职行为的，如环境保护执法部门不认真履行环境影响评价、环境行政许可、"三同时制度"、环境行政处罚等法定职责，导致发生危害环境后果的发生，就应以环境监管失职罪追究其刑事法律责任。

由于环境监管失职罪是过失犯罪，不可能对行为人处以过重的刑罚，只有通过严密法网，提高环境监管失职罪的实际处罚率，加大行为人的预期刑罚成本，降低违法犯罪黑数，[②] 才能有效地预防环境监管失职犯罪的发生。

（二）环境监管失职罪的前提罪应当引入危险犯作为犯罪形态

由于环境监管失职罪要以特定危害结果的发生为构成犯罪的条件，只有环境监管失职行为而没有法定实害结果的发生，就不能认定行为人的行为构成环境监管失职犯罪，即环境监管失职罪一般要以重大环境污染事故罪等环境犯罪作为前提罪。按照这个逻辑来推断，重大环境污染事故罪等环境犯罪也必须要发生实害结果才构成犯罪。可是环境一旦遭到污染和破坏，将会导致不特定的生命与健康受到损害，并造成重大财产损失，且这种危害后果在长时间内难以得到消除，甚至有的根本不能消除和恢复，如物种的消失、地下水的污染等，产生严重的实害结果是违背预防

---

① 莫神星：《谈环境监管失职罪》，载《中国环保产业》2002年第4期，第15~16页。

② 所谓违法犯罪的"黑数"是指行为人在实施违法犯罪行为后，由于隐藏未被抓获而逃脱的问题。

为主的环境法原则，也是我们所不希望发生的。[①] 环境犯罪造成的污染结果一般具有潜伏性、长期性、持续性，如果对污染环境的危险状态持放任不管的态度，只要不发生污染与破坏环境事故就不予高度重视，没有防患于未然，这样其实往往会导致重大环境破坏事故的发生。

从环境监管方面来说，将危险犯作为环境监管失职罪的前提罪——环境犯罪的形态，将会使法网更加严密，使刑法保护环境的功能发挥更大的作用，也会使企业、个人等市场主体以及环境执法机关更加重视环境保护工作，最大限度地预防和阻止环境污染和破坏事故的发生。

（三）完善环境渎职犯罪的定罪制度

一是罪名认定应统一。司法实践中对环境渎职犯罪缺乏统一的定罪机制，罪名的认定也缺乏一致性。对于环境渎职行为构成犯罪的，有以环境监管失职罪定罪处罚的，也有以滥用职权罪、玩忽职守罪追究刑事责任的，具有徇私情节的甚至还可能以受贿罪追究刑事责任。根据特别条款优先于普通条款的原则，本书认为环境渎职犯罪一般应统一认定为环境监管失职罪。

二是环境监管失职罪与其他经济犯罪的牵连关系。牵连犯是指以实施某一犯罪为目的，其方法行为或结果行为又触犯其他罪名的犯罪形态。[②] 刑法理论将牵连犯作为处断的一罪来看待，一般采取"从一重处罚"的原则来处理。由于牵连犯实际上是数罪，对社会具有较大的危害性，只按一罪处理，难免会对有些犯罪有

---

① 赵晓耘：《略论我国环境犯罪的立法再完善》，载《湖北行政学院学报》2007年第6期，第32~35页。

② 高铭暄、马克昌著：《刑法学》，北京大学出版社2000年版，第107页。

所轻纵，故应该具体案件具体分析，不应一概而论，而且有些牵连犯应当依照数罪并罚的规定来处罚。本书认为，对于行为人在环境监管过程中既有收受他人数额较大的财物，又有失职渎职行为的，应分别以环境监管失职罪、受贿罪等定罪，并实行数罪并罚。

（四）完善环境监管失职罪的量刑制度

一是以环境安全为基本出发点来构建和完善量刑制度。目前我国刑法只注重惩罚已经发生环境实害结果的行为，没有对可能造成环境危险的行为引起足够重视。由于环境污染和破坏范围大、作用时间长、治理费用高、有一定的潜伏性，危害后果一旦发生，在短期内难以消除，甚至有的根本无法恢复。可见，对于已经发生后果的环境事故追究刑事责任只能发挥刑法的惩罚功能，而难以发挥刑法的预防和保护功能，这不是适用刑法所要达到的目的。因此，只有基于环境安全考虑来构建和完善量刑制度，注重预防和惩治相结合，才有利于发挥刑法保护环境的功能。

二是树立科学、合理的量刑观。量刑应当体现惩办与宽大相结合的基本刑事政策，坚持教育与惩罚相结合的原则，进一步扭转"重定罪，轻量刑"以及"重刑主义"的陈旧观念，在量刑规则、量刑方法、量刑程序上尽量规范化，真正体现"刑法适用人人平等原则""罪责刑相适应原则"，让被告人及其亲友、被害人和公众"服判"，实现刑罚与犯罪态势之间的良性互动，以保障刑罚积极功能的充分发挥和刑罚目的的有效实现。

三是量刑规范化。综合估量式的量刑方法以及法官对环境法益认识的千差万别是产生环境犯罪量刑畸轻畸重的主要原因。① 正

---

① 彭磊：《我国环境犯罪量刑制度初探》，载《人民法院报》2009年11月18日，第6版。

因如此，最高人民法院于 2009 年制定了《人民法院指导量刑意见（试行）》和《人民法院量刑程序指导意见（试行）》。在《人民法院指导量刑意见（试行）》总则中有关量刑原则、量刑基准制定、量刑因素计算等内容均适用于环境渎职犯罪，但如何针对环境渎职犯罪的特点，制定更详细、可操作性更强的量刑指导意见，则是下一步应该继续开展的工作。只有达到规范化，才能实现环境渎职犯罪量刑的公平与正义。

（五）健全和完善法律制度，形成惩治环境监管失职犯罪的合力

一是要通过健全和完善立法和司法解释等方式，进一步完善法律制度，统一执法标准，强化对环境监管失职罪等渎职犯罪的打击力度，发挥刑罚在保护生态环境资源中的特殊作用；二是要健全和完善行政执法部门与司法机关衔接和配合机制，定期或不定期召开联席会议，共同商议预防和惩治环境违法问题；三是进一步规范和完善相关专业技术规范鉴定工作，在鉴定程序、鉴定资格、鉴定结论的法律效力等方面进行统一；四是要建立和完善渎职犯罪线索移送制度，对渎职犯罪线索及时移送和依法查处，形成惩治环境渎职犯罪的工作合力；五是司法机关之间也必须加强协调配合，在证据的审查判断、因果关系的认定、法律的适用等方面能达成共识，使调查、起诉、审判能在同一标准下进行。

（六）实行专业化办案

在社会分工越来越专业、越来越精细的今天，针对环境犯罪所具有的专门性、科学性、技术性等特点，国家对环境犯罪的调查应该实现专业化。具体而言，公安机关应成立专门负责调查破坏环境资源犯罪案件的机构，审判机关相应成立专门负责审理破坏环境资源犯罪案件的法庭。此外，监察机关还肩负着调查包括环境监管失职罪在内的涉及环境保护方面的职务犯罪案件。为了

更好地侦办涉及环境保护的职务犯罪案件，监察机关在职务犯罪调查部门中应明确相对固定的办案组或办案人员，专门负责调查环境监管失职案等涉及环境保护的案件。只有实现了案件调查的专业化，才能积极有效地打击环境渎职犯罪。

第五节　沙漠排污行为所引发渎职犯罪的定性、定量分析

近年来，由于化工企业由东部发达地区向西部地区转移，部分企业开始向沙漠排放污染物质，导致沙漠污染事件频发。2014年9月，发生在内蒙古阿拉善、宁夏中卫的腾格里沙漠污染事件曝光后，党中央、国务院高度关注，习近平总书记等中央领导同志作出重要批示，高度重视沙漠环境污染问题。但仅仅6个月后，2015年3月，甘肃武威的一家企业"顶风作案"，再次向沙漠伸出"黑手"。但在司法实践中，由于对沙漠污染行为及对监管失职行为构成犯罪的定性定量存在一定模糊争议，导致此类犯罪的查办存在种种问题。故而厘清行为边界，明晰危害后果，是促进犯罪查办、提升环境质量的首要任务。因此，本书通过对现实制度架构的确立与实现进行应有的反思，在问题中寻求解决的路径。

一、实践问题与忧患意识

（一）实践问题

腾格里沙漠是我国的第四大沙漠。近几年来，腾格里沙漠附近建立了内蒙古腾格里工业园区与宁夏中卫工业园区。从2011年开始腾格里沙漠中就不断发现十数个面积不等的巨型污染池，周边众多的化工企业持续不断向其中央地带排放各种污染物。"据当

地牧民反映，这些企业并没有建立完善的污染物处理设备，而是直接将未经处理的污水排入沙漠，同时还大量开采地下水；有的企业甚至在沙漠里建设污染池，让污染物自然蒸发，将蒸发完的黏稠物直接掩埋在沙漠深处……据调查，在腾格里沙漠里约有 40 多口 180 米深的水井。这些水井均被附近的工业园区使用。很多企业都将排污管道直接深入沙漠内部排放……化工污染将会导致牧民失去生存地。将距离腾格里工业园区 2 千米左右的当地牧民的饮用水进行送检，显示致癌物质苯酚超出国家标准的 410 倍，这对周边牧民的身体健康造成严重的损害……腾格里沙漠曾是世界上最重要的骆驼聚集地，这里曾经存活着上百万只骆驼。随着污染加剧和生态环境的恶化，目前这里最多也就十几万只骆驼。化工污染造成了骆驼数量急剧减少。被污染的水源导致沙漠植被大量枯死、仅有的草场已出现退化的趋势。据牧民介绍，用被污染的水浇灌菜地，蔬菜都难以生长。腾格里沙漠生活着很多游牧民族，由于草场退化，牧民也无法进行放牧，生活更加艰难。"①

（二）忧患意识

1. 地下水污染。沙子粒径大、间隙大，污水一旦下渗，很快就能到达地下水层，污染极其宝贵的地下水和地下湖泊等。如果将干涸的废物直接埋在沙漠里，一旦降雨，这些废物也将迅速溶出污染物，然后随雨水下渗进而影响地下水。由于沙漠属于细沙地，水渗透得快，因此工业园区排放的大量污水极易污染地下水。并且由于距离黄河较近，地下水之间互相连通，将会对黄河水质构成严重威胁。工业园区大量地抽取地下水，造成了沙漠地下水

---

① 赵静：《沙漠竟成排污天堂》，载《生态经济》2015 年第 31 卷第 7 期。

位下降，提前透支了沙漠的水资源。①

2. 沙尘污染。常规气象观测和空气质量监测显示，西北是我国大气颗粒物污染最严重的地区。其中，塔克拉玛干沙漠地区与内蒙古西部的巴丹吉林和腾格里沙漠不仅是我国沙尘暴发生最多的两个中心区，而且也是扬沙、浮尘污染最严重的地区……研究发现，空气颗粒污染物可引起急性和慢性支气管炎、哮喘、肺炎、甚至肺癌等呼吸道和心血管疾病，尤其对易感人群的危害更大。②

3. 生态系统失衡。沙漠里生存着特有的微生物以及珍贵物种，污染将会直接导致这些生物种类的灭绝。同时，地下水是干旱地区最宝贵的自然资源及战略资源，对生态环境及生活、经济发展等方面起着重要的作用。同时由于向周围环境排放重金属污染物，这些污染物还可能通过食物链对动物及人类造成影响，对区域生态安全构成威胁。③ 沙漠地区的污染对于整个地区气候变化、物种繁衍、生态平衡都有显著影响作用。

二、立法呈现、司法选择与现实困境

（一）立法呈现与司法选择

一直以来，立法部门及司法部门都对环境污染行为作了一系列的立法和司法解释，有力惩治了犯罪，保护了生态环境。我国刑法第六章妨害社会管理秩序罪第六节破坏环境资源保护罪规定

---

① 赵静：《沙漠竟成排污天堂》，载《生态经济》2015 年第 31 卷第 7 期，第 17 页。

② 王振全、王式功、连素琴、程一帆：《沙漠尘肺及其研究现状综述》，载《中国沙漠》2010 年第 30 卷第 1 期，第 30 页。

③ 杜孔昌、张景光、冯丽：《路域土壤——植物系统重金属污染研究综述》，载《中国沙漠》2014 年 7 月 23 日刊。

了污染环境的相关犯罪。① 最高人民法院、最高人民检察院先后出台了相关司法解释，对于此类犯罪的立案以及量刑作出了规定：最高人民法院、最高人民检察院《关于办理环境污染刑事案件适用法律若干问题的解释》（2013 年）、最高人民法院《关于审理破坏草原资源刑事案件具体应用法律若干问题的解释》（2012 年）、最高人民检察院《关于渎职侵权犯罪案件立案标准的规定》（2006 年）、最高人民法院《关于审理破坏林地资源刑事案件具体应用法律若干问题的解释》（2005 年）、最高人民法院《关于审理破坏土地资源刑事案件具体应用法律若干问题的解释》（2000 年）、最高人民法院《关于审理破坏森林资源刑事案件具体应用法律若干问题的解释》（2000 年）、最高人民法院《关于审理破坏野生动物资源刑事案件具体应用法律若干问题的解释》（2000 年），但是对于沙漠环境污染则没有相应的立法或司法解释，这也迫切要求我们在适应当前司法形式的前提下精细立法，精准定位。除上述立法及司法解释、国际条约之外，国务院、环境保护部、交通运输部、农业部等均发布过相关规定，致力于环境保护。问题在于，对于其他司法解释，具有上位的《草原法》《森林法》等，但是对于沙漠，只有《防沙治沙法》，且规范的行为是"在中华人民共和国境内，从事土地沙化的预防、沙化土地的治理和开发利用活动"②，

---

① 包括污染环境罪，非法处置进口的固体废物罪，擅自进口固体废物罪，非法捕捞水产品罪，非法猎捕、杀害珍贵、濒危野生动物罪，非法收购、运输、出售珍贵、濒危野生动物、珍贵、濒危野生动物制品罪，非法狩猎罪，非法占用农用地罪，非法采矿罪，破坏性采矿罪，非法采伐、毁坏国家重点保护植物罪，非法收购、运输、加工、出售国家重点保护植物、国家重点保护植物制品罪，盗伐林木罪，滥伐林木罪，非法收购、运输盗伐、滥伐的林木罪。

② 《中华人民共和国防沙治沙法》第 2 条。

对于沙漠本身以及沙漠污染行为并没有规定，同时理论界对于沙漠污染问题的鲜少研究，导致了沙漠污染治理难以为继。

在司法实践中，通过对中国裁判文书网①从 2014 年 1 月 1 日至 2015 年 8 月 11 日环境污染罪的检索结果来看，全国范围内裁判该类犯罪情况不占多数。② 从 2014 年 1 月 1 日至 2015 年 8 月 11 日环境监管失职罪的检索结果来看，全国范围内裁判该类犯罪情况亦为数不多。③ 而具体到腾格里沙漠，也有刑事判决。宁夏回族自治区中卫市沙坡头区人民法院已对宁夏明盛染化有限公司污染环境案作出一审判决。2007 年以来，明盛染化公司在废水处理措施未经环境影响评估、未经申报登记和验收的情况下，擅自在厂区外东侧腾格里沙漠采用"石灰中和法"处置工业废水。2014 年 4 月，明盛染化公司排放污染物许可证到期，但仍继续非法排污。至 2014 年 9 月被责令关闭停产时，该公司厂区外东侧腾格里沙漠渗坑内存有大量工业废水。经宁夏环境监测中心站对现场废水取样检测认定，废水中多项检测因子超过国家排放标准。法院审理认为，被告明盛染化公司违反国家规定，非法排放、处置有毒物质，严重污染环境，被告人廉某系被告单位直接负责的主管人员，对被告单位污染环境的行为负有直接责任，被告单位明盛染化公

---

① http：//www. court. gov. cn/extension/simpleSearch. htm？keyword = 环境污染罪 &caseCode = &page = 1。

② 河北省广平县人民法院（2014）广刑初字第 89 号胡某甲、胡某乙等犯环境污染罪一审刑事判决书；河北省阜城县人民法院（2015）阜刑初字第 6 号王某污染环境一审刑事判决书等 22 件，载中国裁判文书网，http：//wenshu. court. gov. cn/。

③ 广西壮族自治区贺州市八步区人民法院（2013）贺八刑初字第 866 号莫某坚、唐某城犯环境监管失职罪一案一审刑事判决书；陕西省旬邑县人民法院（2014）旬邑刑初字第 00037 号孙某某、董某某环境监管失职罪一案刑事判决书等 14 件，载中国裁判文书网，http：//wenshu. court. gov. cn/。

司和被告人廉某的行为均已触犯刑律，构成污染环境罪。[①] 除此之外，尚在调查程序中进行的沙漠排污行为也不在少数。据报道，2015 年 4 月 11 日上午，甘肃省政府新闻办通报了武威荣华工贸公司环境违法事件最新调查处置进展情况，通报称，荣华工贸公司通过私设的暗管共向腾格里沙漠排放污水 83715 吨，污染面积达 266 亩。2015 年 4 月 21 日，武威市检察院依法对凉州区环保局副局长兼环境监察大队大队长文武（正科级）以涉嫌玩忽职守犯罪立案调查。存在未经环保部门批复进行试生产违法排污的情况下，未认真履行环境监管职责，使该公司违法向腾格里沙漠排污问题没有得到及时发现和处理，酿成环境污染违法事件，造成恶劣社会影响。[②]

（二）现实困境

在查办环境污染类犯罪和其背后的渎职犯罪中，存在以下定罪困境：

1. 企业自行治污产生的费用，能否作为渎职犯罪中"国家机关工作人员严重不负责任，不履行或不认真履行职责，致使公共财产、国家和人民利益造成重大损失"中的财产损失。在不满足《关于办理环境污染刑事案件适用法律若干问题的解释》第 1 条第 1~6 项的排放、倾倒、处置"放射性废物、含传染病病原体废物、有毒物质、危险废物、含重金属、持久性有机污染物"等行为，即排放的废水、废物等不满足第 1~6 项的标准，但确实对环境构成了污染，需要进行治理，且治理的费用达到 30 万元以上，但该

① 中卫：《腾格里沙漠污染首例刑案一审宣判》，载《法制日报》2015 年 5 月 7 日，第 8 版。

② 中卫：《腾格里沙漠污染首例刑案一审宣判》，载《法制日报》2015 年 5 月 7 日，第 8 版。

治理费用系企业自身出资治污负担时应如何处理？对此有两种观点，一种观点认为：如果将企业自行治污的出资费用认定为犯罪的损失，容易打击企业的治污积极性，对企业形成负面效应。所以对于损失，应当只认定将有害废水、废渣转移的费用，或者由政府治理的费用应当属于损失，企业自身出资治污的费用不应当属于损失。另一种观点认为：无论是企业自身出资的治污费用还是由政府或第三方出资的治污费用，均属于损失的范围之内。根据《关于办理渎职刑事案件适用法律若干问题的解释（一）》第8条规定，本解释规定的"经济损失"，是指渎职犯罪或者与渎职犯罪相关联的犯罪立案时已经实际造成的财产损失，包括为挽回渎职犯罪所造成损失而支付的各种开支、费用等。立案后至提起公诉前持续发生的经济损失，应一并计入渎职犯罪造成的经济损失……渎职犯罪或者与渎职犯罪相关联的犯罪立案后，犯罪分子及其亲友自行挽回的经济损失，司法机关或者犯罪分子所在单位及其上级主管部门挽回的经济损失，或者因客观原因减少的经济损失，不予扣减，但可以作为酌定从轻处罚的情节。其背后的含义在于：污染行为对于环境造成的危害，不论是政府还是企业自身出资治理污染，支出的费用均属于环境被污染的代价，不应当以谁支出费用而变化。

2. 污染环境罪是否为环境监管失职罪的前提条件。即是否只有构成污染环境犯罪，才有可能构成背后的监管失职罪。"严重污染环境"的情形有 13 项（第 14 项为"其他严重污染环境的情形"），而"致使公私财产遭受重大损失或者人身伤亡的严重后果"为其中 8 项，包括区域断水、财产损失、土地功能丧失、人员中毒、伤亡等，"严重污染环境"是否即为"重大环境污染事故"，还是"致使公私财产遭受重大损失或者人身伤亡的严重后果"才属于"重大环境污染事故"，存在争议。当然，原罪与渎职犯罪之间的关系存在一定争论，但具体到环境污染罪与环境监管失职罪而言，由于对两个罪名司法解释均有明确的构成犯罪标准，《关于办理环境污染刑事案件适用法律若干问题的解释》对于构成环境污染罪罗列了 14 项后果，如果污染环境的行为符合第 1~5 项的构成，但是损失与人身伤亡后果未达到第 6~13 项的构成，那么，构成了污染环境罪，没有构成环境监管失职罪。当然，如果符合"造成恶劣社会影响的"，也可以按照滥用职权或玩忽职守罪定罪。反之，如果构成了环境监管失职罪，即满足了《关于办理环境污染刑事案件适用法律若干问题的解释》第 6~13 项的要件，则应当构成污染环境罪。总而言之，构成污染环境罪，其监管人不一定构成环境监管失职罪；但构成环境监管失职罪，污染人一定能构成污染环境罪。

3. 在不满足损失等后果条件时，能否运用恶劣社会影响来判断构成渎职犯罪。对于渎职犯罪的损失问题，应当依据技术检测标准认定环境监管失职罪的"导致发生重大环境污染事故"或"致使公私财产遭受重大损失"。问题在于，由于对于"恶劣社会影响"没有统一的标准，尽管理论界与实践部门有各种讨论，但一直以来没有一方压倒性优势的观点。在司法实践中，2011 年河南"红河谷"事件①、2013 年云南"牛奶河"事件——"从司法

① 最高人民检察院发布的 15 个涉生态环境领域犯罪案例之一。被告人谢某东、孙某伟分别系河南省洛阳市环保局局西工环保分局环境监察科正、副科长。二被告在日常环境监管过程中，不认真履行职责，致使卫某良（另案处理）在辖区内非法开设的塑料厂长期违规经营。直至 2011 年 12 月 12 日，该厂在加工处理一批红色染料的塑料包装袋过程中，"红水"顺雨水管网流入涧河，涧河一夜之间被染成红色，酿成"红河谷"事件。央视等众多主流媒体纷纷对此事件进行报道，造成恶劣的社会影响。载 http://www.jcrb.com/ prosecutor/important/201406/t20140617_1405493.html。

角度而言，查处环境污染背后的失职渎职犯罪相当困难，主要是因为损失后果常常难以量化。根据相关司法解释，本案尝试用'恶劣社会影响'来认定渎职行为的损失后果，这对类似案例具有一定的启发和参考意义"[①] 均系运用"恶劣社会影响"来进行定罪，如果引发大规模群体事件、全国性的媒体报道，应当属于一般意义上的"恶劣社会影响"，但作为概括性规定，应当在不符合其他损失性后果之后再考虑适用此规定，但是需要进一步制定明晰的规则标准。

4."重大环境污染事故"的认定。环境监管失职罪中"导致发生重大环境污染事故"的认定，我国刑法许多罪名中都有"事故"的规定，但我国刑法中并没有关于"事故"的定义，而关于事故与财产损失人身伤亡的关系问题，也有争议。二者属于并列关系，必须同时具备才能构成犯罪；抑或只要具备了财产损失和人身伤亡就能构成犯罪，即只要造成财产损失和人身伤亡即等同于发生了重大环境污染事故。其实，"刑法明文规定的某些要素并不是为了给违法性、有责性提供根据，只是为了区分相关犯罪（包括同一犯罪的不同处罚标准）的界限。这种构成要件要素称为'表面的构成要件要素'或'虚假的构成要件要素'，也可以称为分界要素。从实体法的角度而言，表面的构成要件要素不是成立

---

① 最高人民检察院发布的 15 个涉生态环境领域犯罪案例之一。2009 年 6 月至 2013 年 2 月，被告人李某坤任云南省昆明市东川区环境监察大队大队长，在管理辖区内的排污企业向小江排污过程中，没有认真履行环境监督管理的职责，对东川区汤丹片区部分选矿企业违法排污、违法生产行为监管不力，致使部分选矿企业尾矿水、尾矿渣违法外排，流入小江，造成环境污染，小江变白，导致东川"牛奶河"事件的发生。该事件经国内多家媒体报道，网站转载，造成恶劣的社会影响。载 http://www.jcrb.com/prosecutor/important/201406/t20140617_1405493.html。

犯罪必须具备的要素；从诉讼法的角度而言，表面的构成要件要素是不需要证明的要素。"① "《刑法》第133条第1款前段规定，'违反交通运输管理法规，因而发生重大事故，致人重伤、死亡或者使公私财产遭受重大损失的，处三年以下有期徒刑或者拘役'。其中的'发生重大事故'就是多余的表述，因为只要违反交通管理法规，过失致人重伤、死亡或者使公私财产遭受重大损失，就构成交通肇事罪。"② 同样，《刑法》第408条规定中的"导致发生重大环境污染事故"，也应属于表面的构成要件要素，与财产损失和人身伤亡属于同位语关系，只要造成财产损失人身伤亡，就应当构成本罪。

三、路径指引与标准细化

从上文中所述数据及法院判决可以看出，在目前环境污染事件频发的情况下，查处的环境污染犯罪以及环境监管失职罪微乎其微，远远达不到环境治理的需求。"一个好的法律不能成为'纸老虎'，要让它成为一个有钢牙利齿的'利器'，关键在于执行和落实"，而执行和落实的前提是明确的立案标准和行为标准，所以，明确沙漠排污行为的犯罪属性，严格查处在环境监管过程中的失职渎职行为是目前探讨的重中之重。

1. 对现有法律条款中"基本功能丧失或者遭受永久性破坏"的具体解释。在难以认定财产损失、人身伤亡的情况下，能否适用《关于办理环境污染刑事案件适用法律若干问题的解释》第1条第12项的规定"致使基本农田、防护林地、特种用途林地五亩

---

① 张明楷：《论表面的构成要件要素》，载《中国法学》2009年第2期，第93页。

② 张明楷：《论表面的构成要件要素》，载《中国法学》2009年第2期，第94页。

以上，其他农用地十亩以上，其他土地二十亩以上基本功能丧失或者遭受永久性破坏的"，问题在于，如何认定"基本功能丧失或遭受永久性破坏"。一直以来，关于"土地基本功能"的概念，并没有统一的定义。尽管在地理学中，从景观、仓储、承载、资源、生态、社会等方面对"土地基本功能"作了概括性的解释，这个解释也是被大众所认可和接受的。但是地理学中的概念和解释与法律意义上的术语解释不能等同。特别是在涉及犯罪构成方面，对于不同种类的土地，对于不同种类土地功能的破坏，更是需要有严格的区分和定义，而对于"基本功能丧失或者遭受永久性破坏"的标准，需要由环保、国土、司法等部门共同研究制定，从而实现法律标准与社会标准的协调统一。

2. 可能的路径选择，参照基本农田、林地的设定标准。面对以上争议问题，最有可能提出的意见为，既然最高人民检察院《关于渎职侵权犯罪案件立案标准的规定》第 19 条第 6 项规定了"造成基本农田或者防护林地、特种用途林地 10 亩以上，或者基本农田以外的耕地 50 亩以上，或者其他土地 70 亩以上被严重毁坏的"其中没有涉及沙漠排污行为，那么可以对该立案标准再进行新的修订，增加相关领域，如沙漠、河泥、滩涂等的污染损失认定。但是问题在于，"崇尚追求立法原意，总是依赖于立法解释、司法解释，相应地自己就不解释了"。[①] 对于刑法规范的理解，离不开生活事实，只有出现了新的事实，才可能发掘条文中的含义，从而追求公平合理的解释，"法学家不能单纯地只是归纳，还要去挖掘和发现用语可能具有的含义"。[②] 在对于已经存在相关的司法

---

① 张明楷：《刑法解释理念》，载《国家检察官学院学报》2008 年 12 月，第 142 页。

② 张明楷：《刑法解释理念》，载《国家检察官学院学报》2008 年 12 月，第 145 页。

解释时，首要考虑的问题是新类型案件的发生能否适用，而非在进行"造法"，故而在可以通过合理解释就能进行案件查办的情况下，应当通过对现有法规的合理适用来进行案件事实的梳理。可能的路径之一为，参照"其他土地 70 亩以上被严重毁坏的"规定，依照基本农田、林地等的毁坏标准，以沙漠土地 70 亩以上的严重毁坏来认定犯罪。

3. 标准统一对于司法实践的便宜性。从司法实践看，缺乏明晰的标准情况下，将造成实践中认定犯罪的困境。同样，如果标准的制定仅限于司法机关，将不利于审判、监察工作的展开，容易造成法律适用的困境。因此，为消除司法解释中标准不明确带来的不利影响，我们应做到司法解释内部、司法解释相互之间对于标准的明确，同相关环保部门相统一，由最高司法机关在相互协商后明确案件的定罪量刑标准，加强对司法解释的审查和监督，规范环境监管领域的刑事执法。此外，加强法、检相互联系，扩大联合解释。确定统一的适用标准下，可以提高法律适用能力，增强案件查办效能，并有利于案件侦办工作的开展和公众行为的指引，因此，划定统一的标准有利于司法实践中执法司法行为的便宜性。

总而言之，面对环境破坏带来的严重后果以及层出不穷的突发环境污染事件，以更加理性的态度面对中国所面临的经济和社会发展问题，迫切需要我国采取更加有效的法律措施来打击破坏环境的行为。

第六节 惩治林业生态环境安全领域渎职犯罪问题研究

森林是生态屏障、绿色银行，然而长期以来，受人口压力增加、环境意识淡薄、管理水平滞后、短期利益诱惑等影响，林地面积有减少的趋势，致使原本脆弱的森林生态环境日益恶化。尤其是近年来，林业生态环境安全事故不时发生，对区域生态环境造成了严重影响；其中，由职务犯罪引起的林业生态环境安全事故，不仅危害生态系统，影响经济社会可持续发展，还极易引发人民群众的强烈不满，危害社会稳定和谐。职务犯罪主要包括贪污贿赂犯罪和渎职侵权犯罪，严肃查办和预防危害生态环境背后所涉的职务犯罪特别是渎职犯罪、为生态文明建设提供强有力的司法保障，是一项重要而紧迫的任务。此项工作与党和国家工作大局联系密切，与人民群众利益息息相关。但是由于过去对破坏林业生态环境犯罪，尤其是导致此类犯罪的渎职犯罪认识模糊，导致对此类犯罪问题惩治力度不足。

一、此类犯罪的主要类型及司法实践中存在的问题

（一）此类犯罪的主要类型

根据林业法律法规对林业工作人员监管职责的规定，通过对此类案件的重点发案件环节进行认真梳理，发现此类案件发案部位和环节相对集中。总的来看，林业生态环境破坏领域犯罪案件主要有四种类型。

一是在林木采伐许可证的发放环节，主要表现在林业工作人员违反林业法律法规的规定，在发放林木采伐许可证的过程中，

对不符合标准的申请人发放采伐许可证或超过规定的材积发放采伐许可证。二是对采伐行为的监管环节，主要表现在采伐人虽然有采伐许可证，但超过采伐证规定的时间和面积非法采伐，监管人员不闻不问。三是对非法采伐行为的监管环节，主要表现在林业监管人员未按照林业部门相关规定认真履职，导致乱砍滥伐行为的发生。四是对违法行为的查处环节，主要表现在林业公安人员或林业站工作人员明知他人乱砍滥伐的行为已经构成刑事犯罪，但以罚代刑，不立刑事案件或移送司法机关。

（二）司法实践中容易引起争议的原因分析

一是环境保护领域立法和司法解释相对较少。我国《刑法》第六章妨害社会管理秩序罪第六节破坏环境资源保护罪规定了污染环境的相关犯罪（包括污染环境罪，非法处置进口的固体废物罪，非法占用农用地罪，非法采矿罪，破坏性采矿罪，非法采伐、毁坏国家重点保护植物罪，非法收购、运输、加工、出售国家重点保护植物、国家重点保护植物制品罪，盗伐林木罪，滥伐林木罪，非法收购、运输盗伐、滥伐的林木罪等）。最高人民法院、最高人民检察院出台了相关司法解释，对林业类环境犯罪的立案以及量刑作出了规定，如最高人民法院、最高人民检察院《关于办理环境污染刑事案件适用法律若干问题的解释》（2013 年）、最高人民检察院《关于渎职侵权犯罪案件立案标准的规定》（2006 年）、最高人民法院《关于审理破坏林地资源刑事案件具体应用法律若干问题的解释》（2005 年）、最高人民法院《关于审理破坏森林资源刑事案件具体应用法律若干问题的解释》（2000 年）等。除上述立法及司法解释之外，国务院、环境保护部、交通运输部、农业部等均发布过相关规定，致力于环境保护。但从整体来看，涉及林业类生态环境安全渎职犯罪的相关立法或司法解释数量不多，相对于其他领域渎职犯罪而言，本专业领域的相关司法解释数量少，对于个案的批复更少，与日前环境污染事故频发、媒体关注极大、民众期待程度较高的状态较不相称。

二是环境保护领域渎职犯罪罪名细分度较低。以林业资源领域监管犯罪为例，从《刑法》第九章渎职罪的规定中，除滥用职权和玩忽职守两个兜底罪名以外，与林业保护有关的可能就是违法发放林木采伐许可证罪和环境监管失职罪，其中环境监管失职罪的重点涉及的是环境污染，对于林业生态环境保护监管的规定尚不明确。在司法实践中，违法发放林业采伐许可证和环境监管的案件极少，但是查办关于因有关国家机关工作人员监管不力而导致林木被盗伐、滥伐的案件较多。但这类发生在林业领域的常发渎职犯罪案件，所涉及的罪名没有纳入具体罪名当中，而多半是以玩忽职守罪立案查处的。由于《刑法》没有规定具体的罪名，这类林业渎职案件在刑法条文中没有反映出犯罪形式，相对于叙明罪状而言，此类案件的查办多数时间需要调查人员对涉嫌犯罪行为的内心论证。①

三是渎职犯罪的立案标准存在一定的争议。2006 年 7 月 26 日《关于渎职侵权犯罪案件立案标准的规定》中，对林业领域渎职犯罪中的违法发放林木采伐许可证和环境监管失职进行的标准规范，主要针对发放许可行为的触刑标准，以及防护林和特种林损害的触刑标准。而调查实务在立案中唯一能够找到的标准就是该规定中"林业主管部门的工作人员之外的国家机关工作人员，违反森林法的规定，滥用职权或者玩忽职守，致使林木被滥伐 40 立方米以上或者幼树被滥伐 2000 株以上……按照《刑法》第 397 条的规定以滥用职权罪或者玩忽职守罪追究刑事责任"。这个规定的"林

---

① 李高明、吴晓宁、郑隆峰：《职务犯罪案件调查过程中的并案调查研究》，载《河北法学》2013 年第 10 期，第 197~200 页。

业主管部门工作人员之外的国家机关工作人员"较不贴合办案实际,在办案过程中,往往触及渎职犯罪的就是基层乡镇林业站所和区县林业局工作人员,这些单位就是林业主管部门。滥伐能以司法解释的立案标准进行规范,但是对于盗伐的情形,立案标准是没有明确的。

对于环境监管失职罪中"造成防护林地、特种用途林地 10 亩以上"的立案标准,和违法发放林木采伐许可证的"20 立方米""40 立方米"存在冲突,因为有可能在违法发放采伐许可后,违法采伐面积超过 10 亩而立方数不够的,也可能立方数达到但采伐面积没达到的。还有对盗伐林木而有关国家机关工作人员没有监管到位造成严重后果的行为,如何制定立案标准,也是值得讨论的问题。

四是渎职犯罪查办的难点问题较为突出。林业领域渎职犯罪案件办理,还有两个问题需要引起重视:其一,林木被违法采伐的数量如何计算;其二,林业领域监管职能大量使用"临时工"。[①]根据经验做法,对于林业领域监管渎职犯罪造成林木被违法采伐的数额,一般是等待盗伐、滥伐林木案件被森林公安部门查处并送交法院判决之后,根据法院判决书定论的数额为依据。但是这种情形仅适用于快侦快判案件,如果砍伐林木的犯罪嫌疑人迟迟无法归案,那么涉及林木量的鉴定问题。对于林业监管的临时工问题,主要是指乡镇政府林业主管部门(林业站所)从外面招聘护林员,给予其一定的经济待遇和专业知识培训,由这些护林员进行林业资源保护的日常监管。面对这种特有的行政执法体制,在查办渎职犯罪中关于犯罪主体的辩论从未间断。

---

① 刘雪梅、刘丁炳:《监管渎职犯罪的主体问题研究》,载《中国刑事法杂志》2013 年第 9 期,第 52~56 页。

二、存在问题的法律回应

在目前滥伐乱伐林木行为不减、监管失职行为不乏存在的情况下，司法实践中查处的环境污染犯罪以及环境监管失职罪却不多，远远起不到惩治和震慑林业犯罪的作用。犯罪认定、查实，执法行为执行和落实的前提是明确的立案标准和行为标准，所以，明确林业污染行为的犯罪属性，是查办和惩治相关犯罪的关键。

（一）对现有法律条款中"基本功能丧失或者遭受永久性破坏"进行细化

环境污染犯罪及监管失职犯罪中，在难以认定财产损失、人身伤亡的情况下，能否适用《关于办理环境污染刑事案件适用法律若干问题的解释》第1条第12项的规定"致使基本农田、防护林地、特种用途林地五亩以上，其他农用地十亩以上，其他土地二十亩以上基本功能丧失或者遭受永久性破坏的"，问题在于，如何认定"基本功能丧失或者遭受永久性破坏的"，关于土地的基本功能，并没有明确的定义，在地理学上认为，土地具有记录功能、景色和景观功能、仓储和循环功能、载荷与承载功能、安全与保障功能、资源与环境功能、生态与社会功能。[①] 但是具体细化到不同种类的土地，其法律意义上的功能定位与划分并无相关标准，由此根据此条款来认定犯罪在实践中亦极少应用，而标准的制定需要与国土资源部等相关部门共同研讨推进，将本条款解释落到实处，标准细化、实化，使其发挥在定罪时的作用，是目前要研究的重要问题之一。

---

① 赵文廷、周亚鹏、于东波、胡哲：《土地功能及其类型》，载《环球市场信息导报》2005年1月刊，第4页。

（二）对涉及相关犯罪的罪名进行细化

鉴于基层办案中多发、易发现象，对于有关国家机关工作人员（基层的主要在乡镇林业站和区县林业局）因未履行好监管职责导致林木被大量滥伐、盗伐的行为，应当作出具体罪名规范；或者将这一类犯罪纳入环境监管失职罪，并充实该罪名的内涵。而对于上述原因被盗伐的珍贵林木渎职犯罪案件，可以考虑珍贵动植物保护监管方面的罪名，这样从政府监管的角度也完善了保护国家珍稀动植物的法律规范。将普遍损害国家、公民利益的林业渎职行为明文规定在《刑法》上，才能消除实务中罪与非罪的争论。

（三）充分认识标准统一对司法实践的便宜性

从司法实践来看，在缺乏明晰的标准的情况下，将造成实践中认定犯罪的困境。同样，如果标准的制定仅限于司法机关，将不利于审判、监察工作的展开，容易造成法律适用的困境。因此，为消除司法解释中标准不明确带来的不利影响，应做到司法解释内部、司法解释相互之间对于标准的明确，同环保部门相统一，由最高司法机关在相互协商后明确案件的定罪量刑标准，加强对司法解释的审查和监督，规范环境监管领域的刑事执法。此外，加强联系，扩大联合解释。确定统一的适用标准，可以提高法律适用能力，增强案件查办效能，并有利于案件侦办工作的开展和公众行为的指引，因此，划定统一的标准有利于司法实践中执法司法行为的便宜性。

三、惩治林业生态环境安全领域渎职犯罪案件的实践回应

（一）厘清法律规定，确保打击犯罪指向精准

环境资源监管涉及行政部门众多，法律、法规、部门规章及不同层级的规范性文件繁杂，专业性强。这就需要全面收集相关

法律、法规及内部规章，熟悉业务流程，厘清岗位职责，摸清渎职犯罪易发环节，找准渎职犯罪关键点。《森林法》《森林法实施条例》、国家林业局《森林采伐作业规程》《国有林场管理办法》等相关法律规定，以及工作制度及流程，熟悉掌握办理林木采伐许可证相关的申请、审批、日常监管程序等详细规定。通过上述法律规定确定行为人是否违反法律规定、是否违反操作规程，厘清相关责任人职责分工，确保打击犯罪指向精准。

（二）掌握第一手证据材料

森林分布广泛，多处于人烟稀少、比较偏远、不同行政区域交汇的地方。对破坏林地、乱砍滥伐的行为，要充分利用卫星遥感、航拍等现代化手段，及时发现及时定位，确定被破坏的林地面积、被砍伐的林木种类和数量等，掌握第一手证据材料，用于犯罪认定。

（三）强化配合，固定损失后果

查办破坏生态环境保护领域渎职犯罪涉及公安机关管辖的"前罪"，这就需要监察机关和公安机关互相支持和配合。我们在查办此类案件过程中，先由公安机关对犯罪嫌疑人进行控制，并查清犯罪嫌疑人涉嫌滥伐、盗伐等犯罪事实，固定"前罪"的犯罪证据。然后监察机关充分利用公安机关的强制措施，取得犯罪嫌疑人向国家工作人员行贿的供述，为下一步查清国家工作人员受贿犯罪事实打下基础。同时，对砍伐的林木蓄积或植物种类进行鉴定，这既是公安机关管辖的"前罪"所需证据，也是我们办理涉林渎职犯罪所需证据。在办案中，协调由公安机关聘请具有专业职称的林木工程师对砍伐的林木蓄积进行测算，对植物种类进行鉴定，固定渎职犯罪损失后果。这样，我们既可以使用公安机关取得的证据，同时也节约了司法资源、缩短了办案时间。

（四）强化监督制约

重视加强对林业工作人员的法制教育、警示教育和业务培训，增强林政执法人员的法律意识、责任意识，重视林业执法主体依法行政的能力建设，坚决杜绝和防止在林业行政执法和林业管理工作中不作为和乱作为现象；同时建议林业部门在系统内认真开展预防警示教育，必要时组织执法人员申请旁听林业部门工作人员渎职犯罪案件庭审，使林业部门工作人员深刻认识渎职犯罪的危害性；林政执法本身专业性较强，涉及林业执法方面的法律法规和规章制度较多，要求执法人员加强学习，在提高林业行政执法人员依法行政能力建设上下工夫，同时对护林人员的人选要选好用好并要注意加强其管理，着力提高工作人员林政执法水平和专业技术水平；进一步规范执法行为，强化内外监督，增强监督实效。对于群众反映强烈、渎职失职易发多发环节更要重视，加强监督，发现问题及时纠正，健全和完善重点环节和部位的制度建设并加以落实。发挥监督作用，有效预防林业系统工作人员渎职犯罪发生。

（五）注重法律效果与社会效果的有机统一

在实践中办案要注重案件质量要求，注重实体法和程序法的有机统一，严格把控立案关、证据关、起诉关，对该案移送起诉后的诉讼情况也及时跟踪了解，与公诉部门及时沟通，使案件在起诉和判决阶段事实和定性方面保持一致性。同时宜认真做好结案释法工作，提升办案的社会效果。对发案单位、事故发生地党政机关进行环境保护专题调研，并及时提出改善建议；在发案单位以释法座谈会的形式及时释法，加强办案效果；针对办案中发现的发案单位在制度、管理中存在的漏洞，及时向发案单位发出建议。这一系列的多形式释法，加强了办案效果。

打击林业生态环境犯罪，对于生态资源保护有着非常深远的意义。这类违法犯罪行为的发生，与各级政府、林业环境监管部门的履职密切相关。打击林业生态环境安全领域渎职犯罪，是促进国家机关工作人员认真履行职能，从根本上遏制破坏林业生态环境犯罪的有效举措。

第七节　查办食品安全渎职犯罪的应有之义、当务之急和重中之重

食品安全问题一直以来都是关乎国计民生的重大问题。1995年《中华人民共和国食品卫生法》（以下简称《食品卫生法》）出台，目的是保证食品卫生，防止食品污染和有害因素对人体的危害，之后，2009 年 2 月通过了《中华人民共和国食品安全法》（以下简称《食品安全法》），与原来的《食品卫生法》相比，《食品安全法》扩大了法律调整范围，涵盖了"从农田到餐桌"的全过程。2015 年 4 月，号称史上最严厉的《食品安全法》出台，强化了食品安全的刑事责任追究，大幅度提高了行政罚款的额度，增加了行政拘留的处罚。司法机关亦极其重视食品安全问题，2011 年《刑法修正案（八）》增加食品安全监管渎职罪，加重了对食品安全犯罪的刑罚。① 2013 年为解决食品安全犯罪司法认定中的问题，"两高"出台了《关于办理危害食品安全刑事案件适用法律若干问题的解释》，明确了危害食品安全相关犯罪的定罪量刑标

---

① 将生产、销售有毒、有害食品罪的起刑点从拘役提高到有期徒刑；增加情节加重作为加重处罚的考虑因素；将罚金的适用方式由单处或并处一律改为并处罚金；将罚金的数额由倍比罚金改为无限额罚金。

准，通篇体现了对食品安全犯罪严惩的态度。① 监察机关查办该类案件时也面临新的职能调整和定位，厘清目前查办该类犯罪的应有之义、当务之急和重中之重，是切实保障食品安全的重要途径和首要问题。

一、查办食品安全类渎职犯罪是监察机关行使检察权的应有之义

目前，我国食品安全问题主要集中在以下方面：第一，种植、饲养环节。表现在种植中存在过量使用农药、过量施用化肥、滥用植物激素等，在饲养中则存在各种工业添加剂超量、超常规使用等问题。比如，周至县猕猴桃涂抹"膨大剂"事件和白洋淀的红心鸭蛋事件。第二，食品生产加工环节。主要表现在加工环境脏乱差、超量使用食品添加剂或者使用国家禁止的食品添加剂、食品加工使用不合格原料、加工过程中微生物污染现象比较严重。第三，食品流通环节。比如，运输、贮藏食品环境不达标，流通渠道不畅通，出现食品腐败、变质，食品外包装存在安全隐患等。第四，食品消费环节。主要是指餐饮和销售，表现在就餐环境不卫生、销售渠道混乱，在销售的食品中添加非食品原料等。以上食品生产经营各环节的问题是导致食品安全事故频发，消费者出现信任危机的主要原因，也是食品安全犯罪的发生领域。②

各级监察机关切实发挥职能，与公安机关、法院和行政执法部门密切配合，把打击危害食品安全犯罪摆在突出位置，始终保

---

① 提出了相关罪名的司法认定标准，统一了新型疑难案件的法律适用意见，同时也对"地沟油"、食品添加剂的问题作了相应规定。

② 舒洪水、李亚梅：《食品安全犯罪的刑事立法问题——以我国〈刑法〉与〈食品安全法〉的对接为视角》，载《法学杂志》2014 年第 5 期，第 86 页。

持对危害食品安全犯罪活动的高压态势。将依法查办国家工作人员在食品安全监督管理和查处危害食品安全犯罪案件中的贪污贿赂、失职渎职犯罪作为办理职务犯罪的一个重点。同时注意发现违法犯罪事件背后的行政管理部门和执法、司法机关工作人员收受贿赂、滥用职权、玩忽职守、徇私舞弊等职务犯罪线索。对于涉嫌犯罪但不依法移送或者有案不立、有罪不究、以罚代刑、重罪轻判的，依法予以监督纠正。同时积极走访食品安全行政执法部门，通过联席会议、情况通报、查阅行政执法案件台账和案卷等方式摸排涉嫌犯罪线索，督促行政执法机关向公安机关移送。对应当立案而不立案的，及时启动立案监督程序，并强化跟踪监督，确保案件及时调查终结，防止案件流失。① 根据刑法分则及刑法修正案的规定，监察机关主要查办涉及食品安全的滥用职权、玩忽职守、食品监管渎职、放纵制售伪劣商品犯罪行为、动植物检疫徇私舞弊、徇私舞弊不移交刑事案件、商检徇私舞弊、商检失职、动植物检疫失职、环境监管失职、帮助犯罪分子逃避处罚等罪。据统计，畜牧监管、检验检疫和农业管理部门工作人员犯罪突出；窝案、串案居多；在危害食品安全渎职犯罪涉及的8个罪名中，玩忽职守犯罪突出；渎职犯罪与贪污贿赂犯罪相互交织；造成的危害后果极为严重。切实需要监察机关一直将打击危害食品安全犯罪与查办国家工作人员职务犯罪结合起来，深挖查处危害食品安全事件背后的渎职犯罪，促进落实食品监管职责，维护食品安全秩序，保障食品安全。

二、监察机关查办食品安全类渎职犯罪的当务之急

新修改的食品安全法共十章，154 条，比此前版本增加了 50

---

① http：//news. xinhuanet. com/legal/2011-03-29/c_ 121245075. htm。

条。新旧法律对比，新《食品安全法》在以下几个方面有新的突破：禁止剧毒高毒农药用于果蔬茶叶①；保健食品标签不得涉及防病治疗功能②；婴幼儿配方食品生产全程质量控制③；网购食品纳入监管范围④；生产经营转基因食品应按规定标示⑤。这部被称为"史上最严"的食品安全法，明确建立最严格的全过程监管制度，

---

① 国家对农药的使用实行严格的管理制度，加快淘汰剧毒、高毒农药，高残留农药，推动替代产品的研发和运用，鼓励使用高效、低毒、低残留农药。增加了：禁止将剧毒、高毒农药用于蔬菜、瓜果、茶叶和中草药材等国家规定的农作物的规定。

② 保健食品声称具有保健功能，应当具有科学依据，不得对人体产生急性、亚急性或者慢性危害。保健食品的标签、说明书不得涉及疾病预防、治疗的功能，内容应当真实，与注册或者备案的内容相一致，载明适宜人群、不适宜人群、功效成分或者标志性成分及其含量等，并声明"本品不能代替药物"。

③ 婴幼儿配方食品生产企业应当建立实施从原料进厂到成品出厂的全过程质量控制，对出厂的婴幼儿配方食品实施逐批检验，保证食品安全。法律特别强调：婴幼儿配方乳粉的产品配方应当经国务院食品药品监督管理部门注册。注册时，应当提交配方研发报告和其他表明配方科学性、安全性的材料；不得以分装方式生产婴幼儿配方乳粉，同一企业不得用同一配方生产不同品牌的婴幼儿配方乳粉。

④ 新版食品安全法将网购食品纳入监管范围，并明确规定，网络食品交易第三方应当对入网食品经营者进行实名登记，明确其食品安全管理责任；依法应当取得许可证的，还应当审查其许可证。消费者通过网络食品交易第三方平台购买食品，其合法权益受到损害的，可以向入网食品经营者或者食品生产者要求赔偿。网络食品交易第三方平台提供者不能提供入网食品经营者的真实名称、地址和有效联系方式的，由网络食品交易第三方平台提供者赔偿。网络食品交易第三方平台提供者赔偿后，有权向入网食品经营者或者食品生产者追偿。

⑤ 生产经营转基因食品应当按照规定进行标示。同时规定，未按规定进行标示的，没收违法所得和生产工具、设备、原料等，最高可处货值金额五倍以上十倍以下罚款，情节严重的责令停产停业，直至吊销许可证。

对食品生产、流通、餐饮服务和食用农产品销售等各个环节，食品生产经营过程中涉及的食品添加剂、食品相关产品的监管、网络食品交易等新兴的业态，还有在生产经营中的一些过程控制的管理制度，都进行了细化和完善。对此，全国人大常委会委员长张德江表示："这次修改，突出预防为主、风险防范，进一步完善食品安全风险监测、评估和安全标准等基础性制度，实施最严格的食品生产、销售、餐饮服务全过程监管，强化法律责任追究，建立食品安全社会共治体系，法律的可操作性和可执行性进一步增强。有关方面要广泛宣传、认真实施，共同维护舌尖上的安全。"①

在新《食品安全法》出台后，监察机关查办食品安全犯罪亦有新的局面。围绕新《食品安全法》的规定，监察机关将重点查办食品原料来源到生产、加工、贮运、分销、零售等各个环节的风险点，查办食品生产、流通、销售各个环节监管人员的失职渎职案件；在食品安全监管过程中徇私徇情，发现食品安全问题不依法处理，致使不合格食品、过期食品重新上市等放纵制售伪劣商品犯罪的行为；以罚代管、徇私舞弊，对依法应当移交司法机关处理的危害食品安全的刑事犯罪案件不移交，包庇、纵容违法犯罪或帮助犯罪分子逃避处罚，充当犯罪分子"保护伞"的监管失职行为；负有食品安全监管职责的国家机关工作人员玩忽职守，对辖区内存在的食品行业"潜规则"不闻不问或长期坐视不理的行为，不认真履行监管职责，在食品安全监管活动中走过场，不履行查究职责，使国家和人民利益遭受重大损失的渎职犯罪案件；社会影响恶劣的食品安全恶性事件。

---

① http：//finance. ifeng. com/a/20150425/13663007_ 0. shtml。

三、监察机关查办食品安全渎职犯罪的重中之重

新法以最严谨的标准、最严格的监管、最严厉的处罚、最严肃的问责来构建食品安全的防卫体系。配合新法施行，监察机关也将查办该类犯罪作为进一步的重点，并对查处过程中的重要问题一一明晰。

1. 明确危害后果的认定标准。鉴于渎职犯罪属于结果犯，只有监管失职的行为造成了一定的危害结果才能符合本罪的构成要件，但是在食品安全渎职犯罪中，直接的经济损失数额难以量化，原因在于食品安全事件危害的是不特定群体的生命健康权，特别是有毒有害食品进入流通环节之后，损失难以认定。正确认定食品监管渎职罪的追诉标准是查办此类犯罪的重要条件。鉴于目前没有相关犯罪的追诉标准，根据最高人民检察院发布的案例及指导意见，制定可执行的标准是精准查办案件的有利途径。根据相关犯罪的后果规定，《刑法》第408条之一的食品监管渎职罪中"导致发生重大食品安全事故或者造成其他严重后果"，可以认定为"（一）造成1人以上重伤、中度残疾或者器官组织损伤导致严重功能障碍，或者3人以上轻伤、轻度残疾或者器官组织损失导致一般功能障碍的；（二）致使30人以上中毒的；（三）造成经济损失30万元以上的；（四）导致有毒有害的食品或者不符合安全标准的食品流入市场，危害不特定多数人健康，造成恶劣社会影响的；（五）其他严重的后果。"而同款的"造成特别严重后果"标准可以认定为"（一）致使死亡或者重度残疾，或者造成3人以上重伤、中度残疾或者器官组织损伤导致严重功能障碍，或者造成10人以上轻伤、5人以上轻度残疾或者器官组织损伤导致一般性功能障碍的；（二）致使100人以上中毒的；（三）造成经济损失150万元以上的；（四）造成特别恶劣社会影响的；（五）其他特

别严重的后果。"

2. 明晰权责体系，划分责任清单。在相关危害食品安全类渎职犯罪中，由于"九龙治水"现象的存在，众多部门对于食品安全负有监管职责，在事故和问题发生时往往相互推诿扯皮，且不同部门法及行业规范之间存在一定的重叠和冲突，因此明确相关人员的职责职权具有一定的难度。条线式职能管理的各级行政机关很难对中央事务和地方事务进行明确的区分，同时，横平式职能管理的地方政府各层级间的职权划分不清晰现象较为严重，具体部门之间正职和主管副职分权不明，在现实问责机制中也存在问题。因此对责任加以明细化，制定统一责任的规定或制度，作出具有可操作性的规定，也是下一步查办犯罪的重点工作。

3. 进一步织密刑事法网，加强法法衔接。加强食品安全违法案件的民事责任、行政责任和刑事责任的衔接。在现实中食品安全的行政违法行为和食品安全犯罪行为很难截然分开。这就需要在对食品安全违法犯罪案件的惩治过程中准确把握行政违法和食品安全犯罪的界限，根据案件涉及的金额、违法事实的情节、违法事实造成的后果来把握罪与非罪的界限。对于确实涉嫌构成生产、销售有毒、有害食品罪，生产、销售不符合安全标准的食品罪以及其他罪名的，由行政机关依据《行政执法机关移送涉嫌犯罪案件的规定》及时向公安机关移送。[①] 严密对食品生产链的全过程的刑事法网治理，零容忍的实现途径就是严密刑事法网，变只涵盖生产、销售环节为生产、经营的全过程管理，增加持有型的食品安全犯罪。明晰食品安全犯罪中的"食品""食品标准"的范围，对食品安全的牛鼻子"食品添加剂"犯罪加大处罚力度。完

---

① 邵彦铭：《我国食品安全犯罪治理刑事政策的反思与重构》，载《河北法学》2015 年 8 月刊，第 121 页。

善食品安全违法行为的刑事责任制度，与《食品安全法》中的行政责任衔接，追究问题食品不召回者的刑事责任，对食品安全过失犯罪进行处罚、对进口不安全食品犯罪进行处罚等。[①]

4. 监察机关提前介入的考量。"提前介入"，是指监察机关在公安机关提请批捕和移送起诉之前参与到刑事案件的调查活动中，从而实施法律监督，规范调查行为。"提前介入"实际上是一种新型调查监督模式，不同于静态、事后、被动的监督方式，而是监察机关基于自身法律监督职能主动深入调查活动之中，并对调查活动实施同步、动态的监督。监察机关提前介入重大食品安全事故调查，目的在于严厉打击那些破坏市场经济秩序、侵害人民生命健康的犯罪。由于相当多的食品安全事件的背后都存在监管不到位、失职渎职、贪污受贿行为。提前介入事故的调查，有利于查办食品安全事故背后的职务犯罪。

第八节　国家财政专项资金补贴领域
职务犯罪问题

近年来，为加快推进产业的转型升级，大力提升经济发展质量和效益，推动循环经济发展和环境保护，国家发改委、财政部、商务部等部门通过采取贷款贴息、财政补助等项目专项资金的方式，投入了巨额的财政资金，加大对各省、市企业的财政支持力度。这对加快我国经济发展起到了重要的引领和支持作用。但是，一些不法分子将这一财政专项补贴资金视为"唐僧肉"，通过伪造

---

① 邵彦铭：《我国食品安全犯罪治理刑事政策的反思与重构》，载《河北法学》2015 年 8 月刊，第 123 页。

项目材料，拉拢腐蚀国家工作人员，弄虚作假，骗取或套取专项补助资金，造成国家巨额经济损失，使中央的"产业发展"政策在地方大大打了折扣，破坏了国家发展的战略政策，败坏了社会风气。职务犯罪案件调查机关应当以突出查办发生在群众身边、损害群众利益的贪贿和渎职犯罪案件为重点，将专项资金补贴领域职务犯罪查办，以保护群众利益为己任，开展专项资金审验领域职务犯罪查办专项行动。现将新农村现代流通服务网络工程专项资金审验领域、渔业成品油价格补助领域、微型企业补助资金领域、淘汰落后产能中央财政奖励资金领域、林业贷款贴息领域五大领域职务犯罪的政策性规定、犯罪特点分析如下。

一、新农村现代流通服务网络工程专项资金审验领域职务犯罪案件

（一）相关政策规定

为推进社会主义新农村建设，健全农村流通网络体系，助农征收，便民惠农，拉动农村消费，中共中央、国务院于 2007 年下发了《关于积极发展现代农业扎实推进社会主义新农村建设的若干意见》（中发〔2007〕1 号）和《国务院关于促进流通业发展的若干意见》（国发〔2005〕19 号），规定中央财政设立新网工程专项资金。财政部于 2009 年印发了《新农村现代流通服务网络工程专项资金管理办法》（财建〔2009〕630 号），要求地方各级财政部门应当会同同级供销部门加强对项目的执行情况和专项资金使用情况的监督检查，追踪问效。

（二）案件特点

在对项目审查、审核及项目验收的过程中，相关具有审查、审核、验收职责部门的工作人员严重不负责任，不认真履行职责，导致巨额新网工程专项资金被套取，造成的损失特别巨大。该类

案件特点具体表现为：

1. 套取新网工程专项资金情况普遍。申报新网工程专项资金的项目单位普遍存在使用虚假会计凭证、伪造相关证明文件等方式套取专项资金的现象。例如，某地区共有某农资有限公司、某有限公司、某农资交易中心等27家供销社参股公司、供销社下属企业及专业合作社申报国家新网工程专项资金，专项资金金额达1125万元。现已查明有23个申报项目使用弄虚作假的方式套取国家专项资金，总涉案金额达1020万元，占专项资金金额的90%。例如，某农资有限公司为了达到申报要求的项目投资概算不低于500万元，且已经立项并进入实施阶段。其在会计凭证中伪造工程付款收据及土地租金收据，付给两个施工方及土地出租方共计510万元，实际项目建设投资仅为300万元左右。为了在申报材料中体现出完成相关审批手续，该公司又购买伪造的《建设工程规划许可证》《建设工程施工许可证》《建设用地规划许可证》《企业投资项目本案确认书》等证明文件，通过了项目审查和验收，套取国家新网工程以奖代补专项资金。

2. 供销社虚假出资情况普遍。在查询工商登记、审查项目申报单位的会计账簿及会计凭证中发现，各申报单位的供销社参股多存在虚假出资现象。有的是采取供销社先行出资后又抽回，有的则是完全由申报单位出资，供销社只是挂名。例如，某公司为了达到申报新网工程以奖代补项目奖励条件要求的注册资本不低于500万元，且供销社须为申报企业的第一大股东，持股比例不低于34%。该公司与某供销社签订协议，以供销社下属农资公司的两个库房作价317万元出资，由于该库房早年就已经抵押给银行，实际并未过户到该公司名下，市供销社下属的农资公司未有任何出资，却作为该公司的最大股东，使该公司注册资本增资。

3. 申报使用的财务报表、会计凭证造假情况普遍。例如，

2010 年至 2014 年，某区获取新网工程专项资金的 15 家申报单位均使用了虚假的财务报表、会计凭证，其中 8 家申报单位甚至是找了同一个代账会计制作虚假财务报表和会计凭证。

（三）行为表现

1. 申报单位套取新网工程专项资金所采取的手段。

（1）申报单位找到供销社，由供销社虚假出资入股，以达到申报条件中要求的供销社参股入股比例。

（2）制作虚假的会计凭证及相关证明文件，并虚构项目工程规模、造价等，以达到申报要求的条件。例如，某市部分项目申报单位均找到同一家打字复印社，由其通过电脑后期制作、修改原证明文件部分数据等方式，帮助申报单位制作虚假的证明文件。

（3）农民专业合作社往往采取制作虚假的章程、上报虚假的组成成员户数、带动农户户数以符合相关文件要求。部分地区两家合作社使用一模一样的章程，甚至负责人、组成人员都是同一批人。

2. 渎职行为的主要表现。从国家的有关规定来看，对负责新网工程专项资金进行审查和验收的相关部门工作人员的要求是具体、明确的。供销社要对项目实施的真实性、资金使用的合理性和会计核算的规范性负责，财政部门要对资金支出票据的真实性负责，并要由两个部门联合组成项目验收小组，对扶持项目进行验收，符合资金拨付要求的项目，由财政部门下达资金。该案中相关部门工作人员的渎职行为主要表现为：

（1）供销社的工作人员为配合项目单位申报新网工程专项资金，以供销社或下属公司的名义入股申报单位，虚假出资，为项目单位套取专项资金提供前提条件。

（2）供销社和财政部门相关工作人员不认真履行职责，未按照项目申报相关文件的要求各司其职，对申报的项目进行认真审核，特别是未对项目申报企业的申报单据、证明材料等原件进行审核。

（3）供销社和财政部门组成的联合验收小组，在对申报项目现场进行验收过程中，对核查的内容敷衍了事，未履行自己的职责，没有把好专项资金拨付到项目单位前的最后一道关。

二、渔业成品油价格补助专项资金领域渎职犯罪案件

（一）相关政策规定

渔业成品油价格补助资金是国家为了缓解燃油价格上涨带来的不良影响，降低渔民和渔业企业的生产成本，资金额大、涉及面广、政策性强，是一项重要的惠渔支农的民生政策。2009年1月，财政部、国家发改委等联合下发了《关于成品油价格和税费改革后进一步完善种粮农民部分困难群体和公益性行业补贴机制的通知》，该通知明确了渔业成品油价格补贴的范围、对象和补贴机制：从事近海捕捞、内陆捕捞及养殖并使用机动渔船的渔民和渔业企业。当国家确定的成品油出厂价格高于2006年成品油价格形成机制改革实施补贴前的水平，即汽油高于4400元/吨、柴油高于3870元/吨时，国家启动油价补贴机制；当国家确定的成品油出厂低于上述价格水平时，国家停止油价补贴。国家启动油价补贴机制后，油价补贴随成品油价格的浮动而调整。当成品油价格上涨时，增加补贴；当成品油价格下跌时，减少补贴。中央财政负担的油价补贴按年据实结算，并规定对从事近海捕捞、内陆捕捞及养殖并使用机动渔船的渔民和渔业企业，中央财政全额负担；对远洋渔业的油价补贴，当汽油出厂价在4400~5480元/吨、柴油出厂价在3870~5070元/吨时，中央财政负担50%；汽油出厂价高于5480元/吨、柴油出厂价高于5070元/吨的部分，中央财政负担100%。同时，要求渔业主管部门应加强基础工作。认真核实本行

业船数量及用油测算过程等基础数据，并对所提供的数据的真实性、完整性和可靠性负责。

2009 年 12 月 31 日，财政部、农业部联合下发《渔业成品油价格补助专项资金管理暂行办法》（以下简称《暂行办法》）规定，当国家确定的成品油出厂价高于 2006 年成品油价格改革时的分品种成品油出厂价（汽油 4400 元/吨、柴油 3870 元/吨）时，国家启动油价补贴机制；低于上述价格水平时，国家停止油价补贴。同时规定补助对象应当符合以下条件：1. 所从事的渔业生产符合《渔业法》等法律法规规定。2. 国内海洋捕捞机动渔船持有合法有效的渔业船舶证书，并在一个补助年度内从事正常捕捞生产活动累计不低于三个月。大中型渔船应当填写捕捞日志。国内海洋捕捞渔船纳入全国海洋捕捞渔船船数和功率控制范围，并纳入全国数据库管理。3. 内陆捕捞机动渔船持有合法有效的渔业船舶证书，并在一个补助年度内从事正常捕捞生产活动时间累计不低于三个月。内陆捕捞渔船船数和功率控制在农业部 2008 年核定数据范围内，并纳入省级数据库管理。4. 养殖渔民持有合法有效的水域滩涂养殖使用证和渔业船舶证书，使用养殖机动渔船从事正常养殖生产活动。5. 远洋捕捞渔船经农业部批准，持有合法有效证件，从事正常远洋渔业生产。6. 除农业部规定的特殊情况外，从事远洋渔业生产的渔船一律领取远洋渔业补助资金，不得重复领取国内渔业补助资金。并规定，年度终了后，县级渔业主管部门应组织符合申请条件的渔业生产者填报申请补助申请表，内容包括国内捕捞机动渔船和养殖渔船、船主和养殖证基础信息、补助年度内是否正常作业、有无违反《渔业法》等法律法规情况等。县级渔业主管部门对补助申请表进行初核、汇总，并对渔业生产者的补助申请资格进行公示后，逐级报送省级主管部门，省级主管部门对县级渔业主管部门报送的材料进行核查、测算，并将相关申报材料上报农业部。

（二）案件特点

1. 发案的主体主要集中在县区级渔政部门和渔业行政主管部门具有对船证审核职权的负责人。法律规定县级渔业主管部门对补助申请表进行初核。在实践中，各地一般是由渔政大队负责人对申请表、渔船检验证书、渔船登记证书、渔船所有权证书和身份证进行审核；渔业捕捞许可证管理部门负责人对渔业捕捞许可证和水域滩涂养殖使用证进行审核。审核人员按照分工对渔船和渔船相关证件的合法性、真实性负总责，并在申请表内签名确认。经审核符合补助条件的渔船，报本单位负责人审批。因此，这些审核人员就成了案发的主体，其如果没有正确地履行自己的职责，造成国家经济损失，就会被追责。

2. 作案的形式呈现多样化。一是为套牌渔船办理虚假船舶检验手续，致使渔补资金被骗。例如，某市渔业船舶检验局钟某翔（科长）、林某恩渎职案：钟某翔、林某恩违反船舶检验条例，在没有真实船体的情况下出具相关船舶检验手续，致使6艘套牌渔船办理虚假船检手续，造成国家资金损失936多万元。二是内外勾结，骗取渔补资金。例如，某市海洋渔业局渔业股股长梁某洁贪污案：2012年至2013年，梁某洁与拆船厂老板陈某通合伙经营渔船买卖生意，并以内外勾结的形式，将进厂拆解的渔船按正常作业的情况予以审核通过，骗取渔补资金133万多元。三是违规为虚构渔船办理证书，骗取渔补。例如，某区海洋渔业局局长庄某樛滥用职权案：2010年8月9日，时任局长的庄某樛召开班子会违规决定对2艘虚构的渔船不予公开注销，并给予重新办证，办证后上述2艘渔船骗取了2010年、2012年度渔补资金115万多元。四是收受贿赂，未依法核查船舶档案，致使补资金被骗。例如，某区海洋渔业局副局长彭某勇滥用职权案：2011年至2013年，彭某勇利用职务之便，违反规定，收受贿赂款，违规为未依法提供捕捞证的船只审批通过渔补申请，造成国家渔补资金损失 110 多万元。五是滥用职权，违规审批不符合申报条件的渔船申报补贴，造成国家巨额经济损失。例如，某市原海洋渔业局局长陈某壮滥用职权案：陈某壮明知已过期的捕捞许可证系无效船舶证件，不符合 2012 年度渔业柴油补贴条件的申请，仍超越职权，指令该市海洋渔业局及该市渔政大队相关人员给予该市 61 艘捕捞证已过期的渔船审核通过上报，致使国家渔补专项资金损失 1033 多万元。六是弄虚作假，为不符合申报条件的渔船，出具虚假正常作业的证明。例如，某市甲子镇渔业第二管理区书记兼主任李某滥用职权案：李某身为受委托从事公务的人员，在未核实所属辖区内 12 艘申报 2012 年度渔业柴油补贴的渔船是否有出海正常作业的情况下，违反规定开具证明，让不符合渔补申报条件的渔船船主申报，致使国家经济损失 67 万多元。

3. 渎职呈现多个易发节点。根据《渔业捕捞许可证管理规定》的规定，一艘合法有效的渔船需要经过以下几道程序：申请人——申请《渔业船网工具指标》——获批后再申请渔船制造、更新改造、购置或进口手续——并申请渔船船名、办理船舶检验、登记和捕捞许可证。只有船证合法有效及正常生产才能符合申报渔补的资格。从我们的办案实践中发现，海洋渔业部门在审核申报渔补资金中容易发生渎职的环节主要有：一是船舶检验环节。出具虚假的船舶检验证书，利用渔船拆解期间，套取渔补资金。二是渔补资金受理及审核环节。基层渔政大队在受理渔补申请的审核中，没有严格对渔船检验证书、渔船登记证书、渔船所有权证书和身份证进行审核。渔业行政部门负责人在受理渔补申请的审核中，对渔业捕捞许可证和水域滩涂养殖使用证的合法性和真实性没有进行严格审查。三是渔补资金申请的核船环节。在这个环节中，渔政大队有关人员没有严格对船证进行现场核查，导致虚构渔船、船证不符、一船多证等被成功申报。四是渔船正常生产的监督环节。在申请渔补资金时，渔业管理区出具证实渔船正常生产的虚假证明。

三、微型企业补助资金领域渎职犯罪案件

（一）相关政策规定

为充分发挥微型企业在促进就业再就业、改善民生、构建和谐社会等方面的积极作用，明确对新创办的微型企业进行扶持政策，即自治区、市、县财政设立微型企业扶持资金，对新创办的微型企业给予资本金补助。

1. 微型企业定义。微型企业是指从业人员（含投资者）20 人及以下、出资数额或注册资本 10 万元及以下、依法注册登记的企业。列入扶持范围、符合扶持对象条件的企业在其组织形式后标注"微型企业"字样，列入扶持范围的微型企业应当是注册登记、并符合上述要求的新办企业。

2. 扶持对象。扶持的微型企业投资者应同时具备下列条件：（1）具有本自治区户籍（含集体户口），并在拟创办的微型企业所在地居住的大中专技校毕业生、城镇失业人员、返乡农民工、"农转非"人员、库区移民、被征地拆迁户、残疾人、城乡退役军人等（以下简称"八类人群"）。（2）无在办企业。（3）具有创业能力，即应当具备年龄、行为能力条件，并经创业培训，具备一定的经营管理能力。（4）不属于国家禁止经商办企业的人员。（5）属于"八类人群"的投资者与他人创办合伙企业或有限责任公司的，其出资比例不得低于全体投资人出资额的 50%。从 2012 年 3 月 1 日起，扶持对象扩大到"九类人群"，即把在申办微企所在地居住，经营范围为文化创意、信息技术及高新技术等产业，

注册地为各大学创业园、科技园及创业孵化基地等的"在校大学生"列入扶持对象范围。

3. 财政资金补助政策。根据经济发展和财力增长状况，结合扶持对象的创业需求，自治区、市、县财政设立微企扶持资金，对新创办微企给予资本金补助。补助比例控制在投资者实缴到位注册资本或出资数额（不包括财政补助数）的30%以内。其中，对地级市城区内新创办微企的补助资金由自治区财政负担30%，市财政负担70%；对各县辖区新创办微企的补助资金由自治区财政负担50%。例如，贺州市按照企业投资10万元，补助3万元，开办果场20亩补助3万元扶持微型企业。

（二）案件特点

1. 手法简单，作案时间不长。该项政策2011年才出台，当年掌握相关注册、审批权限的工商人员还未熟悉政策，还没能钻政策的空子，一般2012年后才发案。工商部门有关人员为不符合补助条件的申请户，或者通过自己亲属及中间人找不符合补助条件的申请户申请，掌握权力的工商人员违规办理，套取补助款进行分成。

2. 案发环节集中，缺乏有效制约。根据文件规定：在该项政策实施过程中，微企登记机关可委托乡镇工商所对辖区内新创办的微企进行监督管理；对拟设微企的住所或者经营性场所进行实地核查；工商行政管理机关应根据巡查计划、上级部署、群众举报等情况，组织对微企进行回访检查、例行检查和涉案检查，实施有效监督。从查办案件情况看，案发环节集中在乡镇工商所实地核查及检查环节。

3. 渎职犯罪与贪污贿赂犯罪交织并存，同时存在诈骗等其他犯罪。在查办案件过程中发现，工商部门工作人员看到违规办理微企补助的好处，便产生从中牟利的思想，为不符合补助条件的申请户，或者通过亲属或中间人主动找不符合补助条件的申请户违规办理补助，骗取补助款进行分成，或者索取好处费。某些农民了解该项政策后，向相关工作人员行贿，虚构微企，或制作虚假材料，骗取补助款。

（三）微企补助领域渎职行为的表现形式

从查办案件情况来看，微企补助领域渎职犯罪易发高发环节为检查、实地核查阶段。工商机关工作人员的渎职行为主要表现为：

1. 在收取好处费后，明知申请户弄虚作假，仍然予以审核通过。一些不法分子为了牟取暴利，采取贿送钱物等方式拉拢腐蚀监管人员，而一些审核人员手中掌握的权力比较集中，权力运作缺乏透明度，在行使职权的过程中得不到有效的制约，极易产生权钱交易等渎职犯罪与贿赂犯罪交织的职务犯罪行为，给国家财产造成巨大损失。例如，李某某涉嫌玩忽职守案、受贿案：2013年，钟山县公安工商所申报微型企业补助的企业共有42户。李某某身为公安工商所所长，负责组织对辖区内申报微型企业补助的实地核查工作。在收取申请户的贿赂款后，对微型企业登记设立进行实地核查过程中，不履行或者不认真履行职责，就在《工商所对辖区内企业设立场地调查表》的调查人一栏签字确认通过审核。申请户提交补助资金申请材料以后，工商所应再次对申请微企补助的微型企业进行实地核实。李某某没有组织人员对申请补助的微型企业进行实地核查，在未对申请补助的微型企业进行实地核查的情况下，就交代下属在上级下发的《钟山县新办微型企业实地核实情况表》的核实人员一栏予以签字通过核查。导致14户不符合补助条件的申请户获得了微企补助款，造成国家专项扶持资金损失40.5万元。

2. 工作严重不负责任，未按有关文件要求履行检查、核查等职责，使申请户虚假出资、虚报注册资本、抽逃资本、伪造申报材料等行为得以审核通过。例如，某区工商局工作人员莫某知悉微企补助政策后，伙同李某等人以"代办"的名义，采取虚假出资、抽逃出资、伪造材料等手段，以某镇 31 名农户的名义共套取国家微型企业资本补助金 93 万元。其间，工商所将该辖区微型企业的监管工作具体交由该所副所长黎某及外勤组的陈某负责执行，黎某、陈某在开展对微型企业监督管理的工作过程中，明知道微型企业的监管有明确文件规定，检查内容有重点要求，开展监督管理工作仍然敷衍了事，在对每户微型企业进行回访检查时，没有对"企业的出资情况，有无虚假出资、抽逃出资的行为"进行认真检查核实，导致上述 31 户微型企业存在严重虚假出资、抽逃出资的情形没有被检查发现，致使莫某等人能顺利利用上述 31 户微型企业套取国家微型企业资本补助金 93 万元，给国家造成了重大经济损失。再如，罗某某、凌某涉嫌玩忽职守案，根据文件规定，工商所必须在新创办的微型企业获得营业执照一个月内进行回访，重点检查新办微型企业是否存在虚假出资、抽逃出资的行为。但时任工商所副所长的罗某某和工作人员凌某并没有按相关规定在一个月内对企业回访，导致犯罪嫌疑人以 33 户农民的名义新办 33 个微型企业，利用新办 33 个微型企业以虚假出资、虚报注册资本等方式骗取国家补贴资金，造成国家专项资金损失 98.5 万元。

四、淘汰落后产能中央财政奖励资金领域渎职犯罪案件

（一）相关政策规定

淘汰落后产能制度是指国家对已经投入使用的、不符合强制性标准或者不适应技术进步要求的高消耗、高排放、低效益的产品、设备和生产工艺进行强制性淘汰的制度，是国家为转变发展

方式、调整产业结构、推进节能减排而出台的一项重要举措。2007 年 12 月，中央财政设立奖励资金，第一次决定采取专项转移支付的方式对经济欠发达地区淘汰落后产能"以奖代补"给予资金奖励，并由财政部制定下发了《淘汰落后产能中央财政奖励资金管理暂行办法》（财建〔2007〕873 号）；2011 年 4 月，财政部、工业和信息化部、国家能源局三部委联合制定下发了《淘汰落后产能中央财政奖励资金管理办法》（财建〔2011〕180 号），废止了财建〔2007〕873 号文件，对奖励范围、奖励标准、资金用途、监督管理作出了新的规定。因此，2010 年底前的淘汰项目，应适用财建〔2007〕873 号文件规定；2011 年之后的淘汰项目，应适用财建〔2011〕180 号文件规定。该领域的相关法律政策文件还有：《关于下达 2012 年淘汰落后产能（工业行业）中央财政奖励资金预算指标的通知》等相关规定。

（二）淘汰落后产能领域渎职犯罪特点

1. 损失数额巨大。根据国务院有关文件，淘汰落后产能奖励资金重点解决职工安置、企业转产问题，专项资金的用途决定了资金的总量和奖励给具体企业的数额均比较大，而较大的资金量又决定了在此领域渎职犯罪造成的经济损失数额也比较大，重特大案件也比较多。

2. 涉案部门集中。国家淘汰落后产能奖励资金报批工作从 2008 年开始，相继由发改委、财政部门组织实施；2011 年以后，工信部门组织申报、审查（其中发改委能源局负责电力项目），财政部门会同工信部门、发改委组织汇总、审核，并层报财政部审批、拨付奖励资金；环保、人社、国土等部门根据自身职责权限，负责相关方面工作。因此，淘汰落后产能领域渎职犯罪案件集中在工信、财政、发改委三个部门，部分涉及环保、乡镇政府。

3. 涉案人员多为实职。在财政部门，具体办理奖励资金手续的多为经建科长、副科长，审批要经过财政局副局长和局长；在工信部门，办理手续的多为企业运行监测股的科长、副科长，审批要经过副局长、局长；在发改委部门，办理手续的多为工业科（股）科长、副科长，审批要经过副主任。

4. 窝案串案较多。根据财政部的有关文件和各地制定的具体操作细则，申报淘汰落后产能需要财政、发改委、工信等部门分别向政府或上级主管部门出具文件同意企业申报，这种制度设计，在相当程度上避免了在淘汰落后产能领域个人渎职案件的发生，一个部门能够把好关，不法分子骗取国家财政资金的目的就难以实现。但一旦发生犯罪案件，往往出现财政、发改委、工信等多个部门、多个环节、多个岗位都出现问题的情况，办案过程中往往是挖出一个，带出一窝，窝案串案较多。

5. 权钱交易现象突出。相对于其他类型的渎职案件，淘汰落后产能领域渎职案件中，钱权交易行为表现得更为突出。国家财政奖励资金数额巨大且是无偿支付的，部分不法分子经不起诱惑，铤而走险采取各种手段骗取国家资金。由于国家制定的奖励资金的申报条件明确、申报程序严格，机关工作人员稍加注意，就很容易发现企业造假行为，私营企业主为骗取奖励资金，往往采取行贿手段，诱使具体工作人员不履行职责或不认真履行职责，对企业上报的申报材料不认真审查就同意不符合条件的企业申报奖励资金，导致国家经济损失严重。一部分机关工作人员甚至同不法分子合谋，积极参与作假、出谋划策、内外勾结，共同骗取、私分国家奖励资金。

五、林业贷款贴息领域渎职犯罪案件

（一）相关法规政策

林业贴息贷款是国家为鼓励、扶持林业可持续发展，由中央财政对该行业的贷款项目实行利息补贴的一种政策性专项贴息贷款，林业、财政部门对该贷款贴息资金负有监管职责。依据财政部、国家林业局《林业贷款中央财政贴息资金管理办法》（财农〔2009〕291号）等法规规章，国家对林业贷款贴息项目的政策如下：

1. 贴息对象（项目主体）。包括林业龙头企业开展的种植业、养殖业、林产加工业贷款项目；各类经济实体营造的工业原料林等种植业贷款项目；国有林场（苗圃）、集体林场（苗圃）的多种经营贷款项目；自然保护区和森林公园的森林生态旅游项目；农户和林业职工个人的小额林业贷款项目。

2. 贴息期限和贴息率。贴息期限一般为3年，农户和林业职工个人营造林小额贷款最长可贴息5年。中央财政年贴息率为3%，分年据实贴息。

3. 贴息资金申请及发放程序。主要步骤分为项目计划申报和贴息资金申请两个阶段，由项目单位事先申报项目建议计划，经有关部门批准后下达；项目单位按照项目计划从银行贷款实施林业项目并向银行支付利息，申请国家贴息，林业、财政等部门对项目计划实施情况进行检查验收、审核确定并支付贴息资金。

还需准确界定林业、财政等监管部门的主要职责，根据有关规定，林业贷款贴息监管部门主要是县、市级林业、财政部门，按照"谁申报、谁监管、谁负责"的原则实行项目管理责任制，各地申报的项目，当地林业、财政部门为项目监管人。

1. 主要职责。（1）对本级林业贴息贷款项目计划进行汇总、审核并择优排序。（2）对本级林业贷款贴息项目计划落实情况进行及时监督、指导，跟踪问效，每年逐级报送上年度项目效益情况和贴息资金使用管理情况。（3）对项目单位提供的贴息资金申请材料进行审查核实，对项目单位（含以前年度余额项目）当年完成建设内容进行检查验收，并填报《林业贷款财政贴息项目进度验收表》，项目检查验收的内容包括项目贷款到位及使用情况、自有资金投入及使用情况、项目建设情况和资金核算情况。贷款总额少于3000万元的项目，由县级以上林业部门组织检查验收并出具验收报告；贷款总额3000万元以上的，由市级以上林业部门组织检查验收并出具验收报告，由会计（审计）中介机构出具资金使用情况报告。（4）林业部门对农户和林业职工个人小额贷款项目贷款的真实性及用途进行审核，对项目实施情况进行检查验收。（5）林业部门还具有认定本级林业龙头企业的职权。（6）财政部门对资金进行拨付，对财政违法行为进行监督、处理。

2. 主要监管内容。县级林业、财政部门负责对辖区内项目的合规性、项目单位申报材料的真实性进行严格审查、现场核对，对项目建设进行跟踪检查，从源头上杜绝虚报、冒领贴息资金的行为。市级林业、财政部门负责对辖区内项目申报材料的合规性、计划落实和资金使用进行严格审核，按时报送有关材料。各级林业主管部门必须明确负责林业贷款财政贴息项目管理的职能部门，明确职责，并配备专门的工作人员具体负责项目管理工作。

林业贷款财政贴息项目计划申报、贴息资金申请和项目管理的有关资料，除向上一级林业、财政部门报送外，各级林业部门需同时存档，并保留5年以上。

（二）案件特点

1. 涉及林业贷款贴息监管领域渎职犯罪的关键环节。项目计划申报环节，存在项目单位、小额贷款个人弄虚作假，监管部门审核不严等问题；项目进度验收环节，存在项目单位弄虚作假，监管部门监督、验收流于形式等问题；贴息资金的申请支付环节，存在弄虚作假骗取资金，贴息资金被挪用、截留等问题。上述环节还涉及项目单位与监管部门人员勾结，共同骗取国家资金以及构成行贿、受贿、贪污等犯罪的问题。

2. 林业贷款贴息领域渎职犯罪主要作案手段。一是项目计划申报环节编制虚假申报材料，致使不符合条件的项目列入项目计划。二是项目进度验收环节监管流于形式或者主动放弃职责，致使虚假项目通过验收。三是贴息资金申报环节伪造贷款合同、银行单据，致使国家专项资金被套取。四是内外勾结、合谋造假，共同骗取国家资金后谋取部门利益甚至个人私利。

第九节　安全生产事故中监管部门所负监管责任

近些年来，安全生产事故频发，天津港"8·12"瑞海公司危险品仓库特大火灾爆炸事故造成了重大人员伤亡和财产损失。事故发生3天之内，习近平总书记连续两次作出重要指示，严查事故原因，严肃查处事故责任人，坚决遏制重特大安全生产事故发生。近些年来，煤矿透水事故、食品安全事故频发，难以回避的问题是安全生产事故为何如此高发。当然利益驱动下从业者违章冒险作业是主要原因，但不可否认安全生产监管不力，监管人员怠于职守也是导致事故发生的重要原因。可以说，每一起安全生产事故的发生，均与相关安全监督管理部门中负有监管职责的工作人员的不作为息息相关。强化安全生产监管机关的作为义务，追究监管人员怠于职守的刑事责任，对于预防社会风险，促进安全生产，保障民众生命与财产安全具有重大的现实意义。

一、风险社会中的安全生产问题

德国社会学家贝克1986年发表了题为《风险社会：走向新的现代性》一文，引起了人们对社会风险的关注，"风险社会"的概念和理论也由此成为广泛谈论的论题。贝克认为，风险在人类社会一直存在，但风险社会的现代风险（risks）在性质上与过去的危险（dangers）完全不同：一是在物理和化学领域里的现代风险是看不见的；二是产生这些新型风险的基础是工业的过度生产；三是随着人类技术能力的增加，技术发展的后果变得难以测算。①现代社会的风险具有双重来源，即引发风险的因素既来自自然界，也来自人类自身，而且后者已成为风险的根本性来源。人类的非理性冒险、不负责任和疏忽大意加剧了这种主导性地位，并且真正使各种风险变成现实的各种巨大灾难。

美国学者威尔逊（H. W. Wilson）20 世纪 80 年代在《哈佛法律评论》中表述，在现代信息技术社会，重大事故的时有发生只不过是一个少见多怪的现象。一个意外事故的发生如一架飞机坠毁，一座结构化的高楼坍塌，或者一种被社会大众广泛使用的药品中存在产品缺陷，导致成百上千人伤亡的严重后果，这是再正常不过的事情了。②威尔逊的话稍显残酷和冷漠，但工业化以来的人类社会，灾害事故频频，令人触目惊心。

2012 年 8 月 26 日发生在包茂高速陕西延安安塞段的双层卧铺客车跟装载甲醇的罐车追尾起火事故，致使 36 人遇难，3 人受伤。从初步调查的情况看，这是一起由于两车驾驶员违法驾驶导致的道路交通责任事故。"8·26"事故的发生，虽然是驾驶员违法导致，但同时也暴露出道路交通安全工作仍然存在很多薄弱环节。

---

① 李培林著：《风险社会理论与现代社会风险》，社会科学文献出版社 2005 年版，第 5 页。

② 马长生、田兴洪著：《责任事故犯罪热点问题研究》，湖南师范大学出版社 2010 年版，第 1 页。

特别是安全责任落实还不到位，长期存在的隐患没有得到有效解决。①

2012 年 8 月 29 日，四川省攀枝花市西区正金工贸公司肖家湾煤矿发生特别重大瓦斯爆炸事故，截至 9 月 2 日 23 时，攀枝花肖家湾煤矿瓦斯爆炸事故已造成 45 人死亡，尚有 1 人被困井下，给人民群众生命财产造成惨重损失。"8·29"特别重大瓦斯爆炸事故调查组全体会议指出，经初步分析，肖家湾煤矿对"打非治违"专项行动的相关部署要求不落实、走过场，违法违规超能力、超强度、超定员组织生产；安全生产管理极其混乱、无风微风作业、以掘代采、乱采滥挖、生产方式落后、毫无安全保障可言；安全监测监控设施不健全、形同虚设，瓦斯聚积超标仍没有停产撤人，矿井图纸与实际严重脱离；安全监管存在漏洞，检查验收把关不严。②

2010 年 11 月 15 日，上海市静安区胶州路 728 号公寓大楼发生一起特别重大火灾事故，造成 58 人死亡、71 人受伤，建筑物过火面积 12000 平方米，直接经济损失 1.58 亿元。国务院事故调查组调查认定，这起事故是一起因企业违规造成的责任事故。直接原因是项目施工过程中施工人员违规进行电焊作业，电焊溅落的金属熔融物引燃聚氨酯保温材料碎块、碎屑引发火灾。间接原因是建设单位、投标企业、招标代理机构、施工单位等违规操作，

---

① 国务院调查组：对延安特大交通事故严肃追责，载中国安全生产网，http：//www.aqsc.cn/101805/101882/252843.html？w＝%E5%BB%B6%E5%AE%89%E7%89%B9%E5%A4%A7%E4%BA%A4%E9%80%9A%E4%BA%8B%E6%95%85。

② 国务院调查组：攀枝花事故煤矿安全管理混乱，载中国安全生产网，http：//www.aqsc.cn/101806/101889/253718.html。

组织管理混乱、监督管理缺失、政府对工程项目领导不力。①

2007 年 8 月 13 日下午，湖南省湘西自治州凤凰县正在建设的堤溪沱江大桥发生坍塌事故，造成 64 人死亡、22 人受伤，直接经济损失 3974.7 万元。国务院事故调查组调查认定，这是一起严重的责任事故。湖南省有关部门对事故发生负有直接责任，涉嫌犯罪的湘西自治州公路局局长兼凤大公司董事长胡东升等 24 人移送司法机关依法追究刑事责任。②

诸如此类危害公共安全的灾难性事故，似乎成为每日新闻。事故和追责过程也表明，在各种灾难性事故的背后，总包含着人祸的因素。而之所以没有避免的因素中，一线人员的知识局限、偶尔的操作失误、技术的不成熟等只是其中很小的一部分，更多的是我们的各级管理者漠视安全生产、漠视生命、漠视规则，监督无力和野蛮监督并存。因此，对各级各类监督者的严重不负责任、玩忽职守、野蛮行使监督权等行为，我们如何通过刑法的规制而达到有效的预防和打击，为建设安全有序的社会做出贡献，这是时代赋予我们的紧迫课题。笔者将自己的研究点落在了德日等国发展起来的监督过失理论。也正是基于上述感悟，笔者认为监督过失的系统研究具有较为重要的理论和实践意义。

二、安全生产事故的责任争议

每一起安全生产事故的背后都有监管人员的不作为，然而，我国当前对安全生产监管者的责任追究却存在一定的盲区和误区。

---

① 安委办〔2011〕22 号：《国务院安委会办公室关于上海市静安区胶州路公寓大楼"11·15"特别重大火灾事故调查处理结果的通报》。

② 湖南凤凰塌桥事故处理结果公布原州长被立案，载搜狐新闻，http：//news. sohu. com/20071225/n254297864. shtml。

存在互相推诿推卸责任的观点：有观点认为，安监部门负有监督管理责任，企业负有主体责任。监督的内容包括：企业的相关安全证件、企业安全生产责任制的落实情况、操作规程制定和落实、隐患排查治理工作落实等，重要的是监督企业落实安全生产主体责任。如果天津的安监部门有对天津港和瑞海的监管职责，在监管过程中没有发现其在未取得《港口经营许可证》的情况下经营危险化学品，说是玩忽职守是没有问题的。但安监部门不是企业的安全员，不是代理企业去查隐患的，这是企业的主体责任，隐患排查的主体是企业而不是政府。安监部门应该叫作"安全生产监督部门"，主要承担监督的职责，不要越位、缺位、错位，不能代替企业行使安全生产责任。

存在以行政处理代替刑事处理的问题：还有就是表现在发生安全生产事故后，对于监管者常常"从轻发落"，其责任追究常常以党纪处分或行政责任，如给予行政处分、撤职、降级、记大过、记过等来代替刑事责任。这样的责任追究没有威慑性，也就难以遏制安全事故的频繁发生。①

---

① 以"三鹿毒奶粉案"为例，案件发生后，原奶提供者、奶商以及三鹿集团负责人均被追究刑事责任。其中，奶源基地负责人耿某某以生产、销售有毒食品罪被判处死刑，奶贩张某某以危险方法危害公共安全罪被判处死刑，劣质奶生产者高某某以危险方法危害公共安全罪被判处死缓，原三鹿集团董事长田某某以生产、销售有毒食品罪被判处无期徒刑，三鹿集团吴某某、杭某某、王某某等三名高管以生产、销售有毒食品罪被分别判处5年、8年和15年有期徒刑。应该说，对于这些直接行为人的处罚是极其严重的，但是，本案中却没有一名食品安全监督管理人员被追究刑事责任，只有质检总局、农业部、卫生部、工商总局和食品药品监管局的几名责任人员被给予行政处分（撤职、降级、记大过、记过等），形成了媒体所说的"奶商判死，放生高官"这种不合理现象，这无疑是不公平的，也引起了众多质疑。类似"三鹿奶粉案"这样监管者刑事责任缺位的案例还有很多。

其实对于监督者的责任问题，我国刑法一直有明文规定，其范围主要在《刑法》分则第二章危害公共安全罪、第六章妨害社会管理秩序罪和第九章渎职罪中，其危害后果涉及不特定多数人的生命和财产安全，主要体现在以下几个领域："（1）公共安全领域，如《刑法》第134条重大责任事故罪；（2）疾病防控监管领域，如《刑法》第409条传染病防治失职罪，第330～332条妨害传染病防治罪，传染病菌种、毒种扩散罪，妨害国境卫生检疫罪；（3）环境监管领域，如《刑法》第408条环境监管失职罪，第338条重大环境污染事故罪；（4）狱政监督管理领域，如《刑法》第400条第2款规定的失职致使在押人员脱逃罪，第397条规定的玩忽职守罪等；（5）商品检验监督管理领域，如《刑法》第412条第2款商检失职罪；（6）动植物检疫监管领域，如《刑法》第413条第2款动植物检疫失职罪；（7）文物保护监管领域，如《刑法》第419条失职造成珍贵文物损毁、流失罪。"之所以追究监督过失犯罪侵害的法益主要是公共安全，之所以追究监督过失罪，其目的在于加强对公共安全的保护。

　　对于监督者追究责任进行处罚的理论基础在于其未尽到监督责任。监督过失理论发轫于20世纪60年代的日本，当时日本经济高速发展，工业经济在创造巨大财富的同时，各种社会风险也随之而生，特别是在矿山、食品药品、环境、建筑等领域，公害事故大量增加，但以往过失犯罪的责任追究一般仅限于导致直接后果的行为人，而对于企业中的管理者、发布命令的人或者监督下级工作的监督者，因他们远离事故现场，往往不被追究刑事责任，这就出现了所谓的"地位越高越没有责任"或者"手脚有罪而头部无罪"的现象。虽然公害事故发生的直接原因是生产作业一线人员的过失行为，但是，他们的行为很多时候与管理者、领导者、监督者的疏于管理、怠于监督乃至错误领导密切相关。此时，公害发生后，如果仅仅追究具体行为人的责任而不处罚监督者或管理者，不仅有失公正，也有放纵犯罪甚至包庇犯罪之嫌。很明显，这样的责任追究方式是无法防范和遏制风险事故的再次发生的。因此，基于现实的客观需要，为了有效防范风险，日本刑事司法实务中出现了一种新倾向，即在建筑、火灾、环境污染、食品药品安全等领域发生重大安全事故后，其责任追究不仅仅限于现场具体的作业人员，还包括对事故负有监督、管理责任的监督者、管理者，也应追究他们的过失责任。这种监督者、管理者所承担的过失责任即被称为"监督过失"。① 为了解决重大灾难性事故中负有监督义务的监督者的过失责任问题，日本、德国等国学者率先提出监督过失犯罪理论。不过他们的研究各有侧重，日本是以企业事故为中心，而德国以医疗事故和对危险物的管理责任为中心。目前该理论已发展成为一种新兴的过失理论，同时也得到了实务界的重视。我国 1979 年刑法典和 1997 年刑法典以及 20 世纪80 年代以后的司法实践包含了监督过失思想，系统的理论介绍和研究从 20 世纪 80 年代后期已开始。1988 年顾肖荣教授率先在《法学研究》上发表了《过失犯罪理论的比较研究》一文，对日本

---

① 监督过失理论在日本森永奶粉案中被正式确立，该案件在日本影响较大，前后审理历时八年，两审法院作了完全相反的判决。一审法院认为，不能认定被告人（奶粉工厂厂长）购入药剂后未加检查存在过失，因而判决无罪。而二审法院认为：婴儿奶粉工厂在采购物品时应有一种对产品品质保证的注意义务，如果违反了此种注意义务，采购的物品中含有有毒有害物质，造成了危害后果，就应当对此负过失责任，因此，法院判定森永奶粉公司存在监督过失，最后判决被告人有罪。一般认为，监督过失理论最早由日本学者藤木英雄教授提出。当然，这一理论最早是由司法判决形成的（森永奶粉案），藤木英雄教授通过对公害案件司法判决的研究提出了系统的监督过失理论。参见易绮丽：《安全生产监督过失刑事责任研究》，江西财经大学 2014 年硕士论文。

刑法中的监督过失进行了介绍；1992 年张明楷教授撰写了《监督过失探讨》；1995 年张凌教授在日本早稻田大学写就了博士学位论文《论过失犯罪中的监督过失责任》，对监督过失进行了系统研究。同时，胡鹰博士和林亚刚教授分别在其博士学位论文《过失犯罪研究》和《犯罪过失研究》中对监督过失进行了研究。进入 21 世纪后，监督过失问题受到了更多关注，不断有文章对此进行探讨。

因此，对于负有监督管理职责的国家工作人员违反监督管理职责和从事生产作业的单位中负有监督职责的管理人员对从事生产、作业的人员没有履行必要的监督管理义务，致使公共安全遭受重大损失，应当承担刑事责任。

三、必要的反正

（一）风险社会的必然要求

贝克教授在其著作《风险社会》一书中指出，当前世界已经进入了一个与传统社会不同的"风险社会"。"风险社会"充满着各种风险，包括工业化进程中的各种环境污染与生态破坏、食品、药品安全、工业生产事故等。

风险社会客观存在，作为社会规制手段的刑法必须对现代风险社会以及由此而产生的各种风险做出回应。我国刑法在某些领域已经有所回应，《刑法修正案（八）》对生产、销售假药罪，生产、销售不符合食品安全标准的食品罪，生产、销售有毒、有害食品罪，重大环境污染事故罪，非法采矿罪的修改，以及针对食品安全监管增加的"食品安全监管失职罪"等，都是刑法对如何规制"风险社会"及其风险所作出的积极回应。

（二）要以法律规定的标准来量定监管义务

关于监管义务，除去刑法规定，其他法规也规定了监管者的责任。例如，《安全生产法》第9条规定："国务院安全生产监督管理部门依照本法，对全国安全生产工作实施综合监督管理；县级以上地方各级人民政府安全生产监督管理部门依照本法，对本行政区域内安全生产工作实施综合监督管理。"《危险化学品安全管理条例》第6条第1项规定："安全生产监督管理部门负责危险化学品安全监督管理综合工作，组织确定、公布、调整危险化学品目录，对新建、改建、扩建生产、储存危险化学品（包括使用长输管道输送危险化学品，下同）的建设项目进行安全条件审查，核发危险化学品安全生产许可证、危险化学品安全使用许可证和危险化学品经营许可证，并负责危险化学品登记工作。"可以看出，首先，关于监督主体。主体应当包括两类，即生产经营单位内部负有监督管理职责的人员和代表国家履行监督管理职责的国家工作人员。这两类主体的不当或疏于监管行为都可能造成巨大的危害后果，需要承担相应的监督过失责任。在监督关系中处于监督管理地位的监督人成为具有特定身份的主体，其特殊性在于在这一项工作中"负有监督、指挥、命令"等责任、权限和地位，这种特殊身份自始存在，并与责任相伴，二者不可分割。其次，关于监督的内容。监督内容包含整个生产作业的全局，贯穿整个业务的始终，这大致可以划分为事前、事中、事后三个方面。事前包括事先对整体项目的设计、规划的监督；事中是在项目运行过程中对项目运行状况的监督和检查，包括对具体从业人员的监督和对物的使用的监督；事后主要是在项目完成后所进行的验收、评估、鉴定、检验等。有效的监督可能促进生产的顺利进行，避免安全事故的发生，而监督不到位、怠于监督可能导致监督过失责任。但是，并不是任何疏于监督都可能导致过失责任，在刑法领域，其关键在于监督者对监管义务的违反，一旦监督者违反其监督管理义务，监督人就可能要承担相应的刑事责任。即应当考量（1）相关机关对于企业是否负有监管职责的考量：根据相关法律、法规、规范性文件的规定，机关对于企业负有监管职责。（2）是否已经监管到位：在日常监管中，履职不到位，对于公司存在的严重违法行为仅仅做罚款、责令限期改正的行政处罚，而未采取有效措施督促其整改落实，也未依法向政府报告，建议政府对其采取有效措施，放任违法行为存在。（3）监管行为与事故之间是否存在因果关系。

（三）对监督过失责任的进一步限制，信赖原则的引用

从以上分析来看，监督过失理论为追究安全生产领域监督者不作为的刑事责任提供了理论基础，但我们同样可以发现，这一理论并不是完美的，缺陷在于这一理论可能会扩大犯罪的范围，使监管者处于一种极大的风险之中。监督过失理论是在"危惧感说"的基础上提出的，如果不加以限制，就有可能扩大犯罪的范围，导致刑罚的滥用。因此，监督过失理论在引入职务关系领域之后，还需要对其适用范围加以限制，以避免刑罚的过于扩大。信赖原则可以作为限定标准。所谓信赖原则，是指"在有关多数人的事件中，行为人信赖其他参与人能够遵守规则而采取适当的行动，只要该信赖具有相当程度，即使由于其他参与人无视规则而采取了不适当的行动，并与自己的行动相结合发生了构成要件结果，对此结果不追究行为人过失责任的原则"。可见，信赖原则主要是作为注意义务认定的一个基准，目的在于限制甚至否定行为人的过失责任，进而适当限制刑罚的适用。信赖原则从分担过失责任的基本思想出发，基于社会活动中行为人相互间的信任，在彼此能够信赖的范围内，免除行为人预见他人实施不法行为而避免危害发生的义务。因此，引入信赖原则后，在纵向上，监管责任将被阻却在对安全事故负有直接监管职责的人员层面，这样就限制了责任的无限延伸，也能够有效消解在职务关系领域设立

监督过失罪的另一疑虑。所以，在监督过失领域应适度引入信赖原则，以消解这一理论实践可能存在的缺陷。

第十节　查办泄密案件中应当注意的问题

近年来，故意泄露国家秘密、过失泄露国家秘密、非法获取国家秘密的犯罪时有发生，涉及国家经济发展统计数据、国家重要考试、核心军事科技、国家地理勘测数据等领域。国家秘密切实关系到国家安全和国家利益，失密泄密会给国家带来不可估量的侵害和损失。① 为严格保守国家秘密，《刑法》第282

---

① 案例1：2002 年 6 月到 2003 年 12 月，西南农业大学外国语学院教师孔某利用自己作为英语四六级监考老师的便利条件，邀约朋友胡某、李某，学生陈某三人分工合作，以牟利为目的，把英语四六级的考题及答案泄露给考生，共计三次。孔某、胡某、李某、陈某均以故意泄露国家秘密罪分别被判有期徒刑四年、有期徒刑两年、有期徒刑一年缓刑一年、有期徒刑半年缓刑一年。案例2：2009 年 8 月，福建一名残疾人黄某在探亲的途中，路过义序军用机场，处于好奇的心理，拍下义序机场军用飞机的视频并上传至网络，最后被永泰县法院以故意泄露国家秘密罪判处有期徒刑 1 年 2 个月，缓刑 1 年 6 个月。案例3：2012 年 3 月，原金麦龙资产管理有限公司总经理伍某文因"非法获取国家秘密罪"被判处有期徒刑 5 年 6 个月。案情简述如下：伍某文从伍某明、李某某处获得尚未公布的国家宏观经济数据总计 30 项，其中秘密级数据 24 项，机密级数据 6 项。获取数据后，伍某文通过手机短信等方式转发给蔡某、孙某、叶某等 11 人，故意泄露国家秘密累计达 144 次。本案中，一审法院判决的罪名较检察院提起公诉时，减少了"故意泄露国家秘密罪"的罪名，只以"非法获取国家秘密罪"定罪处罚。上述案件来源：重庆市北碚区人民法院刑事判决书，(2004) 碚刑初字第 350 号，载 http://news.sohu.com/20120520/n343615893. shtml；http://finance.chinanews.com/cj/2012/07-27/4061961.shtml。

条①规定了非法获取国家秘密罪,《刑法》第 398 条②规定了故意泄露国家秘密罪、过失泄露国家秘密罪,法律规定为打击违反保密制度造成国家秘密泄露的犯罪提供了法律依据,同时,国家专门制定了一系列保密制度。但在司法实践中,如何正确界定国家秘密的范围,失密泄密罪主体的范围、管辖的确定、犯罪行为方式等尚存争议,这就需要精准厘定概念边界,准确认定犯罪。

一、国家机关工作人员与非国家机关工作人员故意、过失泄露国家秘密罪的管辖认定

《刑法》第 398 条故意泄露国家秘密罪、过失泄露国家秘密罪规定,国家机关工作人员违反保守国家秘密法的规定,故意或者过失泄露国家秘密,情节严重的,处三年以下有期徒刑或者拘役;情节特别严重的,处三年以上七年以下有期徒刑。

非国家机关工作人员犯前款罪的,依照前款的规定酌情处罚。

有观点认为,《刑法》第 398 条的国家工作人员与非国家工作人员失密泄密罪由监察机关管辖,第 282 条的非法获取国家秘密罪由公安机关管辖,即认为非国家机关工作人员的渎职犯罪也由监察机关管辖,司法实践中亦有此类做法。本书同意非国家机关工作人员的故意、过失泄露国家秘密罪可以由监察机关管辖,但是依据法理上并案管辖的规定,监察机关对行使公权力的公职人员

---

① 《刑法》第 282 条:以窃取、刺探、收买方法,非法获取国家秘密的,处三年以下有期徒刑、拘役、管制或者剥夺政治权利;情节严重的,处三年以上七年以下有期徒刑。

② 《刑法》第 398 条:国家机关工作人员违反保守国家秘密法的规定,故意或者过失泄露国家秘密,情节严重的,处三年以下有期徒刑或者拘役;情节特别严重的,处三年以上七年以下有期徒刑。非国家机关工作人员犯前款罪的,依照前款的规定酌情处罚。

全覆盖，对于非国家机关工作人员不是基于公职行为泄露国家秘密的，不应当由监察机关管辖。故，笔者认为，监察机关管辖的故意、过失泄露国家秘密罪仅限于国家机关工作人员的故意、过失泄露国家秘密罪。对于非国家机关工作人员单独犯故意、过失泄露国家秘密罪的，应当由公安机关管辖；对于国家机关工作人员与非国家机关工作人员共同犯故意、过失泄露国家秘密罪的，宜按照主罪管辖机关、有利于查明事实、便宜诉讼三个原则来确定管辖机关。

二、情节严重、情节特别严重、造成严重后果的认定

故意、过失泄露国家秘密罪中规定了"情节严重""情节特别严重"，以及最高人民检察院《关于渎职侵权犯罪案件立案标准的规定》中规定了"造成严重后果"，但是上述三个概念的具体标准没有明确。

首先，关于"情节严重""情节特别严重"的标准。故意、过失泄露国家秘密罪虽然没有规定，但是最高人民法院《关于审理为境外窃取、刺探、收买、非法提供国家秘密、情报案件具体应用法律若干问题的解释》中，对"情节特别严重"作了明确而具体的规定，情节特别严重是为境外窃取、刺探、收买、非法提供绝密级或者3项以上机密级文件，或国家秘密情报对国家安全和利益造成其他特别严重损害的。当然该情节不可以直接套用于故意、过失泄露国家秘密罪，但是可以采用对比法益的侵害程度来类似推定，为境外窃取、刺探、收买、非法提供国家秘密、情报罪的立案标准为：为境外窃取、刺探、收买、非法提供秘密级国家秘密或情报。故意、过失泄露国家秘密罪的立案标准为绝密级1件或机密级2件或秘密级3件。那么，可以推论，故意或过失泄露绝密级文件3件以上的，足以认定为情节特别严重。

其次，最高人民检察院《关于渎职侵权犯罪案件立案标准的规定》之（三）中"故意泄露国家秘密罪……涉嫌下列情形之一的，应予立案……4. 向非境外机构、组织、人员泄露国家秘密，造成或者可能造成危害社会稳定、经济发展、国防安全或者其他严重危害后果的"对于以上表述的"造成或者可能造成其他严重危害后果"如何把握？例如，在国家部委制定国家发展规划、宏观经济计划时发生泄密，如何确定造成其他严重后果，失泄密部门出具的证明文件可否证明严重后果的发生？本书观点是，在立案调查阶段，根据涉密文件所属单位出具的证明，可以作为达到立案标准的依据来立案，开展调查活动，在调查终结移送审查起诉后，单位出具的"造成或者可能造成其他严重危害后果"的证明是否可以作为定案的依据，则需要由审判部门来认定。在最高人民法院公报案件"李某某诉南京××置业发展有限公司商品房预售合同纠纷案"中，对于政府机关及其他职能部门出具的材料证明力，有明确的说明：对于政府机关及其他职能部门出具的证明材料，人民法院应当对其真实性、合法性以及与待证事实的关联性进行判断，如上述证据不能反映案件的客观真实情况，则不能作为人民法院认定案件事实的根据。因此，对于相关单位或政府部门出具的证明，要在不同的诉讼阶段区别分析。

三、具体案件中项（件）的认定

国家秘密的项（件）数量在司法实践中的认定存在争议。有的国家秘密由几部分组成且有不同的介质，如纸制和图片，这样的国家秘密是一项（件），还是数项（件）。有的国家秘密共同组成一个整体，比如数学、语文、英语、化学、物理的试题共同组成一个考试试题整体，在泄露后是认定为一项（件），还是数项（件），这都直接影响到正确量刑。对此，在司法实践中有争议，监察机关与审判机关的认定也不完全一致。

失密泄密案中秘密事件的件（项）问题多在考试试题泄密案中体现。2008年，林某某因涉嫌司法考试泄密案被检察机关立案调查，林某某作为国家机关工作人员利用职务便利接触到司法考试试题，并将司法考试试题泄露给他人，公安机关通过考场时发现有人作弊，倒查到林某某。在对此立案调查的过程中，有人提出司法考试试题的件或者项的认定问题，如果把当年的司法考试题认定为一件或者项的话，司法考试试题属于机密级国家秘密，按照立案标准不构成故意泄露国家秘密罪，如果一年一度的司法考试算作一件（项）的话，则每年的司法考试题被泄露都追究不了泄密者的刑事责任，不符合司法实际。[①]"案例：某人在高考考试前为谋利将数学、语文、英语、化学、物理五门考试试题泄露，在定罪量刑时律师与公诉人对于认定泄露的国家秘密的项（件）数有不同的看法。公诉人认为数学、语文、英语、化学、物理每门试题应作为独立的国家秘密进行认定，因此是泄露五项国家秘密。律师认为，被告人在泄露国家秘密时是将五门试题作为一个整体进行泄露的，不应人为进行拆分。我国《刑法》第398条规定，犯本罪的，处三年以下有期徒刑或者拘役；情节特别严重的，处三年以上七年以下有期徒刑，由于先前所泄露的试题已被确定为'绝密'级，因此泄露的项（件）数将直接影响量刑。人民法院在合议后依然认定被告人泄露了五项国家秘密，但在量刑时考虑到实际情况判处被告人有期徒刑一年半"。[②] 如果按照五项"绝密"级国家秘密来看，量刑远远不止一年半有期徒刑，那么是否

---

① 李忠诚著：《渎职罪实体认定与程序适用问题研究》，中国检察出版社2017年版，第73、74页。

② 李忠诚著：《渎职罪实体认定与程序适用问题研究》，中国检察出版社2017年版，第15、16页。

可以认为，法院真实的判决依据是将该数学、语文、英语、化学、物理试题作为一个整体的国家秘密进行量刑的，而非是认定为五项绝密级国家秘密。

从上述问题，可以看出，在理论和实务界，都存在一定争议，笔者认为，首先，项和件是并列关系，只是表述的不同，量刑宜一致。其次，具体项（件）数的区分，这个问题产生的认识分歧，主要是立案标准中采用了不同的计量标准来表述同一个问题，把两个可以包含的内容并列规定所致。为解决对涉密案件涉及秘密数量计算上的件或项的问题，在立法规定不明确的情况下，是否可以借助国家保密主管部门，对涉秘密事件的等级、数量进行鉴定，通过鉴定解决秘密中的认定问题。① 还要注意的是不同的考试试卷密级不同，高考试卷就属于绝密级文件，而国家司法考试的试题属于秘密级文件，在司法实践中应当注意区分。

四、文件起草与成稿时定密级别不同时的认定

在司法实践中，还存在这样的问题，文件起草过程中未标明密级，仅仅以"内部文件"标注，或者未有任何标注，而文件在定稿发布时定为"绝密"级文件，如果在起草过程中发生泄密，如何认定？对此，笔者认为，应当结合具体案件对行为人的认识可能性和期待可能性进行判断。结合行为人的认知程度，即对文件制定目的、所要达到的效果、行业内部行文规则、议事程序的知悉程度来具体判定。具体为涉及国家发展与体制改革的重大顶层设计、经济领域的重大决策、外交领域的重大举措等，是一般人认知范围内的常识性的国家秘密。

---

① 李忠诚著：《渎职罪实体认定与程序适用问题研究》，中国检察出版社 2017 年版，第 73、74 页。

上述判断也可以从相关司法解释中看到类似的立法精神，最高人民法院《关于审理为境外窃取、刺探、收买、非法提供国家秘密、情报案件具体应用法律若干问题的解释》第5条规定，行为人知道或者应当知道没有标明密级的事项关系国家安全和利益，而为境外窃取、刺探、收买、非法提供的，依照《刑法》第111条的规定以为境外窃取、刺探、收买、非法提供国家秘密罪定罪处罚。也就是说，对于在起草制定过程中没有标明密级的内部文件，如果行为人应当知道或者可能知道该文件关系国家安全和利益而泄露的，应当以故意、过失泄露国家秘密罪处罚。

五、尝试构建职务犯罪调查中国家秘密的确认审查程序

在司法实践中，会出现涉案单位以涉案文件为国家秘密为由，不能向调查办案人员公开，从而阻碍了办案人员对涉案文件的审查。司法实践中，不只监察机关在查办职务犯罪中会遇到这样的情形，审判机关在审理案件时同样会遇到类似的情况。例如，上海经协公司诉建德市政府其他信息公开案中，上海经协公司向浙江省建德市人民政府提交《申请信息公开》申请书，申请"公布建德市政府与永康市政府签署的《合作备忘录》的内容"。建德市政府作出决定不予公开。上海经协公司提起诉讼，法院一审、二审判决，撤销被告建德市政府作出的《信息公开申请的答复》，并责令建德市政府作出信息公开答复。后建德市政府向建德市保密局发出《关于确定〈合作备忘录〉为国家秘密的函》，要求确定《合作备忘录》为国家秘密，建德市政府作出《信息公开申请的答复》，同时送达上海经协公司。上海经协公司不服，诉至杭州中院。一审判决驳回原告上海经协公司的诉讼请求。二审浙江高院

驳回上诉，维持原判。① 从本案中可以看出，建德市人民政府针对行政相对人的公开申请，向建德市保密局发函，要求后者确定被申请公开的《合作备忘录》为国家秘密。在建德市保密局作出《关于确定〈合作备忘录〉为国家秘密的函》之后，建德市人民政府随即以国家秘密为由作出免于公开决定。② 这种认定，为滥用国家秘密回避公开埋下了伏笔。③ 从案件中可以看出，法院对于信息涉及国家秘密之诉，政府部门只要说是信息涉密，法院就会采取不审查原则，作出驳回诉讼请求的判决。在本案中可以很明显地看出，对于《合作备忘录》是否是国家秘密，建德市政府在制定文件时，并未将其确定为国家秘密，在之前的另一个诉讼中，法院是责令建德市政府重新作出信息公开的答复之后，其又发函给建德市保密局要求其确认涉案《合作备忘录》为国家秘密，建德市保密局这时才确定了《合作备忘录》为国家秘密。那么国家秘密的核定是否符合法律的规定，是否违反程序，简单地以定密事项上存在工作上的疏漏或者不当处置的理由就可以事后定密，这样作出的国家秘密受到法律的保护吗？本书认为，这是违反国家秘密的核定程序，不能因为工作疏漏的理由就可以随便定密，法院对于国家秘密不能采取不审查原则，对于明显违反程序的定密

---

① 《上海经协公司诉建德市政府其他信息公开案》，来源北大法宝数据库。

② 〔2012〕浙行终字第 51 号行政判决书，载中国裁判文书网，http：//wenshu. court. gov. cn/。

③ 马惟菁、马良骥：《政府信息公开行政案件中派生国家秘密的认定——浙江高院判决上海经协公司诉建德市政府其他信息公开案》，载《人民法院报》2012 年 7 月 19 日，第 6 版。作者均为浙江省高级人民法院法官，其中马惟菁法官是该案合议庭成员。本书中"派生国家秘密"的概念，即源于此文。转载郑春燕：《政府信息公开与国家秘密保护》，载《中国法学》2014 年第 1 期，第 146 页。

行为，法院应该进行司法审查，加强对国家秘密的监督与保护。

本书认为，可以尝试构建职务犯罪调查中国家秘密的确认审查程序。可以借鉴美国涉诉案件中对秘密的审查，在信息公开申请诉讼中国家秘密的审查根据《情报自由法》规定公民有权向政府机关请求获取信息，如果政府机关以保密为理由加以拒绝，政府机关要说明拒绝的理由，无正当理由就应当公开信息；如果公民对政府拒绝提供信息的决定不服，可以向法院提起行政诉讼，即所谓的信息公开诉讼，由法院通过司法审查的方式区分保密与非保密的界限。那么在实践中法院是如何处理的？下面参考以下案例：联邦最高法院 1973 年的环保局诉明克案件的判决。最高法院明确指出，《信息自由法》中"国家秘密"的豁免规定既不允许这类文件的公开，也不允许地区法院对其进行秘密审查来排除非秘密的部分文件信息。这表明了法院对于国家秘密是无权审查，充分尊重行政机关的决定。在此案中部分大法官反对这一判决，他们认为即使是国家秘密的豁免，也应允许法院进行秘密审查，他们指出，既然议会在《信息自由法》中规定的全面审查包括了事实审查，那么法院应对该案中拒绝公开的文件是否真的依照总统行政命令中有关保守国家秘密的规定属于国家秘密进行审查。随后国会提出了《信息自由法》的修改议案，最终最高法院对国家秘密的秘密审查权以法律的形式加以确立。通过此案例，情报自由法改变了原来法院对于免除公开的信息的免于审查的权限，从不审查到审慎审查的转变。在普通诉讼中对涉及国家秘密的审查中，如"《纽约时报》诉美国"案，可以看出在涉及国家秘密的案件中，法院对国家秘密的界定这一问题的讨论最高法院的做法是既尊重行政机关对国家秘密的判断，此外在事实上也对国家秘密的判断进行了探讨，初步形成对秘密信息的鉴定。正如怀特大法官所言："对于案件涉及的部分文件，我认为行政部门的要求是适当的。但我却不认为公布这些文件真的会对我们国家或者人民造成什么直接、即刻并且无法挽回的损失"。在案件中表明虽然要尊重行政机关的决定，但是经过修改《信息自由法》赋予了法院行政机关豁免主张进行的秘密审查的权力，所以法院对国家秘密的信息具有审查的权力。在本案中政府对公布秘密信息所带来的损失的举证责任，未达到使法院做出对其有利的判决。从这一方面来看，法院作为审判者，对国家秘密界定是有一定的判别力的，但是对于政府由于保密性的要求在何种范围内可以得到尊重，或者说法院的自由裁量的范围都是由法院自由裁量的程度所决定的，并且由于国家秘密这个秘密的定密专业性太强，法官所掌握的知识不足以明确地判断，所以法院对国家秘密的审查也是有一定的限制存在。

本书认为，解决此问题的路径，一是由办案人员签订保密协议的情况下进行案件办理；二是由司法解释确认调查机关对国家秘密审查处理的豁免程序。

第十一节　执法领域工作人员渎职犯罪问题

执法是否严格、司法是否公正，体现着国家的法治文明程度，关乎执法司法权威与法律尊严，关乎社会稳定与经济发展。习近平总书记对政法机关严格执法、公正司法高度重视，指出要坚决反对执法不公、司法腐败，努力让人民群众在每一个司法案件中都能感受到公平正义，并强调要以最坚决的意志、最坚决的行动扫除政法领域的腐败现象。这些都充分表明了党和国家对依法治国和实现公平正义的高度重视，为检察机关反渎职侵权工作如何更好地发挥作用指明了方向。检察机关把履行职能与服务大局紧密结合，有针对性地开展专项工作，形成查办执法司法领域渎职侵权犯罪规模效应。结合深入开展查办和预防发生在群众身边、损害群众利益的执法司法领域渎职侵权犯罪专项工作。通过案件剖析的方式，从发案主要特点方面对检察机关查办执法人员渎职侵权犯罪情况进行全面分析。

一、案件列举

第一类案件：公安执法人员滥用职权为"黄赌毒"提供保护伞案件。2006年8月，时任某市公安局局长黄某的情妇王某与社会人员陈某在该市共同出资成立了爱世纪餐饮娱乐会所。在王某与陈某的请求下，黄某承诺对该会所予以关照。为获取高额利润，该会所开设"嗨吧"，供客人吸食摇头丸、K粉等毒品。会所开业不久，黄某将该市公安局负有查禁毒品犯罪职责的相关领导及公安民警召集到该会所包厢，以老乡身份将王某、陈某介绍给上述公安人员认识，要求他们对该会所给予支持和关照。此后，有关公安民警先后向黄某反映该会所内有客人吸毒的情况，黄某均未要求查处。2007年3月，该市公安局缉毒支队对该会所进行检查，当场查获吸毒人员28名，在公安机关对该会所现场查处期间，陈某极力阻挠公安民警执法办案。该市公安局主管缉毒工作的副局长周某某向黄某汇报查处该会所及陈某涉嫌容留他人吸毒的情况，黄某基于王某、陈某的私情，要求周某某不要追究陈某的刑事责任，使陈某逃脱刑事追究。事后，陈某变本加厉，继续容留客人在会所内吸食毒品。2010年8月4日，会所内一陪侍女因吸毒过量死亡，在社会上造成了极其恶劣的影响。此外，2002年至2009年，黄某利用担任公安局长的职务便利，在项目建设、案件处理、人事调整等事项中为他人谋取利益，单独或伙同其妻程某共同收受石某、徐某、董某等13人贿赂折合人民币共计392.7万元。

第二类案件：司法工作人员徇私枉法、受贿串案。在默某宏故意伤害致人死亡案件侦办过程中，其兄默某平向时任该市公安局副局长的白某、刑警大队大队长杨某分别进行行贿，同时指使副大队长陈某向白某、案件主办人安某行贿。白某等三人收受贿赂后，为默某宏制作过失致人死亡的虚假笔录，并越过法制科的审核，直接将案件移送该市检察院审查起诉。时任该市检察院公诉科科长的赵某，收受默某宏家属贿赂后，在发现该案证人证言与犯罪嫌疑人供述明显不一致后，授意默某宏家属迫使证人改变证言，以涉嫌过失致人死亡罪将该案诉至该市法院。时任该市法院院长的陈某某收受默某宏家属贿赂，指示该案主审法官张某，在对该案重要证据未经质证的情况下，对被告人默某宏以过失致人死亡罪，判处有期徒刑7个月。判决宣布次日被告人默某宏刑满释放。该案涉及公安、检察和法院3个部门、7名司法人员。2009年至2013年，法律工作者甘某、胡某及万某在代理机动车道路交通事故案件保险索赔过程中，勾结时任某法庭庭长刘某，利用刘某的职权，在诉讼过程中违背事实和法律作枉法裁判，情节严重。此类案件共有200余起，通过这种手段骗取保险公司的赔偿款，造成国家损失近千万元。甘某、万某等人通过交警介绍，揽到机动车道路交通事故案件案源。一是在代理机动车道路交通事故案件保险索赔过程中，利用当事人不懂法，采取欺骗的手段与当事人进行协商，对当事人进行小额补偿，达成所谓的"保险索赔权"转让协议，然后由甘某、万某代理当事人进行民事诉讼（实际上绝大部分当事人根本没有诉求），骗取保险公司的保险赔偿款。二是伪造相关证据、提高法医伤残鉴定等级，获取高额保险赔偿款。由于当事人大部分都是农村户口，甘某等人为获得高额的保险赔偿款，伪造当事人在城镇居住、务工的证明材料。一是甘某、万某等人找到社区居委会、相关单位、派出所等单位的有关人员，由其帮他们出具当事人虚假的在城镇居住、务工的证明材料，然后向法庭提供（利用国家的法

律、政策对于城镇和农村的赔偿标准不同)。二是提高法医伤残鉴定
等级。甘某、万某通过向法医行贿,在伤残鉴定过程中,让法医故
意作出高一级的伤残标准。因为每高一个等级的赔偿标准要比下一
个等级多两倍,所以,他们通过这种手段就能获得更高的"利润"。
三是勾结法官,利用国家司法职权进行枉法裁判。甘某、万某等人
与时任法庭庭长的刘某协商,相互勾结,将所有的这些机动车道路
交通事故案件拿到城南法庭起诉,并将收集好的证据材料提交给刘
某,案件的立审执都由刘某一人操作。通过这种貌似合法的手段来
骗取保险公司的赔偿款,造成了国家的巨大损失。事后甘某、万某
等人向刘某行贿表示感谢。

第三类案件:某监狱管理局副局长孙某涉嫌徇私舞弊暂予监
外执行、受贿案。孙某在担任监狱管理局副局长、分管罪犯改造
工作期间,于 2007 年在审批服刑人员安某延期保外就医的过程中,
收受安某之妹安某某 800 美元,在明知安某病情造假的情况下,徇
私舞弊、违法批准安某延期保外就医;于 2010 年在审批服刑人员
王某保外就医的过程中,收受王某之子王某某人民币 10 万元,在
明知王某不符合保外就医的条件下,徇私舞弊、违法批准王某保
外就医。2007 年、2010 年孙某在审批服刑人员杨某保外就医、李
某假释的过程中,收受杨某家人于某人民币 5 万元和手表一对
(价值人民币 6 万余元),收受服刑人员李某原单位领导张某人民
币 5 万元,批准杨某保外就医、李某假释。

第四类案件:派出所民警滥用职权案。某派出所协勤吴某在
负责该所户籍管理工作期间,受朋友李某之托,收受好处费 5000
元,为涉毒网上逃犯吕某(一审被判死刑)办理以"吕某某"为
姓名的虚假户籍和身份证,造成吕某长期逍遥法外并继续实施犯
罪的严重后果,给公安机关抓获嫌疑人和侦破案件造成了重大阻
碍,社会影响恶劣。违反计划生育政策,为不符合落户条件的外

地儿童落户本地。例如，某派出所户籍员刘某、周某，在受理封某和徐某为他人办理婴儿出生落户手续时，未严格按照户政管理的相关规定，未要求对方提交落户婴儿父母身份证、户口簿、结婚证原件或未对被落户家庭进行调查的情况下即填报情况属实，使数十名违反计划生育政策、不符合落户条件的山东籍儿童得以在该镇落户。滥用职权，供他人非法买卖户口迁移证明。例如，某派出所户籍民警张某，在明知不符合异地入户条件的情况下，滥用职权，将异地人员以大中专毕业生、人才引进、大中专招生的方式，违规以皮某提供的虚假户口迁移证办理了在该地落户，录入常住人口信息库，并据此申请第二代公民身份证，为皮某等人买卖国家机关证件犯罪提供了前提条件，使众多非法购买无真实人员存在的"幽灵户口"的人员借用虚假身份从事非法活动，给社会稳定造成众多不良隐患。

第五类案件：行政执法人员滥用职权造成恶劣社会影响案件。某车管所原所长黎某、原协勤李某，滥用手中权力，倒卖机动车驾驶证证芯，造成恶劣社会影响。某交警支队车辆管理所驾驶科民警张某，在办理驾驶本审验业务时，伙同农民朱某，故意违反规定，由朱某通过其他车贩子向有违章记录并记过分的全市范围内的一定数量的驾驶员收取费用后，交由张某直接通过审验为合格，使该部分人员逃避参加学习教育的强制性法律规定，埋下严重的社会安全隐患。疏于履职，致新车以伪造的购置税完税证明通过审查。例如，某交通警察支队车辆管理所工作人员袁某，负责机动车注册登记等业务，审查车辆购置税完税证明等材料期间，未认真履行职责，严格审查车辆购置税完税证明真伪情况，致使80辆汽车以伪造的车辆购置税完税证明通过机动车注册登记，造成国家税款损失759万余元。某派出所所长王某接受请托，碍于情面，为涉嫌诈骗罪的犯罪嫌疑人赵某出具虚假的立功证明材料，意图使赵某受到较轻的追诉。某派出所所长张某、巡警王某，在巡查时将正从火车站盗窃精煤的苗某等人当场抓获，此次盗窃已达到刑事案件立案标准，但仅作了罚款处理，未追究苗某等人的刑事责任，致使犯罪嫌疑人脱离公安机关侦控，长期逍遥法外，未受到法律追究，并得以继续实施犯罪。

二、执法领域渎职犯罪分布特点

一是徇私枉法，枉法裁判，危害司法公正，破坏社会公平正义的渎职犯罪案件。例如，某公安局局长郑某徇私枉法，对明知有罪的人故意包庇不使其受追诉并受贿案；某法院副院长伪造8份判决书，填补社保基金"窟窿"民事枉法裁判案。

二是滥用职权，玩忽职守，有案不立，有罪不究，严重破坏社会秩序，危害人民群众生命安全的渎职犯罪案件。例如，某分局原户籍民警王某滥用职权，违规为他人办理假户籍身份，致使一名刑事重要案犯利用假身份逃避抓捕案；某派出所原政治教导员沈某滥用职权案、某公安局户政股原股长刘某玩忽职守案，其两人不正确行使职权，导致抢劫罪犯顺利更改户籍信息到部队服役四年，从而逃避公安机关网上通缉的严重后果。

三是与黑恶势力相勾结，充当黑恶势力"保护伞"的渎职犯罪案件。例如，某公安民警滥用职权为涉赌涉黑团伙提供保护并受贿系列案；某公安局原副局长冯某徇私枉法案；某公安局局长马某充当黑恶势力"保护伞"徇私枉法案等。

四是徇私情私利，弄虚作假，徇私舞弊不移交刑事案件，帮助犯罪分子逃避处罚的犯罪案件。例如，某市公安局刑警支队反黑大队原大队长王某在办理非法持有枪支案过程中，收受贿赂引导证人翻改口供，帮助犯罪分子逃避处罚和受贿案；某公安局巡警大队吴某将涉嫌开设赌场犯罪的人员释放并销毁案卷，徇私舞弊不移交刑事案件，受贿、贪污案。

五是滥用执法司法职权，危害生态环境渎职犯罪案件。例如，查办某市机动车尾气排放监测执法领域公安民警滥用职权受贿窝案串案；某市交通运输部门和公安交通民警"治超"执法人员职务犯罪窝串案。

六是非法拘禁，刑讯逼供，暴力取证，虐待被监管人等侵犯人权的犯罪案件。例如，某市公安局民警郑某刑讯逼供案；某看守所民警苏某虐待被监管人案。

七是渎职侵权犯罪和贪污贿赂等经济犯罪互相交织。司法不公的背后往往隐藏着很大的以权谋私、贪污贿赂问题。多头行贿导致整个诉讼环节失去监督形成串案。行贿犯罪严重干扰了司法公正和司法公信力，导致整个案件诉讼环节的司法人员集体职业失守，为私利而徇私枉法、滥用职权。要案中受贿犯罪突出，经济利益往往是滥用职权、徇私舞弊犯罪的主要诱因。其中公安人员渎职侵权犯罪案件所占比例较为突出，各个警种均有涉及，以刑侦部门、交警部门、基层派出所人员最为多发，且罪名相对集中、贪渎并存，窝案串案互生。

三、执法领域渎职犯罪案件发案特点

一是犯罪主体反侦查能力强。公安机关职务犯罪主体长期从事政法工作，熟谙侦查规律，犯罪行为隐蔽，在收受贿赂时，一般不与当事人直接接触，行贿受贿往往通过自己熟悉信任的律师或其他中间人来具体操作，犯罪手段隐蔽。

二是窝案、串案多。如黄某徇私枉法、受贿案是一起典型的窝串案，有4人因涉嫌徇私枉法被立案查处。他们相互之间结成利益团伙、相互勾结、共同作案，以至于查一人、挖一窝、办一案、带一串。

三是案发面越来越广。发案的重点部位增多，如黄某徇私枉法、受贿案涉及工程建设、干部人事、治安管理、刑事侦查、羁押监管等多个环节。

四是户籍管理问题依然突出。查处的公安机关渎职侵权犯罪案件中，主要表现为以下几种情形：（1）违规变更个人信息，规避相关法律规定。例如，某派出所户籍警徐某，利用自己管理户籍的职务便利，违规为多人办理虚假户籍，变更出生信息，用于提前结婚登记或者提前领取养老保险金。（2）为犯罪嫌疑人漂白身份，逃避打击。车辆管理部门渎职滥权犯罪凸显。查处的公安机关渎职侵权犯罪案件中，主要是滥用行政许可权力，造成社会交通安全隐患。

五是徇私情私利，枉法追诉犯罪占一定比例。少数公安人员中存在碍于人情、以情代法，谋取私利，或受利益驱动、以罚代刑及降格处理刑事案件等情形。执法机关工作人员在玩忽职守不作为、滥用职权和徇私舞弊乱作为背后，往往隐藏着贪污受贿、腐化堕落等腐败现象，而贪污受贿、腐化堕落又在更深的层次上助长渎职侵权犯罪的滋生蔓延。通过查办案件，深挖严查渎职背后贪贿犯罪，能够更加深刻地揭示渎职犯罪的本质特征，使社会各界和大众能够认清渎职与贪污受贿等腐败问题的内在关联，提高对渎职犯罪严重危害性和惩治必要性的认识，更有效地保证我们查办的案件有更加有力的打击效果。

第十二节　渎职犯罪案件的追诉时效问题

一、具体案件

在具体司法实践中，当计算渎职犯罪的追诉时效时，存在一些争议问题，下面以具体案例说明诉讼时效计算。

案例一：许某丁、罗某坤滥用职权案。2000 年 8 月，漳浦瑞华实业有限公司因缺乏经营资金，其法定代表人陈某瑞到漳浦县住房公积金管理中心找被告人许某丁（时任该中心主任）、罗某坤（时任该中心信贷员），联系申请城镇个人住房政策性贷款，两被告人明知贷款用途并非购买、建造、翻建、大修自住房，且陈某瑞等 8 人作为贷款人不符合申请城镇个人住房政策性贷款的资格和条件，在各自收受陈某瑞送款人民币 4000 元、3000 元后，仍于同年 9 月审核批准并委托中国工商银行股份有限公司漳浦支行（以下简称漳浦支行）发放城镇个人住房政策性贷款给陈某瑞等 8 人，每人 4 万元，共计人民币 32 万元。2000 年 10 月，陈某瑞再次找两被告人要求申请城镇个人住房政策性贷款，两被告人明知贷款用途并非购买、建造、翻建、大修自住房，且贷款人陈某凤等 4 人不符合申请城镇个人住房政策性贷款的资格和条件，在各自收受陈某瑞送款人民币 3000 元、2000 元之后，仍于同年 10 月审核批准并委托某工商银行发放给陈某凤等 4 人每人 4 万元，共计人民币 16 万元的城镇个人住房政策性贷款。上述两笔贷款均由陈某瑞个人签订借款和抵押合同并办理抵押登记，贷款期限均为 3 年，贷款共计 48 万元均由陈某瑞一人签领占用。截至 2006 年 7 月 14 日，陈某瑞等 12 人仅偿还本息合计 17356 元，至今有本金人民币 46 万余元，利息 24 万余元尚未追回。为此，漳浦支行于 2007 年 4 月向法院起诉，请求判令陈某瑞和其他 11 个名义借款人及抵押人偿还借款本息。漳浦县人民法院已于 2007 年 7 月 5 日判决由陈某瑞负责清偿借款本息，并由抵押人承担抵押过错赔偿责任。该系列案已进入执行程序，被执行人有一定的偿还能力。2008 年年初公诉

职务犯罪调查疑难问题研究

机关以被告人许某丁、罗某坤构成滥用职权罪向法院提起公诉。①

案例二：曲某玩忽职守案。被告人曲某在任职某市公安局刑警中队指导员期间，该市公安局开展"打黑除恶"行动，成立多个专案组，每个专案组负责办理一个犯罪团伙案件。A市公安局刑警大队抽调被告人曲某等人参与李三黑社会团伙犯罪案件的侦破工作，曲某任专案组负责人，主抓刑侦的副局长被告人吴某为该专案的分管领导。在专案办理中，同案犯罪嫌疑人张某、赵某均因涉嫌故意杀人罪、故意伤害罪批捕在逃。曲某作为案件的直接负责人，吴某作为案件的主要负责人及主管领导，违反相关规定，没有认真开展布控、抓捕工作和履行监督抓捕职责，也未按规定查找在逃人员基本信息上网追逃，致使张、赵二人长期逍遥法外，自2003年10月19日至2004年4月21日在豫皖两省结合区域流窜作案，实施抢劫犯罪22起，其中持枪抢劫5起，致2人死亡，抢劫财物价值人民币6万余元。2009年4月28日，A市检察院以涉嫌玩忽职守罪对被告人曲某、吴某立案调查。②

案例三：王某徇私枉法案。公安机关调查人员王某与被害人B素有积怨，王某遂捏造犯罪事实，伪造证据使B受到刑事立案、调查、审判，经法院判决，B被判处有期徒刑十年，后事发，追究王某徇私枉法罪责任，诉讼时效的起算点自何时开始？

案例四：2003年7月，派出所民警王某某、李某某明知不符合上户口的条件，仍违规办理户口，致使1997年2月杀人后被通

① 张伟珂：《渎职犯罪中追诉时效适用的疑难问题》，载《中国检察官》2014年第1期，第65页。
② 张伟珂：《渎职犯罪中追诉时效适用的疑难问题》，载《中国检察官》2014年第1期，第65页。

— 316 —

缉的朱某某身份被"漂白"，直至 2011 年 12 月 4 日才被抓获。①

案例五：某国有公司主管人员甲，为徇私情，于 2005 年 10 月 1 日擅自将公司巨额公款存入某不良金融机构（约定高额利息归公司所有），但到期之日（2006 年 1 月 1 日）不能收回本息；行为人随即与该金融机构签订协议，将上述公款续存 6 个月，6 个月后（2006 年 7 月 1 日）金融机构保证还本付息，但金融机构届时也未能履行协议；2007 年 7 月 1 日，国有公司提起民事诉讼，人民法院判处金融机构还本付息，但因为金融机构没有财产一直未能执行；该金融机构宣告破产后，国有公司于 2011 年 4 月 1 日向公安机关检举揭发甲的行为。②

案例六：孙某系浙江某一乡镇城建办副主任，丁某系负责该乡镇农村土地审批的土管员，孙某与丁某早年间为同事，关系要好。2003 年，孙某向丁某请托，希望能以孙某父亲的名义再申请两块宅基地。因为孙某作为乡镇公务员，其户口早已经迁出农村，便将其父亲原来的房子分给了孙某，再以其父亲是无房户的名义再次申请宅基地。丁某在接受孙某的请托之后，便以孙某递交的材料形式上完整为由，但其明知孙某申请宅基地的条件是不符合农村一户一宅原则的，仍然违法审批给孙某一块宅基地。2015 年，孙某通过违法审批建造的房屋获得了国家拆迁赔偿，共获款项 350 万元。③

如何认定危害结果中损失判断的另一个关键问题是时间判断。司法实践以立案时为标准，这是经过慎重考虑的。损失数额往往是定罪量刑的重要标准，如果计算时间过于靠后，不利于调查和起诉工作的稳定性，也不利于定罪量刑。比如损失100万元，如果按照审判时来认定数额，那么调查时或者起诉时当事人就把损失弥补了，是否就不构成犯罪？因此，实践中有的地方主张以审判时认定损失数额，不甚可取。而且立案是司法机关依法追究刑事责任的起始程序，如果对经济损失结果无法判断或者处于变动状态，将导致刑事诉讼程序无法启动，也不利于打击犯罪。实际上，对损失判断的时间和具体要求必须根据渎职时的具体情况，以及立法的原意和精神进行综合衡量。比如，一些渎职犯罪或者与之相关联的犯罪在被检察机关打击之前，就已经被纪检监察机关、行政执法机关及其他司法机关先行调查处理并挽回了大部分经济损失，再待检察机关立案时，其立案的损失额就可能达不到立案标准。对此，应该从法律的原意进行认定，立案前其他部门先行挽回的经济损失实际上属于犯罪后赃物的处理或损失的补救，并不能证明犯罪嫌疑人主观和客观危害的减少，更多地可以作为量刑考量的情节，应当视为造成经济损失。换言之，刑罚的核心针对的是犯罪行为，因此纳入评价单位的行为结果也是行为直接引发的后果。这种直接性一方面是为了防止刑罚射程太广，从而保护犯罪嫌疑人合法权益，另一方面则是为了对犯罪嫌疑人进行限制，损失发生在有关司法机关立案前由其他机关进行挽回的，是既遂后的补救行为，不影响定罪，可以酌情从轻处罚。再如，擅自改变国家专项资金使用用途，用于小集体违法违规发放工资、奖金、福利以及购买车辆、娱乐、接待等，在现实中大量存在，其违背了国家专项资金使用的本意和目的，损害了国家和人民群众的合法利益，造成此类专项资金的损失，应当认定为损失已发生。又如，由于行政执法人员、司法工作人员的渎职行为导致他人不动产被生效法律文书确认为第三人所为，但是房屋登记部门未办理权属变更登记的，因司法文书具有终局性，房屋登记部门虽不进行变更，但不能对抗生效的司法文书，尽管未变更，但是也视为损失已发生。

二、存在的争议问题

（一）渎职犯罪的系属性质

首先需要讨论的是徇私枉法罪是结果犯、行为犯还是情节犯。对于一般的行为犯，不以侵害结果为要件的犯罪，实施行为之日即是犯罪之日；对于结果犯而言，即以侵害结果为要件的犯罪，在实害结果发生之日属于犯罪之日；对于情节犯而言，在犯罪情节构成之日为犯罪之日。

（二）渎职犯罪中的"犯罪之日"的确定

司法工作人员徇私枉法，伪造证据，对明知是无罪的人而使他受追诉，导致被害人被判处有期徒刑，后刑满释放，则对于公安机关调查人员追究徇私枉法行为的责任，应当自被害人刑满释放或是徇私枉法行为结束，即调查终结，移送检察机关审查起诉止；抑或是庭审阶段退回补充调查结束时起算，如果按照调查终结开始起算点，则若被害人服刑 10 年，则超过追诉时效不能追究徇私枉法责任，导致放纵犯罪。

问题的关键在于：追诉期限从犯罪之日起计算；犯罪行为有连续或者继续状态的，从犯罪行为终了之日起计算。具体到徇私枉法罪而言，其犯罪之日如何确定？犯罪成立之日，即行为符合犯罪构成之日。[①]

（三）"追诉"的含义

受到追诉，其中"追诉"的含义，即徇私枉法的危害后果的

---

① 张明楷著：《刑法学》（第 5 版），法律出版社 2016 年版，第 650 页。

发生，追诉包括立案、调查、起诉、审判。刑罚的执行是否属于追诉的范畴？从法益侵害程度上来说，服刑司法属于比在司法程序进行过程中更严厉的处罚，羁押过程中羁押期限可以折抵刑期，说明其在本质上具有同质性。

在被告人追诉时已经构成犯罪，但是其行为一直持续影响到服刑完毕，因为检察机关的批捕起诉、审判机关的审判以及服刑均是基于调查机关的调查行为，法益受侵害的状态一直在持续，持续到服刑完毕，即法益的侵害是涵盖整个立案、调查、起诉、审判、服刑的期限。

整个的刑事追诉过程是基于公安机关的徇私枉法行为，虽然介入检察机关与审判机关的行为后，在检察机关与审判机关依法正当行使职权的情况下，公安机关徇私枉法行为的影响直接贯穿被害人整个被追诉过程。

如果公安机关徇私枉法行为使被害人受到追诉，后移送检察机关审查起诉，检察机关经审查后不起诉，则追诉期限应当自检察机关决定不起诉之日起算。如果检察机关依法审查起诉，后法院作出无罪判决，则追诉期限应当自法院无罪判决作出之日起计算。如果检察机关、审判机关依法审查起诉、审判、服刑，则追诉期限自服刑完毕起算。

"追诉不只是起诉的含义，而是包括了调查、起诉、审判的全过程。追诉期限应从犯罪之日计算到审判之日为止。换言之，只有在审判之日还没有超过追诉期限的，才能追诉。"①

涉及的法律及规定有：《刑法》第 87 条规定，犯罪经过下列期限不再追诉：（一）法定最高刑为不满五年有期徒刑的，经过五年；（二）法定最高刑为五年以上不满十年有期徒刑的，经过十年；

---

①　张明楷著：《刑法学》（第 5 版），法律出版社 2016 年版，第 651 页。

（三）法定最高刑为十年以上有期徒刑的，经过十五年；（四）法定最高刑为无期徒刑、死刑的，经过二十年。如果二十年以后认为必须追诉的，须报请最高人民检察院核准。第 89 条规定，追诉期限从犯罪之日起计算；犯罪行为有连续或者继续状态的，从犯罪行为终了之日起计算。在追诉期限以内又犯罪的，前罪追诉的期限从犯后罪之日起计算。最高人民法院、最高人民检察院《关于办理渎职刑事案件适用法律若干问题的解释（一）》第 6 条规定，以危害结果为条件的渎职犯罪的追诉期限，从危害结果发生之日起计算；有数个危害结果的，从最后一个危害结果发生之日起计算。最高人民法院《全国法院审理经济犯罪案件工作座谈会纪要》第六关于渎职罪中之（二）玩忽职守罪的追诉时效规定：玩忽职守行为造成的重大损失当时没有发生，而是玩忽职守行为之后一定时间发生的，应从危害结果发生之日起计算玩忽职守罪的追诉期限。①《刑法》第 399 条第 1 款徇私枉法罪，司法工作人员徇私枉法、徇情枉法，对明知是无罪的人而使他受追诉、对明知是有罪的人而故意包庇不使他受追诉，或者在刑事审判活动中故意违背事实和法律作枉法裁判的，处五年以下有期徒刑或者拘役；情节严重的，处五年以上十年以下有期徒刑；情节特别严重的，处十年以上有期徒刑。《刑法》第 417 条规定，有查禁犯罪活动职责的国家机关工作人员，向犯罪分子通风报信、提供便利，帮助犯罪分子逃避处罚的，处三年以下有期徒刑或者拘役；情节严重的，处三年以上十年以下有期徒刑。

三、以结果犯为基础的解决方法

第一，渎职犯罪只有结果犯与行为犯两种情况，情节犯属于

---

①　最高人民法院《全国法院审理经济犯罪案件工作座谈会纪要》。

结果犯情形的一种。

有观点认为，"立法者根据法益的重要程度，对渎职罪分别采用了行为犯、实害犯、情节犯等立法模式。例如，徇私枉法罪、私放在押人员罪就采用了行为犯立法模式，而对民事、行政枉法裁判罪、枉法仲裁罪采用了情节犯立法模式。对有些犯罪采用了实害犯立法模式，如徇私舞弊不征、少征税款罪，徇私舞弊发售发票、抵扣税款、出口退税罪，以致使国家税收（或国家利益）遭受重大损失，作为成立犯罪的条件"。① 本书难以赞同。本书认为，刑法理论上，根据法益的侵害形态，可以将犯罪分为结果犯与行为犯，至于情节犯，则是属于结果犯的一种情况，"情节"在本质上，就是一种结果。本观点也可以从司法解释中得到印证。2012年12月7日最高人民法院、最高人民检察院《关于办理渎职刑事案件适用法律若干问题的解释（一）》第1条规定了"致使公共财产、国家和人民利益遭受重大损失"的情形，对于"情节特别严重"作出了如下规定："造成伤亡达到前款第（一）项规定人数3倍以上的；造成经济损失150万元以上的……"② 2007年5月9日最高人民法院、最高人民检察院《关于办理与盗窃、抢劫、诈骗、抢夺机动车相关刑事案件具体应用法律若干问题的解释》指出，国家机关工作人员滥用职权致使盗窃、抢劫、诈骗、抢夺的机动车被办理登记手续，数量达到三辆以上或者价值总额达到三十万元以上，应以滥用职权罪，处三年以下有期徒刑或者拘役；疏于审查或者审查不严，致使盗窃、抢劫、诈骗、抢夺的机动车被办理登记手续，数量达到五辆以上或者价值总额达到五十万元

---

① 陈洪兵：《追诉时效的正当性根据及其适用》，载《法治研究》2016年第1期，第111页。

② 《关于办理渎职刑事案件适用法律若干问题的解释（一）》之规定。

以上，以玩忽职守罪处三年以下有期徒刑或者拘役；分别达到前面规定数量、数额标准五倍以上的，认定为滥用职权、玩忽职守"情节特别严重"，处三年以上七年以下有期徒刑。[①] 其中"情节特别严重"的标准是"分别达到前面规定数量、数额标准五倍以上"，证明也是通过结果来量定情节的。

法条采用"致使公共财产、国家和人民利益遭受重大损失"的表述，是因为法条无法穷尽渎职类行为的具体方式、对象、目的的描述。而对于法条可以单独描述的，如私放在押人员罪，只要司法工作人员私自放走了犯罪嫌疑人、被告人或罪犯，就成立犯罪，本罪名可以用直接的语言表述，所以立法可以将其规定为行为犯。

根据本书观点，第一，情节属于结果的一种，那么，结果犯型渎职犯罪的"犯罪之日"，就是实害结果发生之时，该类型的渎职罪追诉时效，应以实害发生之日起开始计算；行为犯类型的渎职犯罪，如私放在押人员罪、徇私枉法罪，行为实施到一定程度而成立犯罪时，即开始计算追诉时效。

第二，"渎职罪成立后，如果法益侵害结果还在持续性扩大，则应以更为严重结果的发生时点重新开始计算追诉期限；只有法益侵害结果已经固定而不再变化，持续的只是不法的状态，才能固定追诉期限的起算时间。"[②]

第三，追诉时效的制度目的就在于有效实现刑法目的，体现刑罚目的，体现宽严相济的刑事政策，体现"历史从宽、现行从

---

① 最高人民法院、最高人民检察院《关于办理与盗窃、抢劫、诈骗、抢夺机动车相关刑事案件具体应用法律若干问题的解释》。

② 陈洪兵：《追诉时效的正当性根据及其适用》，载《法治研究》2016年第1期，第112页。

严"的政策,有利于司法机关集中精力追诉现行犯罪。① 即便可能认为追诉时效规定得不合理,其根本原因在于对于犯罪的法定刑规定,而非追诉时效的不恰当。

第四,应当按照经济损失的观点,而不应当以债券是否存在来认定严重损失。

第五,应当以犯罪构成要件满足为起算点,而不应当以被司法机关作出判决认定的时刻为起算点。

第六,追诉时效的终点计算。追诉时效的终点,追诉包括了调查、起诉、审判的全过程。追诉期限应从犯罪之日计算到审判之日,即只有在审判之日还没有超过追诉期限的,才能追诉。②

四、根据本书理论对案例进行评析

对于本节案例四,有观点认为,对于以"重大损失"作为犯罪成立条件的犯罪,若损失在持续性扩大,应从损失不再蔓延扩大时开始计算追诉期限。违背职责为他人办理户口即成立滥用职权罪,而且很难认为被告人渎职后法益侵害结果在持续加深,故应以违规办理户口之日开始计算追诉期限,故本案已超过追诉时效而不应追诉。③

对于本节案例一,有观点认为,本案危害结果直至 2003 年 9~10 月贷款期满后未偿还才发生,根据本案追诉时效应从 2003 年 9~10 月贷款期满后才起算,因此本案并未超过追诉时效;另有观点认为,本案两被告人许某丁、罗某坤的违规审批住房公积金贷

---

① 张明楷著:《刑法学》(第 5 版),法律出版社 2016 年版,第 648 页。
② 张明楷著:《刑法学》(第 5 版),法律出版社 2016 年版,第 651 页。
③ 陈洪兵:《追诉时效的正当性根据及其适用》,载《法治研究》2016 年第 1 期,第 112 页。

款的滥用职权行为发生于 2000 年 9～10 月，犯罪行为发生之日应为 2000 年的 9～10 月，而本案犯罪所触犯的刑法罪名的法定最高刑为 3 年，其追诉期限应为 5 年，公诉机关直至 2008 年初才予以立案追诉，明显超过追诉时效，因此本案已超过追诉时效;[①] 也有观点认为，虽然两被告人许某丁、罗某坤的违规审批住房公积金贷款的滥用职权行为即渎职行为发生于 2000 年 9～10 月，但是由于滥用职权罪是以犯罪结果发生为犯罪成立的标准，因此在本案中欲确定本案是否超过了法定的追诉时效，最基本的要素就是确定渎职行为给公共财产造成巨大损失的时间。本书认为，对此不能简单地以双方约定的还款时间视为产生不法后果的时间，也不能以漳浦银行向人民法院起诉的时间作为计算的起点。事实上，本案所产生的危害后果的时间应当从法院作出判决要求对方还款并承担抵押责任开始计算。因为只有到此时，才能知道行为人的渎职行为是否造成重大的财产损失。以此来看，本案中行为人追诉时效的起算时间应当是在 2007 年 7 月，犯本案所涉罪名的相应的法定最高刑为 3 年时，其追诉期限为 5 年，而公诉机关在 2008 年初予以立案追诉时明显在追诉时效之内，因此主张本案已超过追诉时效的论点不能成立。[②]

对于本节案例二，有人认为本案已过追诉时效；同时也有观点认为，本罪的危害结果是一种持续状态，玩忽职守也一直处于继续状态，追诉时间应从两个在逃嫌疑人被抓获之日起计算，因

---

① 张伟珂：《渎职犯罪中追诉时效适用的疑难问题》，载《中国检察官》2014 年第 1 期，第 68 页。

② 张伟珂：《渎职犯罪中追诉时效适用的疑难问题》，载《中国检察官》2014 年第 1 期，第 68 页。

此，本案尚未超过追诉时效；① 也有观点认为，曲某怠于行使职责所造成的危害结果是一种持续状态，而其玩忽职守的行为也一直处于继续状态，应将其视为继续犯，其追诉时间应从两个在逃犯被抓获之日起计算，那么本案就没有超过追诉时效。据此，该论者将曲某之玩忽职守行为视为继续犯的一个根本原因就在于其认为不法行为一直在持续之中。那么如何评价不法行为的持续性和不法行为效果的持续性两个不同的概念呢？所谓不法行为的持续性是指不法行为在一定的时间内一直持续进行，并没有停止；而不法行为效果的持续性则是在不法行为停止以后，其所造成的对法益的侵害状态或者危害结果表现在一段时期内持续存在。也就是说，对于前者，持续的是行为，而对于后者，持续的是行为之效果。以此为据，在玩忽职守犯罪中，除了造成的不法状态一直在持续以外，玩忽职守即怠于行使职权本身是否处于一直持续的情形成为本案认定追诉时效的关键。依此展开讨论，在认定玩忽职守行为是持续进行还是即刻停止，需要区分两种不同的情形，即行为人是因玩忽职守引起了不法状态的继续，还是在明知存在危害结果的情况下没有依法采取措施导致危害结果的进一步扩大，两种不同的状态对犯罪行为是否持续的认定是不同的。比如，一种情形是如果曲某仅仅是在办理专案过程中怠于行使职权，没有办理追捕的相关手续，造成犯罪嫌疑人逃脱并继续实施严重的犯罪行为的，那么没有依法履行职责，办理相关的手续就属于玩忽职守，即本罪的实行行为。而在犯罪嫌疑人逃脱或者失去行踪以后，应当认定其行为已经实施完毕，而犯罪嫌疑人逃脱抓捕以及继续实施犯罪，只是玩忽职守所造成的不法后果。由此也不能将

---

① 张伟珂：《渎职犯罪中追诉时效适用的疑难问题》，载《中国检察官》2014 年第 1 期，第 68 页。

该犯罪行为视为继续犯，而是状态犯，其追诉时效也应该从玩忽职守行为实施完毕之日起开始计算。另一种情形是如果曲某在明知犯罪嫌疑人已经逃脱的情况下应采取措施但一直未依法采取有效的追捕措施，且明知犯罪嫌疑人在连续作案，那么，可以认定该玩忽职守一直处于持续之中，并伴随不法状态的继续，应当将其认定为继续犯，把犯罪行为终了之日即不法状态结束之日作为追诉时效开始计算的时间。[1]

我国刑法中的情节犯的情节大多数是属于构成要件的基本不法量域之内的，其中数额基本上全部包含在基本量域之内。再如，刑讯逼供罪的司法解释规定的"以殴打、捆绑、违法使用械具等恶劣手段逼取口供或以较长时间冻、饿、晒、烤等手段逼取口供"的情形，也是实践中经常发生的刑讯逼供的行为方式，是刑讯逼供罪较为典型的行为不法和结果不法的表现形式，而附着其上的不法含量自然包含在构成要件范围之内。[2]

对于超出渎职罪本罪的，应当按照其他结果加重犯的法定刑确定追诉时效。以刑讯逼供罪为例，最高人民检察院2006年《关于渎职侵权犯罪案件立案标准的规定》列举了存在如下情节严重，应当立案的情形：（1）以殴打、捆绑、违法使用械具等恶劣手段逼取口供的；（2）以较长时间冻、饿、晒、烤等手段逼取口供，严重损害犯罪嫌疑人、被告人身体健康的；（3）刑讯逼供造成犯罪嫌疑人、被告人轻伤、重伤、死亡的；（4）刑讯逼供，情节严重，导致犯罪嫌疑人、被告人自杀、自残造成重伤、死亡，或者精神失常的；（5）刑讯逼供，造成错案的；（6）刑讯逼供3人次

---

① 张伟珂：《渎职犯罪中追诉时效适用的疑难问题》，载《中国检察官》2014年第1期，第68页。

② 王莹：《情节犯之情节的犯罪论体系性定位》，载《法学研究》2010年第4期，第137页。

以上的；（7）纵容、授意、指使、强迫他人刑讯逼供，具有上述情形之一的；（8）其他刑讯逼供应予追究刑事责任的情形。① 在司法解释规定的 8 种情形之中，第（1）、（2）项所规定的情节是属于刑讯逼供罪构成要件范围内情节。第（3）、（4）项规定的情形，则超出了本罪的构成要件范围，即刑讯逼供造成犯罪嫌疑人、被告人轻伤、重伤、死亡的；情节严重，导致犯罪嫌疑人、被告人自杀、自残造成重伤、死亡，或者精神失常的。也可以通过《刑法》第 247 条的规定来印证，第 247 条规定，刑讯逼供致人伤残、死亡的，依照故意杀人罪或故意伤害致人重伤、死亡罪处理。这些情节严重的情形，应当作为结果加重犯的情形探讨，而采用后者的追诉时效。

类似这种的"情节严重""情节恶劣"的规定在其他罪名中也有体现，最高人民法院《关于审理拒不执行判决、裁定案件具体应用法律若干问题的解释》第 3 条规定的拒不执行判决、裁定的情节严重情形："毁损、抢夺执行案件材料、执行公务车辆和其他执行器械、执行人员服装以及执行公务证件，造成严重后果的（第 5 项）。"②

① 《关于渎职侵权犯罪案件立案标准的规定》。
② 《关于审理拒不执行判决、裁定案件具体应用法律若干问题的解释》。

第五章　域外职务犯罪相关问题

第一节　从美国诉曼宁（United States v. Manning Bradley）等案看美国泄密行为模式及司法处置

一、泛化泄密的现实状况及出现的原因

（一）泛化泄密的出现——与定向泄密相比

秘密信息泄露已成为多年来美国舆论关注、公众讨论和政府问责的基础。特别是朱利安·阿桑奇（Julian Assange，以下简称阿桑奇）①、切尔西·曼宁（Chelsea Manning，以下简称曼宁）②、爱

---

① David Leigh & Luke Harding, *Wikileaks*: *Inside Julian Assange's War On Secrecy* 43–63（2011）.

② Mark Fenster, Disclosure's Effects: WikiLeaks and Transparency, 97 *IOWA L. REV.* 753, 762（2012）. Chelsea Manning was formerly known as Bradley Manning. Kansas: Manning Wins Right to Change Name, *N.Y. TIMES*, Apr. 24, 2014, at A18.

德华·斯诺登（Edward Snowden，以下简称斯诺登）[1] 泄密事件发生后，引发了公众的大讨论[2]。以阿桑奇为例，阿桑奇是一名天才黑客。在 1996 年，他因犯有黑客罪行被澳大利亚警察逮捕，但没有被判处刑罚。因为法官断定阿桑奇的行为在主观上没有恶意。但 3 年后，阿桑奇注册了一个域名为维基解密（wikileaks. org）的网站，目的是发布涉密信息。2006 年 12 月，阿桑奇在维基解密网站发布了第一份文件——索马里反政府武装领导人的"秘密决定"。2007 年，维基解密在发布一份肯尼亚前总统腐败问题的详细报告后引起轰动。但早期的大部分维基解密泄露的内容并没有引发很大关注，[3]维基解密开始进入公众视线是因为它成为曼宁的泄密工具。曼宁是一名美国士兵，是一名军队情报分析师，她泄露了一系列秘密信息给维基解密：2010 年 4 月，维基解密发布了题为"谋杀案"的录像，描绘了一架美国军用攻击直升机在巴格达的谋杀行为。这部谋杀案的录像只是开始。2010 年 7 月，维基解密发布了数千份有关阿富汗战争的文件。2010 年 10 月，维基解密发布了数份关于伊拉克战争的文件。2010 年底到 2011 年初，维基解密发布了美国国务院和美国驻各国大使馆的外交电报。[4] 最终，

---

① Glenn Greenwald, *No Place To Hide*: *Edward Snowden*, *The NSA*, *And The U. S. Surveillance State* 90 (2014).

② David E. Pozen, The Leaky Leviathan: Why the Government Condemns and Condones Unlawful Disclosures of Information, 127 *HARv. L. REV.* 512, 528 (2013).

③ David Leigh & Luke Harding, *Wikileaks*: *Inside Julian Assange's War On Secrecy* 43-63 (2011).

④ Mark Fenster, Disclosure's Effects: WikiLeaks and Transparency, 97 *IOWA L. REV.* 753, 762 (2012).

曼宁在军事法庭因泄露秘密而被判监禁 35 年。[①]但大规模和有争议的国家安全信息泄露仍在持续，斯诺登最早是中央情报局（CIA）派驻瑞士日内瓦的一名员工，后来是国家安全局（NSA）的雇佣工，这两个职务给了他广泛查阅政府机密文件的机会，[②] 他将大量文件泄露给了媒体。[③] 2013 年 6 月 5 日，新闻界报道了外国情报监视法庭授权美国国家安全局收集美国公民的通信记录。6 月 6 日，报道揭露了 PRISM 计划的存在，这项计划允许美国国家安全局可以直接访问许多大型技术公司。例如，苹果、谷歌和微软的服务器。6 月 9 日，斯诺登承认自己是这段时间以来所被泄密的文件的来源[④]。

阿桑奇、曼宁和斯诺登的行为在美国国内引起了大讨论，许多人认为他们是促进政府公开透明的英雄，公民权利和自由的倡导者，[⑤] 也有人指责他们是鲁莽的叛徒。[⑥] 从以上的泄密行为与美国历史上最著名的泄密——丹尼尔·艾尔斯伯格（Daniel Ellsberg，以下简称艾尔斯伯格）所泄露的美越战争文件相比，最近的国家

---

① Charlie Savage & Emmarie Huetteman, Manning Sentenced to 35 Years for a Pivotal Leak of U. S. Files, *NY. TIMES*, Aug. 21, 2013, at Al.

② Michael Gurnow, *The Edward Snowden Affair：Exposing The Poltics And Media Behind The NSA Scandal* 9, 15, 20 (2014).

③ Glenn Greenwald, NSA Collecting Phone Records of Millions of Verizon Customers Daily, *GUARDIAN* (June 5, 2013).

④ Barton Gellman & Laura Poitras, U. S., British Intelligence Mining Data from Nine U. S. Internet Companies in Broad Secret Program, *WASH. POST* (June 7,2013).

⑤ Mary - Rose Papandrea, Leaker Traitor Whistleblower Spy：National Security Leaks and the First Amendment, 94 *B. U. L. REV.* 449, 482-90 (2014).

⑥ Roy Peled, WikiLeaks as a Transparency Hard-Case, 97 *IOwA L. REV.* BULL. 64, 69 (2012).

安全信息泄密是一种新类型的泄密。艾尔斯伯格泄露的是他认为政府行为的违法和不当的政府行为记录，可以称之为定向泄密，泄密者是知道内幕的政府工作人员，公开的是其认为能够显示政府行为非法或不道德的文件记录。① 而最近的泄密是泄密者泄露了大量的他们本身一无所知的记录。②大卫·波曾教授（David E. Pozen）创造了一个新的泄密行为区分类型，他认为"特定泄密"，表示是泄露"有限数量的内容"。而"泛化泄密"指的是"信息泄露的多或少是完全不被考虑的"。他也注意到了"泛化泄密更可能来自低级的官员，因为高层官员不倾向于看到自己作为一个告密者被曝光出滥用权力或被持不同政见的人大规模攻击"③。

这种泛化泄密以低级政府官员泄密为特征，声称政府存在过度定密的情况，从而泄露了大量题材广泛的秘密信息来促进政府信息公开。泛化泄密与定向泄密行为在秘密的范围、泄密者的身份、泄密的动机方面存在不同，这种新型的泄密方式也造成了新型的风险。特别是在新技术飞速发展的今天，技术成为了泛化泄密的驱动力，因为技术进步降低了下级政府官员和承包商接触以及获取秘密信息的困难程度，也大大提高了泄露信息的传播容易度。

（二）泛化泄密行为出现的原因

泛化泄密出现的具体原因如下：

---

① Patrick McCurdy, From the Pentagon Papers to Cablegate: *How the Network Society Has Changed Leaking*, in Beyond Wikileaks: *Implications For The Future Of Communications*, *Journalism And Society* 123, 126 (2013).

② Andy Greenberg, *This Machine Kills Secrets*: *How Wikileakers*, *Cypherpunks*, *And Hacktm vi St Aim To Free The World's Information* 112(2012).

③ David E. Pozen, The Leaky Leviathan: Why the Government Condemns and Condones Unlawful Disclosures of Information, 127 *HARv. L. REV.* 534, 528 (2013)

第一，政府过度定密和不及时解密。按照美国《信息自由法》，秘密信息基本上可以被分为三个等级：秘密级、机密级、绝密级。按照主题大致划分为军事行动秘密、外交秘密、核秘密等，除了法律上规定的形式标准之外，还有大量的实质标准，实质性分类标准似乎相对《信息自由法》而言更加严格。但是，在政府定密体系中确实存在一定的程序缺陷可能动摇甚至损害潜在的泄密者对这个体系的信心。下级政府官员出于种种原因倾向于过度定密，原因包括政府机构的秘密文化、隐藏政府不当行为的欲望、免受公众辩论的阻碍和风险等。且与错误地向公众发布信息相比，错误的定密几乎不存在后果，因为一旦信息被定密，基本上就不会受到检查。而国会根本没有精力和能力完全监督政府下级官员的日常事务行为；一旦被定密，公众也很难将信息自由法作为一个有意义的检查工具。这样就会导致一个恶性循环的怪圈，大量的信息被定密，意味着需要更多的政府雇员获取机密信息来完成他们的工作，从而扩大了有权接触涉密信息的人员，这样导致大量衍生定密者的出现，又进一步导致更大量的文件被定密。[①] 不仅是令人难以置信的大量政府信息被定密，而且这些文件一旦被定密，即使过了定密期限，即使在对国家安全的威胁已经结束的情况下，也往往不被自动解密。一般情况下，每个信息的定密必须指定一个日落条款，即定义信息"自动"解密的时间。虽然原始定密者必须指定一个十年或更少的解密日期，[②] 但据报道，52%的文件定密时间超过十年，最重要的是，即便到了"自动解密"的

---

① Elizabeth Goitein & David M. Shapiro, *Brennan CTR. For Justice, Reducing Overclassification Through Accountability* 21 (2011).

② Joseph P. Daly & Thomas M. Tripp, *Is Outcome Fairness Used to Make Procedural Fairness Judgments When Procedural Information is Inaccessible?*, 9 Soc. JUST. RES. 327, 328-31 (1996).

日期，解密也是不自动的，仍需要进行个别审查，并且由于仅限于原定密机构可以解密文件，从而导致政府部门间长时间的磋商，而通过其他途径解密并失败的问题也对过度定密造成了一定影响。公众对某些文件的解密审查请求程序极少使用，或者在信息自由法案下公众的请求极少成功。①因此，虽然行政命令标准似乎规定了定密行为和必要的解密行为，但有效的解密很少，代表着书面规则与实际实践的"持续差距"。

第二，接触国家秘密的人员数量越来越多。政府信息系统变得更加集中和数字化，较低级别的政府官员和承包商有权接触大量的政府信息，包括有关国家安全的相关记录。② 有权确定涉密信息等级的人数令人难以置信地高，这些人员大致可以分为两层，第一层由"原始定密者"组成，是一个相对小由非常高级别官员组成的，经授权的官员可以依照程序任意确定秘密信息等级。③ 问题在于位于第二层次的"衍生定密者"，他们被授权访问机密材料，并将秘密信息结合而产生新的秘密，或重置涉密信息原本，这些人员将近有五万人。近十年，原始定密者已减少，而衍生定密者的数量急速增长。这令人难以置信的高定密群体很容易让人感觉到定密的过程是不公平的。在秘密信息接触和准入方面，随着现代政府的扩张，政府的各级机构越来越大，生成、收集和共享信息的各级机构也越来越多。这就导致含有海量信息的数据库

---

① Nat'l Archives & Records Admin, *INFO. SEC. Oversight Office*, *Annual Report To The President* 2（2012）.

② Patrick McCurdy, *From the Pentagon Papers to Cablegate：How the Network Society Has Changed Leaking*, in *Beyond Wikileaks：Implications For The Future Of Communications*, *Journalism And Society* 123, 126（2013）.

③ Nat'l Archives & Records Admin, *INFO. SEC. Oversight Office*, *Annual Report To The President* 2（2012）.

的大量出现，同时也导致这些数据库可以被更多的人员接触和使用。

第三，技术进步提供了助推力。技术也简化了泄密的过程。数字记录可以被轻松存储、复制、传播，网络媒体比如维基解密对于泛化泄密提供了更强大的匿名保护。泄密者的成本和代价变得不太昂贵，技术不仅改变了信息获取的渠道，而且改变了流通渠道。互联网作为一种力量几何级增长的泄密工具，使得信息一旦被释放，它可以在瞬间被广泛发布，很难控制，这就造成了"巨型披露"：即一个有权接入数据库的个人可以独自一人泄露巨型海量信息，一位深入研究维基解密的记者称其是"信息性质的变化和密码匿名技术进步所导致的必然结果。"① 还有一个因素是更高级的在线匿名工具的开发。例如，维基解密的成功很大程度上归功于它承诺向信息来源方提供匿名保护。强匿名性保护使得不侵害泄密人个人信息的泄密变成现实。因此，泛化泄密与传统泄密的性质是不同的。②

---

① David Remnick, Going the Distance: On and off the Road with Barack Obama, *NEW YORKER* (Jan. 27, 2014).

② David E. Pozen, The Leaky Leviathan: Why the Government Condemns and Condones Unlawful Disclosures of Information, 127 *HARv. L. REV.* 512, 528 (2013).

第四，立法及刑事处罚的不力。第一修正案对出版者的保护，① 对泄密的刑事处罚难在对行为的界定。现有证据表明，政府难以真正准确地来预测泄露国家机密信息是否真正有害。但是危害后果必须作为法律定义的基础。即便政府要强制执行刑事程序来处罚泄密行为，学者已经分析了各种对新兴网络媒体出版泄露的刑事处罚障碍。② 因此，许多结构性障碍限制了政府阻止泄密行为的意愿和能力。这些因素增加了建立惩罚泄密行为的理想法律框架的困难。即使可以建立一个理想的惩罚制度，但是，刑事处罚不太可能充分防止泛化泄密。技术正在进步，匿名工具变得更强、更容易获得，跟踪泄密变得几乎不可能。此外，在这方面的执法失效几乎对公众遵循法律没有任何激励效应。因此，寻找另外的途径来防止泄密的危险是必要的。

二、立法沿革

泄密事件频发促使美国出台了一系列的制度来保守秘密和惩罚泄密，既包含惩罚泄密行为的刑事法规，也包含要求指定记录必须保密的《保密法》以及要求指定信息必须公开的《信息自由

① Heidi Kitrosser, *Free Speech Aboard the Leaky Ship of State: Calibrating First Amendment Protections for Leakers of Classified Information*, 6 J. NAT'L SECURITY L. & POL'Y 409 (2013); Nawi Ukabiala, Wikilaw: Securing the Leaks in the Application of First Amendment Jurisprudence to Wikileaks, 7 *FED. CTS. L. REV.* 209 (2013); Candice M. Kines, Note, Aiding the Enemy or Promoting Democracy? Defining the Rights of Journalists and Whistleblowers to Disclose National Security Information, 116 *W. VA. L. REV.* 735 (2013); Pamela Takefman, Note, Curbing Overzealous Prosecution of the Espionage Act: Thomas Andrews Drake and the Case for Judicial Intervention at Sentencing, 35 *CARDOZO L. REV.* 897 (2013).

② Patricia L. Bellia, WikiLeaks and the Institutional Framework for National Security Disclosures, 121 *YALE L. J.* 1448 (2012).

法案》，设定举报政府不法行为程序的举报人保护法等。其实这一系列法律定义了同一问题的不同方面：在何种情况下政府信息必须保密。美国保守秘密的相关法律，主要有 1966 年首次颁布的《信息自由法案》（FOIA）、《联邦检举人保护法案》（WPA）、《情报界告密者保护法案》（ICWPA）等。在《信息自由法案》中，规定了哪些信息是保密的以及哪些是必须公开的。[①] 这个法案中，规定了公众具有访问政府部门内几乎所有记录的权利，并一度被认为"公民知情权的首要监护人"。[②]《信息自由法案》给了公民个人根据申请而查阅政府记录的权利，并且其中只有九项不允许查阅的例外规定。如果请求人的请求被拒绝，他们有权对政府的拒绝行为提起诉讼。但实践中法案的实施效果不尽如人意，程序不公的问题动摇了公众对法案的信心。在政府信息公开诉讼和行政处理程序中，决策者明显地缺乏中立性、利益相关者无法参与这一进程、处理程序本身的不公开等问题都导致了公众对于本法案实施程序不公的印象。

美国法律同时也注重对告密者的保护，国会试图确保政府雇员能够挺身而出报告不当行为事件。这就导致了告密者保护法律的出台，主要有《联邦检举人保护法案》和《情报界告密者保护法案》。保护联邦雇员的核心法律是《联邦检举人保护法案》，但这个法案保护公民的检举权利，不保护包括联邦调查局、中央情报局、国防情报局和国家安全局，与其他国家安全有关的机构政府工作人员，它同时不保护国家安全机密信息的披露权。《情报界告密者保护法案》适用于包括联邦调查局、中央情报局、国防情

① The Freedom of Information Act, Pub. L. No. 89-554, 80 Stat. 383 (1966).

② EPA v. Mink, 410 U.S. 73, 105 (1973); Mark Fenster, Seeing the State：Transparency as Metaphor, 62 *ADMIN. L. REV.* 617, 624 (2010)

报局和国家安全局，与其他国家安全有关的机构政府工作人员的国家安全告密者，并授权员工举报因"紧急关切"泄露"严重或公然"违反法律或行政命令的事项，而面对的来自政府部门的报复。但是，这些保护规定都因为缺乏实效而受到了诟病。而美国政府公开透明法律的缺乏会导致泛化泄密的风险。事实上，信息自由、定密和告密者保护法都是由于程序缺陷而导致法律失语失效。

三、泄密行为的法律要素认定

（一）动机——对透明政府的期待

泄密有各种各样的类型，可以通过对泄密者的动机、泄密者的身份、泄露材料的范围来区分，泄密可能是由各种各样的问题引起的。海斯教授（Stephen Hess）对泄密行为背后的动机进行了分类：对自我重要性的渴望，讨好某特定类型的人的心态，努力对某一特定计划或政策施加影响的渴望，通过羞辱他人来实现报复的目的，揭示政府权力滥用等。① 泄密者也可以按政府级别划分。特定泄密者遍布低级官员、高级官员、高级决策官员。但是大多数特定泄密的泄密者来自高级职位，"国家秘密领域是唯——艘从顶上开始漏水的船只"②，教授发现特定泄密不是"经常发生在下层政府工作人员身上"。③ 从泛化泄密者选择的几种行为中可以推论这些行为人的动机。他们决定透露材料的范围、决定保留

---

① Stephen Hess, *The Government/Press Connection*：*Press Officers And Their Offices* 91（1984）.

② David E. Rosenbaum, First a Leak, Then a Predictable Pattern, *N. Y. TIMES*, Oct. 3, 2003, at A16

③ Stephen Hess, *The Government/Press Connection*：*Press Officers And Their Offices* 75（1984）.

而不向公众公开的材料类型、圈子内部其他行为人决定不从事泄密行为的选择都可以作为揭示他们动机的重要信息。他们泄密的动机不仅仅是告密，也包括抗议政府过度保密的行为或证明政府行为需要更大的透明度。例如，曾与阿桑奇关系密切的一名记者描述维基解密早期的活动是"张贴"原始的随机文件。[①] 维基解密促成的曼宁泄密事件也证明了这一点，她的泄密目的是要揭露一个政府行为不当的特殊事例，如所谓的谋杀案视频，但曼宁泄密给维基解密的文件，以及维基解密泄露给记者的不限于显示政府不当行为或政府谎报的事实。如果曼宁和阿桑奇只关心揭发政府不当行为或过失，他们就不会采取这样的行动。相反，他们相信向公众发布信息的现行法律机制所产生的公共监督不足，他们有必要采取自己的纠正措施。结果，曼宁和维基解密披露的文件引起人们对有问题政府行为的注意，从而促进更大的公共监督。还有一个细节是，维基解密隐瞒了大约一万五千份其认为过于敏感的阿富汗战争文件，而有关伊拉克战争的文件，阿桑奇用了一个自动化的程序来进行编辑信息，目的是避免过分敏感的信息泄露。维基解密最初发布外交电报时，是通过与各种各样的主流媒体比如报纸合作完成的，他们梳理并且编辑了可能由于泄露信息而引起个人损害的信息。此外，据称阿桑奇到国务院询问是否可以披露一定的信息，以及如果信息被披露，哪些有关的人可能会面对危害风险，但政府拒绝与阿桑奇协商，就导致其只能通过媒体将信息披露。[②] 斯诺登在减少伤害方面也作出了努力。斯诺登与独立记者格林（Glenn Greenwald）、独立纪录片制作人劳拉（Laura

---

① David Leigh & Luke Harding, *Wikileaks: Inside Julian Assange's War On Secrecy* 60 (2011).

② *Letter from Harold Hongju Koh, Legal Adviser, U.S. Dep't of State, to Jennifer Robinson, Attorney for Mr. Julian Assange*, WikiLeaks (Nov. 27, 2010).

Poitras)、卫报记者伊万（Ewan McAskill）合作发布秘密文件。[①]斯诺登的目的是确保新闻记者能够审视并保证只发表国家安全局没有发布但会显著影响公众利益的内容，同时确保不会影响国家的安全和利益。斯诺登的泄密并没有引起国家安全局秘密记录的大规模发布。[②] 不管他们多么不完美，这些为减少危害进行的努力显示最近的泛化泄密并不是泄密者简单地试图摧毁政府治理制度，相反，他们相信我们现在未能满足公众对于政府行为知情的需要，而泄密是公众获取其应知的信息的唯一手段。例如，当阿桑奇收到一份文件证明中情局正在努力通过华盛顿大使来揭露非洲中部国家的腐败现象时，他并没有披露这个秘密，因为其中没有他所认为的美国公民所需要的"政治利益"。泛化泄密者的泄密行为使得政府不得不采取行动对政府保密法的合法性作出直接反应。

从泄密者的声明中也可以看出他们的动机。首先，维基解密作为一个机构提出了它的声明"信息发布可以提高政府透明度，透明政府则为所有人创造了一个更美好的社会"。阿桑奇本人则提倡用道德规范代码："不要破坏你侵入的计算机系统，不要改变那些系统中的信息"，当他最终被捕并被起诉时，法官对阿桑奇"想设立没有限制的信息世界"的理想主义表达了宽容。阿桑奇认为政府组织越隐秘，越是会泄露在行动和计划中引起恐惧和偏执的问题。这必然导致国际交流机制成本的增加，并最终导致能力下降和效率最小化。他总结说："在一个泄密非常简单的世界，遮遮

---

① David Leigh & Luke Harding, *Wikileaks: Inside Julian Assange's War On Secrecy* 80-82 (2011).

② Glenn Greenwald, *No Place To Hide: Edward Snowden, The NSA, And The U. S. Surveillance State* 53 (2014); David Leigh & Luke Harding, *Wikileaks: Inside Julian Assange's War On Secrecy* 42 (2011).

掩掩的、不公正的系统相对于开放的、公正的系统是没有丝毫优势的。"①曼宁在她提交给军事法庭的声明中谈到了她的动机,她认为政府行为是不人性的,她解释说:如果公众根本不知道政府行为的最基本的细节,那么公众就无法判断政府的决定哪些行动和政策是正当的,而哪些是不正当的。②曼宁认为泄露是唯一让公众关注政府公开透明失效的问题的方法。就斯诺登而言"这不应由政府来决定,而是需要由公众做出这些方案和政策是对还是错的决定"。她说透明政府是她的主要目标,同时她觉得国家安全局没有得到有效监督。斯诺登也觉得他的行动是在捍卫互联网自由,他认为自己是爱国者,而不是一个试图损害美国国家安全或个人安全的人,事实上,在斯诺登泄密之前很长一段时间,他斥责有可能对国家安全产生风险的信息泄露。斯诺登受到了托马斯(Thomas Reek)的经历影响,托马斯试图使用联邦告密程序,但没有得到政府和法院的回应,他最终把自己的信息泄露给了新闻界,导致了自己被刑事指控。斯诺登因此认为向政府链条的任何一环报告都将是徒劳的,因为"这个体系不工作,你必须向最负责任的人报告政府的错误行为"③。斯诺登也有自己的报告经验,他在中情局工作时也试图向政府报告和申请必要的信息公开,但他最终被斥责,这些经历可能影响了他对向监督者问题提出的有效性的看法。总之,这些泄密者不是想攻击政府,相反,他们的

---

① Glenn Greenwald, *No Place To Hide*: *Edward Snowden*, *The NSA*, *And The U. S. Surveillance State*,53(2014).

② Bradley Manning, *Private First Class*, *U. S. Army*, *Statement in Support of Providence Inquiry for Formal Plea of Guilty in United States v. Pfc. Manning*(Feb. 28, 2013).

③ David Leigh & Luke Harding, *Wikileaks*: *Inside Julian Assange's War On Secrecy* 52(2011).

动机是保持政府的负责任性，即每一个人都有道德准则，他们不想简单地最大化对个人或机构造成的伤害。他们的动机表明他们对政府缺乏合法性、透明度和监督机制的忧虑，并将其与美国保密法中程序正义失效联系起来。

（二）行为——基本上不加区分范围的泄露

证据表明，泛化泄密者不同于传统的泄密者，泛化泄密者的动机是他们感受到保密法本身缺乏合法性，而不仅仅是要对抗政府行动或者对政府造成危害性后果。泄密者认为政府行为违法或不当，但泄露信息的范围远远超出了符合该描述的记录信息，事实上，泄露的材料中包括了大量的没有任何牵连的记录。在绝大多数的文件记录中，曼宁和阿桑奇甚至都不知道他们的内容和这些文件的意义。也就是说，曼宁和阿桑奇交出了他们能够接触的所有的东西。但比尔教授（Bill Keller）这样描述这些文件：这些文件的价值——我相信它们有巨大的价值，但并不是像政府所认为的那么巨大。在很短的一段时间，曼宁通过阿桑奇和维基解密，发布了超过 77000 份阿富汗战争的文件，390000 多份伊拉克战争的文件，250000 多条美国国务院和在世界各地的美国大使馆之间外交电报，斯诺登泄露了 200000 多件秘密文件记录。[①] 在随后的听证会上，情报官员报告了斯诺登访问了大约 170 万份文件，[②] 这与艾尔斯伯格的泄密是完全不同的泄密方式。艾尔斯伯格泄露了 7000 多页的文件，在前数字化时代，肯定是大规模泄密，但这些记录是"泄露了一个人参与或处理的秘密文件"，而不是一个人可能接触的秘密的文件。相反，泛化泄密大规模泄露了包括泄密者

---

① Mark Hosenball, NSA Chief Says Snowden Leaked up to 200000 Secret Documents, *REUTERS*（Nov. 14, 2013）.

② David E. Sanger & Eric Schmitt, Snowden Used Low-Cost Tool to Best N. S. A., *N. Y. Times*, Feb. 8, 2014, at Al.

本人都很少或并不熟悉的秘密文件。艾尔斯伯格与泛化泄密者的区别是：艾尔斯伯格获得了最高的公务员级别，早在他的职业生涯中，在他泄露五角大楼文件时，是受聘于国防部的兰德公司的高级分析师。他被称为"完美内幕人，是接近核心权力所在地的人"，这与持有的相对较低位置的曼宁和斯诺登形成鲜明对比。[1]

（三）危害后果——泛化泄密的危害难以量化评估

公众在直觉上会认为泛化泄密会造成极大的损害。政府官员严厉谴责泛化泄密，认为曼宁泄露国务院电报"危及了美国形成民主和开放政府的进程"[2]，斯诺登泄露的文件是"使我们的国家安全以及为了保卫国家安全而获取情报的重要手段处于巨大风险的境地"[3]。就维基解密而言，伊拉克和阿富汗战争的文件揭示了包括虐待囚犯在内的公众事务的重要性，[4] 维基解密文件披露了美国对突尼斯政权的不满，这被认为是鼓励国内的反对派开展人民起义[5]，事实上，2011 年年初的一项研究发现，五个月间纽约时报所披露的问题材料有一半是使用维基解密文件作为源文件的。斯诺登事件，使得披露有关国家安全局对美国人民的监视以及国家

---

① Patrick McCurdy, *From the Pentagon Papers to Cablegate：How the Network Society Has Changed Leaking*, in Beyond Wikileaks：*Implications For The Future Of Communications*, *Journalism And Society* 134；see also Andy Greenberg, *This Machine Kills Secrets：How Wikileakers, Cypherounks, And Hacktm vi STS Aim To Free The World's Information* 21（2012）.

② Key Reactions to Wikileaks Cables Revelations, BBC（Nov. 29, 2010）.

③ Barack Obama, President of the United States, Remarks by the President in a Press Conference（Aug. 9, 2013）.

④ David Leigh, Iraq War Logs Reveal 15000 Previously Unlisted Civilian Deaths, *GUARDIAN*（Oct. 22, 2010）.

⑤ Sami Ben Hassine, Tunisia's Youth Finally Has Revolution on Its Mind, *GUARDIAN*（Jan. 13, 2011）.

安全局对私人事务的介入程度在全国引发了大讨论。①马克教授（Mark Fenster）认为并没有任何明确证据表明维基解密对于军事行动、国家安全或外交具有严重损害。② 他还指出，政府官员最终也撤回了最初对泄密行为极端破坏性的预言，在对曼宁的军事法庭审判中，政府试图从曼宁所造成的伤害中找到泄密的证据，但基本上没有找到。"这些被泄露的外交电报的影响，我们的外交政策被描述为一场灾难，我认为这些描述是明显过度的……对美国外交政策的影响我想是相当有限的"。③ 至于斯诺登的泄密，损害的证据同样模棱两可。一份报告指出来自某个不相关信息的泄密恐怕比斯诺登所有的泄密事件所导致的情报机构在收集情报方面能力的危害更大。官员们推断，斯诺登的泄密没有起到什么作用，"没有可信的证据证明国家安全的任何损害"。④ 虽然政府有动机表明泄密确实有危害，但评估泛化泄密的实际效果是一项艰巨的工作。

尽管缺乏与最近的泛化泄密产生危害的有关确凿证据，但泛化泄密带来的隐忧具有理论和现实原因。这个现实原因源于不断变化的技术使泛化泄密成为可能。首先，虽然泛化泄密者都试图通过编辑信息将危害降到最低，但是互联网时代，人人都是麦克风，人人都是自媒体，这就导致了不会每一个人都有编辑信息、

---

① Caitlin Dickson, Nearly Half of 2011's New York Times Issues Rely on WikiLeaks, *WIRE* (Apr. 25 2011).

② Mark Fenster, Disclosure's Effects: WikiLeaks and Transparency, 97 *IOWA L. REV.* 806 (2012).

③ Elisabeth Bumiller, Gates on Leaks, Wiki and Otherwise, *N. Y. TIMES CAUCUS BLOG* (Nov. 30, 2010).

④ Jane Mayer, Snowden Calls Russian-Spy Story "Absurd" in Exclusive Interview, *NEw YORKER* (Jan. 21, 2014).

降低危害的自觉。最高法院在依据第一修正案对五角大楼文件泄密事件中对新闻媒体保护的前提下，部分对"国家安全信息的披露取决于对媒体的判断——受刑事责任可能性限制的，由市场或新闻伦理的判断——而不仅仅是对泄密者的判断"。在决定是否发布国家安全信息时，在线媒体形成了非传统媒体，而且他们可能不在"一套公认的新闻规范中"。① 潜在传播者的泛滥，不具备传统媒体专业性和新闻操守的事实，以及对新媒体刑事制裁的缺乏导致了泛化泄密频发。其次，泛化泄密由于通过网络传播使得源文档可以被完整发布，所以会增加危害性。传统媒体受时空影响，只能报道重大事件，并非所有泄密的材料都将公开。然而，当泛化泄密的记录全部公布时，其中包含的信息对泄密者而言似乎是无价值的，但可能会给某一领域带来不可能承受的伤害。泛化泄密所带来的最后的实际危害是匿名性。匿名的后果就是问责的缺乏。也就是说，泄密者个人被问责的风险越小，泄密的压力就越小，泄密内容的好处和危害的平衡估量就越少。② 泄密者的匿名也对验证泄露记录的真实性造成了实际困难，从而增加了判断失误的风险。此外，除了实际的原因外，还有一个理论原因值得关注，传统的泄密者披露的往往是他们认为不恰当或者非法的某一特定政府行为的信息或记录，这些泄密者往往会在内心评估泄密可能造成的危害与对公共利益造成的益处。波曾指出，"政府行为的形式违法性与泄密行为仍然是相关的，因为在压制总泄密量的同时增加了它的重要性"。但泛化泄密者没有能力审查这些文件全部的

---

① Patricia L. Bellia, WikiLeaks and the Institutional Framework for National Security Disclosures, 121 *YALE L. J.* 1472（2012）.

② Andy Greenberg, *This Machine Kills Secrets：How Wikileakers, Cypherounks, And Hacktm vi STS Aim To Free The World's Information* 218（2012）.

内容，也没有能力在披露这些文件时考虑公共利益。① 事实上，泛化泄密者所披露的大量信息可能公众并没有什么兴趣，这些也并不显示政府有什么真正的不法行为，甚至可能这些泄密信息反映的政府行为根本就没有进入公共话语体系。这一差异可以用最近的两个泄密事件来说明：第一个事件是特定泄密，托马斯曾在2005年纽约时报获得普利策奖的获奖故事中揭示布什时代对普通美国公民的无证窃听。他解释了自己的动机，很明显在泄密信息时他权衡了公众利益："我想这个"秘密计划"是公众应该知道的，所以应当由公众决定他们是否想要造成这个大规模的间谍活动。"②公众对这一泄密行为的争论同样集中在对公众带来的益处以及可能出现的危害的衡量。特定泄密总是在衡量潜在的公共利益以及可能造成的损害，争论也因此沿着这些路线展开。而泛化泄密的情况下，根本不可能进行上述评价。以维基解密为例，涉及美国国内以及美国与世界各地的大使馆之间的250000多份外交电报，泛化泄密包括大量的公众可能会觉得有趣的材料，但是没有人会评价其是否严重损害了公共利益。例如，一个外交电报讲述了巴黎市长为了迎接土耳其总理到访，使埃菲尔铁塔的灯光成为土耳其国旗的色彩。但因为之前尼古拉·萨科齐坚决反对土耳其加入欧洲联盟，助手怕萨科齐生气因此改变了萨科齐的飞机航线以避免他看到埃菲尔铁塔的灯光。③ 公众从此知晓了萨科齐的助手

---

① David E. Pozen, The Leaky Leviathan: Why the Government Condemns and Condones Unlawful Disclosures of Information, 127 *HARv. L. REV.* 578 (2013).

② Michael lsikoff, The Whistleblower Who Exposed Warrantless Wiretaps, *NEWSWEEK* (Dec. 12, 2008).

③ Katrin Bennhold, Cables Praise French Friend with " Mercurial" Side, *N. Y. TIMES* (Nov. 30, 2010)

是如何害怕得罪萨科齐，人们对此只是一笑了之，不会认为这会影响法国与美国的关系。传统的定向泄密者几乎不会考虑披露这些信息，但在泛化泄密的背景下，个别文件披露的对公共利益的好处和坏处的衡量变得不可能。因此，就像波曾表示的，泄密已被证明给政府利益带来更多好处而不是损害，因此在被相对宽容的对待。[1]

四、追诉情况

在美国，普遍认为包括信息自由法、保密法和举报人保护法等法律具备潜在的合法性缺失和系统性瑕疵，这不仅导致了泛化泄密的规模性出现，也导致了司法机关态度的摇摆不定。

（一）司法机关的暧昧——对政府行为的"尊重"

信息公开法案下的诉讼通常集中在以记录是否属于保护一定利益的披露豁免，如隐私、商业秘密和国家秘密。更重要的是，法案中规定政府对这些豁免承担证明责任，并且法院需要对是否可以披露进行复审。法案虽然在法定框架内似乎有力地保护了公众的权利，但从法律案件的实践中看，法官可能会出现偏向政府的倾向。"是法官已经改变了审查标准，在诉讼中体现了公开对政府行为强烈尊重的立场，尽管国会的明确意图是重新审查标准从而反对政府过度定密的行为，但过度定密这种做法还是发生了"。[2]尽管在法律对标准有一个具体的阐述，但在实践中的不同适用，可能导致当事人对法官公正对待案件的信心缺失，暗含了对决策

---

[1] David E. Pozen, The Leaky Leviathan: Why the Government Condemns and Condones Unlawful Disclosures of Information, 127 *HARv. L. REV.* 581 (2013).

[2] Margaret B. Kwoka, Deferring to Secrecy, 54 *B. C. L. REV.* 185, 211-20 (2013).

者中立性的不信任。国家安全领域是这种"尊重立场"无处不在的领域，对诉讼当事人的这种影响也许是最明显的。在 1973 年的最高法院在美国环保署诉明克案中，对政府的决定进行了重新审查，根据本条审查只会涵盖被扣留的记录事实上是否是涉密的，而不是定密是否经过恰当的执行程序。[①] 这个判决对政府保密的做法提供了完全的司法支持和司法尊重。1974 年国会审查和修改了法案，将豁免覆盖的记录改为"根据行政长官确定的标准为国防或外国利益保密政策特别授权和…事实上的根据这种情况的定密"。它还增加了一个条款，授权法院可以审查录像记录。这些明确的规定要求，法院不仅要审查定密的事实，还要审查定密程序的恰当性。然而，今天的法院几乎有一致的意思表示，即他们对政府的决定——这些信息必须是被定为秘密的，给予了相当的尊重。其实这种尊重几乎已经形成惯例——在 20 世纪 90 年代的 10 年间，没有一个在国家安全法案下对政府的挑战成功[②]，找不到一个成功挑战国家安全要求的例子，经受住了司法部门的上诉审查。[③] 法庭"通常严重依赖尊重国家安全机构专家的意见"。[④] 尽管国会明确授权法官严格审查的义务，但是当法官给予政府强有力的、甚至是决定性的尊重的时候，他们很容易使当事人和公众

---

① EPA v. Mink, 410 U. S. 73, 81（1973）, superseded by statute, Act of Nov. 21,1974, Pub. L. 93-502, 88 Stat. 1561, as recognized in CIA v. Sims, 471 U. S. 159（1985）.

② Paul R. Verkuil, An Outcomes Analysis of Scope of Review Standards, 44 *WM. &MARY L. REV.* 679, 714-15（2002）.

③ U. S. Dep't Of Justice, Freedom Of Information Act Guide 211, 211 fn. 56.

④ U. S. Dep't Of Justice, Guide To The Freedom Of Information Act 147（2009）.

产生偏见。① 即使法院对他们的行为有主观的原因，但是这种决定影响的是公众的一种感知，这种感知很可能破坏公众对根据信息自由法所作决定的程序公正的信念，并且最终破坏了对信息自由法本身的信念。还有就是法院在涉及信息自由法案的案件中使用的程序，无论是否具备豁免申请，均背离典型的诉讼程序，这些程序通过切断原告的程序性诉讼权利来实现对政府有利的结果，这个程序的使用实际上限制了原告在信息自由法案下参与政府信息公开诉讼的机会。还有一个重要的程序偏差是当事人参与诉讼的机会，这种机会在其他案件中是必须提供给诉讼当事人，但是在信息自由法案下的案件中经常被否认。② 对真正的在信息自由法案下的案件原告，证据开示是非常重要的，因为政府几乎总是掌握有所有相关证据。当事人必须使用开示的证据以证明或辩论案件所需的必要证据，然而在信息自由法的情况下，法院以涉密为由拒绝证据开示成为一个常规的问题。③ 特别是法院创设了信息自由法的具体程序被称为沃恩程序，这是一个专门的程序，针对政府的不公开记录的索赔豁免和索赔依据。④ 实践中，沃恩程序对请求者很少有帮助，因为它们只包含很少的细节，不受任何后续测试。⑤ 因此在信息自由法诉讼中，存在在传统案件中不存在的固有

---

① Cf. Meredith Fuchs, Judging Secrets: The Role Courts Should Play in Preventing Unnecessary Secrecy, 58 *ADMIN. L. REV.* 131, 176.

② Margaret B. Kwoka, The Freedom of Information Act Trial, 61 *AM. U. L. REV.*

③ Wheeler v. CIA, 271 F. Supp. 2d 132, 139 (D. D. C. 2003).

④ Vaughn v. Rosen, 484 F. 2d 820, 824 (D. C. Cir. 1973).

⑤ Margaret B. Kwoka, Deferring to Secrecy, 54 *B. C. L. REV.* 185, 233 (2013).

的信息不对称。① 这就导致了公正性难以被保证。不仅司法实践的这些情况影响了信息自由法案下请求者的诉讼结果，切断当事人通过收集证据证明自己观点并参与自己的案件的能力。正是这种被拒绝参与使公民个人感觉到诉讼过程是不公平的。另一个问题是简易程序的滥用，法院几乎都用简易判断标准来处理几乎所有的信息自由法案下的案件，无论是否有事实争议。② 这个司法实践不仅违背了在其他诉讼中标准使用的简易判决规则第 56 条，但它也通过有效切断他们参与听证的权利而伤害了请求者。③ 在效果上，它否认政府诉讼案件中请求者在法官面前口头辩论的权利，包括回答法官可能提出的问题，交叉询问证人的权利。审判都是解决争议的黄金标准，但是在信息自由法案下这是不能实现的。使用简易程序来处理信息自由法案下的案件也可能产生一个感知，就是这个程序在根本上就是不公平的。普通公众可能不知道政府信息公开诉讼中存在的程序不公，但潜在的泛化泄密者的个人经验会被放大，潜在的泛化泄密者多是业内人士，因为他们有权接触政府秘密，他们更可能在政府信息公开诉讼中了解。即使是那些潜在的泄密者对政府信息公开诉讼程序并没有深入了解的情况下，也可以大体知道政府将压倒性获胜。大多数政府行为在法庭上被质疑的概率在 60%~70%，在信息自由法案件中政府的保留信息请求得到支持和肯定的概率基本上在 90% 以上。因此，政府的赢率在信息自由法案件特别明显地高，这个政府的胜诉率产生了明显的感觉是司法有利于政府。因此，对于那些没有参与政府信

---

① Vaughn, 484 F. 2d at 824.

② Margaret B. Kwoka, The Freedom of Information Act Trial, 61 *AM. U. L. REV.* at 244-61.

③ Margaret B. Kwoka, The Freedom of Information Act Trial, 61 *AM. U. L. REV.* at 264-67, 273-76.

息公开诉讼程序的经验的公众，他们是可能使用这些非常不公正的结果作为衡量政府信息公开诉讼的公正性，认为信息自由法诉讼过程是不公正的，从而降低了信息自由法案的本身合法性认知。[①]

诉讼并不是公众与信息自由法唯一的接触点。政府信息公开请求的行政处理，以及由此产生的发布或取消请求记录的行政决定，从另一个源头对公众信息自由法的合法性产生影响传递信息。然而，这里也有充足的政府雇员与公众质疑法案的程序公正的基础。首先，政府破坏信息自由法的合法性，通过政府违反信息自由法案下法律规定期限。根据信息自由法，政府必须在20个工作日内回应请求，但实际上，常常超过那个时限，即使是简单的请求，也要远远超过期限。调查中，政府回应时间平均在917天。2014年，美联社报道，与上一年相比，大多数政府需要较长的时间来回应获取信息的要求。[②] 其次，政府明显地不遵从基本政府信息公开的程序要求可能会令公民产生影响法案合法性的感知。此外，有证据表明，请求者在与信息自由法政府雇员来往时感到被轻视和沮丧。国会认识到了这个问题，从而引发了在2007年颁布的对信息自由法的最新重大修订，要求政府确定对信息自由法的公共联络部门负责与请求人沟通。证据表明，与相关人员沟通挑战请求者的耐心。例如，一个报告说一个政府机构对公民要求一份单一文件的请求作出了答复。将该请求归类为"复杂类请求"，但其实请求者提出的请求并不复杂，因为它寻求一个高可识别性的文件，官员表示这封信是政府对所有请求的标准回应。总之，

① David Zaring, Reasonable Agencies, 96 *VA. L. REV.* 135, 169 (2010).

② Ted Bridis & Jack Gillum, *US Cites Security More to Censor, Deny Records*, ASSOCIATED PRESS (Mar. 16,2014).

请求者与信息自由法员工的交往使得申请者觉得他们得到了不公平地对待，从而影响了个人对法案的合法性感知。最后，在政府行为处理中，依赖国家安全理由而豁免保留信息的比率是在上升的，这就导致越来越多的信息被定为秘密信息以及公众对法案合法性的不认同。

（二）对告密者保护的不利

告密者保护法案要求国家安全信息的泄密者遵循本身程序性审查。首先，职员必须向该机构的监察长透露信息。然后监察长必须确定职员的投诉或信息是否真实可信，监察长同时必须通知职员所在部门的主管以论证投诉的可信性。只有监察长找不到投诉的职员或认为信息并不可信，职员才可以直接向国会情报委员会报告。问题是，只要总监察长明确决定不向情报委员会披露，就不会产生任何实际监督效果。且没有其他途径可以解决这个问题。也许告密者保护法案最大的失败就是它的授权报告程序，并且与联邦检举人保护法案不同，它不禁止对使用该程序的雇员进行报复，也不对受到不工作对待的雇员提供任何补救。因此，它被称为"名不符实"条款。① 其次，创造一个没有维护权利通道的报告程序是导致法律失效的原因。据报道，并没有已知的成功告密案例，在七年时间里，不到十名中央情报局雇员使用该系统报告过政府过度定密行为，只有一个得到了关注并使政府行为得到了纠正。当他们的努力通过官方渠道失败时，告密者成为了泄密者。例如，托马斯·德瑞克（Thomas Drake，以下简称德瑞克），前国家安全局的高级主管，他担心开拓者（Trailblazer）基金（一项政府雇佣私人承包商建立的新监视工具）是浪费和腐败。他开

---

① Robert J. McCarthy, Blowing in the Wind: Answers for Federal Whistle-blowers, 3 *WM. & MARY POL'Y REV.* 184, 196 n.79 (2012).

始试图把他的认识反映到负责监督该机构预算的众议院情报委员会，但他的努力没有产生任何效果。然后他就去了媒体，他并没有泄露任何机密文件，只是简单地告诉记者他见到的浪费行为，但他根据间谍法被起诉并定罪，理由是他将机密文件从他的办公室带到他家。[①] 另一个例子，罗伯特·麦克林（Robert MacLean，以下简称麦克林），前联邦航空长官，得知他所在的部门存在持续的被劫机危险的情况下，仍然在部署某些夜间行动计划，出于责任感，他认为必须引起政府关注，麦克林第一次去他的上司那里，上司认识到了这个问题，但没有采取任何行动，然后他去了总检察长办公室，在那里他被建议"走开"。他决定他必须保护公众安全，然后他找到了媒体，他的泄密引发了国会的关注，导致空军长官的变更，但是，麦克林从他的位置被开除了，他一直诉讼到最高法院。[②] 这些事件已经被媒体广泛报道。最后，保护告密者法律未能提供对告密者有意义的程序保护，也没有保护员工对这些法律的合法性的信念。分析这三个方面的程序缺陷，发现保密法在保证公众对于程序公平的感知的方面完全失败了。此外，这些结果过程是如此失败，甚至那些不熟悉程序问题的人可以使用这些结果形成一个程序不公的结论。总之，对这一领域的程序不公的感知，大大破坏了保密法本身的合法性感知。

（三）刑事处罚作用的局限性——宪法第一修正案的保护

1917 年的间谍法是主要的解决各种与获取和发布有关"国防"

---

① Public Statement, Chelsea E. Manning, Concerns Regarding 2013 Sean MacBride Peace Award (Oct. 7, 2013).

② Mary - Rose Papandrea, Leaker Traitor Whistleblower Spy: National Security Leaks and the First Amendment, 94 *B. U. L. REV.* 449, 482-90 (2014).

和国家安全信息泄露有关的活动的法律依据。[①] 非授权者披露机密信息的人已经被追诉，泛化泄密者也不例外。例如，曼宁被军事法庭指控 22 项罪名，其中 6 项违反间谍法被判有罪。[②] 斯诺登被指控 3 项罪名，2 项是违反间谍法。[③] 但是，尽管起诉泄密者有明确的法律授权，但实际情况是很少有起诉发生。事实上，只有4.17%的人被起诉泄露国家安全信息。[④] 甚至在起诉率上升的奥巴马政府时期，对泄密行为的追诉也是一小部分。对泄密者的相对较少的起诉似乎与政府官员宣称的泄密给国家造成严重损害的结果正相反。许多学者都在研究为什么这么少的人被追诉，经典的理论使这个领域的执法非常困难，因为泄密者非常难以被确认。波曾称缺乏证据证明的泄密调查是很困难的。波曾还提供了一种解释，官员宁愿不执行反泄密法，因为政府从对泄密者相对宽容的做法中得到了巨大的好处。[⑤] 另一种理论解释为，政府基本上与新闻界达成了协议，泄密者不会受到惩罚。作为交换，新闻界在

---

① Stephen I. Vladeck, Inchoate Liability and the Espionage Act: The Statutory Framework and the Freedom of the Press, 1 *HARV. L. POL'Y REV.* 219, 221- 26 (2007).

② Ernesto Londono, Rebecca Rolfe & Julie Tate, Verdict in Bradley Manning Case, *WASH. POST* (July 30, 2013).

③ Criminal Complaint, United States v. Snowden, No. 1:13 CR 265 (CMH) (E.D. Va. June 14, 2013)

④ David McCraw & Stephen Gikow, The End to an Unspoken Bargain? National Security and Leaks in a Post-Pentagon Papers World, 48 *HARV. C.R.-C.L. L. REV.* 473,492 (2013).

⑤ David E. Pozen, The Leaky Leviathan: Why the Government Condemns and Condones Unlawful Disclosures of Information, 127 *HARv. L. REV.* 512, 528 (2013).

发布信息时，会对国家安全做出一定的考虑。[①] 上述理论下，泄密者因为政府想让他们自由而获得自由。不管是什么原因，到目前为止，人们普遍认为依靠刑事诉讼阻止泄密者被证明是一个效果不显著的威慑。[②] 除此之外，还有许多的其他建议来解决泄密问题。在国会，反泄密方面的立法已经被建议出台无数次，但是通常由于担心侵害新闻自由而不能通过。[③] 一项突出的尝试是，2012年政府要求所有情报人员报告其所有与媒体的联系，限制向某些高级官员提供记录信息的权力，并设置泄密报告程序，在2014年3月，国家安全局的负责人建议通过另一项反泄密立法。[④] 学者们同样认为"全面的立法改革应该是被追求的"。[⑤] 尽管国会提出了改革建议，且现存的法律也基本上涵盖了对泄密行为的惩治，但这些法律的强制执行力始终缺乏，简单的立法无法解决泄密这一问题。此外，对泄露记录的第三方媒体的强制执行还存在重大障碍。反泄密法试图追诉发布泄密信息的媒体成员，但几乎没有一

[①] David McCraw & Stephen Gikow, The End to an Unspoken Bargain? National Security and Leaks in a Post-Pentagon Papers World, 48 *HARV. C. R. -C. L. L. REV.* 479 (2013).

[②] Gary Ross, *Who Watches The Watchmen?: The Conflict Between National Security And Freedom Of The Press*, at 19-28 (2011).

[③] Cora Currier, Washington's War on Leaks, Explained, *PROPUBLICA* (Aug. 2, 2012).

[④] Anti-leaks Legislation Coming Within Weeks, Says NSA Chief, RT (Mar. 5, 2014).

[⑤] Stephen I. Vladeck, Inchoate Liability and the Espionage Act: The Statutory Framework and the Freedom of the Press, 1 *HARV. L. POL'Y REV.* 51 (2007).

个新闻界的成员被起诉。① 政府曾试图请求法院禁止纽约时报和华盛顿邮报发表五角大楼泄密文件，但最高法院拒绝对媒体报道做出限制，理由是记者们享有宪法第一修正案的保护。② 媒体刊登报道他人泄密的信息而被起诉仍然存在理论上的可能性，但是他们会根据第一修正案受到严格的保护，导致事实上很难被追诉，所以，司法部没有根据间谍法或其他法规对阿桑奇或维基解密的犯罪提起指控。③ 司法部官员称起诉阿桑奇会导致"纽约时报危机"，即如果阿桑奇被起诉，纽约时报或其他主流新闻媒体每次的信息发布都可能被起诉。也许是因为五角大楼文件泄密的严重问题，许多学者探讨了第一修正案的保护范围，即新闻界是否可以发布国家安全信息而同时根据第一修正案被免于刑事起诉。有学者讨论了政府在何种情况下可以对公职人员泄密、媒体发布由泄密而获得的信息、记者获取因泄密而得到材料的行为进行刑事处罚以防止泄密。④ 有学者提出了一个增加起诉的制度，即司法机关应当衡量新闻自由下公共利益与国家安全下公众利益的平衡。⑤ 除了宪法第一修正案之外，有学者认为存在一个独特的理论障碍使得像维基解密这样的出版商不像纽约时报等传统媒体那样可以被追责。原因在于：第一，不清楚现有的刑事处罚确实或可能达到域外一

① Geoffrey Stone, Government Secrecy vs. Freedom of the Press, 1 -ARv. L. & POL'Y REV. 185, 197 (2007).

② N. Y. Times Co. v. United States, 403 U. S. 713, 714 (1971) .

③ Sari Horwitz, Julian Assange Unlikely to Face U. S. Charges over Publishing Classified Documents, *WASH. POST* (Nov. 25, 2013).

④ Geoffrey R. Stone, *Top Secret：When Our Government Keeps Us In The Dark*,3-4 (2007)

⑤ Gabrile Schoenfeld, *Necessary Secrets：National Security, The Media, And The Rule Of Law*, 268 (2010).

个非美国注册的互联网媒体的活动。第二，即使法律确实可以追诉这些活动，这样的判决是否具有执行力，也是有疑问的。[1] 这些都成为了对罪犯有效追诉的实质性和法定障碍。第三，随着其他国家对新闻记者的更强有力的保护，这些地方将成为泄密者的避风港，来自这些国家的信息泄密者不得被引渡。[2] 例如，2007 年维基解密把服务器迁移到了瑞典，在那里，新闻自由得到最古老的保护并得到宪法的有力支持，他们允许公众广泛接触政府记录，政府保护泄密者向媒体传播信息的权利，媒体也具备保护匿名信息来源的权力。还有冰岛，这个国家最近以"国际透明"的姿态登上了全球舞台。2010 年，冰岛议会通过了冰岛"现代媒体倡议草案"，这些政府通过的改革方案借鉴了世界各地最有利于新闻工作者的法律以加强对言论自由的各种保护，使媒体免于各种责任，使冰岛真正成为了"媒体天堂"。[3]

透过犯罪化的镜头观察，公共利益保护与泛化泄密在多个层面存在竞争与对立：新闻自由和国家安全不可能同时被完美地保护。宪法和实践的限制使得积极的刑事处罚不太可能成功，从而确立了寻找其他解决方案的必要性。除此之外，美国社会科学文献也证明了这一点，即刑事处罚是阻止不良行为的一种方法，但

---

① Patricia L. Bellia, *WikiLeaks and the Institutional Framework for National Security Disclosures*, 121 *YALE L. J.* 1506（2012）

② Molly Thebes, Note, *The Prospect of Extraditing Julian Assange*, 37 N. C. J. INT'LL. & COM. REG. 889, 913（2012）.

③ Afua Hirsch, Iceland Aims to Become a Legal Safe Haven for Journalists, *GUARDIAN*（July 12,2010）.

被广泛认为是一种对维持社会秩序的相对低效和无效的方法。[1] 最后，仅仅追究一个发布信息的人是徒劳的，因为信息一旦泄露，对于任何人来说，这些信息已经可以任意公开可用，就像一个评论员指出的，"对泄密信息次级传输的限制才是有意义的。"[2] 总之，犯罪化在这一领域是不起作用的，完全划清新闻自由与国家安全的界限是不可能的，盲目增加执法费用的刑事处罚震慑效益可能很小，必须探索其他途径。

五、反思与建议——透明政府行为是解决泄密问题的根本

过度定密问题在政府内部已经被承认，部分高级政府官员认为在50%~90%的机密材料不应如此设定。[3] 过度定密的问题如此广泛，导致潜在的泄密者即使不清楚详细的定密过程，他们会有依据结果倒推出过程是不公正的。[4] 有学者认为过度定密有可能导致大量的泄密，最近的一份报告更是明确："不必要的保密……通过破坏国家安全信息定密制度，促进了政府官员的信息泄露行为。"法官在谈到五角大楼泄密案："因为所有东西都被定密了，结果就是没有什么东西被定密了，这个系统就成了愤世嫉俗者、

---

[1] Josh Bowers & Paul H. Robinson, Perceptions of Fairness and Justice: The Shared Aims and Occasional Conflicts of Legitimacy and Moral Credibility, 47 *WAKE FOREST L. REV.* 211, 273 (2012); Daniel S. Nagin, Criminal Deterrence Research at the Outset of the Twenty-First Century, 23 *CRIME & JUST.* 1, 1-42 (1998).

[2] Patricia L. Bellia, WikiLeaks and the Institutional Framework for National Security Disclosures, 121 *YALE L. J.* 1508 (2012).

[3] *Espionage Act and the Legal and Constitutional Issues Raised by WikiLeaks*: *Hearing Before the H. Comm.* on the Judiciary, 111th Cong. 17 (2010).

[4] 虽然迄今为止还没有人援引程序正义来解释理解这一联系，许多学者已经阐明了国家安全信息过度定密与泄密包括最近的泛化泄密之间的联系。

粗心大意者、自我保护者、自我炫耀者所操纵的工具……一个真正有效的内部安全体系将是最大限度的信息披露体系，认识到只有当诚信被真正的维持时才会达到最好的保密效果。"[1] 这些文献为过度定密与泄密之间的联系这一问题的解决提供了理论依据。学者们断言过度保密会导致泄密："政府信息不公开不透明将最终导致通过黑客、泄密者等方式进行抗议，以及像维基解密这样的组织的出现。"[2] 我们生活在一个"秘密非法"的时代，错误定密或过度保密……导致了泄密热潮。[3] "如果政府更愿意在评估的基础上考虑发布信息，未来的曼宁和斯诺登可能不会'不分青红皂白的任意泄露信息'"。[4] 值得注意的是，学者们对泄密进行了深度思考，"可以更好地理解为是公众对政府内部异常，过度定密，官僚主义的适应性反应，最终的目的是组成现代透明政府，特别是从政府决定不起诉泄密者的角度考虑，原因是政府从泄密中获得了净收益"。[5]

汤姆·泰勒教授在广泛研究的基础上讨论了人们遵守法律和违反法律的根本原因，他在综合考虑公众决定遵从法律的一系列因素后，得出的结论是：个人对法律制度本身合法与否的信念大

[1] N. Y. Times Co. v. United States, 403 U. S. 713, 729 (1971).

[2] Renee Keen, *Untangling the Web: Exploring Internet Regulation Schemes in Western Democracies*, 13 SAN DIEGO INT'L LJ. 351, 375 (2011).

[3] Stephen I. Vladeck, Inchoate Liability and the Espionage Act: The Statutory Framework and the Freedom of the Press, 1 *HARV. L. POL'Y REV.* 219, 221-26 (2007).

[4] Josh Chafetz, Response, Whose Secrets? 127 *HARv. L. REV.* Forum 86, 91 (2013).

[5] David E. Pozen, The Leaky Leviathan: Why the Government Condemns and Condones Unlawful Disclosures of Information, 127 *HARv. L. REV.* 517, 518 (2013).

大影响了他们决定是否遵守法律。他指出合法性的特点是：公众相信某些决定，是建立在相信这些决定被创建的规则是公平有效的基础上的。泰勒的观点表明个人对合法性的信仰很大程度上受到个人经验的影响，特别是他们一生中是否感觉到了他们被公平对待的那些经验的影响，这些被对待的过程是否公平，胜于简单的结果是否有利于他们。当然，也有其他学者认为遵守法律与否与这些法律本身的合法性和执法效果有关，而不是与这些人对于相应法律的合法性信仰有关。① 例如，某项研究探讨了美国的墨西哥移民违反法律的影响因素，② 认为美国移民法律制度是非正义的人们在进入美国后更容易违反这些制度。相反的，认为美国移民法律是可接受的人们不经授权进入美国的可能性较小。另一项记录研究了美国税收管理法中的程序不公平与违法意图之间的关系，税收法律样本研究了参与者对税收法律程序正义的看法，发现主要是基于他们自己与国税局打交道的经验和他们所知道的其他参与者的经验看法。至于替代经验，由于政府雇员和承包商很可能形成他们对于规制政府信息披露法律合法性的观点，这种观点的形成基础在于个人和替代者的混合的经验。当然不是所有的政府雇员或承包商对于信息自由法、保密法、信息披露者保护法有过个人经验，但是大量的人至少会遇到前两部法律。至于保密法，截至 2012 年 10 月 1 日，据估计美国有 4917751 人持有许可证，允许他们访问机密信息。③ 也就是说数以百万计的人有与保密相关的

---

① Tom R. Tyler, Psychological Perspectives on Legitimacy and Legitimation, 57 *ANN. REV. PSYCHOL.* 375, 377 (2006).

② Emily Ryo, Deciding to Cross: Norms and Economics of Unauthorized Migration, 78 AM. *Soc. REV.* 574, 574-603 (2013).

③ *Office Of The Dir. Of Nat' l Intelligence*, 2012 Report On Security Clearance Determinations 3 (2013).

工作，而这些人都可能获得大量必要的信息而造成泛化泄密。虽然直接参与处理并获取秘密信息的政府雇员的精确数字是不可能的，但是相当数量的员工至少是参与其中的。例如，2011 年某部门平均有 92.65 名工作人员花了几年的管理涉密文件，但只有 37 名员工属于全职职工，剩下的 55.65 名员工是兼职工作人员，负责寻找和审查相应的涉密记录。[①] 也就是说，可能不是人人都会对保密法或信息自由法有个人经验。但是这些人，通常是通过媒体或同事的替代经验作为他们对法律合法性的认识。而只有当法律对"权力与责任"的分配方式与社会直觉认同的正义感是一致的时候，法律才能实现与道德责任的合规。[②]也就是说，影响个人对法律执行程序合法性看法的影响因素中，最重要的是决策者的客观中性、行为人参与决策过程的能力和程序的公正性。

对执法程序正义与否的认同会对公民是否遵守法律产生极大的影响。特别是相对于谋杀等被道德谴责的自然犯而言，法定犯只是因为法律说他们是错误的才成为犯罪，[③] 法定犯所规定的禁止行为本身在道德上难以说是错误，因此其行为违反了政府规定是被认为构成犯罪的唯一途径。[④] 换句话说，政府规定或者立法规定的公正与否对法定犯具有重要意义，而道德诚信对自然犯更为重

---

① FOIA - Related Open Government Information, Description of the Department's Staffing, Organizational Structure, and Process for Analyzing and Responding to FOIA Requests, U. S. Dep't Of Transp.

② Josh Bowers & Paul H. Robinson, Perceptions of Fairness and Justice: The Shared Aims and Occasional Conflicts of Legitimacy and Moral Credibility, 47 *WAKE FOREST L. REV.* 218,259-60. (2012)

③ Darryl K. Brown, Criminal Law Theory and Criminal Justice Practice, 49 *AM. CRIM. L. REV.* 73, 79 (2012).

④ Darryl K. Brown, Criminal Law Theory and Criminal Justice Practice, 49 *AM. CRIM. L. REV.* 73, 79 (2012).

要。在法定犯的情形下，由于行为人认识的局限性而导致的犯罪动机的可原谅性，有可能导致对与危害后果之间因果关系的不确定性，从而进一步影响犯罪后果的确定。[①]

泛化泄密带来了新的危险，值得关注。如果仅仅侧重于对泄露秘密、帮助他人泄密、放任他人泄密的刑事处罚，可能会过度增加追诉犯罪的成本，可能也不会太成功，应当检视泛化泄密发生的根源。在过度保密普遍存在的国家安全领域，在公众的知情权不能得到有效维护的情况下，在保密法规被公众认为不具有程序正义的情况下，创造了一个越发成熟的泄密环境。在找到这个根源的前提下，完善政府信息公开的法律和程序，在一定程度上可以改善公众对政府行为合法性的认识，可以保护公众的知情权，可以增强公众监督，进而防止泛化泄密。正如学者指出"泄露那些本来就不应当被定为秘密的信息，从另一个侧面这些泄密行为可以起到纠正过度定密问题。"[②] 以泄密行为作为重要的政府监督工具。波曾认为，"对于推进政府信息公开可以探讨两种可能渠道的平衡：广泛的定密和广泛的披露，或狭窄的定密和狭窄的披露"。通过对政府信息程序性访问的改进，从而减少政府定密总量，这种转变可以抑制泄密行为。日益扩大的泛化泄密会促使国会打击泄密，但国会更应当警醒的是解决过于宽泛的定密问题。通过正式的手段向公众披露更多的信息，会减少泄密行为的发生，

---

① Josh Bowers & Paul H. Robinson, Perceptions of Fairness and Justice: The Shared Aims and Occasional Conflicts of Legitimacy and Moral Credibility, 47 *WAKE FOREST L. REV.* 278 (2012).

② Mary-Rose Papandrea, Leaker Traitor Whistleblower Spy: National Security Leaks and the First Amendment, 94 *B. U. L. REV.* 478 (2014).

会使国家安全与政府信息公开的平衡更好。① 更强大的政府信息公开法律可以产生更有效的国家安全秘密保守。

第二节　从俄亥俄州诉弗朗西斯·高卢（Ohio State V. Francis E. Gaul）一案检视美国渎职犯罪程序与实体问题

一、问题意识

世界各国都规定了惩治职务犯罪的法律，关于职务犯罪的相关理论和实践问题也多有讨论。刑事理论研究是刑法立法和司法实践的重要指引。具体案件的定罪与否，除了刑法基本理论的指引外，也受刑事政策、犯罪的具体情况等多种因素影响。目前腐败案件频发，这就意味着对职务犯罪涉及的一些基本问题进行研究具有重要意义。且对具体案件的分析往往是刑法基本理论能否有效指导实践并系统化的试金石。具体到职务犯罪相关，渎职犯罪对国家社会造成的损失和危害极大，并且滥用职权等行为多发频发，与犯罪高发相反，我国对于渎职犯罪相关问题的研究较少。本书从美国俄亥俄州诉弗朗西斯·高卢案这起渎职犯罪案件出发，探讨渎职犯罪所存在的问题，以期为理论和司法实践提供一定的参考。

---

① David E. Pozen, The Leaky Leviathan: Why the Government Condemns and Condones Unlawful Disclosures of Information, 127 *HARv. L. REV.* 581, 528 (2013)

在美国，相较于渎职犯罪，对贪污贿赂犯罪研究较多。关于贪污贿赂罪的罪名体系主要是《美国模范刑法典》第224章"伪造文书及不正当交易罪"，其中第224—8条款规定"营业上行贿、受贿及公证义务违背"；第224—9条款规定的"不正当竞争"中的受贿；第240章"贿赂及使用影响力的犯罪"：第240—3条款规定的"对于过去职务行为报酬"；第240—5条款规定的"由成为职务行为对象的人对于公职人员赠予物"；第240—6条款规定的"对于职务事项图谋私人利益报酬"；第240—7条款规定"使用影响力行使。"前两者属于非公务型贿赂，后几项规定属于公务型贿赂。对于行贿行为主体的认定：在公务贿赂方面，美国法对"公务员"的定义注重个人的实际地位、立场的性质（the attributes of the individual's position）以及由此而产生公共性委托（public trust）以及义务性责任（official responsibility），而否认了将判断重点放在个人与政府间存在着的形式上的法律关系上（formal legal relationship between the individual and the government）。在商业贿赂方面，相关法律并不对行为人的身份或者职务进行特殊的规定，而是以"是否为了公司、雇主或委托人的利益"为依据来确定行为人是否构成了犯罪主体。《海外反腐败法》更是对行为主体的范围有比较广泛的规定，主要有下列几类人——发行人（在美国登记的发行证券的公司或者需要定期向美国证券交易委员会提出报告的公司），国内相关人（美国公民或居民以及营业地在国内的或者根据国内法组成的所有公司、合伙、合资企业、商业信托、非公司组织和个人独资），上述人领导的所有个人企业管理人员、董事、雇员、企业代理人或者代表企业的任何股东、美国母公司对其海外公司分支机构的贿赂行为，外国公司和外国人直接或通过其代理人引起的美国本土上的行贿，任何公司以及为公司效力的高管人员、董事、雇员或代理。旨在禁止美国公司向外国政府公职人员行贿，其规定的受贿人，并不按照其行政身份确定，而是看其是否实际行使政府公共权力。这样，所有使用公共权力的人员（Any person acting in an official capacity）都可以成为受贿主体，比如受委托为政府进行设计的私人设计师以及受政府控制的商业机构中的工作人员。

关于"贿赂"的范围的界定，《美国模范刑法典》第240—1条款"关于公务员政治事项贿赂罪"的对象是"利益"，第240—3条款"对于过去职务行为报酬"、第240—5条款"由成为职务行为对象人对于公务员赠予物"、第240—7条款"行使影响力"的对象是"财产利益"，第240—6条款"对于职务事项图谋私人利益报酬"的对象是"报酬"。另外，其第240条款对于"利益"作出解释，"指收益、便益或其他受益人认为系收益、便益的一切事物而言，包含对于受益人有利害关系之他人或组织之利益在内。但不包括公职候选人所支持或反对之公共措施之结果，对于一群选举人所作一般的约定之便益在内"，并对"财产上利益"作出解释，"是指以金钱、财产、商业上之权益或经济上之收益为主要内容之利益"。贿赂内容与范围方面，可以是任何有价之物（anythingod value）。并且这个"有价"的衡量原则采主观性判断标准，主观判断的错误也不影响"滥用性""不正当性"的证明。只要当事人认为有价值，该价值就可以认定为足以产生不正当介入的影响。举例来说，行为人以尚未上市的股票行贿，后来因为案发而股票未能上市，因此股票本身从一开始就是无价值的，但是不影响认定该物足以对受贿人的职务行为正当性产生违法的影响，"有关将来雇佣的许诺"、"无担保贷款的许可"都是贿赂的范围。规定贿赂的形式可以是付款、提出许诺给予金钱或任何其他有价值的东西或第三方支付（Third party payments），既是对行为方式的规定，又是对行为对象的规定，因此"贿赂"可以是"金钱或任何其他有价值的东西"，贿赂的表现形式可以多种多样，第三人支付类似于间接贿赂。

关于"职务行为"、"对价关系"、"犯罪意图"，美国法认为，确保从事公共性决定的人员在进行决定时的客观性及公正性符合社会利益，是社会利益的根本，社会才会严格处罚那些将有利害关系的个人意志变为影响公共决定时的要素的贿赂行为，禁止对政府正常正当的活动的不正介入。美国的轻型贿赂罪，在正当的法定收费标准以外，任何与公务员职务、地位有关的报酬或利益的接受，对比重型贿赂罪贿赂与具体的职务行为之间的对价关系之明确性是广义判断。轻型贿赂罪对受贿者、行贿者的意图并不关注，有一种客观的判断色彩。证明对象限于在该公务员明知是为了或因为自己的地位的有价之物而予以接受为内容的单纯犯意，无需证明此之上的任何主观心理。

相对于贿赂犯罪而言，渎职犯罪，则规定得较为分散，《布莱克法律辞典》对渎职犯罪所下的定义为："行使了当事人不应该行使的行为或者行使了当事人无权行使或者被法律限制行使的行为。广义的渎职罪包括任何影响、妨碍或干扰公务的错误行为。"[1] 在美国，以《模范刑法典》为例，其第 240 节至 243 节规定的都是侵害公共管理的犯罪。除了贿赂和伪证等犯罪外，该法典第 243 节规定了滥用职权和利用职务行为、信息进行投机或赌博的犯罪。但是美国并没有单独规定滥用职权罪，滥用职权（misfeasance）与玩忽职守（nonfeasance）、违法乱纪（malfeasance）是渎职罪的三种主要形式，渎职罪作为一个具体的罪名在美国各个司法区有多种表述方式，但多具备的主要特征就是以职务名义（undercolor of

---

① ST. Paul Minn.《*Black's Law Dictionary*》, West Publishing Co. 1979, P272.

office）所进行的非法行为。①

具体到美国各个州，以俄亥俄州为例，其关于渎职犯罪的规定，具体的法条之一有《俄亥俄州统一信托法案》（Uniform Depositary Act）的 R. C. 2921. 44（E）款，该条款的主要含义是："公务人员不可以疏忽大意的不履行法律赋予其的与本职工作相关的职责，或者疏忽大意地做任何与法律明确禁止其为的行为"。下面从 OHIO STATE V. FRANCIS E. GAUL 一案的具体判例出发，检视美国渎职犯罪的规定、判理，通过对职务行为、义务内容等的分解分析，细化对渎职犯罪行为的认定。

二、案件事实及评述

本案主要是凯霍加（Cuyahoga）市财务主管对一个金融投资项目操作监管不当而导致被控玩忽职守渎职犯罪，分别从案件事实评述，该金融投资项目的创设历史，该投资项目所涉及的投资工具，该项目从盈利到大规模亏损的经过，控方指控的情形，诉讼程序历史，相关法条出发，对全案做一个检视。

（一）项目创设的历史

凯霍加市是美国俄亥俄州东北部的一座城市，一直以来，凯霍加市政府以及其他公共机构的财政资金都是放置在银行中，在1986 年之前，所有属于凯霍加市的公共资金都由市财务主管统一放置于银行中，这些资金基本上没有或者只有很少的利息。在1986 年，凯霍加市政委员会决定根据《俄亥俄州统一信托法案》

---

① 储槐植:《美国刑法》(第三版)，北京大学出版社 2005 年版，第 210 页。

R. C. 135. 01① 的相关条款规定，对公共资金进行盈利投资行为。这个法案授予了市财务主管部门可以灵活使用公共资金的权力，即不仅仅是通过简单的银行账户存款形式，而是可以通过其他投资渠道获得更加丰厚的投资回报。②

凯霍加市委员会依据 R. C. 135. 341③ 条款创设了包括财务主管和两名委员的投资咨询委员会，财务主管就是本案的被告人高卢。这个委员会担任着会计、商业活动以及公共信托项目管理职能。这个委员会引进了项目④，将市公共资金的消极投资策略变更为一个更为激进的投资策略。在 1986 年到 1991 年，ABC 项目取得了显著的成功，在此期间获得了大约 4 亿 6 千万美元的利润。

1991 年，投资咨询委员会决定扩展该 ABC 项目范围，允许其他政府部门的参与。目标是通过汇集周围共同体的资金形成资金池以进一步扩大利润。同年 6 月，该委员会创设了固定资产收入投资基金项目（SAFE 项目）⑤。

这个项目的目的是提供一个相对安全的投资基金，使得公众团体可以将闲置的资金放置其内不用担心损失本金。凯霍加市政府保证所有的投资本金不会损失。另外，投资咨询委员会颁布了程序指南，该程序指南中包含了风险控制的政策。例如，基金不能投资给任意等级的证券，而是仅仅可以投资给高质量的证券，如"国家财政与机构证券"，这支证券是由联邦政府支持，投资者没有损失本金的风险。还有，所有资金的支出都是根据严格的程

---

① R. C. 135. 01 规定市财务主管部门可以在公正审慎的原则和目的下运用多种方式使用公共资金，并获得公共利益。

② Uniform Depositary Act, R. C. 135. 35(A)-(1)(5),(B)

③ R. C. 135. 341 条款赋予了创设特定投资咨询部门来管理资金的权限。

④ Accountability ,Business Practices and Concerns for Public Trust program.

⑤ Secured Assets Fund Earnings program.

序评估并且具有一定的比例：可以有40%的短期证券，30%的中期证券，20%的长期证券。该制度设计的目的是保证证券的持有率，比例设计的目的是要保证该项目可以有足够的现金来应对提取人提取资金的要求或其他紧急短期需要。

为了实现预期的交易目的，财务主管高卢创造了由十一名员工组成的投资部，其中六名员工负责交易，另外五名员工作为项目与其他选择参与到该基金项目中的政府部门团体的联系人，这个投资部门是由蒂莫西·西莫里（Timothy Simmerly 以下简称蒂莫西）负责管理，他直接向财务主管高卢报告，在一般的业务过程中，投资部准备所有交易行为的报告，并向市审计人员提供所有证券组合的详细年度报告。

基于对市政府证券投资收入历史的信任，以及合理的证券估值投资计量方式，有将近七十个社区、学区、特别行政区以及其他市将他们闲置的资金投入投资基金项目中。

该项目所使用的金融投资工具之一是"回购与反回购协议"交易，是由 R. C. 135. 35（B）①条款所授权的一种证券投资交易。"回购与反回购协议"交易是一个混合了长期交易和短期交易的贷款、销售投资交易组合，以长期交易的金融工具为中心，加上短期交易的金融工具，在客户需求的基础上进行组合。在回购与反回购协议中通常使用的长期金融工具包括美国财政证券、商业票据、公司证券和全贷按揭。至于短期的投资工具，机构投资者使用该短期投资工具来进行现金管理。在每个回购与反回购协议中，一方作为资金提供者，另一方是资金使用者。资金提供者（下文称为 buyer）与资金使用者（下文称为 seller）签订合同，使用者出售金融工具，然后资金提供者购买双方拟定好的金融工具，同

---

① R. C. 135. 35(B)规定了可以使用多种投资工具和投资方式。

时使用者统一在特定时期，或者按照资金提供者的要求以超过购买价的价格回购此金融工具。资金提供者通过重新销售此金融工具所获得的额外收入体现了此项交易所获得的精准收益。对于资金使用者而言，此交易是指一个回购，在资金提供者来看，交易是指反回购。

本质上，市投资咨询委员会"出售"现存的证券给其他机构投资者，获取资金，同意在指定日期以稍微高于原始购买价的价格回购证券。此项交易的净结果是市投资咨询委员会临时将证券转移给另一个机构以获得短期的浮动利率贷款，也真实的对现有资产质押来确保贷款的安全。市投资咨询委员会可以用这个程序来融资以实现对其他证券进行购买的目的。如果进行顺利，市投资咨询委员会获得比回购协议价格更高的临时中期利息，这就体现了盈利。

这些回购与反回购协议，有凯霍加市投资指南授权，是经过独立证券顾问、市咨询委员会批准的。通过使用这些投资技术，项目持续盈利，获得了 4 亿美元的利润。

该项目从盈利到亏损的经过，及引发凯霍加市相关工作人员涉嫌犯罪的情况：

高卢被选为俄亥俄州凯霍加市财务主管，在他任职期限内，设立了该项目，它之所以发展起来，是为了允许其他县和市政府机构利用凯霍加市财物投资部门的高息回馈。在前两年，该项目回馈了投资者可观的利润，但是在 1993 年前后，证券市场开始经历银行利率的重大上升，这迅速地破坏了凯霍加市财务投资部门的投资价值。

1987 年间，蒂莫西询问凯霍加市审计部门的会计该如何汇报此回购协议，但在一个会计年度内该问题并没有得到解决。蒂莫西明显将资金和证券放在了一个不合适的账户中。会计部门告知蒂莫西重新购买交易不应当被记录在普通账户中，蒂莫西错误地理解了谈话的意思，直接让投资部门将所有的重新购买协议从资产负债表中删除。直到 1993 年，这些账目被列在年末的金融结算单中提交给国家审计人员，但是并没有在日常报告中由蒂莫西的员工提交过。

1993 年，快速发展的美国国内经济有导致通货膨胀的危险，所以联邦储备银行提高了存款利率来放缓经济增长。这些利率增长所导致的结果就是证券价格的持续下跌。在不考虑法条 R.C.135.14 条所要求的政府分支机构（如学校委员会）必须限制在少于 2 年持有期的短期证券投资，项目的管理者开始将更多的资金用于投资不稳定的、收益高、风险性大的证券，目的是收回损失。这些证券投资交易的增加提高了资金的风险因素。

在 1993 年 9 月，投资基金项目在重新购买协议下出售了 185 万美元在大额的证券。最初，这项安排产生了 370 万的利润。然而，随着利率的增长以及证券价值的下跌，投资基金项目必须投入更多的金钱来回购这些证券。1994 年早期，当项目基金重新购买这些证券时，多花费了 9 百万美元，导致交易的净损失。随着损失的增长，这项投资基金变得脆弱，基金管理者在亏损的基础上开始抵押其他资产，蒂莫西与投资部门期待着证券市场可以复苏，从而使在借贷收购资产和法律要求两个方面满足他的义务。不幸的是，市场进一步恶化，基金价值持续下滑，在某一时刻资产缩水了三分之一。在这个方面，投资基金项目的管理者就像赌博者，持续性的投入金钱，希望他们有运气可以改变目前的状态，但他们的愿望并没有达成。

尽管这项基金大量的亏损，但没有任何一笔回购协议登记在资产负债或金融报告中。在 1993 年，项目共有 11 亿的账目，但是其中 3 亿~7 亿的杠杆基金是不在资产负债表中体现的。凯霍加市政府审计办公室的会计作证称，在 1993 年，他特别询问了投资部门的员工是否有些未完成的反向回购协议没有登记在册，但他被告知所有的投资都被登记在了资产负债表中。

1994 年 4 月，克利夫兰商业报（Crain's Cleveland Business），一家颇受尊敬的地方金融报纸，发表了一篇文章质疑投资基金项目核心资金的安全性。基金的证券投资组合显示了 9 亿元的损失。文章面世后，投资部门开始着手计划凯霍加市联合投资者将所有资产换成资金的可能性。他们由独立审计公司检查了之前的审计结果以及他们自己不完全的金融数据，决定项目可以承担全部的资产撤离。当然评估是不完全正确的，外部审计公司的报告也是不完整的，因为他们不知道在资产负债表之外还有未登记的交易，而且投资办公室利用一项支出来评价他的投资而非他们现有的市场价值，高估了资金的金融地位以及使得投资部门陷入了错误的安全感中。

持续的债权市场低迷导致了进一步的损失。投资部门的成员开始质疑该投资基金项目的金融情况，特别是资产负债表之外的投资。在回应他们的要求关于高卢是否意识到基金的答复亏损时，蒂莫西回应说他可以处理这些事情。与此同时，蒂莫西开始延展投资基金项目附属回购协议中证券的到期时间，并且将其他亏损证券赚取的利息来覆盖，并延展这些展期。1994 年，在阳光法案下，公众获得了基金的债权组合名录。通过检视这些，公众发现该项目是处于不稳定、不安全的金融地位。9 月，报告者联系项目的官员召开了会议来讨论基金的现实情况。蒂莫西和高卢都参加了这个会议，其中蒂莫西集中回应了在资产负债表之外的投资行为问题。部分证人作证称高卢当听到这些投资交易是在资产负债表之外时看起来似乎很惊讶。政府委托第三方机构在 1994 年 10 月制作了关于项目的报告，这个报告引起了媒体的广泛注意，导致基金投资者质疑他们投资的安全性。在与市委员会的会议中，高卢通知了他们项目基金的问题。他将基金的控制权交还给了市委员会，市委员会决定：为了避免投资人通过撤回投资来抽逃资产，决定放弃这个基金。信守了承诺，凯霍加市将所有的钱偿还给了其他政府部门，终结项目花费了市公共资金1亿1千5百万美元。

（二）控方指控及法院判决

1995年6月22日，根据R. C. 2921. 44（E）条款，高卢被控方指控渎职犯罪，二级轻罪。起诉书中陈述了法条中使用的涉嫌罪名，由R. C. 2941. 05表述的，指明高卢作为公务人员疏忽大意的没有刑事法律对其明确赋予的义务。在1995年8月18日，控方认为高卢没有履行他的"根据俄亥俄revised code 135. 35和普通法规定下的，在凯霍加市的投资中所担负的信托人责任，即保持和守护资金的金融完整性和安定性"。称高卢没有保证他的义务"维护SAFE基金的安全和平稳运行"，以及失败的确认他的义务"符合该基金的运行程序和法律规定的行为"。指控称高卢对于义务的长期疏忽导致了一个"持续的行为"和一个"由法律赋予的投资主管机关的义务"。

1995年9月11日，高卢提交了一系列请求来反驳该指控，1995年11月1日，控方提出了两个责任理论，称高卢"失败的监督和控制"他的副手（副财政官员）的行为违反了其义务，这些义务在R. C. 321. 04中规定了。另外，控方称高卢没有尽到保证SAFE投资金融完整性，"通过没有维持和保证在统一储蓄法案所要求的所有恰当的文件或记录可以证明投资需求"违反了R. C. 135. 35（D）所施加给他的义务。

庭审开始于1995年12月5日，高卢请求根据刑法认定其本人的行为无罪，法庭驳回了这项请求。在答辩中，高卢称他对于投资基金项目具体的杠杆交易并不知情，称蒂莫西故意隐瞒了这些情况。为支持这个理论，高卢依靠各种由独立审计公司的审计结果来证明基金是正常运行的，并且指出这些审计人员同样不知道资产负债表之外投资的存在。

一审法院认为高卢有罪，并且法院判处他法律规定的最高刑，90 日监禁和 750 美元的罚款。高卢对判决上诉，认为判决错误，高卢辩称说，法庭应当准许他无罪释放的请求，因为控方并没有证明他违反了法律明确规定的义务或者他失败的保存了项目的投资记录。他同时辩称说控方失败的证明他具备 R.C. 2921.44（E）条款所要求具备的心理因素，疏忽大意。R.C. 2921.44（E）指出，"没有公务人员可以疏忽大意的失败履行法律赋予他的关乎本职行为的职责，或者疏忽大意的做任何法律明确禁止的关乎其本职行为的行为"。指控的一个因素是法律明确施加的义务。如果这个义务可以明确，必须有证据证明高卢实际上违反了，从而无罪释放的请求应当被驳回。陪审团指出，可以描述为模糊的指控高卢违反了非特别法赋予的义务。控方提交了三种特别理论来证明高卢违反了由 R.C. 135.35（A）和（D），以及 R.C. 321.04 所施加的义务。

关于其他雇员，如投资部门的负责人蒂莫西，他是长期的市政府雇员。经过凯霍加市检察办公室长期的调查后，蒂莫西被指控违反了 R.C. §2921.44（E）条款规定的义务，违反了 R.C. §2913.42（A）条款篡改记录，违反了 R.C. §2921.13（A）（3）条款伪造记录，蒂莫西对于玩忽职守和伪造指控认罪，并且在法庭上承认他没有保存一个大量的投资交易的标准的审计记录，这项记录后来被证明是项目大量资金损失清算的基础。

高卢在 1995 年 6 月 22 日被指控滥用职权。尽管关于高卢是否被告知蒂莫西失败的保存大量证券交易的记录的证言是不明确的，陪审团决定高卢确实知道，但是关于他的职权范围内向警察报告他的下属没有获知投资信息的行为，并且没有采取任何行动。高卢在 1996 年 1 月 4 日被一审法院认为玩忽职守罪。

在 1997 年 3 月 21 日，案件发生反转，令人惊讶的事，上诉法院取消了高卢关于未妥善保管会计记录的相关犯罪认定。

三、从判例剖析美国对渎职犯罪的认定

（一）法律有效性所必须具备的原则

1. 合法性原则。对于"合法性"原则，最初的拉丁文表述为 "nullum crimen sine lege，nulla poena sine lege"，其含义是无法无罪，无法不罚。在现代刑法中，其含义是刑事责任和刑罚只能基于行为前的、充分精确和清楚表述的、立法的禁止性规定。该原则不是一项法律规则，而是蕴含于一系列法律规则和原理中的一种法律理念。①

2. 明确性原则。关于法律明确性的要求，美国在多个判例中有过表述，"法律必须明确，在排除合理怀疑的前提下，应当使可以构成犯罪的要件都得到证明"② "必须在法律明确性的原则下验证证据是否确实充分"。③ 模糊性的法律下，使得很容易对被告构成犯罪产生合理怀疑。④ 在法律不能够具体明确的指向下，即便控方提供了他们认为的支持指控的所有要素，被告人也不能够被认定有罪。⑤

---

① ［美］波尔·H. 罗宾逊著：《美国刑法的结构概要》，何秉松、王桂萍译，载《政法论坛（中国政法大学学报）》2004 年第 22 卷第 5 期。

② State v. Bridgeman(1978)，55 Ohio St. 261.

③ Dayton v. Rogers(1979)，60 Ohio St. 162,163.

④ State v. Bridgeman(1978)，55 Ohio St. 264.

⑤ State v. Kline(1983)，11 Ohio 208,213 State v. Manago（1974），38 Ohio St. 223

在决定法条的内涵、意义和使用时，应当尽可能地避免模糊的结果。[①] 在执行一项法律可能制造出不合理的或者模糊的结果时，就要重新检视它的立法意图。[②] 如果法条用语不能清晰表述，法庭就要通过解释法条来避免这样的结果。[③] 这是一个已经建立的原则，任何一个公共政策或法律应当将服务公共事务作为它的客观政策目的。[④]

　　3. 法庭必须在严格限制的条件下来创设对于立法的司法例外原则

　　在本案中，对于 R. C. 2921. 44（E）条款的司法例外是否可以由法院的判决来确立，即这个司法例外是否可以由法院真实的排除市财政主管未能及时准确的报告其下属犯罪行为而遭到刑事指控来创造的。当然，法庭并没有立法权限，也不应当以阐述法条含义为掩饰来补充立法省略或删掉的内容。法庭亦并没有权限，在法条规则下增加、扩大、补充、扩展或提高法条含义来补足法条本身不具备的形式。但法庭完完全全有权力解释立法含义。

　　在这个案件中，上诉法庭裁决被上诉人不应当被指控为滥用职权犯罪。尤其，法庭认为：保存公共资金的信托义务不能作为 R. C. 2921. 44（E）项下滥用职权刑事指控的基础。因为他们只是适用于一般意义上 R. C. 135. 35（A）项下的授权。R. C. 2921. 44（E）要求法条明示施加被指控的义务，一项隐含的义务是不足以支撑滥用职权的指控的。可以看出，上诉法院认为：高卢的辩护是正确的，因为控方并没有成功的证明他违反了由 R. C. 135. 35（A）条款或者 R. C. 321. 04 条款明示的义务，对这些法条的违反

---

① 　State v. Nickles(1953),159 Ohio St. 353.

② 　Cornell v. Perschillo (1952),93. 495.

③ 　State ex rel. Cooper v. Savord (1950),153 Ohio St. 367.

④ 　Bailey v. Evatt(1944),142 Ohio St. 616.

不可以导致刑事责任。这个案件中所有的证据证明，尽管财务主管办公室参与了不正当的会计和报告程序，但是可以确认文件实际上是保存的。调查人员可以使用这些文件重现一个资金的精确画面。这里没有证据证明高卢故意损坏了这些证明投资基金项目投资文件的物理完整性。他关于请求作出无罪释放判决的请求应当被满足，并且庭审错误的否决了他的请求。①

本文认为，上诉法庭错误的对案件进行了裁判，当没有考虑一个法官作出关于财务主管没有符合 R.C. §321.04 条款所明示的义务的决定，R.C. §2921.44（E）条款与 R.C. §321.04 条款类似，并没有排除一个法官寻找市财务主管因为没有报告或举报其下属的刑事不当行为而本人构成刑事责任。实际上，一个与这个考虑相反的解释可能会 R.C. §2921.44（E）条款的意图被宣告无效，它可能对市财务主管的应用提供一个例外，尽管在法典中并没有这个例外被明确的提及。R.C. §321.04 条款的语言，使一个市财务主管负担严格的责任以及对他下属的不当行为负责，在立法无意对财务主管施加相关义务来管理他的下属的前提下是无意义的。实际上，除了 R.C. §321.04 条款列出的义务之外，俄亥俄修正法典对于市财务主管的资质或者他的职责都没有提供指导。

但应当注意的是，R.C. §321.04 条款并没有特别限制一个财务主管对于其下属不当行为应负的民事责任，实际上，这一结果可能排除了县财政主管由于滥用职权违反 R.C. §2921.44（E）条款而应负的刑事责任，因为唯一施加于县财务主管的明示义务是包含在 R.C. §321.04 条款之中的。这样的突破可能对于 R.C. §2921.44（E）条款的意思有所矛盾。市财务主管违反法令规定是没有例外的。立法是没有豁免权的。如果违反 R.C. §2921.44

---

① State v. Gaul (March 21, 1997), Cuyahoga. No. 70131, 20.

（E）条款的市财务主管被赋予豁免权，那么也应当是由立法赋予，而不是由法院赋予。

可以认为，其实上诉法院的结果创造了一个对于适用 R. C. §2921. 44（E）条款的司法例外。这明显超出了上诉法庭的权限，违反了美国和俄亥俄州宪法关于权力分立的设计。在美国宪法和俄亥俄宪法中权力分立的宪法设计在以下情况下可以被妥协，法庭允许上诉法院通过创造对俄亥俄修正法典的司法例外来夺取立法机关的立法权限。如果公共利益可能被严重的影响，则通过允许法庭添加、扩大、提供、扩展或提高法条的条款来满足特定情势的需求。① 另外，本案中上诉法院的决定在第八司法区创造了一项法律规则，表明了市财务主管在 R. C. §2921. 44（E）条款下失败的行使他们的义务情况下的刑事追诉豁免。立法无意导致这样的结果。因此，法庭必须赋予管辖权来听证并检查上诉法院的错误判决。

（二）法律条款所要求财务主管具备的职责

R. C. §2921. 44（E）条款有关的部分是这样陈述的：没有公共雇员可以粗心大意的行使由法律施加给他的职权，或者粗心大意的做与他的业务相关的法律明确禁止的行为。特别是，高卢被指控怠于行使市财政主管根据 R. C. §321. 04 赋予他的义务，根据 R. C. §135. 35（D）条款所设定的关于管理市投资的义务。R. C. §321. 04 和 R. C. §135. 35（D）条款的相关部分有如此表述：R. C. §135. 35（D）条款中合格的证券是指"投资机构应当对于安全保全所有存放和投资要求文档证明文件，但是不限于证明证券存放在合格信托人处的收据，就像在修正法案条款 135. 37 中提到的，在此部分，任何证券回购协议下的证明文件是应当存放在

① State ex rel. foster v. evatt（1944），144 Ohio St. 65

合格信托人下的，然而，合格信托人被要求向投资主体、州审计部门汇报，或者一个审计之外的主体在任何时间可以证明证券的位置、市场价值，以及文件地点。如果参与机构是在指定时期内市政府指定的受托人，回购协议下的证券可能被邮寄至财务主管或由代表投资主体的参与机构来保存。"R. C. §321. 04 条款中的副职是指"每个财务主管可以指定一个或多个副职，他应当对他们的行动负责。"R. C. §321. 04 条款中的语言，要求市财务主管对他的副职们的不当行为严格负责，在"立法试图施加财务主管一个管理其副职的相关义务"这样的前提下是无意义的，事实上，除了 R. C. §321. 04 条款中所列的，俄亥俄修正法典失败的提供了关于市财务主管的资格要求和义务的指引。

在本案中所要求的高卢作为市财务主管所具备的义务：

1. 保证资金的金融完整性的义务。控方称高卢失败地履行了他"受信托的责任来保证金融完整性和盈利性"，根据俄亥俄修正法典 R. C. §135. 35 和普通法依据 R. C. 135. 35（A），市投资机构是特别的授权投资给市的全部或者部分活动资金给进行任何一个或者一系列的投资。R. C. 135. 35（A）（1）－（5），（B）R. C. 135. 31（C）定义"投资机构"是市财务主管。

当法定机构履行特殊行为时，但是没有明确这项行为是如何进行的，一般是指行为应当以合理形式来进行。[1] 在法条内容中要求公务官员来投资公共资金，这里蕴含着一项要求就是要以合理的方式来投资这些资金。就像控方所称：在关于政府机构的任何一项投资决定，必须符合信托标准。[2] 一个公共官员，作为公共资

---

① State ex rel. Attorney General v. Morris（1990）,63 Ohio St. 496, 512; Jewett v. Valley Ry. Co.（1878）, 34 Ohio St. 601,608.

② State v. Herbert, 49 Ohio St. 2d 88,358 N. E. 2d 1090(1976); Crane Township, ex rel. Stalter v. Secot,103 Ohio St. 258, 132 N. E. 851(1921).

金的受信托人，被要求具有与投资决定同等的注意、技术以及判断来保证这些资金的安全以及金融完整性。受信托人的法律地位是特定的法律职责和义务，包括避免投机的或不谨慎的金钱或财产的投资。

控方认为，在 R.C.135.35（A）项下的投资必须符合受信托人标准，即谨慎、技术、判断必须适用于公共资金的运行。高卢违反了他对投资基金项目的保存和确保金融完整性和安定性的受信托人责任是值得探讨的。他应当更紧密的监督他的雇员的投资行为。但是对于其义务的违反并不是一项犯罪。当一个公共官员对公共资金严重管理不善，普通法对他赋予了民事责任追究。再次，"在俄亥俄州，一项被完好确定的规则是公共官员对于公共资金的损失是应当负责任的，尽管非法或其他该受责备的行为不是公共资金损失的直接因素。"① 另外，"当任何一个公共官员命令或者参与公共资金的消费支出时，这项支出不是由法律赋予的，这个官员对于资金的支出是负个人责任的"②（R.C.135.14 允许州财政部长将周转资金投资商业证券或者私人公司，并未改变普通法的责任标准，当投资行为违背法条所规定的最高投资限额时，公共官员所造成的公共资金损失）"这项责任的天然是保证资金的安全性。"③ 普通法中关于公共官员使用公共资金的责任规定于R.C.9.39，在相关部分中，所有的公共官员对他们自己或者其下属获得或收集的所有公共资金负责任。R.C.9.39 对于公共官员的

① State v. Herbert, 49 ohio St. 2d 88,96-97,358 N. E. 2d 1090(1976); Seward v. National Sur. Co., 120 Ohio St. 47, 49-50, 165 N. E. 537, 538 (1929); Crane Township ex rel;. Stalter v. Secoy,103 Ohio St. 258,132 N. E. 851 (1921).

② Crane Township ex rel;. Stalter v. Secoy; State v. Herbert.

③ State ex rel. Bolsinger v. Swing, 54 Ohio App. 251, 6 N. E. 999.

责任规定是清晰的。R. C. 9. 39 规定公共官员对于他们或者他们下属的收集或获得行为负责任，也就是说，公共官员将会被要求负个人责任，如果公共资金被他个人占有或监护下其官方容量损失。

本文认为，保存公共资产的信托义务是难以作为 R. C. 2921. 44（E）条款滥用职权的刑事指控基础，因为他们只是在 R. C. 135. 35（A）条款中作出了应用于作出投资的总的授权。R. C. 2921. 44（E）条款要求法条明确施加义务，一项隐含的、暗示的义务是不足以支撑滥用职权的指控的。

2. 监督和控制代理人的义务。控方提出了另外一个责任理论，即高卢违反了监督和控制其代理人的义务，这个义务是由 R. C. 321. 04 条款提出的，指作为公务人员，疏忽大意，没有尽到法律规定的其担任职务所应尽的义务。每个市的财务主管可能指派一个或多个代理人，他应当对他们的后续行为负责。但 R. C. 321. 04 条款称该人对于其指派的代理人的行为负有责任，如果代理人错误的管理公众基金，则其应负有责任。Black 法律辞典定义的"accountable"为"subject to pay 有责任的，有义务的"，一并考虑，这些词语支持下述命题：国家可以重新判决财务主管被指控的没有正当行使职权。这一部分构成了普通法意义上的"respondeat superior ［法］准委托人答辩，长官负责制"，既具备民事属性，属于民事行为，也可以在严重程度下具备刑事属性，属于刑法意义上的刑事犯罪行为，所以该法条可以作为玩忽职守罪名追诉的法律基础。

3. 安全保管文件的义务。关于投资基金项目投资详细情况的第二项"没有维持和安全保管所有合适的由法案所要求的可以证明投资的文件或记录"违反了由 R. C. 135. 35（D）所提出的义务。这个语言可以被解读为高卢被指控（1）没有尽到维持文件的义务（2）失败的保存了用以证明投资的文件。

一个贴切的对于 R. C. 135. 35（D）的解释指出，本条款中并没有"维持、保存交易记录"这样的义务："投资主管机关应当对安全保管法律规定的所有用以证明舍弃或投资的文件，但是不限于，安全保管用以证明放置在合格信托人的收据，在修改法案135. 37部分。在重新购买协议下购买证券的确认文件需要经由有资格的信托人，有资格的信托人应当要求向投资主管机构、州审计机构或者有权的第三方审计机构按照其要求汇报种类、市场价值、每份用于证明每个证券文件的存放地点"。这部分并没有对财务主管施加"安全保管所有证明投资的文件"的义务，他也被要求"安全保管用以证明证券交易是由有资质的信托人处理的收据"以及"确认该证券的购买是在重新购买协议之下进行的文件"。"记录"这个词并没有简单的出现，就像 R. C. 135. 35（D）并没有明确的施加"维持记录"的义务，这个法条也没有支持高卢应当对于不完整的记录承担刑事责任的观念。

同时，在庭审过程中控方引进的证据证实高卢并未报告重新购买协议。这些回购交易协议并没有被列在资产负债表中由联邦监管者、潜在投资者、独立审计人、地区咨询委员会来核对。同样，他们也没有被包括在向地区审计人员提交的报告中，尽管他们貌似在向州审计人员提交的年度报告中披露过。然而，不管是起诉书还是特别法案中都没有提到未报告的问题。高卢不应当被指控他没有被控告的罪行。尽管控方曾像"记录"一样抛出"报告"这个词语，但在 R. C. 135. 35（D）条款中并没有对财物主管施加对重新购买协议的报告义务。当财务主管决定参与该协议时，规则要求确认交易的文件必须具备"合格的信托人"。但是财务主管和其他州、县的机构仍需要重新购买协议下证券由第三方持有的信息。本案中指定机构要求，"合格信托人"必须汇报每个证券的地点、身份以及市场价值。在法条中，财物主管并没有可比较的义务去编制一个报告，所以高卢不能被判处未报告重新购买协议的罪行，尽管这个指控的作出是恰当的。

由 R. C. 135. 35（D）条款明确提出的义务可以适用于本案的是"安全保护……可以证实的文件……投资……"包括"在任何重新购买协议中证实购买证券的文件"，因为在 R. C. 135. 35（D）条款中存在"安全保管文件"的义务，这是一个指控财务主管具有玩忽职守行为的恰当法律基础。可以解释为法条是要求财务主管仅仅保持文件本身的物理完整性以确保他们没有被损坏，而并不是要求具有与可接受的会计准则相当的充足的金融记录。

四、小结

本案在当时的俄亥俄州引发了一系列的讨论，成为涉及公共利益或者大多数人利益且涉及实质性宪法问题的案件。一审法院创造了一个司法例外，后高卢上诉后，上诉法院对于一审法院所创设的司法例外是否违背了 R. C. 2921. 44（E）条款，是否构成宪法设计的权力分立原则有冲突，也有探讨。本文认为，在确定渎职行为的职责义务违反时，必要的前提是法律对行为人施加了明确的职责和义务，行为人故意或疏忽的没有完成，且造成了明确的损失结果。

第一，义务是必须有非常精确的语言来叙述的。具体到本案中，对市财务主管本人的义务而言，法律并没有赋予市财务主管一个总的要求来"审核所有金融交易记录"，而是要"保证金融交易记录文件的安全性和完整性"即可以被认为财务总管所管理的投资咨询部门要保存所有重新购买协议交易的精确的数据记录。尽管语言可以接受一种有选择性的和更宽广的含义解释，但是并不能任意的解释这些短语。所有的刑事条款都要求严格限制解释。① 因此如果法庭将 R. C. 135. 35（D）条款作为刑事指控的基础，必须做出严格解释而不能擅自扩张义务的范围。财务主管被要求"安全保管证明投资的文件"，这些文字清楚的表述了词语的本身意思即财务总管就是具有保持这些文件安全的义务，而本案中高卢确实保持了金融交易文件的安全性和完整性，本项义务不能够作为其渎职行为的指控依据。本案中控方未能证明高卢违背了 R. C. 135. 35（A）条款或 R. C. 321. 04 条款所明确施加的义务。案件中的所有证据证明，尽管财务主管办公室进行了不恰当的审计和报告程序，但是确认文件确实被保存下来了。投资人可以使用这些文件来重构基金的精确图景②。没有证据说明高卢失败的保存了用以证明投资基金投资的物理完整性文件。

第二，高卢应当对其失败的监管其雇员的行为负刑事责任。R. C. §2921. 44（E）条款特别提出了公务人员粗心大意的失败行使法律明确规定的义务应当负担刑事责任，或者粗心大意的做任何法律明确规定禁止的行为。法条对于市财物主管并没有提供任何例外。立法所赋予给财务主管的唯一明示义务是管理他指定的副手，这项义务体现在 R. C. §321. 04 条款中，R. C. §321. 04 条款对于县财物主管对于其指定的副手的行为施加了严格的责任。法条并没有区分民事和刑事责任。因此，立法明显没有故意做区分。在审理中的这个案件，高卢失败的履行依据 R. C. §135. 35 和普通法规定下的受信托义务，来保存县财物基金的金融完整性和安全性。特别是，高卢失败的确认他的副手保存了项目的本金，并且失败的确认了他的副手在投资基金项目所要求的政策和程序中的

① State v. Hooper(1979),57 Ohio St. 87,89; R. C. 2901. 04(A).

② State v. Gaul March 21,1997,Cuyahoga. No. 70131.

投资责任。简言之，高卢对于他副手的行为习惯性的疏忽构成了一个持续性的行为过程和一项法条直接授予他的投资主体地位的不作为。因此，他违背了 R. C. §2921. 44（E）条款的精神和字面含义，并且因为事实上，R. C. §2921. 44（E）条款并没有提供对于市财物主管的刑事责任的例外，高卢对于失败的履行 R. C. §321. 04 条款所施加他的明示义务应当负刑事责任。

对于市财务主管对其副手的不当行为应当承担的责任而言。本案中高卢被控诉违背了 R. C. §2921. 44（E）条款规定的玩忽职守罪，R. C. §321. 04 条款并没有特别限制一个市财物主管对于其副手的不当行为应当承担责任，事实上，这样一个结果可能排除财务主管因为其副手的怠于行使职责而被追诉犯罪的可能，因为施加给财务主管的唯一明示义务就包含在 R. C. §321. 04 条款中。

第三，法院不能违法创设法律不允许的例外。在决定法条的意义和运行的意图中，法庭应当尽最大可能来避免结果的模糊和罕见。① 不应当推定立法试图运行一项异常的法律程序或法律后果。② 法院具有一项义务，在法律解释所允许的程度之内，对于具体条款的解释应当避免超出公众能够接受的范围。③ 已经建立起来的原则是每个公共法条具有或者应当具有服务公共事务的目的。④ 在任何情况下法庭都没有权限来增加、扩大、提供、扩展法条所没有提到的含义。⑤ 这些保存公共财物的受信托义务不应当作为 R. C. §2921. 44（E）条款下玩忽职守犯罪指控下的基础，因为他们只是适用于 R. C. 135. 35（A）条款下的投资。R. C. §2921. 44

---

① State v. Nickles(1953) ,159 Ohio st. 353.

② Cornell v. Perschillo(1952) ,93. 495.

③ State ex. rel. cooper v. Savord(1950) ,153 Ohio St. 367.

④ Bailey v. Evatt(1944) ,142 Ohio St. 616

⑤ State ex rel. Foster v. Evatt(1944) ,144 Ohio St. 65.

(E) 条款要求对于被指控的犯罪违背了法条明示的义务，一项隐含的、暗示的义务是不足以支撑玩忽职守罪的指控的。上诉法庭在本案中是错误的，当它失败的考量 R.C. §2921.44（E）条款，与 R.C. §321.04 类似，当市财务主管失败的监管其副手的应负刑事责任的不当行为时，该财务主管是应当负刑事责任的。事实上，一项与这个考虑相对应的假设可能打破 R.C. §2921.44（E）条款的目的，它可能提出对于市财务主管适用的例外。尽管在法典中没有例外被明示的提出。① 事实上，这样一个结果可能排除市财务主管根据 R.C. §2921.44（E）条款被指控玩忽职守的刑事责任，因为对市财务主管施加的唯一明示的义务就是规定在 R.C. §321.04 条款中，这样一个突破可能违背 R.C. §2921.44（E）条款的字面含义。也就是说，立法并没有为市财务主管违背法律提供例外。立法的沉默仅仅意味着没有豁免权。如果违背了 R.C. §2921.44（E）条款的豁免权被赋予了市财务主管，应当由法律赋予，而非法院赋予。上诉法院裁判本案创造一项关于适用 R.C. §2921.44（E）条款的司法例外，这明显超出了上诉法院的权限。这样的一个例外有可能与 R.C. §2921.44（E）条款的法条含义相违背。

第四，案件事实层面的推定在认定犯罪时的作用。在决定证据的质量和充足性时，法院的判决不应当被妨碍，除非上诉法庭发现在合理的事实层面范围内不能得出结论。相关的请求不包含上诉法庭如何解释证据的问题。并且，问题在于，在检视对于控方有利的证据之后，应当在合理的事实层面来发现在排除合理怀

---

① State v. Gaul March 21,1997,Cuyahoga. No. 70131.

疑后的证明犯罪的实质要素，[1] 为此，当一个被告挑战控方证据的法律充足性时，"相关的问题是，检视完对于控方有利的证据之后，是否在合理的事实层面可以发现在排除合理怀疑后的证明犯罪的实质要素。"[2] "证据的可信性就留给事实层面了。重申这些基本原则，并不仅仅是为了分析的完整性，也是因为当事人经常忽视他们。在许多法律命题中，法律要求我们解决证据的冲突，向陪审团替代我们的证据可信性评价，这并不是第一个应用这些策略的案例。"[3] 具体在本案中，控方出示了18位证人来证明投资基金项目从最初就是失败的。专家作证该项目运行的像一个私募基金，这个基金是违背公共利益的。对于高卢本人，他自己也不具备相关投资知识和能力，并且对于他在近年来证券市场最差的情势时，高卢也没有积极的扭转投资形势，而是消极的等待。并且根据投资咨询部门人员自己的证言，投资咨询部门的雇员均不具备债券市场相应知识储备，对于投资行业的运行他们都只有非常有限的了解。另外，投资团队的雇员也均不具有经纪人资质。结合高卢本人和其雇员的上述供词，可以从事实的层面合理推断发现，根据 R. C. §321.04 条款，高卢失败地履行了他管理其副职及雇员的义务，这一点是毫无疑问的，能够达到排除合理怀疑的程度。

总而言之，在美国司法实践中，违背职权亦是滥用职权、玩

① State v. jenks(1991),61 ohio St. 3d 259, 273;state v. waddy(1992),63 ohio st. 3d 424,430;State v. Reynolds (August 18, 1994)

② Jackson v. Virginia(1979),443 u. s.307,319,99 s. ct. 2781,2789.61 L. Ed. 2d 560,573.

③ State v. Cooey(1989),46 ohio St. 3d 20,25,544 N. E. 2d. 895,905;Jamison, ohio St. 3d at 191,552 . N. E. 2d at 189; State v. Tyler (1990),50 ohio St. 3d 24, 33,553 N. E. 2d 576,589.

忽职守类渎职犯罪的本质。法庭只有对职权进行合理、明确的界定，才能判断一个行为是否构成滥用职权或玩忽职守类渎职犯罪。不过对于职权的定义，在不同的司法案例中并不完全一致，尽管是同一职位，在不同的州、县，也可能具备不同的职责要求。因此根据不同的案件中不同职业地位的人根据具体职位来确定的职责范围不仅是符合法律要求的，而且是必要的。另外就是，尽管法典用语和文字本身所具有的特性和内涵为刑法的适用提供了基础，但是刑法语言所描述的事实概念实际上难以完全"常识化"。客观地说，任何刑法概念，无论是能够进行解释还是必须进行解释的，都有不同于日常用语上的含义，人们在理解这一概念时，也不能从日常生活用语的角度来看，相反，必须立足于法律的目的和功能，立足于追寻法律的本义来进行解释。职权的解释亦如此，内涵外延如何，会对该罪的适用产生极大的影响。因此特别是普通法系国家的刑法语言文字"空缺结构"的特性，加上个案中不同职责的要求，要求必须从正义的角度出发，在个案中正确的理解和解释职责有关概念。

第六章　结　论

职务犯罪行为手段与策略结构的复杂性、制造结构性、系统性风险的危险性及其对国家利益和公民权益的损害性等问题，随着经济发展规模的大幅提高和社会阶层分化的迅猛变革而日趋严峻。然而，在职务犯罪法律规制与犯罪查办理论研究层面，能够全面整合职务犯罪实践中的疑难问题并提出系统性分析的研究较少，在质量与数量上均无法应对司法实践难题的艰巨挑战。

对职务犯罪进行机理解析实际上是对违法行为样态和行为结构的清晰梳理。职务犯罪的实质是利用职务便利和对权力非正当控制，其核心内容是对公权力进行违规操控，并谋取个人私利。本书以职务犯罪调查理论研究需要统筹主动性、针对性、实效性出发，对职务犯罪实质、机理、类型的把握是对应性地建构职务犯罪惩治法律监管政策、规则以及进行制度完善设计的坚实基础。本书以法律分析方法为核心，结合实证分析、规范解释、历史分析、比较解释等研究方法，对职务犯罪展开跨学科分析，从职务犯罪的实质、机理、类型出发，探索了符合法律规则、司法实践现实的犯罪法律监管政策与规则，并从司法规则和效率出发切入设计了法律制度提升查办和预防犯罪的优化路径，不仅为职务犯罪法治实践提供了制度改革建议，而且在方法论层面强化了职务犯罪与监管研究的纵深性。

法律在查办犯罪过程中起到决定性作用。但法律条文并不总是处于优质运作状态——难免异常。法律不是总能满足时时变化的实践需求，新的行为模式层出不穷，已经历史性地验证了法律条文的固有缺陷对司法实践所产生的真实的、实质性的影响。针对法律条文单一化、线性化的制度控制，对于促进实际问题解决的积极作用的有限性，透过犯罪实质与机理的解构，从外部性的政策性制度切入，进而有助于优化解决实践问题。本书从职务犯罪类型中结构最为复杂的贿赂犯罪、渎职犯罪切入，提供系统性的法律分析框架、解释工具和反思视角，整合相关犯罪行为理论，剖析贪贿犯罪、渎职犯罪的实质、机理、类型、模式以及其对司法实践的影响，探索法律监管的合理边界与有效路径。作为职务犯罪类型中对国家权益损害程度最为严重、犯罪结构最为复杂、最难防范的职务犯罪行为，渎职犯罪中行政部门线性化监管思维模式下的强化震慑等政策实际上无法为国家权益的保护提供更优的价值导向。本书力求深度反思渎职犯罪法律监管的具体措施与结构，从而提升犯罪查办力度，真实反映法律实践现实需求的、效率性与公平性保障兼顾的政策、原则以及规则体系，力求在系统化与精细化的行为类型架构中设计具有针对性的犯罪监管原则与法律实践规则。

职务犯罪法律监管政策与规则设计建筑在具有一个可供执法司法实践操作的犯罪实质概念界定的基础之上，以求在现行法律制度的框架下，合理解释管辖问题、积极优化办案组织结构，从而提高办案效率，根据不同职务犯罪模式差异化特点制定司法解释，深化规则设计的技术性，促进司法规则契合实践的真实现状，合理界定刑罚权力的介入界限，协调不同层次法律规范的优势，制定有针对性的法律适用规则，提升违法犯罪法律监管的技术。

参考文献

一、中文参考文献

（一）中文著作类

［1］张明楷：《刑法学》（第5版），法律出版社2016年版。

［2］［意］贝卡利亚：《论犯罪与刑罚》，黄风译，中国大百科全书出版社1993年版。

［3］张明楷：《犯罪构成体系与构成要件要素》，北京大学出版社2010年版。

［4］朱孝清等：《我国职务犯罪调查体制改革研究》，中国人民公安大学出版社2008年版。

［5］［美］爱伦·豪切斯泰勒·斯黛丽、南希·弗兰克：《美国刑事法院诉讼程序》，陈卫东等译，中国人民大学出版社2002年版。

［6］杨宗辉、刘为军：《调查方法论》，中国检察出版社2012年版。

［7］刘方：《贪污贿赂犯罪的司法认定》，法律出版社2015年版。

［8］杨兴国：《贪污贿赂犯罪认定精解精析》，中国检察出版社2011年版。

［9］曾粤兴：《刑法学方法的一般理论》，人民出版社 2005 年版。

［10］高铭暄主编：《中国刑法学》，中国人民大学出版社 1989 年版。

［11］杨敦先等主编：《廉政建设与刑法功能》，法律出版社 1991 年版。

［12］王作富：《刑法》，中国人民大学出版社 1999 年版。

［13］［英］约翰·斯普莱克：《英国刑事诉讼程序》（第 9 版），徐美君、杨立涛译，中国人民大学出版社 2006 年版。

［14］刘志远主编：《新型受贿犯罪司法指南与案例评析》，中国方正出版社 2007 年版。

［15］赵秉志：《新形势下贿赂犯罪司法疑难问题》，清华大学出版社 2015 年版。

［16］孙应征主编：《新型贿赂犯罪疑难问题研究与司法适用》，中国检察出版社 2013 年版。

［17］陈国庆、韩耀元、王文利：《"两高"〈关于办理国家出资企业中职务犯罪案件具体应用法律若干问题的意见〉解读》，中国检察出版社 2011 年版。

［18］张明楷：《法益初论》，中国政法大学出版社 2003 年版。

［19］胡驰、于志刚主编：《刑法问题与争鸣》（第 1 辑），中国方正出版社 1999 年版。

［20］刘家琛：《新刑法条文释义》，人民法院出版社 2001 年版。

［21］唐立坚：《"国家工作人员"探析》，中国方正出版社 1999 年版。

［22］张穹：《修订刑法条文实用概论》，载《刑事法判解》（第 5 卷），法律出版社 2002 年版。

［23］张明楷：《刑法分则的解释原理（下）》，中国人民大学出版社 2011 年版。

［24］孙国祥：《关于国家工作人员的几个问题》，中国方正出版社 1999 年版。

［25］关福金：《刑法中国家工作人员概念的理解》，载《刑事法判解》（第 2 卷），法律出版社 2000 年版。

［26］廖福田：《受贿罪纵览与探究——从理论积淀到实务前沿》，中国方正出版社 2007 年版。

［27］赵长青：《经济犯罪研究》，四川大学出版社 1997 年版。

［28］马克昌：《刑法理论探索》，法律出版社 1995 年版。

［29］高铭暄、马克昌：《刑法学》，北京大学出版社、高等教育出版社 2010 年版。

［30］高铭暄主编：《刑法学》，北京大学出版社 1989 年版。

［31］刘白笔、刘用生：《经济刑法学》，群众出版社 1989 年版。

［32］韩玉胜主编：《刑法各论案例分析》，中国人民大学出版社 2004 年版。

［33］［意］杜里奥·帕多瓦尼：《意大利刑法学原理（注评版）》，陈忠林译，中国人民大学出版社 2004 版。

［34］［德］李斯特：《德国刑法教科书》，徐久生译，法律出版社 2006 年版。

［35］［日］福田平、大塚仁编：《日本刑法总则讲义》，李乔等译，辽宁人民出版社 1986 年版。

［36］林山田：《刑法特论》（上册），台湾三民书局 1979 年版。

［37］高铭暄：《刑法专论》（第 2 版），高等教育出版社 2006 年版。

［38］刘之雄：《犯罪既遂论》，中国人民公安大学出版社2003年版。

［39］赵长青、张翔飞、廖忠洪：《贿赂罪个案研究》，四川大学出版社1991年版。

［40］李希慧：《贪污贿赂研究》，知识产权出版社2004年版。

［41］肖扬：《贿赂犯罪研究》，法律出版社1994年版。

［42］储槐植：《美国刑法》（第3版），北京大学出版社2005年版。

［43］陈兴良：《刑法疏议》，中国人民公安大学出版社1997年版。

［44］周道鸾、张军主编：《刑法罪名解释》，人民法院出版社2003年版。

［45］赵秉志：《疑难刑事问题司法对策》（第2辑），吉林人民出版社1999年版。

［46］陈兴良：《本体刑法学》，中国人民大学出版社2011年版。

［47］吕天奇：《贿赂罪的理论与实践》，光明日报出版社2007年版。

［48］［德］卡尔·拉伦茨：《法学方法论》，陈爱娥译，商务印书馆2003年版。

［49］张穹：《贪污贿赂渎职"侵权"犯罪立案标准精释》，中国检察出版社2000年版。

［50］陈兴良：《罪名适用指南（下册）》，中国政法大学出版社2000年版。

［51］陈亮：《审计学（新编）》，中南工业大学出版社1994年版。

［52］张明楷：《刑法分则的解释原理（上）》（第2版），中

国人民大学出版社 2011 年版。

［53］刘宪权、卢勤忠：《金融犯罪理论专题研究》，复旦大学出版社 2005 年版。

（二）中文期刊类

［1］梁根林：《责任主义原则及其例外——立足于客观处罚条件的考察》，载《清华法学》2009 年第 2 卷。

［2］童建明：《遵循追究犯罪与保障人权相平衡原则推进刑事诉讼制度的改革和完善——以检察机关的法律监督制度为视角》，载《人民检察》2011 年第 12 期。

［3］李修源：《关于舆论监督与司法独立的两个话题》，载《人民司法》2000 年第 6 期。

［4］张立勇：《网络时代的司法公开》，载《中国党政干部领导论坛》2012 年第 7 期。

［5］李永志：《论检察机关在刑事诉讼中的人权保障职能》，载《河北学刊》2012 年第 32 卷第 6 期。

［6］牟绿叶：《司法公开论——兼议司法公开与舆论监督》，载《甘肃联合大学学报》（社会科学版）2011 年第 1 期。

［7］张云霄：《我国职务犯罪调查体制改革初探》，载《法学杂志》2015 年第 9 期。

［8］雷建昌：《职务犯罪调查模式比较研究》，载《社会科学研究》2004 年第 2 期。

［9］何家弘：《论职务犯罪调查的专业化》，载《中国法学》2007 年第 7 期。

［10］王鹰、潘舫：《英、美刑事调查制度比较研究》，载《当代法学》2003 年第 4 期。

［11］关福金：《当前的犯罪黑数浅析》，载《社会公共安全研究》1990 年第 1~2 期。

［12］张玉娟：《交易型受贿"明显偏离市场价格"的司法认定》，载《检察日报》2007 年 8 月 26 日，第 3 版。

［13］夏思扬：《对交易型受贿有必要规定价格比》，载《检察日报》2007 年 8 月 10 日，第 3 版。

［14］郝仲敏：《国家出资企业中贪污贿赂犯罪主体认定问题研究》，载《法制与社会》2014 年第 8 期。

［15］李晓静：《〈企业国有资产法〉首次界定国家出资企业概念》，载《城市晚报》2008 年 12 月 1 日，第 A2 版。

［16］李亮：《国家出资企业中贪污贿赂犯罪主体的认定》，载《现代管理》2013 年第 6 期。

［17］王志祥、柯明：《受贿罪中的"为他人谋取利益"要素应当删除》，载《法治研究》2016 年第 1 期。

［18］朱国雄：《受贿罪主体区别原则及其适用》，载《人民司法》1998 年第 3 期。

［19］包健：《商业贿赂犯罪对象应包括一切不正当利益》，载《检察日报》2007 年 3 月 19 日。

［20］刘孝敏：《法益的体系性位置与功能》，载《法学研究》2007 年第 1 期。

［21］刘芝祥：《法益概念辨识》，载《政法论坛》2008 年第 26 卷第 4 期。

［22］张明楷：《以违法与责任为支柱构建犯罪论体系》，载《现代法学》2009 年第 11 卷。

［23］陈兴良：《立法论的思考与司法论的思考》，载《人民检察》2009 年第 21 期。

［24］王天贵、王杰：《"预约受贿"是犯意表示还是未遂》，载《中国检察官》2010 年第 8 期。

［25］朱孝清：《斡旋受贿的几个问题》，载《法学研究》

2005 年第 3 期。

[26] 冯志恒：《贿赂犯罪中间人的刑法处理》，载《兰州大学学报》（社会科学版）2013 年第 41 卷第 4 期。

[27] 张明楷：《受贿罪的共犯》，载《法学研究》2002 年第 1 期。

[28] 于志刚：《中国刑法中贿赂犯罪罪名体系的调整——省略〈刑法修正案（七）〉颁行为背景的思索》，载《西南民族大学学报》（人文社科版）2009 年 7 月。

[29] 文立彬：《受贿罪既遂标准探讨》，载《湖北警官学院学报》2012 年第 8 期。

[30] 丁军青：《受贿所得系伪劣产品的数额计算》，载《人民检察》1999 年第 6 期。

[31] 冯志恒：《贿赂犯罪中间人的刑法处理》，载《兰州大学学报》（社会科学版）2013 年第 7 期。

[32] 胡祥福：《论介绍贿赂罪》，载《南昌大学学报》2002 年第 4 期。

[33] 张利兆：《论斡旋受贿的职务关系》，载《中央政法管理干部学院学报》1998 年第 5 期。

[34] 张明楷：《从生活事实中发现法》，载《法律适用》2004 年第 6 期。

[35] ［美］波尔·H. 罗宾逊著：《美国刑法的结构概要》，何秉松、王桂萍译，载《政法论坛》2004 年第 22 卷第 5 期。

[36] 天津市北辰区人民检察院课题组：《检察机关〈提前介入〉问题研究》，载《河北法学》2009 年 3 月。

[37] 马惟菁、马良骥：《政府信息公开行政案件中派生国家秘密的认定——浙江高院判决上海经协公司诉建德市政府其他信息公开案》，载《人民法院报》2012 年 7 月 19 日，第 6 版。

［38］邵彦铭：《我国食品安全犯罪治理刑事政策的反思与重构》，载《河北法学》2015 年 8 月。

［39］郑春燕：《政府信息公开与国家秘密保护》，载《中国法学》2014 年第 1 期。

［40］舒洪水、李亚梅：《食品安全犯罪的刑事立法问题——以我国〈刑法〉与〈食品安全法〉的对接为视角》，载《法学杂志》2014 年第 5 期。

［41］李高明、吴晓宁、郑隆峰：《职务犯罪案件调查过程中的并案调查研究》，载《河北法学》2013 年第 10 期。

［42］刘雪梅、刘丁炳：《监管渎职犯罪的主体问题研究》，载《中国刑事法杂志》2013 年第 9 期。

［43］李忠诚：《渎职罪损害后果认定问题研究》，载《中国刑事法杂志》2013 年第 1 期。

［44］赵文廷、周亚鹏、于东波、胡哲：《土地功能及其类型》，载《环球市场信息导报》2005 年 1 月。

［45］赵晓耘：《略论我国环境犯罪的立法再完善》，载《湖北行政学院学报》2007 年第 6 期。

［46］莫神星：《谈环境监管失职罪》，载《中国环保产业》2002 年第 4 期。

［47］张明楷：《刑法解释理念》，载《国家检察官学院学报》2008 年 12 月。

［48］王振全、王式功、连素琴、程一帆：《沙漠尘肺及其研究现状综述》，载《中国沙漠》2010 年第 30 卷第 1 期。

［49］张明楷：《论表面的构成要件要素》，载《中国法学》2009 年第 2 期。

［50］杜孔昌、张景光、冯丽：《路域土壤——植物系统重金属污染研究综述》，载《中国沙漠》2014 年 7 月 23 日。

［51］赵静：《沙漠竟成排污天堂》，载《生态经济》2015 年第 31 卷第 7 期。

［52］彭磊：《我国环境犯罪量刑制度初探》，载《人民法院报》2009 年 11 月 18 日，第 6 版。

［53］田凯：《介绍贿赂罪司法疑难问题探究》，载《河南社会科学》2004 年第 12 卷。

［54］胡祥福：《论介绍贿赂罪》，载《南昌大学学报》（人社办）2002 年第 4 期。

［55］于志刚：《刑法修正案（七）出台后受贿犯罪罪名体系的调整》，载《西南民族大学学报》2009 年第 215 期。

［56］周道鸾：《刑法修正案（七）新增、修改和保留的罪名探析》，载《检察日报》2009 年 4 月 3 日，第 3 版。

［57］侯国云、么惠君：《刑法修正案（七）的罪名如何确定》，载《检察日报》2009 年 4 月 3 日，第 3 版。

［58］于志刚：《"关系人"受贿的定罪规则体系之思考》，载《人民检察》2009 年第 7 期。

［59］刘宪权：《贿赂犯罪的完善与适用——以〈刑法修正案（七）〉为视角》，载《法学杂志》2009 年第 12 期。

［60］魏东、邓贵杰：《论我国受贿罪的修正方案》，载《山东警察学院学报》2008 年第 6 期。

［61］孙建民：《如何理解刑法修正案（七）中"关系密切的人"》，载《检察日报》2009 年 5 月 5 日

［62］赵秉志：《对〈刑法修正案（七）（草案）〉的几点看法》，载《法制日报》2008 年 9 月 21 日。

［63］王江华：《渎职案件中的法律问题分析——以检察机关查办渎职案件难为视角》，载《云南大学学报法学版》2012 年第 3 期。

［64］刘革、童树培：《应明确事业单位人员渎职犯罪管辖》，载《法制日报》2002 年 11 月 28 日。

［65］张明楷：《刑法解释理念》，载《国家检察官学院学报》2008 年第 6 期。

［66］咸会涛：《论职务犯罪调查管辖权配置的完善》，载《山东警察学院学报》2012 年第 9 期。

［67］江帆、胡绍宝：《新刑诉法实施后检察权运行面临的机遇、挑战与应对》，载《犯罪研究》2014 年第 6 期。

［68］张明楷：《简评近年来的刑事司法解释》，载《清华法学》2014 年第 1 期。

［69］司智虎：《国有公司、企业、事业单位人员失职、滥用职权犯罪案件宜由检察机关管辖》，载《人民检察》2006 年第 9 期。

［70］商凤廷：《渎职罪中"造成恶劣社会影响"的司法认定》，载《国家检察官学院学报》2016 年第 4 期。

［71］张明楷：《明确性原则在刑事司法中的贯彻》，载《吉林大学社会科学学报》2015 年第 4 期。

［72］汪明亮：《媒体对定罪量刑活动可能带来负面影响的作用机制》，载《现代法学》2006 年第 6 期。

［73］《检察机关立案查处事故背后渎职犯罪情况报告》，载《检察日报·廉政周刊》2007 年 5 月版。

［74］何家弘：《论推定概念的界定标准》，载《法学》2008 年第 10 期。

［75］奚根宝：《渎职罪非物质性损害结果认定的困境与对策》，载《江西警察学院学报》2015 年第 4 期。

［76］罗玲芬、速春、洪和兴等：《重大环境污染事故罪认定的若干疑难问题研究——以阳宗海砷污染案为例》，载《中国检察

官》2010 年第 11 期。

[77] 张明楷:《〈刑法修正案（八）〉实施问题研究》,载《政治与法律》2011 年第 8 期。

[78] 张明楷:《行政违反加重犯初探》,载《中国法学》2007 年第 6 期。

二、外文参考文献类:

[1] 1952 Op. Atty Gen. No. 1713 p. 559 at 566; Crane Township ex rel; Stalter v. Secoy ; State v. Herbert (syllabus） .

[2] 1993 Op. Atty Gen. No. 93-004 at 2-25; State ex rel. Bolsinger v. Swing, 54 Ohio App. 251, 6 N. E. 2d 999 (Hamilton County 1936） .

[3] State v. Herbert, 49 Ohio St. 2d 88, 96-97, 358 N. E. 2d 1090 (1976） .

[4] Seward v. National Sur. Co. , 120 Ohio St. 47, 49-50, 165 N. E. 537, 538 （1929） .

[5] Crane Township ex rel; Stalter v. Secoy, 103 Ohio St. 258, 132 N. E. 851 （1921） .

[6] State v. Hooper (1979）, 57 Ohio St. 2d 87, 89; R. C. 2901. 04 （A） .

[7] Cornell v. Perschillo (1952）, 93 App.

[8] Crane Township ex rel. Stalter v. Secot, 103 Ohio St. 258, 132 N. E. 851 （1921） .

[9] 1989 Op. Atty Gen. No. 89-033 at 2-151 to 2-156.

[10] 1994 Ohio Atty. Gen. Ops.

[11] State v. waddy (1992）, 63 Ohio st. 3d 424, 430; state v.

［12］ State ex rel. foster v. evatt （1944）, 144 Ohio.

［13］ State v. Herbert, 49 Ohio St. 2d 88, 358 N. E. 2d 1090 （1976）.

［14］ Jewett v. Valley Ry. Co. （1878）, 34 Ohio.

［15］ State ex rel. Attorney General v. Morris （1990）, 63 Ohio.

［16］ State ex rel. Cooper v. Savord （1950）, 153 Ohio St. 367.

［17］ Bailey v. Evatt （1944）, 142 Ohio St. 616.

［18］ Accountability , Business Practices and Concerns for Public Trust program.

［19］ Dayton v. Rogers （1979）, 60 Ohio St. 2d 162, 163.

［20］ State v. Kline （1983）, 11 Ohio App. 3d 208, 213 state v. Manago （1974）, 38 ohio St. 2d 223.

［21］ T. Paul minn. Black's Law Dictionary, west publishing Co. 1979, P272.

［22］ State v. Jenks （1991）, 61 Ohio St. 3d 259, 273.

［23］ Jackson v. Virginia （1979）, 443 u. s. 307, 319, 99 s. ct. 2781, 2789. 61 L. Ed. 2d 560, 573.

［24］ Reynolds （August 18, 1994）, Cuyahoga app. No. 65342, unreported at 10 in waddy.

［25］ State v. Dehass （1967）, 10 Ohio St. 2d 230, 39 o. 2d 366, 227 N. E. 2d 212.

［26］ State v. Cooey （1989）, 46 Ohio St. 3d 20, 25, 544 N. E. 2d. 895, 905.

［27］ State v. Tyler （1990）, 50 Ohio St. 3d 24, 33, 553 N. E. 2d 576, 589.

［28］ Jamison, supra, 49 Ohio St. 3d at 191, 552 N. E. 2d at 189.

[29] State v. Nickles (1953), 159 Ohio St. 353.

[30] Cornell v. Perschillo (1952), 93 App. 495.

[31] State exrel. Cooper v. Savord (1950), 153 Ohio St. 367.

[32] Bailey v. Evatt (1944), 142 Ohio St. 616.

[33] State ex rel. Foster v. Evatt (1944), 144 Ohio St. 65.

[34] State v. Gaul March 21, 1997, Cuyahoga App. No. 70131, unreported at 18-19.

[35] Uniform Depositary Act, R. C. 135. 35 (A) - (1) (5), (B).

[36] Secured Assets Fund Earnings program.

[37] State v. Bridgeman (1978), 55 Ohio St. 2d 261, syllabus.

[38] State v. Nickles (1953), 159 Ohio St. 353.

致　谢

又是一年夏日时光，盛夏的果实鲜嫩甜美！

每当觉得没有方向感或者现实问题不知道该怎么解决时，我的眼前总是能显现多年前盛夏军训时的那个下午，当时的自己晒得黝黑，汗水爬满脸庞，抬头看见台阶上外语系的姑娘皮肤白皙、妆容精致，像林黛玉一样眉目如画，自卑感瞬间溢满我的每个毛孔。当时我想："只有那样的人才是获得了人生的优胜奖吧，我最多只获得了个末等的安慰奖。"这么多年过去了，画面清晰得还像是昨天，自己早已不是当初卑卑怯怯的小女孩，可是不自信仍然如影随形，但正是这种不自信的卑怯敦促自己向前，奋斗的人生更有力量！

感谢张明楷教授、黄京平教授、童建明教授对我的悉心教导和栽培，恩师们的包容与鼓励给了我莫大的勇气，让我在这个研究领域内大胆尝试，提出自己粗浅的见解，恩师的教诲令我终身受益。

我常常想，有好老师、有好学校、有书念、有自己喜欢的工作，是多么令人开心的事情。研读法律13年，法安天下，德润人心，一颗随时保持好奇的心让我在熟悉的文字间迷醉，"书卷多情似故人，晨昏忧乐每相亲"，一头埋进厚厚的书本里，此心安处是吾乡！

没有风暴的海洋是池塘。

"安慰奖"的人生更要好好过！

2018 年 7 月

图书在版编目（CIP）数据

职务犯罪调查疑难问题研究／白洁著 . —北京：中国人民公安大
学出版社，2018. 7
ISBN 978-7-5653-3313-2

Ⅰ.①职⋯　Ⅱ.①白⋯　Ⅲ.①职务犯罪—刑事侦查—研究—中国
Ⅳ.①D924.393.4

中国版本图书馆 CIP 数据核字（2018）第 129767 号

职务犯罪调查疑难问题研究
白　洁　著

出版发行：中国人民公安大学出版社
地　　址：北京市西城区木樨地南里
邮政编码：100038
经　　销：新华书店
印　　刷：北京市泰锐印刷有限责任公司

版　　次：2018 年 7 月第 1 版
印　　次：2018 年 7 月第 1 次
印　　张：13
开　　本：880 毫米×1230 毫米　1/32
字　　数：331 千字

书　　号：ISBN 978-7-5653-3313-2
定　　价：45. 00 元

网　　址：www. cppsup. com. cn　www. porclub. com. cn
电子邮箱：zbs@ cppsup. com　zbs@ cppsu. edu. cn

营销中心电话：010-83903254
读者服务部电话（门市）：010-83903257
警官读者俱乐部电话（网购、邮购）：010-83903253
法律图书分社电话：010-83905745